# A MÁQUINA QUE MUDOU O MUNDO

```
W872m   Womack, James P.
            A máquina que mudou o mundo : baseado no estudo do
        Massachusetts Institute of Technology (MIT) / James P.
        Womack, Daniel T. Jones, Daniel Roos ; tradução Tamiris
        Masetto Manzano ; revisão técnica: José Roberto Ferro. –
        Porto Alegre : Bookman, 2023.
            xvi, 336 p. ; 23 cm.

            ISBN 978-85-8260-628-5

            1. Administração. 2. Administração da produção – Lean.
        I. Jones, Daniel T. II. Roos, Daniel. III. Título.

                                                      CDU 658.5
```

Catalogação na publicação: Karin Lorien Menoncin – CRB 10/2147

JAMES WOMACK
DANIEL JONES | DANIEL ROOS

# A MÁQUINA QUE MUDOU O MUNDO

## 2ª EDIÇÃO

BASEADO NO ESTUDO DO MASSACHUSETTS INSTITUTE OF TECHNOLOGY (MIT)

**Tradução**
Tamiris Masetto Manzano

**Revisão técnica**
José Roberto Ferro

Pesquisador da equipe original do International Motor Vehicle Program
Massachusetts Institute of Technology (MIT).
Fundador e Presidente do Conselho do
Lean Institute Brasil.

Porto Alegre
2023

Obra originalmente publicada sob o título *The Machine That Changed the World: The Story of Lean Production – Toyota's Secret Weapon in the Global Car Wars that Is Now Revolutionizing World Industry.*

ISBN 9780743299794

Copyright © 2007 by Free Press.
Free Press is a trademark of Simon and Schuster, Inc.

Gerente editorial: *Letícia Bispo de Lima*

**Colaboraram nesta edição:**

Editora: *Simone de Fraga*

Preparação de originais: *Marina Carvalho Dummer*

Leitura final: *Luciana Gomes*

Capa: *Márcio Monticelli*

Editoração: *Clic Editoração Eletrônica Ltda.*

Reservados todos os direitos de publicação ao
GRUPO A EDUCAÇÃO S.A.
(Bookman é um selo editorial do GRUPO A EDUCAÇÃO S.A.)
Rua Ernesto Alves, 150 – Bairro Floresta
90220-190 – Porto Alegre – RS
Fone: (51) 3027-7000

SAC 0800 703 3444 – www.grupoa.com.br

É proibida a duplicação ou reprodução deste volume, no todo ou em parte, sob quaisquer formas ou por quaisquer meios (eletrônico, mecânico, gravação, fotocópia, distribuição na *web* e outros), sem permissão expressa da Editora.

IMPRESSO NO BRASIL
*PRINTED IN BRAZIL*

# Sobre os autores

**James Womack** e **Daniel Jones** lideraram o programa de pesquisa do MIT, o International Motor Vehicle Research Program (IMVP), que introduziu o termo *"lean"* para descrever o Sistema de Gestão da Toyota. Colaboraram por mais de 20 anos em análises de tendências industriais globais e também são coautores de *A mentalidade enxuta nas empresas, Soluções enxutas* e *Enxergando o todo.*

**Womack** é fundador e Senior Advisor do Lean Enterprise Institute (www.lean.org), organização educacional sem fins lucrativos dedicada à disseminação do *lean,* com sede em Boston, Massachusetts, e afiliada à rede de Institutos Lean Global Network (www.leanglobal.org).

**Jones** é fundador e Senior Advisor do Lean Enterprise Academy (www.leanuk.org), organização sem fins lucrativos afiliada à Lean Global Network e que busca os mesmos objetivos na Europa anglófona.

**Daniel Roos** é professor emérito de Engenharia no Massachusetts Institute of Technology (MIT).

**José Roberto Ferro** fundou o Lean Institute Brasil (www.lean.org.br) em 1998. Hoje é Presidente do Conselho do Lean Institute Brasil e Senior Advisor do Lean Enterprise Institute. É coautor de *Gerenciamento diário para executar a estratégia* e autor de *Enxuga aí* e dos capítulos da versão em português dos livros *A máquina que mudou o mundo* e *Mentalidade enxuta nas empresas.* Fez parte da equipe do IMVP.

# Agradecimentos

Escrever um livro com base nos resultados de um grande esforço de pesquisa e desenvolver um novo automóvel utilizando muitas tecnologias e técnicas de fabricação diferentes apresentam muitos dos mesmos problemas. Em particular, os dois exigem uma equipe de projeto unida, liderança clara e a disposição de muitos especialistas em contribuir com seus conhecimentos e *insights* para um esforço em grupo.

A equipe que organizou este livro foi liderada por Jim Womack, Dan Jones e Dan Roos, os três gerentes seniores do International Motor Vehicle Program (IMVP). Eles foram auxiliados diariamente por John O'Donnell, gerente do IMVP, que compartilhou seu vasto conhecimento sobre a indústria automotiva, e por Ann Rowbotham, secretária do IMVP, que dominou todos os detalhes de um projeto complexo em cinco anos.

Os outros membros da equipe foram Donna Carpenter e sua associada Abby Solomon, nossas consultoras editoriais, Helen Rees, nossa agente literária, e Eleanor Rawson, nossa editora na Rawson Associates.

Para cada um de nós, essa foi uma experiência muitas vezes desafiadora, mas que valeu a pena. Womack, Jones e Roos nunca haviam escrito para um grande público, enquanto Carpenter, Rees e Rawson, com anos de experiência em publicações comerciais, inicialmente acharam o texto muito acadêmico e até um pouco incompreensível. Contudo, no fim das contas, aprendemos muito uns com os outros e esperamos que este "produto híbrido" – baseado em muitas pesquisas, mas falando com o público em geral – reflita uma fusão bem-sucedida de duas culturas distintas.

Tudo isso teria sido inútil se não fosse pela extraordinária generosidade de nossas afiliadas de pesquisa do IMVP em compartilhar seus conhecimentos livremente. Embora apenas três de nós sejam referidos como autores por termos colocado as palavras nas páginas, esse foi realmente um esforço em conjunto de indivíduos de diversas origens e países. Tentamos reconhecer totalmente suas contribuições em pontos apropriados no texto e viii Agradecimentos

nas notas finais. O leitor deve sempre ter em mente que, como o desenvolvimento de um carro novo em uma montadora *lean*, esse foi um empreendimento verdadeiramente coletivo.

Daniel Roos, Diretor do IMVP
Daniel T. Jones, Diretor europeu do IMVP
James P. Womack, Diretor de pesquisa do IMVP

# Apresentação à edição brasileira

Há mais de duas décadas, *A máquina que mudou o mundo* foi publicado em português, o que ajudou a tornar o termo *"lean"* amplamente conhecido no Brasil.

A leitura deste livro continua muito atual por apontar alguns dos dilemas de vários setores da indústria, em particular da automobilística. Ainda hoje, esta obra permanece como uma excelente leitura introdutória aos conceitos *lean* por fornecer uma visão histórica ampla e abrangente da transição da indústria.

Esta obra se tornou clássica e causou um profundo impacto no setor industrial e produtivo brasileiro, que gradualmente acordou para a necessidade de grandes mudanças em suas práticas gerenciais para conquistar as requeridas melhorias de desempenho.

A maior força do livro foi apresentar um completo e inovador sistema de gestão e de pensamento baseado na Toyota, tornando obsoleto o antigo sistema baseado nos princípios da produção em massa outrora predominante.

Na época do lançamento do livro, no início dos anos 90, quantificou-se o atraso da indústria brasileira em relação à média mundial, conforme pode ser atestado no apêndice especial para a edição brasileira. As montadoras mais eficientes do mundo ainda não tinham presença significativa no País. E, naquele momento, com a situação oligopolista em que vivia a protegida indústria local, criou-se um padrão de desempenho bastante defasado do resto do mundo.

Na primeira versão brasileira, traduzimos *lean* por "enxuto", uma palavra e um conceito novo na época. Contudo, notamos que, com o decorrer do tempo, enquanto alguns acabaram adotando esse termo, muitos outros preferiram manter o termo original em inglês.

Como o propósito de *A máquina que mudou o mundo* não era oferecer uma orientação prática de como um produtor em massa tradicional deveria proceder para tornar-se uma empresa *lean*, essa carência tem sido suprida pelas iniciativas do Lean Institute Brasil (www.lean.org.br), que, através de publicações, eventos, projetos com empresas e treinamentos, procura apresentar de

**x**    Apresentação à edição brasileira

forma didática os principais conceitos *lean* e permitir oportunidades de prática e aprendizagem para as empresas.

Aproveitamos para incorporar nesta apresentação algumas correções, atualizações e esclarecimentos. A primeira diz respeito às origens históricas do *lean*. Embora um esforço tenha sido feito para entender a história da Toyota, pouco se sabia sobre a história da Ford e seu esforço para a criação de fluxo contínuo. O complexo de Rouge, a quintessência da produção em massa, era bastante conhecido. Henry Ford havia introduzido o que ele chamara de "produção em fluxo" na fábrica de Highland Park, onde não apenas a montagem final era realizada em fluxo contínuo, mas também os componentes eram fabricados internamente em uma sequência de processos que gerava praticamente um fluxo de uma peça só. Taiichi Ohno se inspirou nessa fábrica, aumentando a variedade de produtos e trabalhando em um cenário distinto, em que a demanda não era facilmente previsível, ao contrário da situação da Ford, em que o mercado era totalmente comprador.

A segunda trata de questões relativas à administração das pessoas e de carreiras. O livro fala muito das atividades e grupos para a resolução de problemas. Sem desconsiderar sua importância, trata-se muito mais de entender que esse é um dos últimos estágios de um sistema *lean*. Na base do Sistema Toyota está o trabalho padronizado. E sem padrões não há *kaizen*, ou melhoria contínua. *A máquina que mudou o mundo* também trata em detalhes das carreiras pouco funcionais na Toyota, o que não corresponde totalmente à realidade. Mais importante é o papel da liderança, que assume a efetiva responsabilidade pelo desenvolvimento de produtos e da produção a partir da existência de sólidos processos horizontais que cruzam as várias áreas, com base nas diferentes funções organizacionais com um profundo conhecimento específico. E há ainda inúmeras dimensões relacionadas à importância do desenvolvimento das pessoas e do estilo de liderança, as quais não foram tratadas com a devida profundidade.

Pouca ênfase também foi data às questões de tecnologia de processos. Tanto a Ford de Highland Park quanto a Toyota se concentraram, em sua história, na construção de máquinas e equipamentos em pequenos incrementos de capacidade, instalando máquinas em sequência com o objetivo de otimizar o fluxo para garantir máxima eficiência e produtividade e mantendo-as o mais simples possível, mesmo que isso significasse mais trabalho manual.

Além disso, passados todos esses anos, o conhecimento sobre a história e as práticas da Toyota faz com que muitas observações precisem ser reposicionadas – por exemplo, a evolução da definição de configurações na Toyota: as trocas de moldes nas prensas em três minutos, que só ocorreram no final dos anos 60, as famosas viagens de Ohno a Detroit, que só ocorreram a partir

Apresentação à edição brasileira    **xi**

de 1995, e o seu agora famoso conceito de supermercado, que surgiu de observações feitas por colegas em supermercados nos Estados Unidos, e não diretamente por ele.

Ou a ideia de que a Toyota praticamente eliminou seus estoques, quando na verdade a empresa define níveis de estoque padrão para lidar com as variações na entrada dos pedidos a partir dos processos fluxo abaixo e das capacidades dos processos fluxo acima. Mas é fundamental lembrar-se de que, efetivamente, a Toyota coloca uma pressão contínua para a redução dos estoques através da busca das causas básicas. Reduzir estoques sem atacá-las é fonte de mais problemas do que de soluções.

A discussão sobre o sistema de controle de produção é talvez uma das mais complexas. Nesta obra, as explicações sobre o funcionamento do *just-in--time* e do *kanban* não são completas e precisas, e a apresentação da caixa de nivelamento (*heijunka box*) não mencionou que essa prática é muito importante para nivelar o *mix* de produtos, dado um volume total constante.

Olhando para a indústria brasileira atualmente, em comparação com a época da pesquisa, notamos que novos investimentos foram realizados, e a maioria das montadoras mundiais estão presentes no Brasil. Há maior concorrência estabelecida, dando mais condições de escolha aos consumidores, aumento da motorização da sociedade (veículos/*per capita*), melhoria significativa da qualidade dos produtos, entre outros. Atualmente, as ferramentas e práticas *lean* são amplamente conhecidas e implementadas na maioria das empresas do setor, variando em cada empresa o entendimento mais profundo dos valores e premissas culturais.

Contudo, estaríamos preparados adequadamente no Brasil para enfrentar a transição atual que vive a indústria automotiva global, que está deixando de ter como sua missão a produção de veículos para a de prover serviços de mobilidade?

Atualmente, estamos frente a um novo e revolucionário cenário. Anteriormente, tínhamos empresas que projetavam, produziam e distribuíam veículos. Agora estamos frente à criação de novos ecossistemas de empresas fornecedoras de produtos e serviços para prover mobilidade aos clientes. Isso torna possível focar amplamente a mobilidade como um serviço, em vez de se concentrar no veículo como produto ou de se considerar uma empresa produtora de veículos.

Quatro fatores fundamentais estão influenciando simultaneamente e desafiando a indústria automobilística em transformação para a indústria da mobilidade. A conectividade: uma enorme quantidade de dados relevantes fluindo dentro e fora do carro e entre os carros. A autonomia: sabemos que ela pode criar veículos que se movem sem a interação humana. O compartilhamento: quando múltiplos clientes usam os veículos em vez de proprietários

**xii** Apresentação à edição brasileira

individuais como os únicos usuários. E a eletrificação: tornando-se cada vez mais a alternativa de motorização. Esses fatores combinados estão criando a mais profunda mudança em um século dessa indústria.

Os conceitos e as práticas do Desenvolvimento *Lean* de Produtos e Processos (LPPD) são fundamentais como uma estrutura mental e gerencial para a inovação e a disrupção. Muitas vezes associamos a disrupção tão somente aos avanços tecnológicos, mas o *lean* foi a grande disrupção organizacional do século XX, impactando também a forma como desenvolvemos novos produtos e criamos valor para o futuro.

A Toyota tem se caracterizado como um contínuo bom exemplo do uso do LPPD, em particular da prática de engenharia simultânea em grande escala, trabalhando em bens e serviços necessários para fornecer mobilidade neste tempo de transição. Vários experimentos têm sido tentados para identificar, descobrir e viabilizar as novas propostas de valor.

Em algumas áreas ela está atrás em escala global, como na eletrificação em massa e conectividade. Talvez a mais relevante de todas as inovações seja a ideia de se melhorar continuamente o produto após a venda, através da obtenção de dados sobre o uso do veículo a partir de cada usuário e fazer atualizações personalizadas para continuar a aumentar a proposta de valor para esse cliente e construir uma relação de longo prazo. O modelo automotivo antigo, que girava em torno do produto físico (*hardware*), está sendo substituído pela construção do veículo em torno do *software* como o que realmente define o valor criado para o cliente.

Talvez seja um exemplo do "devagar para ir rápido", evitando gastar toneladas de recursos em tempos em que os recursos parecem infinitos, mas não são. Ou simplesmente pode representar o conservadorismo das empresas maduras para entender o potencial revolucionário das novas tecnologias e as novas expectativas dos clientes.

O Brasil precisa estar mais próximo às inovações e disrupções na indústria automobilística mundial e criar um ambiente adequado para que floresçam iniciativas cada vez mais em prol dos consumidores. A integração entre *hardware* e *software* em novos fluxos de valor é muito complexa e vai requerer um enorme esforço. O conhecimento e as qualificações necessários são desafiadores.

**José Roberto Ferro**
Pesquisador da equipe original do International Motor Vehicle Program
Massachusetts Institute of Technology (MIT).
Fundador e Presidente do Conselho do
Lean Institute Brasil.

# Prefácio de 2007

## Por que a Toyota venceu:
## um conto de dois sistemas de negócio

Em 1990, quando *A máquina que mudou o mundo* foi publicado originalmente, a Toyota tinha a metade do tamanho da General Motors e dois terços do tamanho da Ford. Hoje, na reedição deste livro para uma nova geração de leitores, a Toyota ultrapassou facilmente a Ford e está passando a GM para se tornar a maior e mais consistentemente bem-sucedida empresa industrial do mundo. Este livro nos diz o porquê.

Entretanto, esta não é simplesmente a história de três empresas gigantes em uma indústria gigantesca. A grande contribuição do livro – o motivo de ele ser relevante hoje assim como era quando foi publicado – é que ele descreve claramente dois sistemas de negócios fundamentalmente diferentes, duas formas de pensar sobre como os seres humanos trabalham juntos para criar valor. Um sistema – a produção em massa – teve como pioneira a General Motors nos anos 1920, quando ela ultrapassou a Ford para se tornar a maior empresa industrial do mundo. Esse sistema foi copiado e utilizado pelas empresas em praticamente todas as indústrias do mundo – incluindo a Ford e a General Electric – por quase 75 anos. O outro sistema de negócios – a produção *lean* – teve como pioneira a Toyota nos 20 anos imediatamente após a Segunda Guerra Mundial e está agora rapidamente se difundindo para todos os cantos do mundo.

Em termos mais simples, este livro conta a história da produção em massa *versus* a produção *lean* e mostra por que o *lean* é superior. Ele mostra não apenas por que a Toyota venceu, mas também como toda organização que abraçar o sistema completo de produção *lean* também pode vencer.

Para contar esta história, o livro fornece um histórico e uma descrição da produção artesanal, da produção em massa e da produção *lean* nos três primeiros capítulos e, depois, descreve os cinco elementos de um sistema de negócios *lean* nos cinco capítulos seguintes. Esses elementos são projetar o produto, coordenar a cadeia de abastecimento, lidar com clientes, fabricar o

**xiv** Prefácio de 2007

produto do pedido à entrega e gerenciar a empresa como um todo. Toda empresa que cria valor para os clientes – incluindo as organizações de serviços, como a área da saúde – deve abordar essas cinco tarefas. Então, as lições do sistema de produção *lean*, combinando todos os cinco elementos de uma forma de apoio mútuo, têm uma aplicação notavelmente ampla. A "máquina" que está mudando o mundo é um sistema de negócios *lean* completo, cuja difusão inicial ao redor do mundo está descrita nos três capítulos finais.

Após quase duas décadas no mercado, parece justo dizer que *A máquina que mudou o mundo* tornou-se agora um clássico de gestão. Este é o terceiro livro de uma sequência histórica que começa com *Concept of the Corporation* (1946), de Peter Drucker, que pela primeira vez resumiu o modelo de negócios da produção em massa, e continua com *Meus anos com a General Motors* (1965), de Alfred Sloan, no qual o arquiteto-chefe desse sistema o explica em seus mínimos detalhes.

Considerando que *A máquina que mudou o mundo* tornou-se um artefato histórico, não parecia apropriado modificar o texto do que aconteceu e do que foi aprendido nos anos que seguiram sua primeira publicação. Portanto, o material entre este prefácio e o novo posfácio está exatamente como no original, com exceção da correção de alguns erros factuais e tipográficos. Entretanto, no posfácio, adicionamos uma quantidade considerável de materiais para descrever o que os autores aprenderam sobre a produção *lean* desde que *A máquina que mudou o mundo* foi publicado.

Ao atualizar a história, acreditamos que permitiremos aos leitores de hoje que continuem a tirar lições valiosas deste livro: ele descreve uma transformação na forma de pensar na administração que pode mudar o mundo, relevante a todas as organizações já que todos nós queremos nos tornar produtores *lean*.

**Daniel Jones**
**Daniel Ross**
**James Womack**

# Sumário

Apresentação à edição brasileira . . . . . . . . . . . . . . . . . . . . . . .ix
*José Roberto Ferro*

Antes de você começar este livro. . . . . . . . . . . . . . . . . . 1

**1** A indústria das indústrias em transição . . . . . . . . . . . . . . . . . 9

## As origens da produção *lean*. . . . . . . . . . . . . . . . . . . . . . 15

**2** Ascensão e queda da produção em massa . . . . . . . . . . . . . 19

**3** Ascensão da produção *lean* . . . . . . . . . . . . . . . . . . . . . . . . . 47

## Os elementos da produção *lean* . . . . . . . . . . . . . . . . . . . . 71

**4** Administrando a fábrica . . . . . . . . . . . . . . . . . . . . . . . . . . . 75

**5** Projetando o carro. . . . . . . . . . . . . . . . . . . . . . . . . . . . . . 105

**6** Coordenando a cadeia de abastecimento. . . . . . . . . . . . . 141

**7** Lidando com clientes. . . . . . . . . . . . . . . . . . . . . . . . . . . . 173

**8** Gerenciando a empresa *lean*. . . . . . . . . . . . . . . . . . . . . . 197

**xvi** Sumário

# Difundindo a produção *lean* ........................ 229

**9** Confusão sobre difusão............................. 233

**10** Completando a transição ........................... 263

**11** A chegada tardia do *lean* no Brasil
(exclusivo da edição brasileira)....................... 283

Notas......................................... 299

Epílogo ....................................... 311

Posfácio de 2007: O que aprendemos
sobre a produção *lean* desde 1990 .................. 313

# Apêndices................................... 323

**A** Organizações patrocinadoras
do International Motor Vehicle Program............... 323

**B** Equipe afiliada de pesquisa
do International Motor Vehicle Program............... 325

Índice........................................ 327

# Antes de você começar este livro

Em uma tarde ensolarada no outono de 1984, estávamos sobre as escadas do Massachusetts Institute of Technology (MIT) ponderando sobre o futuro. Tínhamos acabado de concluir uma conferência internacional para anunciar a publicação de nosso livro anterior, *The Future of the Automobile*, no qual examinamos os problemas enfrentados pela indústria mundial automobilística naquela época.

Nossas descobertas sobre o próprio automóvel eram otimistas, porém sensatas. Havíamos concluído que os meios técnicos estavam disponíveis para solucionar os problemas ambientais e de energia mais urgentes causados em parte pelo dióxido de carbono que era emitido pelo escapamento dos automóveis, mas pensávamos que o próprio automóvel poderia ser adaptado. Entretanto, não tínhamos tanta certeza sobre a indústria automobilística e a economia mundial.

Concluímos que as indústrias automobilísticas da América do Norte e da Europa estavam confiando em técnicas muito semelhantes ao sistema de produção em massa de Henry Ford e que essas técnicas simplesmente não eram competitivas com o novo conjunto de ideias das quais as companhias japonesas haviam sido pioneiras, métodos para os quais ainda não tínhamos sequer um nome. Conforme as empresas japonesas ganharam mais participação de mercado, elas encontraram cada vez mais resistência política. Ao mesmo tempo, as empresas ocidentais não pareciam ser capazes de aprender com seus competidores japoneses. Em vez disso, eles estavam focando suas energias

**2**   A máquina que mudou o mundo

em construir barreiras comerciais e outros impedimentos competitivos, o que, acreditávamos, simplesmente adiava a necessidade de lidar com o problema real. Quando a próxima recessão econômica surgiu, temíamos que a América do Norte e a Europa fugiriam completamente da ameaça japonesa e, no processo, rejeitariam a oportunidade de prosperidade e de um trabalho mais recompensador que essas novas técnicas oferecem.

Sentíamos que o passo mais construtivo que poderíamos dar para evitar que isso ocorresse seria fazer um estudo detalhado das novas técnicas japonesas, que posteriormente denominamos "produção *lean*", comparando com as técnicas mais antigas do Ocidente de produção em massa e fazendo isso em parceria com todas as fabricantes de veículos. Mas como? Enquanto pensávamos nessa questão naquela tarde ensolarada, um dos executivos seniores da indústria que estava participando de nossa conferência se aproximou... precisamente com esta ideia.

"Por que não incluímos também os governos que estão preocupados em revitalizar suas indústrias de veículos", ele perguntou, "e levantar fundos suficiente para realmente fazer o trabalho de forma adequada?". Dessa forma, nasceu o *International Motor Vehicle Program* (IMVP) no Massachusetts Institute of Technology (MIT) e, por fim, este livro.

## ■ O *International Motor Vehicle Program*

No início de 1985, um evento proveitoso no MIT foi o ambiente institucional ideal para o IMVP. Um novo Centro para Tecnologia, Políticas e Desenvolvimento Industrial foi formado com Daniel Roos como seu primeiro diretor. O centro tinha um programa ambicioso: ir além da pesquisa convencional para explorar mecanismos criativos para interação entre indústria, governo e universidade em uma base internacional a fim de entender as forças fundamentais da mudança industrial e melhorar o processo de criação de políticas para lidar com mudanças. O IMVP era um programa ideal para o novo centro demonstrar um papel criativo para uma universidade em um trabalho cooperativo com governos e indústrias.

Conforme avançamos no planejamento do IMVP no novo centro, percebemos que nosso sucesso dependeria crucialmente de seis elementos: meticulosidade, *expertise*, uma visão global, independência, acesso à indústria e *feedback* contínuo.

## Antes de você começar este livro     **3**

Primeiro, precisamos examinar o conjunto inteiro de tarefas necessárias para fabricar um carro ou caminhão: avaliação de mercado, *design* do produto, engenharia detalhada, coordenação da cadeia de abastecimento, operação de fábricas individuais e vendas e serviço do produto acabado. Sabíamos que muitos esforços para entender essa indústria tinham fracassado porque não havia um olhar para além da fábrica, um importante elemento no sistema, com certeza, mas apenas uma pequena parte do todo.

Percebemos que, para fazer um trabalho meticuloso, precisaríamos de muitos tipos de *expertise* do tipo que não é normalmente encontrada em uma universidade. Precisaríamos de pesquisadores que tivessem conhecimento sobre cada aspecto do sistema e que estivessem comprometidos com rigorosos métodos de pesquisa, mas que também estivessem confortáveis com a bagunça inerente ao mundo industrial, onde nada nunca é tão bem arrumado quanto em modelos acadêmicos. Nossa solução foi encontrar pesquisadores da área acadêmica advindos do mundo da indústria e que estavam dispostos a voltar às áreas de engenharia, às empresas de abastecimento e às fábricas por semanas ou meses para reunir a informação detalhada de que precisávamos para tirar conclusões sólidas.

Por exemplo, Richard Lamming e Toshihiro Nishiguchi, nossos especialistas em sistemas de abastecimento, estavam buscando seus títulos de Ph.D. na Inglaterra na Universidade de Sussex e na Universidade de Oxford, respectivamente, durante suas passagens pelo IMVP. Entretanto, seu interesse em abastecimento surgiu de uma experiência de trabalho anterior em empresas Ocidentais e japonesas. Richard tinha sido um comprador de peças para Jaguar na Inglaterra, enquanto Toshihiro tinha trabalhado para a Pioneer Electric no Japão. Durante seus quatro anos de trabalho no IMVP, eles visitaram centenas de empresas e fábricas fornecedoras de componentes na América do Norte, na Europa Ocidental e no Japão. Além disso, eles examinaram sistemas de abastecimento nos principais países em desenvolvimento, incluindo Coreia do Sul, Taiwan e México.

Da mesma forma, Andrew Graves, nosso especialista em tecnologia, estava buscando seu título de Ph.D. na Universidade de Sussex após muitos anos em uma carreira de construtor de carros de corrida para Fórmula 1. Andy passou meses viajando para os principais centros de *design* e engenharia de veículos do mundo. Em cada visita, ele testava suas ideias sobre as melhores formas para as empresas introduzirem novas tecnologias, ideias formadas inicialmente no mundo da corrida automotiva, na qual a liderança técnica contínua é a chave para o sucesso.

**4** A máquina que mudou o mundo

Um de nossos especialistas da fábrica, John Krafcik, foi o primeiro engenheiro americano contratado pela *joint-venture* da Toyota com a General Motors, a NUMMI. Seu treinamento na NUMMI incluiu longos períodos no Japão em fábricas da Toyota em Toyota City, onde ele aprendeu os fundamentos da produção *lean* na fonte. John concluiu seu mestrado na Sloan School of Management do MIT enquanto viajava o mundo entrevistando noventa montadoras de carros em quinze países, no que acreditamos ser a pesquisa industrial mais abrangente já feita em qualquer indústria.

Dois outros estudantes de mestrado do MIT, Antony Sheriff e Kentaro Nobeoka, forneceram *insights* para nossos estudos de desenvolvimento de produtos por meio de estudos de caso do processo de desenvolvimento de produtos com base em seus trabalhos anteriores como planejadores de produto na Chrysler e na Mazda, respectivamente.

Uma mera lista desses nomes mostra uma característica adicional de nosso trabalho que sentíamos ser essencial – desenvolver uma equipe de pesquisadores completamente internacional com a linguagem e as habilidades culturais para entender os métodos de produção e diferentes países e uma vontade de explicar suas descobertas a colegas de contextos muito diferentes. Esses pesquisadores (que estão listados no Apêndice B) não eram essencialmente do MIT e não eram essencialmente americanos. Em vez disso, desenvolvemos uma equipe mundial sem centro geográfico e sem uma nacionalidade como maioria.

Para sermos levados a sério tanto dentro como fora da indústria automotiva, precisávamos ser independentes. Portanto, decidimos levantar os cinco milhões de dólares de que precisávamos por meio de contribuições de muitas empresas automotivas, fornecedores de componentes e governos (as trinta e seis organizações que contribuíram com o IMVP estão listadas no Apêndice A). Limitamos as contribuições de empresas e governos individuais a cinco por cento do total dos cinco milhões e reunimos todos os fundos em uma única conta para que nenhum patrocinador pudesse influenciar a direção de nosso trabalho ao designar sua contribuição para um propósito específico. Também tomamos cuidado para levantar fundos em quantidades iguais na América do Norte, na Europa Ocidental e no Japão para que não fôssemos sujeitados a pressões nacionais ou regionais em nossas conclusões.

Para que nossos pesquisadores tivessem sucesso, eles precisariam de muito acesso a empresas automotivas ao redor do mundo, desde o chão de fábrica até o nível executivo. Nós, portanto, deixamos claro aos potenciais

Antes de você começar este livro **5**

patrocinadores que sua contribuição mais valiosa não seria o dinheiro, mas o tempo que cederiam a seus colaboradores para que respondessem nossas perguntas. Em todos os casos, essas empresas abriram suas portas mais do que esperávamos. Ficamos muito impressionados pelo espírito de profissionalismo dessa indústria, que levou gerentes das piores instalações e das empresas mais fracas a compartilhar seus problemas de forma franca, e os gerentes das melhores fábricas e das empresas mais fortes a explicar seus segredos de forma sincera.

Por fim, para obter sucesso em nosso trabalho, estávamos determinados a criar mecanismos de *feedback* pelos quais pudéssemos explicar nossas descobertas para a indústria, para os governos e para as uniões e analisar suas reações para o benefício de todos. Fizemos isso de três formas.

Primeiro, fazíamos reuniões anuais com o representante de cada patrocinador. Nessas reuniões, analisávamos a pesquisa do ano anterior em detalhes e pedíamos críticas e sugestões sobre os próximos passos de nossa pesquisa.

Segundo, fazíamos um fórum anual de políticas em locais diferentes ao redor do mundo – Niagara-on-the-Lake, no Canadá, Como, na Itália, e Acapulco, no México – para apresentar nossas descobertas para executivos seniores e oficiais de governo de patrocinadores empresariais e governamentais, além de observadores interessados de sindicatos e da comunidade financeira. Essas reuniões privadas eram uma oportunidade para os líderes seniores dessa indústria discutirem os problemas reais da mudança pela qual o mundo passava da produção em massa para a produção *lean*, sem publicidade e sem preocupação com o público.

Por fim, conduzimos centenas de encontros privados para as empresas, os governos e as uniões. Por exemplo, nossa equipe de prática na fábrica conduzia um seminário em cada uma das noventa montadoras que visitamos como parte da World Assembly Plant Survey ("Pesquisa Mundial de Fábricas de Montagem") do IMVP. Nesses seminários, revisávamos o desempenho mundial, avaliávamos o desempenho da fábrica que estávamos visitando e explicávamos as razões pelas quais a fábrica poderia ficar aquém do desempenho de classe mundial. Também conduzíamos encontros para os conselhos corporativos de gestão, para comitês executivos de sindicatos para ministérios do governo e para líderes da comunidade de investimento, explicando, em cada caso, as diferenças entre a produção em massa e a produção *lean* com ideias sobre como converter para produção *lean*.

**6** A máquina que mudou o mundo

## ■ Este livro

Há cinco anos estamos explorando as diferenças entre a produção em massa e a produção *lean* em uma indústria gigantesca. Fomos tanto os *insiders* com acesso a grandes quantidades de informações proprietárias e contato diário com líderes da indústria quanto *outsiders* com uma perspectiva ampla, muitas vezes crítica, sobre as práticas existentes. Nesse processo, fomos convencidos de que os princípios da produção *lean* podem ser aplicados de forma igual em todas as indústrias ao redor do mundo e que a conversão para a produção *lean* terá um efeito profundo na sociedade humana – ela realmente mudará o mundo.

Portanto, decidimos não escrever um relatório acadêmico sobre nosso trabalho, um árido resumo das descobertas de um comitê que buscava consenso. Em vez disso, nas páginas que seguem, nós três, os líderes do programa, contamos a história de como a sociedade humana fazia as coisas durante a ascensão, e agora o declínio, da era da produção em massa, e como algumas companhias em alguns países foram pioneiras de uma nova forma de fazer as coisas na era inicial da produção *lean*. Na última parte de nosso livro, fornecemos uma visão de como o mundo todo pode entrar nesta nova era.

Os leitores podem perceber que, com a rica diversidade de recursos e pontos de vista globais e intelectuais, os pesquisadores do IMVP não concordavam em todos os aspectos. Este volume apresenta a visão pessoal dos três líderes do programa e não deve ser aceita como uma nota oficial acordada por todos os participantes. Certamente, eles não devem ser culpados por quaisquer erros ou omissões.

Nossa história não é apenas para uma audiência na indústria, mas para todos – oficiais do governo, líderes sindicais, executivos da indústria e leitores em geral – em todos os países em que haja interesse em como a sociedade faz as coisas. No processo, necessariamente fazemos algumas comparações desconfortáveis de empresas e países. Pedimos ao leitor que as considere no contexto apropriado. Nosso desejo não é envergonhar ou, nesse sentido, enaltecer, mas apenas ilustrar a transição da produção em massa para a produção *lean* com exemplos concretos que os leitores possam entender.

Também pedimos ao leitor que entenda que nossos patrocinadores têm dado extraordinário apoio a nosso trabalho. Eles têm enviado executivos seniores para nossas reuniões anuais, e muitos nos têm fornecido críticas no rascunho deste volume – em alguns casos, discordando. Entretanto, eles não exerceram poder de veto em nossas descobertas nem endossaram nossas

Antes de você começar este livro **7**

conclusões. As visões nas páginas a seguir são estritamente nossas. Pela boa vontade de nossos patrocinadores de nos permitir pensar livremente sem interferência em um tempo de grande transição, somos profundamente gratos.

## ■ Um último desafio para o leitor

Ao apresentar nosso trabalho para um público mais amplo, temos um grande medo: que os leitores vão parabenizá-lo ou condená-lo como sendo outro livro do "Japão", preocupado em como um subconjunto da população de um país relativamente pequeno produz bens fabricados de uma forma única. Nossa intenção é enfaticamente diferente. Acreditamos que as ideias fundamentais da produção *lean* são universais – aplicáveis em qualquer lugar por qualquer um – e que muitas empresas não japonesas já aprenderam isso.

Portanto, voltamos nossa atenção nas próximas páginas a uma explicação cuidadosa da lógica e das técnicas da produção *lean*. Prestamos pouca atenção a características especiais da sociedade japonesa – as altas taxas de poupança, alfabetização quase universal, uma população homogênea, a frequentemente alegada inclinação a desejos pessoais subordinados às necessidades coletivas e a disposição, até desejo, para trabalhar por longas horas – o que alguns observadores dizem ser a razão para o sucesso japonês, mas que acreditamos ter uma importância secundária.

De forma similar, damos pouca atenção a outras características da sociedade japonesa – o papel limitado das mulheres e das minorias na economia, a relação íntima entre governo e indústria, as barreiras para penetração estrangeira no mercado doméstico e a distinção pervasiva entre o estrangeiro e o japonês – que outros países que adotam a produção *lean* não iriam querer nem precisariam copiar. Este não é um livro sobre o que está errado com o Japão ou com o resto do mundo, mas sobre o que está certo com a produção *lean*.

De qualquer forma, o nível de tensão sobre comércio exterior e investimento entre o Japão e o resto do mundo está agora tão alto que a maioria dos leitores, tanto no Japão quanto no Ocidente, precisará fazer um esforço especial para extrair os princípios universais da produção *lean* de sua aplicação japonesa inicial.

No começo do século, a maioria dos europeus não era capaz de diferenciar as ideias e vantagens universais da produção em massa de suas origens americanas únicas. Como resultado, ideias muito benéficas foram rejeitadas por uma geração. O grande desafio do momento atual é evitar cometer o mesmo erro duas vezes.

# 1

# A indústria das indústrias em transição

Há quarenta anos, Peter Drucker a chamou de "a indústria das indústrias".[1] Hoje, a produção de automóveis ainda é a maior atividade manufatureira do mundo, com quase cinquenta milhões de novos veículos produzidos todo ano.

A maioria de nós possui um, muitos de nós possuem alguns e, apesar de não percebermos, esses carros e caminhões são uma parte importante do nosso dia a dia.

Ainda assim, a indústria automobilística é ainda mais importante para nós do que parece. Duas vezes neste século ela mudou nossas ideias mais fundamentais sobre como fazemos as coisas. E a forma como fazemos as coisas dita não somente como trabalhamos, mas também o que compramos, como pensamos e a forma como vivemos.

Depois da Primeira Guerra Mundial, Henry Ford e Alfred Sloan, da General Motors, mudaram a manufatura mundial de séculos de produção artesanal – liderada por empresas europeias – para a era da produção em massa. Como principal resultado, os Estados Unidos rapidamente dominaram a economia global.

Após a Segunda Guerra Mundial, Eiji Toyoda e Taiichi Ohno, da Toyota Motor Company, no Japão, foram pioneiros no conceito de produção *lean*. A ascensão do Japão para seu atual predomínio econômico ocorreu em seguida, dado que outras empresas e indústrias japonesas copiaram esse sistema excepcional.

**10** A máquina que mudou o mundo

Fabricantes ao redor do mundo estão agora tentando adotar a produção *lean*, mas eles estão enfrentando dificuldades. As empresas que dominaram esse sistema primeiro estavam todas reunidas em apenas um país – no Japão. Conforme a produção *lean* se espalhou pela América do Norte e pela Europa Ocidental sob proteção das organizações, guerras comerciais e uma crescente resistência a investimento estrangeiro se sucederam.

Hoje, frequentemente escutamos que o mundo enfrenta uma grande crise de excesso de capacidade – estimada por alguns executivos da indústria em mais de oito milhões de unidades além das vendas mundiais atuais de cerca de cinquenta milhões de unidades.[2] Esse é, na verdade, um termo impróprio. O mundo tem uma grande falta de capacidade competitiva de produção *lean* e uma vasta capacidade não competitiva de produção em massa. A crise é causada pela primeira ameaçando a segunda.

Muitas empresas ocidentais agora entendem a produção *lean* e pelo menos uma está trilhando o caminho para introduzi-la. Entretanto, sobrepor os métodos da produção *lean* aos atuais sistemas de produção em massa causa muitos problemas e desconjunções. Na ausência de uma crise que ameace a sobrevivência da empresa, parece que apenas um progresso limitado é possível.

A General Motors é o exemplo mais notável. Essa empresa gigantesca ainda é a maior preocupação industrial do mundo e foi, sem dúvida, a melhor na produção em massa, um sistema que ela ajudou a criar. Agora, na era da produção *lean*, a empresa tem gerentes, colaboradores e fábricas em excesso. Ainda assim, a GM ainda não enfrentou uma crise de vida ou morte como a Ford Motor Company enfrentou no início dos anos 80, e, portanto, não foi capaz de mudar.[3]

Este livro é um esforço para facilitar a transição necessária da produção em massa para a produção *lean*. Ao focar a indústria automobilística global, explicamos em termos simples e concretos o que é a produção *lean*, de onde ela veio, como ela realmente funciona e como ela pode se difundir pelo mundo para o benefício mútuo de todos.

Mas por que deveríamos nos importar se os fabricantes mundiais abandonam décadas de produção em massa para implementar a produção *lean*? Porque a adoção da produção *lean*, conforme ela inevitavelmente se difunde além da indústria automobilística, mudará tudo em quase todas as indústrias – as escolhas para os consumidores, a natureza do trabalho, a fortuna das empresas e, por fim, o destino das nações.

O que é a produção *lean*? Talvez a melhor forma de descrever esse sistema de produção inovador é contrastando-o com a produção artesanal e a

## Capítulo 1 ■ A indústria das indústrias em transição 11

produção em massa, os outros dois métodos que os humanos desenvolveram para fazer coisas.

O produtor artesanal utiliza colaboradores altamente qualificados e ferramentas simples, porém flexíveis, para fazer exatamente o que o consumidor pede – um item por vez. Móveis sob medida, obras de arte decorativas e alguns carros esportivos exóticos representam exemplos atuais. Todos nós amamos a ideia da produção artesanal, mas o problema dela é óbvio: os bens produzidos com esse método – como os automóveis eram exclusivamente produzidos no passado – custam mais do que podemos pagar. Então a produção em massa foi desenvolvida no início do século XX como uma alternativa a ela.

O produtor em massa utiliza profissionais pouco qualificados para projetar produtos feitos por colaboradores com nenhuma ou com pouca qualificação operando máquinas valiosas de finalidade única. O resultado são produtos padronizados em grande volume. Como o maquinário é caro e não tolera alterações no processo, o produtor em massa adiciona muitos *buffers* – suprimentos extras, colaboradores extras e espaço extra – para garantir uma produção fluida. Uma vez que mudar para um novo produto custa ainda mais, o produtor em massa mantém os projetos de sua produção padronizados pelo maior tempo possível. O resultado: o consumidor consegue um custo mais baixo, mas à custa de uma variedade e de métodos de trabalho que a maioria dos colaboradores acha chatos e desanimadores.

O produtor *lean*, em contrapartida, combina as vantagens da produção artesanal e da produção em massa enquanto evita o alto custo do primeiro e a rigidez do segundo. Nesse sentido, a produção *lean* emprega equipes de colaboradores multifuncionais em todos os níveis da organização e utiliza máquinas altamente flexíveis e cada vez mais automatizadas para produzir grandes volumes de produtos em uma enorme variedade.

A produção *lean* (um termo cunhado por John Krafcik, pesquisador do IMVP, do inglês, International Motor Vehicle Program) é "enxuta" porque utiliza menos de tudo quando comparada à produção em massa – metade do esforço humano na fábrica, metade do espaço de manufatura, metade do investimento em ferramentas, metade das horas gastas em engenharia para desenvolver um novo produto em metade do tempo. Além disso, ela requer muito menos da metade do estoque necessário no local, tem como resultado muito menos defeitos e produz uma variedade muito maior e sempre crescente de produtos.

Talvez a maior diferença entre a produção em massa e a produção *lean* esteja em seus principais objetivos. Os produtores em massa definem uma quantidade limitada de metas para si próprios – "bom o suficiente", o que se

**12** A máquina que mudou o mundo

traduz em um número aceitável de defeitos, um nível máximo aceitável de estoque, uma pequena gama de produtos padronizados. Eles argumentam que fazer melhor custaria muito ou excederia as capacidades humanas.

Os produtores *lean*, por outro lado, visam a perfeição de forma explícita: reduzir custos continuamente, zero defeitos, zero estoque e uma variedade infinita de produtos. Claro, nenhum produtor *lean* jamais alcançou essa terra prometida – e talvez nenhum jamais a alcançará, mas a busca interminável pela perfeição continua a gerar reviravoltas surpreendentes.

Por um lado, a produção *lean* muda a forma como as pessoas trabalham, mas nem sempre da forma que imaginamos. A maioria das pessoas – incluindo os operários – acharão seus empregos mais desafiadores conforme a produção *lean* se difunde. E eles certamente se tornarão mais produtivos. Ao mesmo tempo, eles podem achar seus trabalhos mais estressantes, já que um dos principais objetivos da produção *lean* é repassar a responsabilidade adiante de cima para baixo na escada organizacional. Responsabilidade significa liberdade para controlar seu próprio trabalho – uma grande vantagem –, mas também aumenta a ansiedade sobre cometer erros que sejam dispendiosos para a empresa.

De forma similar, a produção *lean* modifica o significado de carreiras profissionais. No Ocidente, estamos acostumados a pensar em carreiras como uma progressão contínua para níveis mais altos de conhecimento técnico e proficiência em uma área cada vez mais especializada, bem como ter responsabilidade por um número cada vez maior de subordinados – diretor de contabilidade, engenheiro chefe de produção e assim por diante.

A produção *lean* exige que se aprenda muito mais habilidades profissionais e que elas sejam aplicadas de forma criativa dentro de uma equipe, e não em uma hierarquia rígida. O paradoxo é que quanto melhor você for em trabalho em equipe, menos saberá sobre determinada especialidade que poderia ser levada com você para outra empresa ou para começar um novo negócio. Além disso, muitos colaboradores podem achar a falta de um plano de carreira com títulos e descrições de trabalho mais elaborados desapontador e desconcertante.

Para os colaboradores prosperarem nesse ambiente, as empresas devem oferecer a eles uma variedade contínua de desafios. Dessa forma, eles sentirão que estão aprimorando suas habilidades e que são valorizados pelos vários tipos de *expertise* que adquiriram. Sem esses desafios contínuos, os colaboradores podem sentir que chegaram a um beco sem saída no início de suas carreiras. O resultado: eles retêm conhecimento e comprometimento, então a principal vantagem da produção *lean* desaparece.

Capítulo 1 ■ A indústria das indústrias em transição **13**

Esse esquema da produção *lean* e de seus efeitos é muito simplificado, obviamente. De onde essa ideia inovadora veio e como exatamente ela funciona na prática? Por que ela resulta em mudanças políticas e econômicas tão profundas em todo o mundo? Neste livro, daremos as respostas.

Na Parte I, "As origens da produção *lean*", rastrearemos a evolução da produção *lean*. Depois, na Parte II, "Os elementos da produção *lean*", olharemos para a forma como a produção *lean* funciona em operações na fábrica, no desenvolvimento de produtos, na coordenação dos sistemas de abastecimento, nas relações com os clientes e para uma empresa *lean* em sua totalidade.

Por fim, na Parte III, "Difundindo a produção *lean*", examinaremos como a produção *lean* está se espalhando por todo o mundo e para outras indústrias e, no processo, está revolucionando como vivemos e trabalhamos. Como também veremos, entretanto, a produção *lean* não está se espalhando em um ritmo uniforme. Portanto, analisaremos as barreiras que estão impedindo que as empresas e os países adotem esse método. Apresentaremos, também, formas criativas para alcançar a condição *lean*.

# As origens
# da produção *lean*

Nenhuma ideia surge do vazio. Do contrário, novas ideias emergem a partir de um conjunto de condições nas quais as antigas não parecem mais funcionar. Certamente foi assim com a produção *lean*, que surgiu em um país e em uma época específica porque as ideias convencionais para o desenvolvimento industrial dele pareciam impraticáveis. Portanto, para entender a produção *lean* e suas origens por completo, é importante voltar mais para trás no tempo, na verdade, é necessário voltar às origens da indústria de motores no final do século XIX.

No Capítulo 2, analisaremos as origens da produção artesanal da indústria nos anos 1800 e a transição para a produção em massa por volta de 1915, quando a produção artesanal encontrou problemas que não conseguia superar. Nós nos esforçamos para descrever o estabelecido sistema de produção em massa como ele existia na década de 1920, incluindo seus pontos fortes e fracos, porque as fraquezas do sistema acabaram se tornando a fonte de inspiração para o desenvolvimento subsequente do pensamento industrial.

No Capítulo 3, estaremos prontos para examinar a gênese da produção *lean* na década de 1950 e como ela criou raízes. Também resumimos as principais características do sistema de produção *lean* completamente desenvolvido, tal como ele existia no Japão na década de 1960, muito antes de o resto do mundo tomar conhecimento dele.

# 2

# Ascensão e queda da produção em massa

Em 1894, o Meritíssimo Evelyn Henry Ellis, um abastado membro do Parlamento Inglês, decidiu comprar um carro.[1] Ele não foi para uma concessionária – não existia nenhuma na época. Ele também não contratou um fabricante inglês de automóveis – também não havia nenhum.

Em vez disso, ele visitou a notória empresa de máquinas-ferramenta Panhard et Levassor, de Paris, e encomendou um automóvel. Hoje, a P&L, como era conhecida, é lembrada somente por colecionadores de carros clássicos e entusiastas da história do automóvel, mas, em 1894, era a principal empresa de carros.[2]

Ela teve seu começo – e sua vantagem inicial sobre outros competidores em potencial – quando, em 1887, Emile Levassor, o "L" de P&L, conheceu Gottlieb Daimler, o fundador da empresa que hoje fabrica a Mercedes-Benz. Levassor negociou uma licença para manufaturar o novo motor a gasolina de "alta velocidade" de Daimler.

No início dos anos 1980, a P&L estava produzindo centenas de automóveis por ano. Os carros eram projetados de acordo com o *Système Panhard* – o que significava que o motor ficava na frente e os passageiros ficavam sentados na parte de trás, tracionando as rodas traseiras.

Quando Ellis chegou na P&L, que ainda era principalmente uma fabricante de serras cortadoras de metais e não de automóveis, ele encontrou o clássico sistema de produção artesanal. A força de trabalho da P&L era excessivamente composta de artesãos altamente qualificados que construíam à mão, com muito cuidado, carros em pequenas quantidades.

**20**  Parte I ■ As origens da produção *lean*

Esses colaboradores conheciam perfeitamente os princípios de projeto mecânico e os materiais com os quais trabalhavam. Além disso, muitos eram seus próprios chefes, muitas vezes trabalhando como contratados independentes dentro da fábrica da P&L ou, com maior frequência, como donos independentes de oficinas mecânicas contratadas pela empresa para produção de peças ou componentes específicos.

Os dois fundadores da empresa, Panhard e Levassor, e seus associados imediatos eram responsáveis por conversar com os clientes para determinar as especificações exatas do veículo, solicitando as peças necessárias e montando o produto final. Muito do trabalho, entretanto, incluindo *design* e engenharia, acontecia em oficinas individuais artesanais espalhadas por Paris.

Uma das suposições mais básicas da era da produção em massa – que o custo por unidade cai drasticamente conforme o volume de produção aumenta – simplesmente não era verdade para a empresa artesanal que era a P&L. Se a empresa tentasse fazer 200.000 carros idênticos todo ano, o custo por carro provavelmente não seria muito menor do que o custo unitário para fazer dez.

Além disso, a P&L nunca conseguiria fazer dois – quem dirá 200.000 – carros idênticos, mesmo se fossem construí-los com base no mesmo projeto. Os motivos? Os contratados da P&L não usavam um sistema padronizado de medição, e as máquinas-ferramentas dos anos de 1890 não conseguiam cortar aço de alta rigidez.

Em vez disso, diferentes fabricantes, usando medições levemente diferentes, faziam as peças. Depois, eles passavam as peças por um forno para endurecer suas superfícies para que pudessem aguentar um uso intenso. Entretanto, as peças frequentemente se deformavam no forno e precisavam de usinagem para recuperar sua forma original.

Quando essas peças eventualmente chegavam ao corredor de montagem final da P&L, suas especificações poderiam ser descritas como sendo aproximadas. O trabalho dos montadores habilidosos no processo de montagem era pegar as duas primeiras peças e fazê-las se encaixar perfeitamente.

Depois, eles realizavam o polimento da terceira peça até que ela se encaixasse com as outras duas e assim por diante, até que todo veículo – com suas centenas de peças – estivesse completo.

Essa montagem sequencial produzia o que chamamos hoje de "deformação dimensional". Então, quando os montadores chegavam na última peça, o tamanho de um veículo podia diferir bastante do outro que estava sendo construído ao lado a partir do mesmo projeto.

## Capítulo 2 ■ Ascensão e queda da produção em massa    **21**

Já que a P&L não conseguia produzir carros idênticos em massa, ela nem tentava. Em vez disso, ela se concentrava em personalizar cada produto de acordo com os desejos específicos dos compradores individuais.

Ela também enfatizava o desempenho dos carros e o trabalho feito à mão que deixava as lacunas entre as peças individuais quase imperceptíveis.

Para os clientes que Panhard estava tentando conquistar, esse método fazia todo sentido. Esses abastados clientes tinham motoristas e mecânicos particulares. O custo, a dirigibilidade e a manutenção cotidiana não eram suas principais preocupações. Velocidade e customização, sim.

Evelyn Ellis era, sem dúvida, um típico cliente da P&L. Ele não queria qualquer carro; ele queria um carro construído exatamente para satisfazer suas necessidades e gostos. Ele estava disposto a aceitar os chassis e o motor básicos da P&L, disse aos donos da fábrica, mas ele queria uma carroceria especial construída por um construtor parisiense.

Ellis também fez um pedido a Levassor que, hoje em dia, seria considerado um absurdo para fabricantes de automóveis: ele pediu que a transmissão, o freio e os controles do motor fossem transferidos do lado direito para o lado esquerdo do carro (não porque os ingleses dirigiam pela esquerda – nesse caso, mudar os controles para o lado esquerdo do veículo era justamente a coisa errada a se fazer. Além disso, o volante continuava no meio. Do contrário, ele provavelmente pensou que os controles eram mais confortáveis de se utilizar naquela posição).

Para a P&L, o pedido de Ellis provavelmente parecia simples e razoável. Já que cada peça era feita individualmente, era simples dobrar peças para a esquerda em vez de para a direita e reverter as conexões. Para o produtor em massa de hoje, essa modificação precisaria de anos – e milhões ou centenas de milhões de dólares – para construir. (As empresas americanas ainda não oferecem opções de carros em que o volante fique à direita ao Japão, onde se dirige à esquerda, já que eles acreditam que o custo desse projeto seria um impeditivo.)

Quando seu automóvel foi finalizado, Ellis, acompanhado de um mecânico contratado para esse propósito, testou o veículo exaustivamente nas ruas de Paris. Porque, ao contrário dos carros de hoje, o veículo que ele tinha acabado de comprar era, em todos os aspectos, um protótipo. Quando ficou satisfeito por seu novo carro funcionar de forma adequada – provavelmente após muitas viagens à fábrica da P&L para ajustes –, Ellis foi para Inglaterra.

Sua chegada, em junho de 1895, ficou para história. Ellis se tornou a primeira pessoa a dirigir um automóvel na Inglaterra. Ele percorreu as 56 milhas (aproximadamente 90 quilômetros) de Southampton para sua casa em

**22**  Parte I ■ As origens da produção *lean*

apenas cinco horas e trinta e dois minutos – sem contar paradas – a uma velocidade média de 9,84 milhas por hora (15,84 km/h). Essa velocidade era, na verdade, escandalosamente ilegal, já que o limite para veículos não puxados por cavalos na Inglaterra era de quatro milhas por hora (6,4 km/h). Mas Ellis não pretendia continuar sendo um infrator.

Em 1896, ele tinha assumido a liderança parlamentar para revogar a "lei da bandeira", que limitava as velocidades automotivas, e tinha organizado uma Corrida da Emancipação de Londres a Brighton, uma viagem na qual alguns carros até excederam o novo limite legal de velocidade de 12 milhas por hora (aproximadamente 19 km/h). Nessa época, muitas empresas inglesas começaram a construir carros, sinalizando que a era automotiva estava se espalhando de sua origem, na França, para a Inglaterra em sua marcha ao redor do mundo.

Vale a pena recordar de Evelyn Ellis e da P&L, apesar do fracasso subsequente da empresa de Panhard e da primitividade do automóvel de Ellis de 1894 (que está hoje no Museu de Ciências de Londres, onde você pode ir para visitá-lo). Juntos, eles resumem perfeitamente a era da produção artesanal na indústria de veículos motorizados.

Em suma, a produção artesanal tinha as seguintes características:

- Uma força de trabalho altamente qualificada em projetos, operações de máquinas e montagem. A maioria dos colaboradores progredia desde aprendiz até adquirir um conjunto completo de habilidades. Muitos tinham o desejo de ter suas próprias oficinas, tornando-se empreendedores e trabalhando para empresas de montagem.
- As organizações eram extremamente descentralizadas, embora concentradas em apenas uma cidade. A maioria das peças e muito do *design* do veículo vinham de pequenas oficinas. O sistema era coordenado por um proprietário/empreendedor em contato direto com todos os envolvidos – consumidores, empregadores e fornecedores.
- O uso das máquinas-ferramentas de uso geral para realizar a perfuração, corte e outras operações em metal ou madeira.
- Um volume produtivo baixíssimo – mil ou menos automóveis por ano, dos quais apenas alguns (50 ou menos) eram construídos com o mesmo *design*. E mesmo entre esses 50, não havia dois que fossem idênticos, já que as técnicas artesanais inerentemente produziam variações.

Nenhuma empresa, claro, poderia exercer um monopólio sobre esses recursos e características, e a Panhard et Levassor logo estava competindo com muitas outras empresas, todas produzindo veículos de modo semelhante. Em 1905,

## Capítulo 2 ■ Ascensão e queda da produção em massa

menos de 20 anos após a P&L produzir seu primeiro automóvel comercialmente viável, centenas de empresas na Europa Ocidental e na América do Norte estavam produzindo automóveis em pequenos volumes utilizando técnicas artesanais.

A indústria automotiva evoluiu para a produção em massa após a Primeira Guerra Mundial e a P&L acabou não conseguindo fazer essa transição. Ainda assim, muitas empresas de produção artesanal sobrevivem até hoje. Elas continuam focando pequenos nichos do mercado de luxo, que é abundante em consumidores ávidos por uma imagem única e a oportunidade de lidar diretamente com a fábrica para encomendar seus veículos.

A Aston Martin, por exemplo, produziu menos de 10 mil carros em sua fábrica na Inglaterra nos últimos 65 anos e atualmente produz somente um automóvel por dia trabalhado. Ela sobrevive por continuar pequena e exclusiva, fazendo dos altos preços exigidos por suas técnicas artesanais de produção um ponto positivo. Na oficina de carrocerias, por exemplo, os painéis de alumínio são cuidadosamente produzidos com marretas de madeira por profissionais qualificados.

Nos anos 80, conforme a aceleração do ritmo do avanço tecnológico na indústria automotiva acontecia, a Aston Martin e firmas similares tiveram de se aliar com os gigantes do setor (Ford, no caso da Aston Martin[3]) a fim de obter conhecimento especializado em áreas que vão desde controles de emissão até segurança dos passageiros. O custo para o desenvolvimento desse *expertise* de forma independente teria sido excessivo.

Nos anos 90, outra ameaça surgiria para essas empresas artesanais quando as que dominavam a produção *lean* – lideradas pelos japoneses – começaram a ir atrás de seus nichos de mercado, que eram tão pequenos e especializados que os produtores em massa, como a Ford e a GM, mal conseguiam competir. Por exemplo, a Honda tinha acabado de lançar seu carro esportivo com a carroceria de alumínio NS-X, um ataque direto ao nicho de carros esportivos de altíssimo desempenho da Ferrari. Se essas empresas *lean* puderem reduzir custos de *design* e manufatura e melhorar a qualidade do produto oferecido pelas empresas artesanais – e elas provavelmente podem – os produtores artesanais tradicionais terão de adotar os métodos de produção *lean* ou desaparecerão dentro de um século.

Os nostálgicos veem a Panhard e seus competidores como a era de ouro da produção automotiva: o artesanato era importante e as empresas davam total atenção individual a clientes. Além disso, profissionais artesanais orgulhosos desenvolviam suas habilidades, e muitos se tornavam proprietários independentes de pequenas empresas.

**24** Parte I ■ As origens da produção *lean*

Tudo isso é verdade, mas as desvantagens da produção artesanal são igualmente óbvias quando fazemos uma retrospectiva. Os custos de produção eram altos e não diminuíam de acordo com o volume, o que significava que apenas os ricos conseguiam comprar carros. Além do mais, como cada carro produzido era, na verdade, um protótipo, a consistência e a confiabilidade eram ilusórias. (Este, a propósito, é o mesmo problema que temos com os satélites e o programa espacial dos Estados Unidos, os produtos artesanais mais proeminentes da atualidade.)

Donos de carros como Evelyn Ellis, ou seus motoristas e mecânicos, tinham de fazer seus próprios *test drives*. Em outras palavras, o sistema garantia a qualidade do produto – na forma de confiabilidade e durabilidade, em vez de muito couro e madeira – por causa da falta de testes sistemáticos.

Também fatal nessa época, entretanto, era a incapacidade que as pequenas montadoras independentes, onde a maior parte da produção acontecia, tinham de desenvolver novas tecnologias. Os artesãos individuais simplesmente não tinham os recursos para fazer inovações fundamentais; um avanço tecnológico iria requerer pesquisas metódicas, e não apenas ajustes. Junte essas limitações, e ficará claro, em retrospecto, que a indústria estava estagnando quando Henry Ford apareceu. Isso é, conforme o *design* geral de carros e caminhões começou a ir de encontro ao veículo que hoje é tão familiar, com quatro rodas, motor frontal e combustão interna, a indústria chegou a uma maturidade precoce, um terreno fértil para uma nova ideia de produção.

Nesse momento, Henry Ford encontrou uma forma para superar os problemas inerentes à produção artesanal. As novas técnicas de Ford reduziriam os custos drasticamente e aumentariam a qualidade do produto. Ford chamou seu sistema inovador de *produção em massa*.[4]

## ■ Produção em massa

O Modelo T de 1908 de Ford foi seu vigésimo *design* ao longo de um período de cinco anos que começou com a produção do original Modelo A, em 1903. Com seu Modelo T, Ford finalmente alcançou dois objetivos. Ele tinha um carro que era projetado para fabricação, como diríamos hoje, e que era também, em termos atuais, *user-friendly* ("amigável ao usuário", i.e., fácil de usar). Quase todo mundo conseguia dirigir e consertar o carro sem precisar de um motorista ou de um mecânico. Essas duas conquistas forneceram as bases para uma mudança revolucionária de direção para toda a indústria automobilística.[5]

Capítulo 2 ■ Ascensão e queda da produção em massa **25**

A chave para a produção em massa não era – como muitas pessoas na época e hoje em dia acreditam – a linha de montagem em movimento, ou contínua. *Na verdade, era a completa e consistente intercambiabilidade de peças e a simplicidade de encaixá-las.* Essas foram as inovações industriais que tornaram a linha de montagem possível.

Para alcançar a intercambiabilidade, Ford insistiu que o mesmo sistema de medidas fosse usado para todas as peças durante todo o processo de fabricação. Sua insistência em trabalhar com medições do começo ao fim foi motivada pela percepção do benefício que ele conseguiria na forma de economia em custos de montagem. Notavelmente, nenhuma outra pessoa na indústria emergente tinha entendido essa causa e efeito; então nenhuma outra pessoa tentou aplicar o trabalho com medições do começo ao fim com o zelo quase religioso de Ford.

Ford também se beneficiou dos recentes avanços nas máquinas-ferramentas, que eram capazes de trabalhar em metais *pré-enrijecidos*. A deformação que ocorria conforme as peças das máquinas estavam sendo enrijecidas tinha sido o maior problema das antigas tentativas de padronizar peças. Uma vez que o problema da deformação foi solucionado, Ford foi capaz de desenvolver projetos inovadores que reduziam o número de peças necessárias e tornavam-nas fáceis de encaixar. Por exemplo, o bloco do motor de quatro cilindros de Ford consistia em uma única e complexa moldagem. Já seus competidores moldavam cada cilindro separadamente e, depois, juntavam-nos.

Juntos, a intercambiabilidade, a simplicidade e a facilidade de junção das peças deu a Ford uma grande vantagem sobre seus competidores. Por exemplo, ele poderia eliminar montadores habilidosos, que sempre formaram a base de toda força de trabalho da linha de montagem.

Os primeiros esforços de Ford para montar seus carros, começando em 1903, envolviam implementar estações de montagem nas quais o carro todo seria construído, normalmente por apenas um montador. Em 1908, às vésperas do lançamento do Modelo T, o ciclo de tarefas médio de um montador da Ford – a quantidade de tempo que ele trabalhava antes de repetir as mesmas operações – totalizava 514 minutos, ou 8,56 horas. Cada trabalhador montaria uma grande parte do carro antes de seguir para o próximo. Por exemplo, um trabalhador poderia colocar todas as peças mecânicas – rodas, molas, motor, transmissão, gerador – no chassi, um conjunto de atividades que levava um dia todo para completar. Os montadores desempenhavam o mesmo conjunto de atividades diversas vezes em suas estações fixas de montagem. Eles tinham de pegar as peças necessárias, lixá-las para que elas se encaixassem (Ford ainda não tinha alcançado a perfeita intercambiabilidade das peças) e colocá-las no lugar.

**26** Parte I ■ As origens da produção *lean*

O primeiro passo que Ford deu para tornar esse processo mais eficiente foi entregar as peças para cada estação de trabalho. Agora, os montadores poderiam permanecer no mesmo local o dia todo.

Depois, por volta de 1908, quando Ford finalmente alcançou a perfeita intercambiabilidade de peças, ele decidiu que o montador desempenharia apenas uma tarefa e se moveria de veículo a veículo por toda a área de montagem. Em agosto de 1913, às vésperas da linha de montagem móvel ser introduzida, o ciclo de tarefas para o montador padrão da Ford havia caído de 514 para 2,3 minutos.

Naturalmente, essa redução resultou em um notável aumento de produtividade, em parte porque a completa familiaridade com uma única tarefa significava que o trabalhador poderia desempenhá-la mais rapidamente, mas também porque todo o processo de lixar e ajustar peças tinha sido eliminado. Os trabalhadores simplesmente uniam peças que sempre se encaixavam.

As inovações de Ford devem ter correspondido a muitas economias quando comparadas a técnicas antigas de produção, que exigiam que os profissionais lixassem e encaixassem cada peça imperfeita. Infelizmente, a importância desse grande salto em direção à produção em massa foi pouco apreciada, então não temos estimativas exatas da quantidade de esforço – e de dinheiro – que a grande divisão de trabalho e a perfeita intercambiabilidade economizaram. Sabemos que foi substancial, provavelmente muito maior do que as economias que Ford conseguiu no passo subsequente, a introdução da linha de montagem em fluxo contínuo em 1913.

Ford logo percebeu o problema em mover o profissional de uma estação de montagem a outra: caminhar, mesmo que fosse um metro ou dois, levava tempo, e congestionamentos frequentemente aconteciam conforme profissionais mais rápidos superavam os profissionais mais lentos que estavam a sua frente na linha de montagem. A genialidade de Ford na primavera de 1913, em sua nova fábrica em Highland Park, Detroit, foi a introdução da linha de montagem móvel, que trazia o carro até os trabalhadores, que ficavam fixo em algum ponto da fábrica. Essa inovação cortou o tempo de ciclo de 2,3 para 1,19 minuto; a diferença decorre do tempo economizado pelo fato de os profissionais estarem parados em vez de andando e pelo ritmo de trabalho mais rápido, que a linha móvel conseguia executar.

Com essa mudança altamente visível, as pessoas finalmente começaram a prestar atenção, então temos relatos bem documentados do esforço de fabricação que essa inovação economizou. Os textos dos jornalistas Horace Arnold e Fay Faurote, por exemplo, na *Engineering Magazine*, em 1915, comparavam o número de itens montados pelo mesmo número de operários usando técnicas

Capítulo 2 ■ Ascensão e queda da produção em massa **27**

de montagens fixas e móveis e deram ao mundo uma imagem vívida e dramática do que Ford havia alcançado (veja a **Tabela 2.1**).

Melhorias dessa magnitude na produtividade chamaram a atenção e despertaram a imaginação de outras montadoras. Ford, seus competidores logo perceberam, tinha feito uma descoberta notável. Sua nova tecnologia reduzia necessidades de capital. Isso porque Ford gastava quase nada em sua linha de montagem – menos de 3.500 dólares em Highland Park[6] –, e isso acelerou a produção tão drasticamente que as economias que ele percebeu decorrentes da redução de estoque de peças em espera para serem montadas excederam em grande quantidade essa quantia trivial.

(A linha de montagem móvel de Ford consistia em duas placas de metal – uma embaixo das rodas de cada lado do carro – que percorriam toda a extensão da fábrica. No final da linha, as placas, montadas em uma correia, rolavam para baixo do assoalho, voltando ao início. O aparelho era muito semelhante às longas esteiras que agora servem como passarelas em alguns aeroportos. Como Ford precisava somente da correia e de um motor elétrico para movimentá-la, seu custo era mínimo.)

Ainda mais impressionante, a descoberta de Ford simultaneamente reduziu a quantidade de esforço humano necessário para montar um automóvel.

## Tabela 2.1

Produção artesanal *versus* produção em massa na área de montagem: 1913 *versus* 1914

| Minutos de esforço para montar: | Final da produção artesanal, outono de 1913 | Produção em massa, primavera de 1914 | Percentual da redução de esforço |
|---|---|---|---|
| Motor | 594 | 226 | 62 |
| Gerador | 20 | 5 | 75 |
| Eixo | 150 | 26,5 | 83 |
| Componentes principais em um veículo completo | 750 | 93 | 88 |

**Nota:** O "final da produção artesanal" já incluía vários dos elementos da produção em massa, em particular peças consistentemente intercambiáveis e minuciosa divisão de trabalho. A grande mudança de 1913 para 1914 foi a transição da montagem fixa para a móvel.

**Fonte:** Calculado pelos autores a partir de dados fornecidos em *From the American System to Mass Production, 1800–1932*, de David A. Hounshell, Johns Hopkins University Press, Baltimore, 1984, páginas 248, 254, 255 e 256. Os dados de Hounshell se baseiam nas observações dos jornalistas Horace Arnold e Fay Faurote, narradas em *Ford Methods and the Ford Shops*, Engineering Magazine, 1915, New York.

**28**  Parte I ■ As origens da produção *lean*

Além disso, quanto mais veículos Ford produzia, mais o custo por veículo caía. Mesmo quando foi lançado em 1908, o Modelo T de Ford, com suas peças totalmente intercambiáveis, custava menos do que seus competidores. Quando Ford alcançou o pico do volume produtivo de 2 milhões de veículos idênticos no ano no início dos anos 20, ele já tinha reduzido o custo real para o cliente em dois terços.[7]

Para atrair seu público-alvo de consumidores comuns, Ford também tinha planejado uma facilidade de uso e de manutenção sem precedente em seu carro. Ele supôs que seus compradores seriam fazendeiros com um modesto conjunto de ferramentas e habilidades mecânicas necessárias para consertar maquinários da fazenda. Então o manual do usuário do Modelo T, que era escrito em formato de perguntas e respostas, explicava em 64 páginas como os usuários poderiam usar ferramentas simples para resolver qualquer um dos 140 problemas que provavelmente poderiam ocorrer com o carro.

Por exemplo, os usuários poderiam remover o carvão do cabeçote do cilindro, o que faz o carro bater pino e perder a potência, soltando os 15 parafusos que prendem a tampa do cilindro e raspando-a com uma espátula. Da mesma forma, um único parágrafo e um diagrama explicavam aos clientes como remover os depósitos de carvão das válvulas do automóvel com a "ferramenta de limpeza de válvula de Ford", que vinha com o carro.[8] Se uma peça precisasse ser trocada, os donos dos carros poderiam comprar uma substituta em uma revendedora Ford e simplesmente parafusá-la. Com o Modelo T de Ford, não eram necessários ajustes especiais.

Os competidores de Ford estavam tão impressionados com essa reparabilidade embutida quanto com a linha de montagem móvel. Essa combinação de vantagens competitivas levou Ford ao topo da indústria mundial de automóveis e praticamente eliminou as empresas de produção artesanal, incapazes de igualar as economias na produção. (Conforme falamos antes, entretanto, alguns produtores artesanais europeus de carros de luxo de volume baixíssimo conseguiram superar a imposição da produção em massa.)

A produção em massa de Henry Ford liderou a indústria automotiva por mais de meio século e foi eventualmente adotada em quase toda atividade industrial na Europa e América do Norte. Agora, entretanto, essas mesmas técnicas, tão enraizadas na filosofia de manufatura, estão frustrando os esforços de muitas empresas ocidentais que querem adotar a produção *lean*.

Quais precisamente eram as características da produção em massa conforme introduzidas por Ford em 1913 e que persistem em tantas empresas hoje? Vamos dar uma olhada.

## Força de trabalho

Ford não apenas aperfeiçoou as peças intercambiáveis, mas também aperfeiçoou o profissional intercambiável. Em 1915, quando as linhas de montagem de Highland Park estavam completamente instaladas e a produção alcançou sua capacidade máxima, a quantidade de trabalhadores da montagem superava os 7.000. A maioria tinha chegado recentemente a Detroit, muitas vezes advindos diretamente de fazendas. Muitos outros eram novos nos Estados Unidos.

Uma pesquisa de 1915 revelou que os operários de Highland Park falavam mais de 50 línguas e que muitos deles mal falavam inglês.[9] Como esse exército de estrangeiros podia cooperar para produzir um volume maior de um produto complexo (o Modelo T) maior do que qualquer outra empresa teria imaginado – e fazer isso com uma precisão consistente?

A resposta está em levar a ideia da divisão de trabalho ao extremo. O montador habilidoso da fábrica de produção artesanal de Ford de 1908 juntava todas as peças necessárias, pegava ferramentas da sala de ferramentas, reparava as peças se necessário, desempenhava o complexo trabalho de ajuste e montagem para todo o veículo e, então, verificava todo seu trabalho antes de mandar o veículo completo para o departamento de expedição.

A diferença é que o montador da linha de produção em massa de Ford tinha apenas uma tarefa – ajustar duas porcas em dois parafusos ou, talvez, colocar uma roda em cada carro. Ele não solicitava peças, procurava suas ferramentas, reparava seu equipamento, inspecionava a qualidade ou sequer entendia o que os operários ao seu lado estavam fazendo. Em vez disso, mantinha baixa sua cabeça e pensava sobre outras coisas. O fato de que ele sequer falava a mesma língua de seus colegas de montagem ou do supervisor era irrelevante para o sucesso do sistema de Ford. (Nosso uso dos pronomes "ele" ou "dele" é intencional; até a Segunda Guerra Mundial, os trabalhadores das indústrias automotivas nos Estados Unidos e na Europa eram exclusivamente homens.)

Alguém, é claro, tinha de pensar sobre como todas as peças iriam se juntar e o que cada montador deveria fazer. Essa era a tarefa do recém-criado profissional, o engenheiro industrial. Da mesma forma, alguém tinha que providenciar a entrega das peças para a linha de montagem, normalmente um engenheiro de produção projetava correias transportadoras ou canaletas para cumprir essa tarefa. Faxineiros eram mandados periodicamente para limpar as áreas de trabalho, e mecânicos habilitados circulavam para reparar as ferramentas dos montadores. Outro especialista verificava a qualidade. O trabalho que não era feito da maneira correta não era descoberto até o final da linha de montagem, quando outro grupo de colaboradores entrava no jogo – o pessoal do retrabalho, que possuía muitas das habilidades dos montadores.

**30** Parte I ■ As origens da produção *lean*

Com essa separação do trabalho, o montador só precisava de alguns minutos de treinamento. Além disso, ele era implacavelmente disciplinado pelo ritmo da linha, que acelerava os lentos e desacelerava os mais rápidos. O supervisor – antigamente o chefe de uma área toda da fábrica com muitas responsabilidades, mas agora reduzido a um verificador semi-habilitado – conseguia identificar imediatamente qualquer relaxamento ou falha no desempenho de uma tarefa específica. Como resultado, os profissionais da linha de montagem eram tão substituíveis quanto as peças do carro.

Nessa atmosfera, Ford acreditou que seus profissionais não se voluntariariam a fornecer qualquer informação sobre as condições da operação – por exemplo, que uma ferramenta estava com defeito – muito menos sugeririam formas de melhorar o processo. Essas funções cabiam respectivamente ao supervisor e ao engenheiro industrial, que reportavam suas descobertas e sugestões aos níveis mais altos da administração para que ações cabíveis fossem tomadas. Assim nasceram os batalhões de trabalhadores indiretos pouco qualificados – o reparador, o inspetor de qualidade, o zelador e os especialistas em retrabalho, além do supervisor e do engenheiro industrial. Esses trabalhadores não existiam na produção artesanal. Na verdade, Faurote e Arnold nunca pensaram em procurar por eles quando estavam reunindo os números de produtividade mostrados na Tabela 2.1.[10] Esses números contavam somente os trabalhadores diretos que ficavam na linha de montagem. Entretanto, os trabalhadores indiretos se tornaram ainda mais proeminentes nas fábricas fordistas de produção em massa com a introdução da automação ao longo dos anos, que gradualmente reduziu a necessidade dos montadores.

Ford dividia o trabalho não somente na fábrica, mas também na engenharia. Os engenheiros industriais ficavam ao lado dos engenheiros de produção, que projetavam o maquinário crucial para o processo. Eles ainda contavam com os engenheiros de produto, que projetavam e faziam a engenharia do próprio carro. Mas essas especialidades eram apenas o começo.

Alguns engenheiros industriais se especializavam em operações de montagem, enquanto outros se especializavam na operação de máquinas especializadas que faziam peças individuais. Alguns engenheiros de produção se especializavam no *design* do equipamento de montagem, enquanto outros projetavam as máquinas específicas para cada peça. Alguns engenheiros de produto se especializavam em motores, outros em carrocerias ou ainda em suspensões ou sistemas elétricos.

Esses "trabalhadores intelectuais" originais – indivíduos que manipulavam ideias e informações, mas raramente tocavam em um carro de verdade ou sequer entravam na fábrica – substituíram os habilidosos donos de oficinas

## Capítulo 2 ■ Ascensão e queda da produção em massa    **31**

e os antigos supervisores de fábrica da era artesanal. Esses trabalhadores-gerentes faziam de tudo – contratavam o montador, projetavam a peça, desenvolviam uma máquina para fazê-la e, em muitos casos, supervisionavam a operação da máquina na oficina. A missão fundamental desses novos especialistas, em contrapartida, era projetar tarefas, peças e ferramentas que poderiam ser manuseadas por trabalhadores sem tais habilidades, que compunham a maior parte da nova força de trabalho da indústria automotiva.

Nesse novo sistema, o trabalhador de chão de fábrica não tinha uma carreira, a não ser talvez a promoção para supervisor. Mas os engenheiros profissionais emergentes tinham uma escalada direta de carreira. Ao contrário do artesão habilidoso, entretanto, suas carreiras não os levavam a abrirem seu próprio negócio. Eles também não ficavam em apenas uma empresa, como a Ford provavelmente esperava. Em vez disso, eles avançavam dentro de sua profissão – de *trainee* a engenheiro sênior, que agora possuía todo o corpo de conhecimento da profissão e estava no comando para coordenar engenheiros de níveis mais baixos.

Chegar ao ápice da profissão de engenharia muitas vezes significava pular de uma empresa para a outra no decorrer da vida profissional. Conforme o tempo passava e a engenharia se dividia em muitas subespecialidades, esses profissionais da engenharia descobriam que tinham muito a dizer a seus subespecialistas e pouco a seus engenheiros de outras especialidades. Conforme os carros e os caminhões se tornaram cada vez mais complicados, essa divisão de trabalho dentro da engenharia resultava em muitas disfunções, como veremos no Capítulo 5.

## Organização

Henry Ford ainda era um montador quando abriu sua fábrica em Highland Park. Ele comprou seus motores e chassis dos irmãos Dodge e adicionou itens encomendados de outras empresas para montar um veículo completo. Em 1915, entretanto, Ford já tinha incorporado todas essas funções dentro da empresa e estava no caminho para conseguir uma integração vertical completa (i.e., fazer tudo de forma conectada desde a matéria-prima de seus carros). Esse desenvolvimento alcançou uma conclusão lógica no complexo Rouge, em Detroit, que se tornou o principal local de produção da Ford em 1927. Ford queria a integração vertical em partes porque ele tinha aperfeiçoado as técnicas de produção em massa antes de seus fornecedores e podia reduzir os custos de forma substancial se fizesse tudo sozinho. Mas ele também tinha outros motivos: por exemplo, sua personalidade peculiar fazia com que ele não confiasse em ninguém além dele mesmo.

**32** Parte I ■ As origens da produção *lean*

Entretanto, seu motivo mais importante para que tudo fosse feito internamente era o fato de que necessitava de peças com menores tolerâncias e com entregas mais rápidas do que qualquer um pudesse imaginar. Confiar em compras no mercado aberto, ele descobriu, traria muitas dificuldades. Então ele decidiu substituir o mecanismo do mercado pela "mão visível" da coordenação organizacional.

Alfred Chandler, um professor na Harvard Business School, cunhou o termo "mão visível", em 1977. Em um livro com esse mesmo título, ele tentou criar uma defesa para a grande empresa moderna.[11] Os proponentes da teoria da "mão invisível" de Adam Smith (que argumentava que, se todos buscassem seu próprio interesse, o livre mercado produziria o melhor resultado para a sociedade como um todo) estavam incomodados pela ascensão da corporação moderna verticalmente integrada no século vinte. Segundo eles, a integração vertical interferia sobre as forças do livre mercado. Chandler argumentava que uma mão visível era importante para as corporações modernas introduzirem a previsibilidade necessária em suas operações.

Chandler usava o termo simplesmente para denotar a obtenção da matéria-prima necessária, dos serviços necessários e assim por diante das divisões operacionais internas coordenadas pelos executivos seniores na central corporativa. A mão invisível, em contrapartida, significava comprar as peças e os serviços necessários de empresas independentes sem qualquer relação com o comprador. As transações se baseariam no preço, no prazo de entrega e na qualidade, sem qualquer expectativa de um relacionamento no longo prazo ou contínuo entre o comprador e o vendedor. O problema, como veremos, era que a total integração vertical introduzia burocracia em uma escala tão grande que ela trouxe seus próprios problemas, os quais não tinham soluções à vista.

A escala da produção possível – e necessária – do sistema de Ford levou a uma segunda dificuldade organizacional, dessa vez causada por problemas de remessas e barreiras comerciais. Ford queria produzir o carro todo em um único lugar e vendê-lo para o mundo todo. Mas os sistemas de envio daquela época não eram capazes de transportar grandes volumes de automóveis finalizados de forma econômica e sem danificá-los.

Além disso, políticas governamentais, tanto naquela época quanto hoje em dia, frequentemente impõem barreiras comerciais sobre unidades acabadas. Então Ford decidiu projetar, fazer a engenharia e produzir suas peças em Detroit. Os carros, entretanto, seriam montados em locais distantes. Em 1926, os automóveis de Ford eram montados em mais de 36 cidades dos Estados Unidos e em 19 países estrangeiros.[12]

Capítulo 2 ■ Ascensão e queda da produção em massa **33**

Não demorou muito para essa solução criar mais um problema: um produto padronizado não era adequado para todos os mercados do mundo. Por exemplo, para os norte-americanos, o Modelo T de Ford parecia um carro pequeno, principalmente depois das descobertas de petróleo no leste do Texas derrubarem os preços da gasolina e tornarem as viagens de automóvel economicamente viáveis. Entretanto, na Inglaterra e em outros países europeus, com cidades populosas e estradas estreitas, o Modelo T parecia muito maior. Além disso, quando os europeus não conseguiram encontrar petróleo em suas terras, eles começaram a taxar altamente a gasolina nos anos 20 para reduzir as importações. Os europeus logo começaram a pedir por carros menores do que Ford queria fornecer.

Além do mais, altos investimentos diretos em países estrangeiros criaram ressentimento quanto ao domínio de Ford na indústria local. Na Inglaterra, por exemplo, onde Ford havia se tornado o principal fabricante de carros em 1915, seu pacifismo na Primeira Guerra Mundial foi altamente denunciado, e os gerentes ingleses locais da empresa finalmente convenceram Detroit a vender uma boa fatia minoritária do negócio para os ingleses para apaziguar as hostilidades. Ford também encontrou obstáculos na Alemanha e na França após a Primeira Guerra Mundial, quando as tarifas aumentaram constantemente sobre as peças e os veículos acabados. Como resultado, no início dos anos 30, Ford havia estabelecido três sistemas de manufatura completamente integrados na Inglaterra, na Alemanha e na França. Essas empresas fabricavam produtos especiais para os gostos nacionais e eram administradas por gerentes nativos que tentavam minimizar a interferência de Detroit.

## Ferramentas

A chave para ter peças intercambiáveis, como vimos, estava em projetar novas ferramentas que pudessem cortar metal enrijecido e placas de aço com precisão absoluta. Mas a chave para ter peças intercambiáveis *a baixo custo* seria encontrada em ferramentas que pudessem desempenhar esse trabalho em alto volume com baixo ou nenhum custo de configuração entre as peças. Isto é, para que uma máquina fizesse algo com uma peça de metal, alguém deveria colocar o metal na máquina, e outra pessoa deveria ajustar a máquina. No sistema de produção artesanal – no qual uma única máquina podia desempenhar várias tarefas, mas com muitos ajustes –, esse era o trabalho do habilidoso operador.

Ford reduziu drasticamente o tempo de configuração ao fazer máquinas capazes de realizar somente uma tarefa de cada vez. Então, seus engenheiros

**34** Parte I ■ As origens da produção *lean*

aperfeiçoaram instrumentos simples para segurar a peça a ser trabalhada na devida máquina. Os colaboradores menos qualificados podiam simplesmente colocar a peça no lugar e apertar um botão ou puxar uma alavanca para que a máquina fizesse a tarefa necessária. Isso significava que a máquina poderia ser carregada ou descarregada por um colaborador com cinco minutos de treinamento. (Na verdade, carregar as máquinas da Ford era exatamente como montar as peças na linha de montagem: as peças só se encaixavam de um jeito, e o colaborador apenas a colocava no lugar.)

Além disso, como Ford fazia somente um produto, ele podia colocar suas máquinas em tal sequência que cada passo da manufatura levasse imediatamente ao próximo. Muitos visitantes de Highland Park sentiam que a fábrica de Ford era, na verdade, uma grande máquina com cada passo da produção intimamente ligado ao próximo. Como os tempos de configuração foram reduzidos de minutos – ou até horas – para segundos, Ford conseguia obter muito mais volume com o mesmo número de máquinas. Ainda mais importante, os engenheiros também encontraram uma forma de usinar várias peças de uma só vez. O único ponto negativo desse sistema era a inflexibilidade. Mudar essas máquinas especializadas para que fizessem uma nova tarefa consumia tempo e dinheiro.

A fresadora do bloco de motor de Ford é um bom exemplo de seu novo sistema. Em quase todos os motores automotivos, tanto antigamente quanto agora, o topo do bloco de motor se adapta à parte inferior da cabeça do cilindro para formar um motor completo. Para manter a compressão nos cilindros, o encaixe entre o bloco e a cabeça do cilindro deve ser completamente nivelada. Então o topo do bloco e a parte de baixo da cabeça do cilindro têm de ser fresados com uma ferramenta apropriada.

Na fábrica do Cadillac de Henry Leland, em Detroit (onde, por acaso, a consistente intercambiabilidade para todas as peças de um veículo a motor foi alcançada pela primeira vez em 1906), um colaborador carregaria cada bloco em uma fresadora e, depois, cuidadosamente iria fresá-lo de acordo com as especificações. O colaborador repetiria o processo para as cabeças de cilindros, que eram carregadas uma por vez na mesma fresadora.

Dessa forma, as peças eram intercambiáveis, o encaixe entre o bloco e a cabeça do cilindro era nivelado, e a fresadora poderia trabalhar com uma grande variedade de peças. Mas esse processo tinha um lado negativo: o tempo e o esforço – e, como consequência, o custo – necessários para maquinistas habilidosos operarem a máquina.

Em 1915, em Highland Park, Ford introduziu duas máquinas especializadas, uma para fresar blocos e outra para fresar cabeças de cilindros – não

Capítulo 2 ■ Ascensão e queda da produção em massa **35**

apenas uma por vez, mas quinze por vez para os blocos e trinta por vez para as cabeças. Ainda mais significativo, uma funcionalidade presente nas duas máquinas permitia aos colaboradores sem habilidades colocar os blocos e as cabeças de cilindro no lugar em uma bandeja lateral, enquanto o lote anterior estava sendo fresado. O colaborador, então, empurrava a bandeja inteira para a fresadora, e o processo prosseguia automaticamente. Agora, toda a habilidade de fresar estava na máquina, e o custo do processo despencou.

As ferramentas de Ford eram altamente precisas e, em muitos casos, totalmente ou em grande parte automatizadas, mas também eram dedicadas a produzir um único item, em alguns casos a um nível absurdo. Por exemplo, Ford comprava prensas de estampagem, usadas para fazer peças de placa de aço, com espaço suficiente para apenas uma peça específica. Quando a fábrica precisava de uma peça maior, por causa de uma mudança nas especificações ou, em 1927, para redesenhar completamente o Modelo A, Ford normalmente descartava o maquinário junto com a peça ou modelo antigo.

## Produto

O produto produzido em massa original de Ford, o Modelo T, vinha em nove versões de carroceria – incluindo um carro de passeio para duas pessoas, um para quatro pessoas, um sedan coberto para quatro pessoas e um caminhão para duas pessoas com um compartimento de carga atrás. Entretanto, todos tinham os mesmos chassis, que continham todas as peças mecânicas. Em 1923, o melhor ano da produção do Modelo T, Ford produziu 2,1 milhões de chassis para esse modelo, um número que provaria ser um marco para a produção em massa padronizada (apesar de o Fusca atingir esse número posteriormente).

O sucesso de seus automóveis se baseava, em primeiro lugar, nos baixos preços, que continuavam caindo. Ford baixou seus preços continuamente desde o dia em que o Modelo T foi lançado. Parte da redução tinha a ver com mudanças nos preços gerais do consumidor – antes de o governo tentar estabilizar a economia, os preços caíam assim como subiam –, mas era principalmente uma questão de aumentar o volume permitindo menores custos, o que, por sua vez, gerava maior volume. No final da vida útil do Modelo T em 1927, entretanto, Ford estava enfrentando uma demanda decrescente para o modelo e estava, sem dúvidas, vendendo abaixo do custo. (A demanda caiu porque a General Motors estava oferecendo um produto mais moderno por um preço um pouquinho maior. Além disso, um automóvel da GM com um ano de idade era mais barato que um Ford novo.)

**36** Parte I ▪ As origens da produção *lean*

A incrível popularidade do carro de Ford também vinha de sua durabilidade de projeto e dos materiais e, como já observado, do fato de que o usuário comum poderia facilmente consertá-lo. As preocupações que os compradores mais expressam hoje em dia mal existiam no mundo de Ford.

Por exemplo, ajustes e acabamentos – ou os aspectos estéticos do carro, como os para-lamas sem fendas, pintura sem respingos ou portas que não fossem tão barulhentas quando batidas – não eram uma preocupação para os clientes de Ford. O Modelo T não tinha uma chapa de metal externa, exceto pelo capô; a tinta era tão rudimentar que mal se notava os respingos; e muitos dos estilos de carroceria sequer tinham portas.

Quanto a avarias ou problemas no uso diário – falhas do motor, por exemplo, ou dificuldades elétricas misteriosas, como o aviso de "verificar o motor" que aparece de vez em quando em alguns carros hoje –, esses também não incomodavam os clientes da Ford. Se o motor do Modelo T falhasse, eles simplesmente procuravam a causa no manual de perguntas e respostas que a empresa fornecia e consertavam o problema. Por exemplo, eles podiam limpar o tanque de gasolina e colocar o combustível de volta com um filtro para retirar qualquer resíduo de água. Em resumo: se uma peça não se encaixasse adequadamente ou fosse instalada um pouco fora do que era tolerado, cabia ao dono do carro repará-Ia. E, como todos os carros apresentavam defeitos com frequência, a facilidade de reparo era essencial.

Em Highland Park, Ford raramente inspecionava automóveis finalizados. Ninguém ligava um motor até que o carro estivesse pronto para ser dirigido no final da linha de montagem, e nenhum Modelo T era testado nas ruas.

De qualquer forma, apesar de um sistema de fabricação que provavelmente não entregava alta qualidade em nosso padrão moderno, Ford foi capaz de liderar o que logo se tornou a maior indústria do mundo ao ser o pioneiro em dominar os princípios da produção em massa. Demorou cinquenta anos para que outras fábricas organizadas de acordo com os princípios de produção *lean* pudessem entregar uma qualidade quase perfeita sem extensivas inspeções no final da linha e grandes quantidades de retrabalho.

## ▪ Os limites lógicos da produção em massa: o complexo de Rouge

A verdadeira produção em massa começou em Highland Park, mas o final ainda não estava à vista. Ford acreditava que a última peça do quebra--cabeça era aplicar uma "mão visível" a todas as etapas da produção, desde a matéria-prima até o veículo acabado. Ele tentou fazer isso no complexo de Rouge, que estava praticamente concluído em 1927, quando Ford mudou a produção para lá para fazer o Modelo A. Cópias menores do complexo de Rouge foram abertas em Dagenham, Inglaterra, e Cologne, Alemanha, em 1931.

Nessas instalações, Ford continuou com sua obsessão por um produto único – o Modelo A, no Rouge, o Modelo Y, em Dagenham, e o Ford V8, na Alemanha. Ele também adicionou uma fundição de aço e uma fábrica de vidros às atividades de formação e corte de metais, o que acontecia em Highland Park. Toda matéria-prima necessária agora vinham por um portão, enquanto os carros acabados saíam por outro. Ford tinha obtido sucesso na completa eliminação da necessidade de assistência externa.

Ele também adicionou a matéria-prima e o transporte à "mão visível" – através de uma plantação para extração de látex própria no Brasil, de minas de ferro em Minnesota, de navios da Ford para transportarem minério de ferro e carvão pelos Grandes Lagos até o complexo de Rouge e de uma ferrovia interligando as instalações de produção da Ford na região de Detroit.

No fim das contas, Ford tentava produzir tudo em massa – desde comida (através da manufatura de tratores e de uma fábrica de extração de soja), até o transporte aéreo (através da Ford TriMotor, que deveria reduzir o preço do tráfego aéreo comercial, e do Ford "Flying Flivver", que era o equivalente aéreo do Modelo T). A ideia de Ford era que produzindo de tudo, desde comida e tratores até aviões em grande quantidade e de forma padronizada, ele conseguiria reduzir substancialmente os custos dos produtos e tornar as massas ricas. Ele financiava todos os seus projetos internamente, pois Ford odiava bancos e investidores externos e estava determinado a manter total controle sobre sua empresa.

Eventualmente, esses passos além de Highland Park não deram em nada, em parte porque a sinergia entre as indústrias, que os empresários repetidamente procuravam, mas raramente encontravam, nunca estava lá, mas também porque o próprio Ford não fazia ideia de como organizar um negócio global além de centralizar toda a tomada de decisões em uma pessoa no alto escalão, ele mesmo. Esse conceito foi impraticável mesmo no auge da Ford, e quase destruiu a empresa com o declínio de suas faculdades mentais na década de 1930.

## ■ Sloan como complemento necessário à Ford

Na General Motors, Alfred Sloan já tinha uma ideia melhor no início dos anos 20, quando foi convidado para arrumar a "bagunça" que William Durant, o vulnerável fundador da General Motors, tinha feito. Durant era o clássico

**38**   Parte I ■ As origens da produção *lean*

financista empreendedor. Ele não fazia nenhuma ideia de como administrar qualquer coisa depois da aquisição. Ele, portanto, acabou ficando com uma dúzia de empresas automotivas, cada uma administrada separadamente com alto grau de sobreposição de produtos. Já que ele não tinha como saber o que estava acontecendo nessas empresas, além dos demonstrativos trimestrais de lucros e perdas, ele se surpreendia repetidas vezes quando descobria que muitos carros estavam sendo fabricados para as condições atuais do mercado ou que não havia matéria-prima suficiente para sustentar a produção. Um pico de superprodução trazido pela crise econômica de 1920 finalmente o atingiu; seus banqueiros insistiam que alguém com habilidades de gestão assumisse o posto. Então, Pierre du Pont, presidente da E. I. du Pont, tornou-se presidente do Conselho da General Motors e, por sua vez, colocou Sloan na presidência da empresa.

Um graduado pelo MIT (ele contribuiu com uma parte de seus rendimentos para fundar a Sloan School of Management no MIT depois da Segunda Guerra Mundial), Sloan assumiu o controle da Hyatt Roller Bearing Company no início do século XX, uma empresa adquirida por Billy Durant por volta de 1915. Ele foi vice-presidente da GM quando Durant saiu; alcançou a presidência com base em um memorando que escreveu em 1919 sobre como administrar uma empresa multidivisional.

Sloan rapidamente percebeu que a GM tinha dois problemas severos para resolver se quisesse obter sucesso na produção em massa e superar Ford como líder da indústria: a empresa tinha que administrar profissionalmente os enormes empreendimentos dos quais as novas técnicas de produção precisavam e os quais as tornavam possíveis, e tinha que trabalhar a partir do produto básico de Ford para que, como Sloan mesmo disse, pudesse se encaixar em "todos os bolsos e propósitos".

A Ford Motor Company, claro, não sofria do problema de sobreposição de produtos da GM, pois Ford fabricava apenas um produto. Ela tinha, entretanto, todos os problemas organizacionais, mas Henry Ford se recusava a reconhecê-los. Ele teve sucesso com a produção em massa na fábrica, mas nunca pôde projetar a organização e um sistema de gestão dos quais precisava para gerenciar efetivamente todo o sistema de fábricas, operações de engenharia e sistemas de *marketing* que eram necessários na produção em massa. Sloan completaria o sistema que Ford inventou, e é esse o sistema pleno ao qual nos referimos quando dizemos "produção em massa" hoje em dia.

Sloan rapidamente encontrou uma solução para cada uma das dificuldades da GM. Para resolver o problema de gestão, ele criou divisões descentralizadas, gerenciadas objetivamente "pelos números" em um pequeno centro

## Capítulo 2 ■ Ascensão e queda da produção em massa **39**

corporativo. Ou seja, Sloan e outros executivos seniores supervisionavam cada um dos centros de lucro da empresa – as cinco divisões de carros e as divisões que fabricavam componentes, como geradores (Delco), engrenagens de direção (Saginaw) e carburadores (Rochester). Sloan e seu grupo executivo demandavam relatórios detalhados em intervalos frequentes sobre vendas, participação de mercado, estoques e lucros e perdas e revisavam os orçamentos quando as divisões precisavam de fundos do cofre corporativo central.

Sloan achava desnecessário e inapropriado para os gerentes seniores do nível corporativo conhecer muito sobre os detalhes operacionais de cada divisão. Se os números mostrassem que o desempenho estava fraco, era hora de mudar o gerente geral. Gerentes gerais que consistentemente mostravam bons números eram candidatos à promoção para vice-presidência no centro administrativo.

Para atender o amplo mercado que a General Motors queria servir, Sloan desenvolveu uma gama de produtos em cinco modelos que variavam de forma gradativa de baratos para caros, do Chevrolet ao Cadillac. Isso, Sloan pensava, satisfaria compradores potenciais de todas as rendas por toda sua vida.

Sloan trabalhou nessa solução estratégica para os problemas da empresa até aproximadamente 1925, embora ele a tenha sistematizado para o mundo exterior à General Motors apenas quando escreveu suas memórias com quase noventa anos, na década de 60.[13]

Ele também buscou soluções para outros dois grandes problemas que a empresa enfrentava. Através de suas ligações com a DuPont e o Morgan Bank, ele desenvolveu fontes estáveis de financiamento externo, o qual estaria disponível quando eles precisassem.

Além disso, sua ideia de divisões internas descentralizadas funcionava na organização e na administração de subsidiárias estrangeiras da GM. As operações de manufatura e vendas na Alemanha, na Grã-Bretanha e em muitos outros países tornaram-se empresas autossustentáveis, gerenciadas "pelos números" em Detroit. Essa estrutura demandava pouquíssimo tempo de gestão e supervisão direta.

Não é um exagero dizer que as ideias básicas de gestão de Sloan resolveram os últimos problemas graves que inibiam a difusão da produção em massa. Novas profissões de gerente financeiro e profissionais de *marketing* foram criadas para complementar as profissões de engenharia, para que toda área funcional da empresa tivesse agora seus especialistas dedicados. A divisão da mão de obra profissional estava completa.

O pensamento inovador de Sloan também parecia resolver o conflito entre a necessidade por padronização para cortar custos de fabricação e a

**40**  Parte I ■ As origens da produção *lean*

diversidade de modelos exigida pela grande variedade de demanda dos consumidores. Ele alcançou as duas metas ao padronizar muitos itens mecânicos, como bombas e geradores, em todos os produtos da empresa ao produzi-los com ferramentas especializadas ao longo dos anos. Enquanto isso, ele alterava anualmente a aparência externa de cada carro e introduzia uma série infindável de "acessórios", como transmissão automática, sistemas de ar-condicionado e rádio, que podiam ser instalados nos atuais *designs* para manter o interesse do consumidor.

As inovações de Sloan eram uma revolução no *marketing* e na gestão para a indústria automotiva. Entretanto, elas não contribuíram para mudar a ideia, institucionalizada por Henry Ford, de que os trabalhadores do chão de fábrica eram simplesmente peças intercambiáveis do sistema de produção. Por isso, as questões do chão de fábrica iam de mal a pior.

Ford estava satisfeito com os altos índices de *turnover* que sua filosofia e práticas de trabalho encorajavam. De qualquer forma, ele percebeu que, assim que o sistema de fluxo contínuo foi completamente implantado em Highland Park em 1914, a eficiência de sua empresa superava tanto as de seus rivais que ele conseguia pagar o dobro dos salários (os famosos cinco dólares por dia) e reduzir os preços drasticamente. Essas ações permitiram que passasse a imagem de um empregador paternalista (que evitava os sindicatos), enquanto colocava seus competidores artesanais contra a parede.

O problema com os salários mais altos, como mais tarde foi revelado, era que eles funcionavam: o índice de *turnover* foi reduzido, pois os trabalhadores de Ford decidiam permanecer em seus empregos. Eventualmente, eles paravam de sonhar com um retorno para o interior ou para seus países de origem e percebiam que um emprego na Ford provavelmente seria o único trabalho de suas vidas. Quando isso ficou evidente, suas condições de trabalho logo se pareceram ser cada vez menos suportáveis.

Além disso, o mercado automotivo mostrou-se ainda mais cíclico do que o resto da economia. As empresas automotivas norte-americanas, claro, consideravam sua força de trabalho um custo variável, não hesitando em demitir os trabalhadores de suas fábricas ao primeiro sinal de uma queda nas vendas. Tudo isso significava que, quando chegou a Grande Depressão, as condições para um movimento sindical de sucesso na indústria automotiva eram favoráveis.

Isso era, entretanto, um movimento sindical da produção em massa. Sua liderança aceitava completamente tanto o papel da gestão e quanto a natureza inerente do trabalho em uma fábrica com linha de montagem. Não é de se surpreender que, quando o Sindicato dos Trabalhadores Automotivos

Capítulo 2 ■ Ascensão e queda da produção em massa **41**

finalmente assinou acordos com o que tinha se tornado as três maiores empresas do setor (*The Big Three*) no final dos anos 30, os principais problemas eram tempo de serviço e direitos trabalhistas; o movimento foi chamado de sindicalismo de produção em massa.[14]

A natureza cíclica da indústria implicava que alguns trabalhadores seriam demitidos com frequência, então o tempo de trabalho – e não a competência – tornou-se o principal determinante de quem ia e de quem ficava. E, como alguns trabalhos eram mais fáceis (ou mais interessantes) do que outros, mas todos pagavam basicamente o mesmo salário, o tempo de trabalho também se tornou o princípio que governava a distribuição das tarefas. O resultado foi uma lista sempre crescente de regras de trabalho que, sem dúvida, reduziram a eficiência da fábrica de produção em massa da Ford, já que os trabalhadores lutavam continuamente por equidade e justiça.

## ■ O auge da produção em massa: a América de 1955

Pegue as práticas de fabricação de Ford, adicione às técnicas de *marketing* e de gestão de Sloan e junte à nova função do movimento sindical no controle das tarefas de trabalho, e você terá a produção em massa em sua forma final e madura. Por décadas, esse sistema colheu vitória após vitória. As empresas norte-americanas de carros dominaram a indústria automotiva e o mercado norte-americano representava a maior percentagem das vendas de automóveis no mundo. As empresas de praticamente todas as outras indústrias adotaram métodos semelhantes, normalmente deixando algumas empresas artesanais em nichos de baixo volume.

Como nunca antes, o ano de 1955 ilustrou o quão grande e difundida a indústria automotiva e o sistema no qual ela se embasava tinham se tornado. Isso marcou o primeiro ano em que mais de sete milhões de automóveis foram vendidos nos Estados Unidos. Esse também foi o ano em que Sloan se aposentou após 34 anos como presidente da General Motors.

Três empresas gigantes – Ford, GM e Chrysler – somavam 95% de todas as vendas, e somente seis modelos somavam 80% de todos os carros vendidos. Todos os vestígios da produção artesanal, que antigamente dominava a indústria, agora estavam extintos nos Estados Unidos.

Entretanto, a glória é passageira, como aprendeu a agora então poderosa indústria automotiva norte-americana. Ironicamente, 1955 também foi o ano em que começou a queda, como mostram as **Figuras 2.1 e 2.2**. A quota

## 42 Parte I ■ As origens da produção *lean*

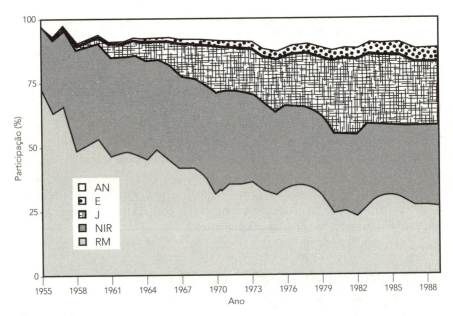

**Figura 2.1**
Parcelas na produção mundial de veículos motorizados por região, 1955-1989.
**Nota:** Esta figura inclui todos os veículos produzidos dentro das três grandes regiões, por todas as empresas que nelas operam. Além disso, ela agrupa a produção de nações recentemente industrializadas e do resto do mundo.
**AN** = América do Norte: Estados Unidos e Canadá
**E** = Europa Ocidental, incluindo Escandinávia.
**J** = Japão
**NIR** = Nações de industrialização recente, principalmente Coreia do Sul, Brasil e México.
**RM** = Resto do mundo, incluindo União Soviética, Leste Europeu e China.
**Fonte:** Calculado pelos autores do Automotive News Market Data Book; 1990, p. 3.

de importações começou a aumentar de forma constante. O aperfeiçoamento da produção em massa não conseguia mais sustentar essas empresas norte-americanas em suas posições de liderança.

### ■ A difusão da produção em massa

Um grande motivo pelo qual as *Big Three* norte-americanas estavam perdendo sua vantagem competitiva era que, em 1955, a produção em massa tinha se tornado comum em vários países ao redor do mundo. Muitas pessoas, na verdade, esperavam que a liderança norte-americana diminuísse muito antes, nos anos imediatamente posteriores à Primeira Guerra Mundial. Mesmo

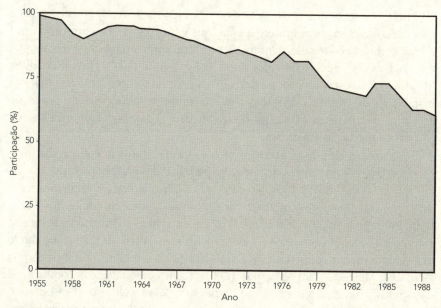

**Figura 2.2**
Porcentagem do mercado de carros norte-americanos dominado por empresas norte-americanas, 1955-1989.

**Nota:** Essas quotas incluíam veículos importados pelas empresas norte-americanas em suas fábricas no exterior, próprias ou em *joint-venture*. Ela não inclui importados "cativos" das firmas estrangeiras independentes.
**Fonte:** 1955-1981 de *Automotive News Market Data Book*, baseado nos registros de veículos.
1982-1989 de *Ward's Automotive Reports*, baseado nas vendas de veículos.

antes da guerra, um grupo de viajantes, incluindo André Citroën, Louis Renault, Giovanni Agnelli (da Fiat), Herbert Austin e William Morris (da MG na Inglaterra), tinha visitado Highland Park. Henry Ford foi consideravelmente aberto para discutir com eles suas técnicas, e, nos anos 30, ele demonstrou de forma direta todos os aspectos da produção em massa na Europa com suas fábricas em Dagenham e Cologne.

As ideias básicas por trás da produção em massa tinham, portanto, sido disponibilizadas gratuitamente para a Europa anos antes do início da Segunda Guerra Mundial. Contudo, o caos econômico e o nacionalismo exagerado existentes nos anos 20 e no início dos 30, junto com uma forte conexão às tradições da produção artesanal, evitaram sua maior disseminação. No final dos anos 30, a Volkswagen e a Fiat começaram planos ambiciosos para a produção em massa em Wolfsburg e Mirafiori, mas a Segunda Guerra Mundial logo colocou a produção para o público em espera.

**44** Parte I ■ As origens da produção *lean*

Então, somente nos anos 50, mais de 30 anos após Henry Ford começar a produção em massa em grande escala, que essa tecnologia, extraordinariamente comum nos Estados Unidos se difundiu completamente para além da terra nativa de Ford. No final dos anos 50, Wolfsburg (VW), Flins (Renault) e Mirafiori (Fiat) estavam produzindo em uma escala comparável à das maiores instalações de Detroit. Além disso, muitas empresas europeias de produção artesanal, lideradas por Daimler-Benz (Mercedes), também fizeram a transição para a produção em massa.

Todas essas empresas estavam oferecendo produtos que eram distintamente diferentes dos carros de tamanho padrão e das picapes preferidos pelos fabricantes norte-americanos. No começo, os europeus se especializaram em dois tipos de carros que os norte-americanos não ofereciam: compactos e econômicos, representados pelo Fusca (VW), e esportivos e divertidos de dirigir, como o MG. Depois, nos anos 70, eles redefiniram o carro de luxo como sendo um veículo menor com tecnologia mais avançada e melhor desempenho na estrada (a Mercedes monobloco de 1,6 toneladas com injeção de combustível e suspensão independente *versus* o Cadillac de 2,3 toneladas com carburador, eixo reto e carroceria sobre chassi). (O carro monobloco pesa menos, para certo número de passageiros, do que um carro de carroceria sobre chassi. Apesar de ter as vantagens de maior rigidez e, portanto, menor tendência a trepidações, também custa mais para projetar.)

Junto aos salários mais baixos da Europa, essas variações de produtos eram suas aberturas competitivas para o mercado de exportação mundial. E, assim como os norte-americanos fizeram antes deles, os europeus acumularam sucesso seguido de sucesso em mercados estrangeiros por um período de vinte e cinco anos, do início dos anos 50 até os anos 70.

Eles também se concentraram – diferente de Detroit nessa época – em introduzir novos acessórios. As inovações europeias dos anos 60 e 70 incluíam tração dianteira, freios a disco, injeção de combustível, carrocerias monobloco, transmissões de cinco marchas e motores com altos níveis de potência. (Carrocerias monobloco não possuem uma estrutura de aço embaixo. Em vez disso, como uma latinha de alumínio, a chapa de metal da superfície mantém a integridade do carro.) Os norte-americanos, ao contrário, eram os líderes em acessórios de luxo: sistemas de ar-condicionado, direções hidráulicas, aparelhos de som estéreo, transmissões automáticas e motores potentes (e muito suaves).

A história poderia ter favorecido os norte-americanos se os preços dos combustíveis continuassem caindo – como aconteceu por toda uma geração, até 1973 – e se os norte-americanos continuassem a demandar carros que os

## Capítulo 2 ■ Ascensão e queda da produção em massa

isolassem do ambiente em que estavam. Entretanto, os preços de combustíveis subiram vertiginosamente, e jovens norte-americanos, principalmente os de alta renda, queriam algo divertido para dirigir. O problema de Detroit era que seus acessórios, como aparelhos de ar-condicionado e equipamentos de som estéreo, podiam ser facilmente adicionados aos carros europeus existentes. Mas seria necessário um novo projeto completo dos veículos norte-americanos e novas ferramentas de produção para introduzir carrocerias com melhor aproveitamento do espaço, suspensões mais responsivas e motores mais econômicos.

Entretanto, como se tornou aparente no final dos anos 80 e como mostraremos nos próximos capítulos, os sistemas de produção europeus não eram mais do que cópias dos de Detroit, mas com menor eficiência e precisão de fábrica.

As fábricas europeias de automóveis viveram nos anos 50 o que as norte-americanas tinham vivido nos anos 30. Durante os primeiros anos pós-guerra, a maioria das fábricas europeias empregava um grande número de imigrantes – turcos e iugoslavos na Alemanha, sicilianos e italianos sulistas na Itália e marroquinos e argelinos na França – para os empregos intercambiáveis de montador.

Algumas dessas pessoas voltaram para casa quando a falta de emprego na Europa pós-guerra foi amenizada. Outros, entretanto, ficaram e se uniram a um número ainda maior de trabalhadores nativos. Eventualmente, assim como tinha acontecido nos Estados Unidos, os trabalhadores em Torino, Paris e Wolfsburg perceberam que o trabalho de produção em massa não era o caminho para se tornar autônomo em seu próprio país; era, na verdade, um trabalho que realizariam por toda a vida. De repente, a monotonia intercambiável e infindável das fábricas de produção em massa começou a se mostrar insuportável. Uma onda de inquietação surgiu.

Os sistemas europeus de produção em massa foram remediados nos anos 70 com o aumento dos salários e com a redução constante da jornada semanal de trabalho. Os fabricantes de carro europeus também conduziram alguns experimentos com a participação dos trabalhadores, como o que ocorreu na fábrica de Kalmar da Volvo, que – revivendo o salão de montagem de Henry Ford de 1910 – reintroduziu técnicas artesanais ao atribuir a pequenos grupos de trabalhadores a responsabilidade por montar um veículo completo. Além disso, as condições econômicas delicadas após 1973 diminuíram as expectativas dos trabalhadores e reduziram as alternativas de emprego.

Contudo, isso foi apenas paliativo. Nos anos 80, os trabalhadores europeus continuaram a achar o trabalho de produção em massa tão desestimulante

**46** Parte I ■ As origens da produção *lean*

que sua prioridade nas negociações continuou sendo reduzir a jornada de trabalho em fábrica.

Essa situação da produção em massa estagnada tanto nos Estados Unidos quanto na Europa poderia ter continuado indefinidamente se uma nova indústria automotiva não tivesse emergido no Japão. A verdadeira importância dessa indústria estava no fato de não ser simplesmente outra réplica da então venerável abordagem norte-americana à produção em massa. Os japoneses estavam desenvolvendo uma forma totalmente nova de fazer as coisas, que chamamos de *produção lean*.

# 3
# Ascensão
# da produção *lean*

Na primavera de 1950, um jovem engenheiro japonês, Eiji Toyoda, partiu para uma longa viagem de três meses à fábrica Rouge da Ford, em Detroit. Na verdade, a viagem representou a segunda visita da família, pois o tio de Eiji, Kiichiro, tinha visitado a Ford em 1929.

Desde aquela data, muita coisa tinha acontecido com a família Toyoda e com a Toyota Motor Company, que tinham fundado em 1937.[1] (O nome da família fundadora, Toyoda, significa "cultivo abundante de arroz" em japonês, então questões sobre *marketing* pediam por um novo nome para a jovem empresa. Da mesma forma, em 1936, a empresa promoveu um concurso aberto ao público que reuniu 27 mil sugestões. "Toyota", que não tem nenhum significado em japonês, foi o vencedor.)

A maioria desses eventos tinha sido desastrosa para a empresa: eles tinham sido frustrados pelo governo militar em seu esforço para construir carros de passeio nos anos 30 e tinham, em vez disso, fabricado caminhões, principalmente utilizando métodos artesanais nos malfadados esforços de guerra.

E, no final de 1949, um colapso nas vendas forçou a Toyota a demitir grande parte da mão de obra, mas somente após uma longa greve que não teve fim até Kiichiro renunciar da empresa, responsabilizando-se pelos fracassos da gestão. Em 13 anos de esforço, a Toyota Motor Company tinha, em 1950,

**48** Parte I ■ As origens da produção *lean*

produzido 2.685 automóveis, comparado com os 7.000 que a Rouge fazia em apenas um dia.[2]

Isso logo mudou.

Eiji não era um engenheiro comum, tanto em habilidade quanto em ambição. Após estudar cuidadosamente cada centímetro da enorme Rouge, que naquela época era o maior e mais eficiente complexo de fabricação do mundo, Eiji escreveu para sua empresa que ele "achava ser possível melhorar o sistema de produção".[3]

Mas simplesmente copiar e melhorar o modelo de Rouge revelou-se muito difícil. De volta à sua cidade, Nagoya, Eiji Toyoda e seu gênio da produção, Taiichi Ohno, logo concluíram – por motivos que explicaremos em breve – que a produção em massa jamais funcionaria no Japão. Desse início experimental nasceu o que a Toyota chama de Sistema Toyota de Produção e, em última instância, a produção *lean*.[4]

## ■ O local de nascimento da produção *lean*

A Toyota é normalmente chamada de a empresa de automóveis mais japonesa do Japão, sendo localizada na insular Nagoya, em vez da cosmopolita Tóquio.[5] Por muitos anos, sua mão de obra era composta, em grande parte, por antigos trabalhadores rurais. Em Tóquio, a empresa normalmente era chamada, ironicamente, de "bando de fazendeiros".

Ainda assim, hoje, a Toyota é conhecida pela maioria dos observadores do setor como a produtora mais eficiente e de melhor qualidade de veículos motorizados do mundo.

A família fundadora, os Toyoda, obteve sucesso primeiro na área de maquinaria têxtil no final do século XIX ao desenvolver recursos técnicos superiores em suas máquinas de tear. No final dos anos 30, por um estímulo do governo, a empresa entrou na indústria de veículos motorizados, especializando-se em caminhões militares. Ela mal tinha passado do ponto de construir alguns protótipos com métodos artesanais quando a guerra começou, e a produção de automóveis foi encerrada. Após a guerra, a Toyota estava determinada a entrar na fabricação de carros e caminhões comerciais em grande escala, mas ela enfrentou uma série de problemas.

- O mercado interno era pequeno e demandava uma grande variedade de veículos – carros de luxo para oficiais do governo, grandes caminhões para carregar mercadorias, pequenos caminhões para os pequenos agricultores

Capítulo 3 ■ Ascensão da produção *lean* **49**

do Japão, carros compactos adaptados para cidades populosas do país e os altos preços de combustíveis.

- A mão de obra nativa japonesa, como a Toyota e outras empresas logo constataram, não estava mais disposta a ser tratada como um custo variável ou uma peça intercambiável. Ainda mais, as novas leis trabalhistas introduzidas pela ocupação norte-americana fortaleceram muito a posição dos trabalhadores na negociação de condições de trabalho mais favoráveis. O direito da gestão de demitir trabalhadores foi severamente reduzido e a posição de barganha dos sindicatos que representavam todos os trabalhadores foi muito reforçada. Os sindicatos usavam sua força para representar todos, eliminar a distinção entre trabalhadores administrativos e operacionais e garantir uma participação nos lucros da empresa na forma de pagamentos de bônus adicionais ao salário base.[6]

  Além disso, não havia "trabalhadores-convidados" no Japão – isto é, imigrantes temporários dispostos a enfrentar condições de trabalho precárias em troca de um salário mais alto – ou minorias com escolhas limitadas de carreira.[7] No Ocidente, por outro lado, esses indivíduos tinham formado a base da mão de obra na maioria das empresas de produção em massa.

- A economia japonesa devastada pela guerra pedia por capital e por comércio exterior, o que significava que grandes compras das mais recentes tecnologias de produção ocidental eram impossíveis de serem realizadas.

- O mundo exterior estava cheio de grandes produtores de veículos motorizados, que estavam ansiosos para estabelecer negócios no Japão e prontos para defender seus mercados já consagrados contra as exportações japonesas.

Essa última dificuldade provocou uma resposta do governo japonês, que logo proibiu investimentos estrangeiros diretos na indústria automotiva do país. Essa proibição foi crucial para a Toyota (assim como para outras empresas entrando na indústria automotiva japonesa) para ganhar espaço no mercado automotivo. Isso não foi suficiente, entretanto, para garantir o sucesso da empresa fora do Japão.

Além disso, o governo quase foi longe demais. Depois da proibição do direito de propriedade estrangeira e da imposição de altas barreiras tarifárias terem encorajado muitas empresas japonesas a entrar na indústria automotiva no início dos anos 50, o Ministério do Comércio Exterior e Indústria do Japão (MITI, em inglês, Ministry of International Trade and Industry) começou a repensar algumas coisas. O MITI acreditava que o primeiro requisito

**50** Parte I ■ As origens da produção *lean*

para uma indústria automotiva internacionalmente competitiva era uma alta escala de produção, então foi proposta uma série de planos para unificar as doze empresas automotivas embrionárias japonesas nas "Duas Grandes" ou "Três Grandes" do Japão para concorrerem com as "Três Grandes" de Detroit. As empresas unificadas deveriam se especializar em diferentes tamanhos de carros para prevenir uma competição doméstica "excessiva" e alcançar grande porte para competir com os mercados de exportação em questão de preços.

E se esses planos tivessem dado certo?

A indústria japonesa poderia ter crescido rapidamente no começo, mas provavelmente teria o mesmo destino da atual indústria automotiva coreana. Aconteceu que, conforme a vantagem de salários mais baixos gradualmente desaparecia, os novos produtores japoneses, com pouca novidade para oferecer em termos de técnicas produtivas e com competição limitada e doméstica, tornariam-se secundários na indústria automotiva mundial. Pode ser que eles fossem capazes de proteger seu mercado interno, mas no longo prazo não seriam uma ameaça às empresas bem estabelecidas do resto do mundo que usavam as mesmas técnicas.

Em vez disso, a Toyota, a Nissan e outras empresas desafiaram o MITI e decidiram se tornar produtoras de todos os tipos de carros com uma variedade de novos modelos. O engenheiro-chefe de produção da Toyota, Taiichi Ohno, logo percebeu que empregar as ferramentas de Detroit – e seus métodos – não se adequava a sua estratégia. Os métodos de produção artesanal eram uma alternativa muito conhecida, mas não pareciam levar a lugar algum uma empresa com o intuito de fabricar em massa produtos para o mercado. Ohno sabia que precisava de uma nova abordagem, e ele a encontrou. Podemos ver no setor de estamparia um bom exemplo de como as novas técnicas dele funcionaram.[8]

## ■ A produção *lean*: um exemplo concreto

Mais de 60 anos se passaram desde o lançamento do Modelo A de Henry Ford com carroceria em aço. Ainda assim, por todo o mundo, quase todas as carrocerias de veículos motorizados ainda são produzidas soldando aproximadamente 300 peças de metal feitas de chapas de aço.

Fabricantes de automóveis produziam essas "estamparias" empregando um entre dois métodos diferentes. Alguns pequenos produtores artesanais, como Aston Martin, cortam chapas de metal – normalmente alumínio – em um formato grosseiro e, depois, arrumam essas peças uma a uma sobre um

Capítulo 3 ■ Ascensão da produção *lean* **51**

molde para que adquira seu formato final. (O molde é apenas uma peça rígida de metal no formato exato que a chapa de metal deve ter ao final do processo.)

Qualquer produtor que faz mais que algumas centenas de carros por ano – uma categoria que inclui desde a Porsche até a General Motors – começa com um grande rolo de chapa laminada de aço. Eles passam essa chapa por uma prensa automatizada produzindo uma pilha de peças planas cruas, um pouco maiores que a peça final desejada. Depois, inserem as peças em enormes prensas de estamparia que contêm moldes superiores e inferiores coincidentes. Quando esses moldes são prensados por toneladas de pressão, as peças bidimensionais ganham o formato tridimensional do para-lama do carro ou da porta do caminhão conforme se movem por uma série de prensas.

O problema com esse segundo método, pela perspectiva de Ohno, era a escala mínima necessária para uma operação econômica. As grandes e caras linhas de prensas ocidentais foram projetadas para operar em aproximadamente doze repetições por minuto, três turnos por dia, para fazer um milhão ou mais peças por ano. Mesmo assim, antigamente, toda produção da Toyota era de apenas alguns milhares de veículos por ano.

Os moldes podiam ser mudados para que a mesma linha de prensas pudesse fazer diferentes peças, mas fazer isso trazia grandes dificuldades. Cada molde pesava muitas toneladas e os trabalhadores tinham de alinhá-los na prensa com absoluta precisão. O menor desalinhamento produzia peças não uniformes. Um desalinhamento mais sério poderia produzir um pesadelo no qual a chapa de metal derretia no molde, ocasionando a necessidade de consertos extremamente caros e demorados.

Para evitar esses problemas, Detroit, Wolfsburg, Flins e Mirafiori atribuíram as mudanças de moldes a especialistas. Essas mudanças eram feitas de forma metódica e normalmente precisavam de um dia completo para passar da peça anterior, com os moldes anteriores, para a primeira peça aceitável com os novos moldes. Conforme o volume da indústria ocidental crescia após a Segunda Guerra Mundial, ela encontrou uma solução ainda melhor para o problema da mudança de moldes. Os fabricantes descobriram que podiam "dedicar" algumas prensas a peças específicas e estampar essas peças por meses, ou até anos, sem mudar os moldes.

Para Ohno, entretanto, essa solução não fazia sentido. A prática ocidental dominante exigia centenas de prensas de estampagem para fazer todas as peças de carrocerias de carros e caminhões, enquanto o orçamento de Ohno determinava que praticamente o carro todo fosse estampado com apenas algumas linhas de prensas.

**52**  Parte I ■ As origens da produção *lean*

Sua ideia era desenvolver técnicas simples de mudança de moldes e mudá--los com frequência – a cada duas ou três horas, em vez de dois a três meses – usando roletes para mover os moldes de uma posição a outra e mecanismos simples de ajuste.[9] Como as novas técnicas eram muito fáceis de dominar e os trabalhadores da produção ficavam ociosos durante as trocas de moldes, Ohno teve a ideia de deixar que eles também fizessem as trocas.

Ao adquirir algumas prensas norte-americanas usadas e experimentá-las de forma exaustiva a partir do final dos anos 40, Ohno eventualmente aperfeiçoou sua técnica de troca rápida. No final dos anos 1950, ele já tinha reduzido o tempo necessário para mudar moldes de um dia para surpreendentes três minutos, bem como eliminado a necessidade de especialistas em mudanças de moldes. No processo, fez uma descoberta inesperada – na verdade, custava menos por peça estampar pequenos lotes do que enormes remessas.

Havia dois motivos para esse fenômeno. Fazer lotes pequenos eliminava o custo do carregamento dos enormes estoques de peças finalizadas que os sistemas de produção em massa necessitavam. Ainda mais importante, fazer somente algumas peças antes de montá-las em um carro fazia erros de estamparia aparecerem quase instantaneamente.

As consequências dessa última descoberta foram enormes. Ela tornou as pessoas que trabalhavam na estamparia muito mais preocupadas com qualidade e eliminou o desperdício de grandes números de peças defeituosas – que precisavam ser reparadas a um altíssimo custo, ou até ser descartadas – pois eram descobertas bem depois de sua fabricação. Mas para fazer esse sistema funcionar – um sistema que idealmente produzia duas horas ou menos de estoque –, Ohno precisava de uma mão de obra extremamente qualificada e altamente motivada.

Se os trabalhadores não conseguissem antecipar os problemas antes que eles ocorressem e não tomassem a iniciativa de desenvolver soluções, o trabalho de toda a fábrica poderia facilmente parar. Reter o conhecimento e poupar esforço – muitas vezes explicado por sociólogos industriais como uma característica saliente de todos os sistemas de produção em massa – levaria rapidamente a um desastre na fábrica de Ohno.

## ■ A produção *lean*: a empresa enquanto comunidade

Acontece que a mão de obra de Ohno acabou solucionando esse problema para ele no final dos anos 1940. Por causa dos problemas macroeconômicos

Capítulo 3 ■ Ascensão da produção *lean* **53**

do Japão – norte-americanos que estavam lá decidiram acabar com a inflação através de restrições de crédito, mas exageraram e causaram, em vez disso, uma depressão –, a Toyota viu seu emergente negócio de carros em uma profunda crise e rapidamente esgotou os empréstimos com seus banqueiros.

A família fundadora, liderada pelo presidente Kiichiro Toyoda, propôs – como solução para a crise – demitir um quarto da mão de obra. Entretanto, a empresa logo se viu no meio de uma rebelião que acabou levando seus trabalhadores a ocupar a fábrica. Além disso, o sindicato da empresa estava em uma forte posição para ganhar a greve. Em 1946, quando o governo japonês, sob pressão norte-americana, fortaleceu os direitos dos sindicatos, incluindo a gestão, e posteriormente impôs restrições severas a donos das empresas quanto à demissão de trabalhadores, o equilíbrio de poder mudou a favor dos empregados.

Depois de prolongadas negociações, a família e o sindicato chegaram a um acordo que se consagrou como a fórmula das relações trabalhistas na indústria automotiva japonesa. Um quarto da mão de obra foi demitida conforme originalmente proposto. Contudo, Kiichiro Toyoda renunciou como presidente como forma de assumir responsabilidade pelo fracasso da empresa, e os trabalhadores remanescentes receberam duas garantias. Uma era a de emprego vitalício; a outra era a de pagamentos gradualmente crescentes por tempo de serviço, em vez de por funções específicas de trabalho e relacionados à rentabilidade da empresa através de bônus.

Em resumo, eles se tornaram membros da comunidade Toyota, com um conjunto de direitos, que incluía a garantia de emprego pelo resto da vida e o acesso às instalações da Toyota (acomodação, recreação e assim por diante), o que ia muito além do que a maioria dos sindicatos tinha conseguido negociar para os colaboradores da produção em massa no ocidente. Em retorno, a empresa esperava que a maioria dos colaboradores continuasse com a Toyota pelo resto de sua vida profissional.

Essa era uma expectativa razoável porque, na mesma época, outras empresas japonesas adotaram salários baseados em tempo de serviço, e os trabalhadores sofreriam grandes perdas se começassem do zero na hierarquia de cargos em outra empresa. A progressão salarial era bem acentuada. Um trabalhador com 40 anos na empresa realizando determinada tarefa recebia muito mais do que um que estava há 25 anos na mesma tarefa. Se o colaborador com 40 anos de empresa pedisse demissão e fosse trabalhar para outro empregador, ele começaria com um salário de quem estava começando na empresa, o qual estaria abaixo inclusive daquele colaborador que estava lá há 25 anos.

**54** Parte I ■ As origens da produção *lean*

Os colaboradores também concordaram em serem flexíveis na atribuição de tarefas e ativos na promoção dos interesses da empresa ao iniciar melhorias, em vez de meramente responder a problemas. Com efeito, os representantes da empresa disseram: "se vamos mantê-lo conosco a vida toda, você tem de fazer a sua parte ao executar as tarefas que precisam ser realizadas", uma barganha com a qual os sindicatos concordaram.

De volta à fábrica, Taiichi Ohno percebeu as implicações desse acordo histórico: a mão de obra era agora um custo fixo de curto prazo, assim como o maquinário da empresa, e, no longo prazo, os trabalhadores eram um custo fixo ainda mais significativo. Afinal, os maquinários velhos poderiam vir a ser desvalorizados e descartados, mas a Toyota precisava obter o máximo de proveito de seus recursos humanos por um período de 40 anos – ou seja, da época que os novos trabalhadores entravam na empresa, que, no Japão, é geralmente entre as idades de 18 e 22 anos, até chegarem à aposentadoria aos 60 anos. Então fazia sentido melhorar continuamente as habilidades dos trabalhadores e se beneficiar de seu conhecimento e experiência assim como de sua força física.

## ■ Produção *lean*: a linha de montagem final

As reconsiderações de Ohno sobre a montagem final mostram como essa nova abordagem aos recursos humanos compensou muito para a Toyota. Lembre-se de que o sistema de Ford supunha que os trabalhadores da linha de montagem desempenhariam uma ou duas tarefas simples repetidamente sem reclamações, esperava Ford. O supervisor não desempenhava tarefas de montagem, mas garantia que os trabalhadores da linha seguissem as ordens. Tais ordens ou instruções eram projetadas pelo engenheiro industrial, que também era responsável por inventar formas de melhorar o processo.

Os mecânicos especializados consertavam as ferramentas. Os faxineiros periodicamente limpavam a área de trabalho. Os inspetores especializados checavam a qualidade, e o trabalho defeituoso, quando detectado, era corrigido em uma área de retrabalho no final da linha de produção. Uma categoria final de trabalhador, um colaborador multifuncional, completava a divisão do trabalho. Já que até mesmo os altos salários não conseguiam evitar altos índices de ausência na maioria das fábricas de montagem de produção em massa, as empresas precisavam de muitos colaboradores multifuncionais para substituir esses trabalhadores ausentes a cada manhã.

Os gerentes da matriz geralmente avaliavam a gestão da fábrica com base em dois critérios – rendimento e qualidade. *Rendimento* era o número de carros produzidos em comparação com o número planejado, e *qualidade* era a condição

Capítulo 3 ■ Ascensão da produção *lean* **55**

de saída, depois de os veículos terem suas peças defeituosas consertadas. Os gerentes de fábrica sabiam que ficar abaixo da meta de produção determinada se traduzia em grandes problemas, e que os erros poderiam, se necessário, ser consertados na área de retrabalho, depois do final da linha de montagem, mas antes dos carros chegarem ao avaliador de qualidade na doca de expedição. Portanto, era crucial não parar a linha de produção a menos que fosse absolutamente necessário. Deixar os carros seguirem com uma peça desalinhada era aceitável, pois esse tipo de defeito poderia ser retificado na área de retrabalho, mas minutos e carros perdidos por conta de uma parada só poderiam ser compensados com dispendiosas horas extras ao final do turno. Assim nasceu a mentalidade "bola pra frente" da indústria automotiva de produção em massa.

Ohno, que visitou Detroit várias vezes logo após a guerra, achava que esse sistema estava lotado de *muda*, o termo japonês para desperdício que abrange esforço, materiais e tempo desperdiçados. Ele argumentava que nenhum dos especialistas, além dos trabalhadores da linha de montagem, realmente agregava valor ao carro. Além disso, Ohno achava que os trabalhadores de montagem provavelmente poderiam exercer a maioria das funções dos especialistas e de forma melhor por causa de seu conhecimento direto sobre as condições da linha (na verdade, ele tinha acabado de confirmar essa observação na estamparia). Ainda assim, o papel do montador tinha o menor *status* na fábrica. Em algumas fábricas do Ocidente, a gestão dizia aos montadores que eles só eram necessários porque a automação ainda não conseguia substituí-los.

Voltando a Toyota City, Ohno começou a experimentar. O primeiro passo foi agrupar os trabalhadores em equipes com um líder em vez de um supervisor. As equipes recebiam um conjunto de etapas de montagem, sua parte da linha, e eram orientadas a trabalhar juntos para encontrar a melhor forma de desempenhar as operações necessárias. O líder de equipe faria as tarefas de montagem além de coordenar a equipe e, em especial, substituiria eventuais trabalhadores ausentes – conceitos desconhecidos nas fábricas de produção em massa.

Ohno, então, deu à equipe os trabalhos de limpeza, pequenos reparos de ferramentas e verificação de qualidade. Por fim, como último passo, depois que as equipes estavam funcionando bem, reservou ocasiões periódicas para que a equipe sugerisse coletivamente formas de melhorar o processo. (No Ocidente, esse processo coletivo de sugestões seria chamado de "círculos de qualidade".) Esse processo contínuo e implemento de melhoria, em japonês, *kaizen*, acontecia em colaboração com os engenheiros industriais, que ainda existiam, mas em números muito menores.

Quando se tratava de "retrabalho", o pensamento de Ohno era bastante inspirador. Ele argumentava que a prática da produção em massa de passar

**56** Parte I ■ As origens da produção *lean*

os erros para frente para manter a linha de montagem funcionando fazia os erros se multiplicarem infinitamente. Todo trabalhador poderia pensar, com razão, que os erros seriam pegos no final da linha e que ele provavelmente seria punido por qualquer ação que causasse a parada da linha. O erro inicial, seja uma peça defeituosa ou uma peça boa que foi mal-instalada, era rapidamente repassado para os demais montadores ao longo da linha. Quando a peça defeituosa era encaixada em um veículo complexo, uma enorme quantidade de reparo era necessária para consertá-la. E como o problema não seria descoberto até ela chegar ao final da linha, um grande número de veículos com defeitos similares seriam montados antes de o problema ser descoberto.

Então, em total contraste à fábrica de produção em massa, onde a parada da linha era responsabilidade do gerente sênior, Ohno colocou um cordão acima de cada estação de trabalho e instruiu os trabalhadores a imediatamente pararem toda a linha de montagem se um problema que eles não conseguissem resolver surgisse. Depois, a equipe toda trabalharia para resolver o problema.

Ohno, então, foi muito além. Nas fábricas de produção em massa, os problemas costumavam ser tratados como acontecimentos aleatórios. A ideia era simplesmente consertar cada erro e esperar que ele não voltasse a ocorrer. Ohno, por sua vez, instituiu um sistema de solução de problemas denominado "os cinco porquês". Os trabalhadores da produção eram ensinados a rastrear sistematicamente todo erro até a sua causa mais profunda (perguntando "por quê?" conforme cada camada do problema fosse descoberta) e desenvolver uma solução para que ele nunca mais ocorresse.

Não surpreendentemente, quando Ohno começou a experimentar essas ideias, sua linha de produção parava o tempo todo, e os trabalhadores desanimavam facilmente. Entretanto, conforme as equipes de trabalho adquiriam experiência em identificar e rastrear problemas até suas causas mais profundas, o número de erros começou a cair drasticamente. Hoje, nas fábricas da Toyota, onde qualquer trabalhador pode parar a linha, o rendimento é próximo de 100%. Isso é, a linha praticamente não para! (Nas fábricas de produção em massa, ao contrário, onde somente o gerente da linha pode pará-la, a linha ainda assim para constantemente. Isso não acontece para retificar erros – eles são consertados no final –, mas para lidar com problemas de coordenação e fornecimento de materiais. A consequência é que ter um rendimento de 90% normalmente é considerado sinal de boa gestão.)

Ainda mais impressionante era o que acontecia no final da linha. Conforme o sistema de Ohno encontrava seu ritmo, a quantidade de retrabalho necessário antes da expedição caía continuamente. Não apenas isso, a qualidade dos carros expedidos melhorava constantemente. Isso acontecia pela

Capítulo 3 ■ Ascensão da produção *lean* **57**

simples razão de que inspeções de qualidade, não importa o quão diligente sejam, simplesmente não conseguem detectar todos os defeitos que podiam estar reunidos nos veículos complexos de hoje em dia.

Hoje, as fábricas de montagem da Toyota não têm praticamente nenhuma área de retrabalho e não executam quase nenhum retrabalho. Ao contrário, como mostraremos, muitas fábricas atuais de produção em massa dedicam 20% da área da fábrica e 25% de suas horas totais de esforço a consertar erros. Talvez a maior evidência da eficiência das ideias de Ohno está na qualidade dos carros entregados ao consumidor. Os compradores norte-americanos relatam que os veículos da Toyota estão entre os que menos têm defeitos no mundo, sendo comparáveis aos melhores produtores de carros de luxo alemães, que dedicam muitas horas de esforço na fábrica de montagem para retificações.

## ■ A produção *lean*: a cadeia de abastecimento

Montar os principais componentes em um veículo completo, a tarefa da fábrica de montagem final, representa apenas aproximadamente 15% do processo total de fabricação. A maior parte do processo envolve fazer a engenharia e a fabricação de mais de 10 mil peças pequenas e possivelmente montá-las para formar 100 grandes componentes – motores, transmissões, sistemas de embreagem, suspensões e assim por diante.

Coordenar esse processo para que tudo aconteça na hora certa com alta qualidade e baixo custo tem sido um desafio contínuo para as montadoras finais da indústria automobilística. Na produção em massa, como mencionamos anteriormente, a intenção inicial era integrar todo o sistema de produção em uma enorme e burocrática estrutura de comando com ordens que vinham de cima para baixo. Entretanto, até as inovações gerenciais de Alfred Sloan não se mostraram à altura dessa tarefa.

Os montadores de produção em massa do mundo todo começaram a adotar em ampla escala níveis variáveis de integração formal, desde 25% de produção interna em pequenas empresas especializadas, como a Porsche e a Saab, até aproximadamente 70% na General Motors. A Ford, a antiga líder em integração vertical, que, na verdade, se aproximou de 100% em Rouge, decaiu para aproximadamente 50% após a Segunda Guerra Mundial.

Entretanto, o dilema entre comprar ou produzir internamente que ocasionava tanto debate nas empresas de produção em massa parecia a Ohno e a outras pessoas da Toyota uma questão muito irrelevante, visto que eles começaram a considerar obter componentes para carros e caminhões. A verdadeira

**58** Parte I ■ As origens da produção *lean*

questão era como o montador e os fornecedores poderiam trabalhar juntos de maneira suave para reduzir custos e melhorar a qualidade, não importando o relacionamento legal e formal que pudessem ter.

E aqui a abordagem da produção em massa – seja produzir internamente ou comprar de um fornecedor externo – parecia altamente insatisfatória. Na Ford e na GM, as equipes centrais da engenharia projetavam a maioria das mais de 10 mil peças de um veículo e os sistemas de componentes que eles formavam. As empresas, então, davam os desenhos a seus fornecedores, fossem eles formalmente parte da empresa montadora ou negócios independentes, e pediam que eles fizessem ofertas para determinado número de peças de certa qualidade (normalmente representado por um número máximo de peças defeituosas a cada mil produzidas) entregues em determinado prazo. Entre todas as empresas externas e divisões internas participantes, a que fizesse a melhor oferta fechava o negócio.[10]

Para certas categorias de peças, normalmente aquelas que eram compartilhadas por vários veículos (pneus, baterias, alternadores) ou que envolviam alguma tecnologia especializada que a empresa montadora não tinha (p. ex., componentes computadorizados), as empresas fornecedoras independentes competiam para fornecer as peças, normalmente modificando os projetos padrões existentes para atender as especificações de um veículo específico. Novamente, o sucesso dependia do preço, da qualidade e da confiabilidade da entrega, e os fabricantes de carros trocavam de empresas com frequência com um aviso prévio relativamente curto.

Em ambos os casos, os gerentes corporativos e os donos de pequenos negócios entendiam que era "cada empresa por si" quando as vendas caíam na cíclica indústria automotiva. Todos pensavam em seus relacionamentos comerciais como sendo geralmente de curto prazo.

Conforme a crescente empresa da Toyota considerava essa abordagem para o fornecimento de componentes, Ohno e outros enxergaram muitos problemas. As organizações fornecedoras, trabalhando de acordo com um projeto já pronto, tinham pouca oportunidade ou incentivo para sugerir melhorias no projeto de produção com base em sua própria experiência de fabricação. Enquanto colaboradores da fábrica de montagem de produção em massa, esperava-se que mantivessem suas cabeças baixas e que continuassem trabalhando. Alternativamente, os fornecedores externos que ofereciam projetos padronizados, adaptados para determinados veículos, não tinham nenhuma forma prática de otimizar essas peças, pois eles não recebiam quase nenhuma informação sobre o restante do veículo. Os montadores tratavam essa informação como algo de propriedade particular da empresa.

Capítulo 3 ■ Ascensão da produção *lean* **59**

Ainda havia outras dificuldades. Organizar os fornecedores em cadeias verticais e jogá-los uns contra os outros em busca do menor custo no curto prazo bloqueava o fluxo horizontal de informações entre os fornecedores, principalmente sobre os avanços em técnicas de fabricação. A montadora podia garantir que seus fornecedores tivessem pequenas margens de lucro, mas não podia fazer com que diminuíssem os custos de produção constantemente através de uma organização melhorada e de inovações nos processos.

Era possível dizer o mesmo sobre qualidade. Uma vez que a montadora sabia muito pouco sobre as técnicas de fabricação de seus fornecedores – fossem esses internos à montadora ou independentes –, era difícil melhorar a qualidade, a não ser se estabelecendo um nível máximo aceitável de defeitos. Conforme a maioria das empresas da indústria produzia aproximadamente no mesmo nível de qualidade, tornava-se difícil melhorar tal nível.

Finalmente, havia o problema da coordenação do fluxo de peças no sistema de abastecimento no dia a dia. A inflexibilidade das ferramentas dos fornecedores (análoga à inflexibilidade das prensas nas montadoras) e a instabilidade dos pedidos das montadoras, em função de alterações na demanda do mercado, faziam os fornecedores produzirem grandes volumes de uma peça antes de ajustarem o maquinário para outra e manterem grandes estoques de peças acabadas para que a montadora nunca tivesse motivo para reclamar (ou pior, cancelar um contrato) por causa de atrasos na entrega. O resultado eram os grandes custos com estoque e a produção rotineira de milhares de peças que, mais tarde, na linha de montagem, mostravam-se defeituosas.

Para contrabalançar esses problemas e atender a um aumento na demanda nos anos 50, a Toyota começou a estabelecer uma abordagem nova e *lean* de produção para o suprimento de componentes. O primeiro passo consistiu em organizar os fornecedores em níveis funcionais, qualquer que fosse a relação legal e formal com a montadora. Diferentes responsabilidades eram dadas às empresas de cada nível. Fornecedores de primeiro nível participavam integralmente do desenvolvimento do novo produto pela equipe responsável. A Toyota pedia, por exemplo, que desenvolvessem um sistema de direção, frenagem ou elétrico que funcionasse em harmonia com os demais sistemas.

Primeiro, os fornecedores recebiam uma especificação de desempenho. Por exemplo, era pedido que projetassem um conjunto de freios capaz de parar um carro de uma tonelada a 100 quilômetros por hora, em 60 metros, dez vezes seguidas, sem falhar. Os freios deveriam se encaixar em um espaço de cerca de 15cm x 20cm x 25cm na extremidade de cada eixo e ser entregues à montadora por 40 dólares o conjunto. Solicitava-se aos fornecedores, então, um protótipo para teste. Caso funcionasse, recebiam um pedido de produção. A Toyota não

**60** Parte I ■ As origens da produção *lean*

especificava o material que seria usado para fazer os freios ou como eles deveriam funcionar. Tais decisões de engenharia cabiam ao fornecedor.

A Toyota encorajou seu primeiro nível de fornecedores a conversar entre eles mesmos sobre formas de melhorar o processo de elaboração de projetos. Já que cada fornecedor, em grande parte, era especializado em um tipo de componente e, dessa forma, não competia com outros fornecedores no grupo, compartilhar essa informação era confortável e mutuamente benéfica.

Então, cada fornecedor de primeiro nível formava um segundo nível de fornecedores vinculados a ele. As empresas do segundo nível eram designadas a realizar o trabalho de fabricação de peças individuais. Esses fornecedores estavam produzindo especialistas, geralmente sem muito *expertise* em engenharia de produto, mas com experiências sólidas em engenharia de processos e operações de fábricas.

Por exemplo, um fornecedor de primeiro nível deveria ser responsável por fabricar alternadores. Cada alternador tem aproximadamente 100 peças, e o fornecedor de primeiro nível obteria todas essas peças dos fornecedores de segundo nível.

Já que os fornecedores de segundo nível eram todos especialistas em processos de fabricação e não eram competidores em um tipo específico de componente, era fácil agrupá-los em associações de fornecedores para que eles também pudessem trocar informações antecipadamente sobre técnicas de fabricação.

A Toyota não desejava combinar verticalmente seus fornecedores em uma grande e única burocracia. Ela também não desejava dividi-los em empresas completamente independentes apenas com uma relação de mercado. Em vez disso, a Toyota transformou suas operações internas de fornecimento em empresas semi-independentes de fornecedores de primeiro nível, das quais a Toyota reteve uma fração do capital e desenvolveu relacionamentos similares com outros fornecedores que eram completamente independentes. Conforme o processo prosseguia, os fornecedores de primeiro nível da Toyota adquiriram grande parte do capital uns dos outros.

A Toyota, por exemplo, detém hoje 22% do Nippondenso, que fabrica componentes elétricos e computadorizados; 14% da Toyoda Gosei, que fabrica assentos e sistemas de fiação; 12% da Aishin Seiki, que fabrica peças de metal para o motor; e 19% da Koito, que fabrica itens como acessórios, estofados e plásticos. Essas empresas, por sua vez, têm participações cruzadas substanciais umas com as outras. Além disso, a Toyota geralmente age como banqueira para seu grupo de fornecedores, provendo empréstimos para financiar o maquinário do processo exigido para um novo produto.

Por fim, a Toyota compartilhava seus recursos humanos com suas empresas de grupos fornecedores de duas formas: ela emprestava seus funcionários para lidar com picos de trabalho e realizava a transferência de gerentes seniores que não estavam na fila para ocupar posições mais elevadas na Toyota para posições seniores nas empresas fornecedoras.

Consequentemente, os fornecedores da Toyota eram empresas independentes, com contabilidade completamente separada. Eles eram verdadeiros centros de lucro, e não centros fraudulentos de lucro, como muitas das empresas verticalmente integradas da produção em massa. Além disso, a Toyota as encorajava a desempenhar uma quantidade considerável de trabalho para outras montadoras e para empresas de outras indústrias, pois os negócios externos quase sempre geravam margens maiores de lucro. (A Nippondenso, por exemplo, uma empresa com valor de mercado de 7 bilhões de dólares, é a maior fabricante mundial de sistemas elétricos e eletrônicos e componentes computadorizados. Como mencionamos, a Toyota possui 22% de seu controle acionário, e a Nippondenso faz 60% de seu negócio com a Toyota. Provavelmente mais uns 30% do capital da Nippondenso pertence ao grupo de empresas fornecedoras da Toyota, e 6% pertence à Robert Bosch, a gigante empresa alemã de peças. O restante das ações é vendido no mercado.)

Ao mesmo tempo, esses fornecedores estão intimamente envolvidos no desenvolvimento de produtos da Toyota, tendo compartilhado o controle acionário com a empresa e os membros do grupo Toyota, confiando nela para fazer financiamentos externos e aceitando funcionários da Toyota em seus sistemas de colaboradores. De forma bastante verdadeira, eles compartilham seus destinos com a Toyota.

Por fim, Ohno desenvolveu uma nova forma de coordenar o fluxo de peças dentro do sistema de fornecimento em uma base diária, o famoso sistema *just-in-time*, conhecido como *kanban* na Toyota. A ideia de Ohno era simplesmente converter um grande grupo de fornecedores e fabricantes de peças em uma grande máquina, como a fábrica em Highland Park de Henry Ford, ao ditar que essas peças seriam apenas produzidas em cada uma das etapas anteriores para que pudessem suprir a demanda da próxima etapa imediata. Como mecanismo, eram usados os contêineres que carregavam as peças para a etapa seguinte. Conforme cada contêiner era totalmente esvaziado, ele era mandado de volta à etapa anterior, o que se tornou um sinal automático para a produção de mais peças.[11]

Essa ideia simples era muito difícil de implementar na prática, pois ela eliminava praticamente todos os estoques e significava que, quando uma pequena parte do enorme sistema de produção falhava, todo o sistema parava.

**62** Parte I ■ As origens da produção *lean*

Na visão de Ohno, esse era justamente o poder de sua ideia – ela reduzia todas as redes de segurança e incumbia a cada membro do enorme processo de produção a antecipação de problemas, evitando assim que eles se tornassem suficientemente sérios para parar tudo.

Foram necessários mais de vinte anos de esforço incansável por parte de Eiji Toyoda e Ohno para implementar completamente esse conjunto de ideias – incluindo o *just-in-time* – na cadeia de abastecimento da Toyota. No final, eles tiveram sucesso, com consequências extraordinárias em produtividade, qualidade do produto e capacidade de responder à mutável demanda do mercado. Como veremos nos Capítulos 4 e 5, a cadeia *lean* de abastecimento se tornou uma das maiores forças do sistema *lean* de produção.

## ■ A produção *lean*: desenvolvimento de produtos e engenharia

Onde quer que ocorra – em uma central de engenharia ou em organizações fornecedoras –, o processo de engenharia de um objeto fabricado tão complexo quanto os veículos motorizados de hoje em dia demanda grande esforço de muitas pessoas com uma vasta gama de habilidades. Portanto, é fácil cometer erros na organização do processo de forma que o conjunto dos resultados alcançados seja misteriosamente menor do que a soma das partes.

Empresas de produção em massa tentam resolver o problema da complexidade dividindo o trabalho minuciosamente entre muitos engenheiros com especializações bastante específicas. O professor Kim Clark, da Harvard Business School, reporta, por exemplo, ter encontrado um engenheiro em uma empresa automotiva de produção em massa que tinha passado toda a sua carreira projetando travas de portas de automóveis. Porém, ele não era um especialista em como *fabricar* as travas de porta; esse trabalho pertencia ao engenheiro de fabricação de travas. O engenheiro de projeto de travas só sabia como elas deveriam se parecer e funcionar se fossem produzidas de forma correta.

Os pontos fracos desse sistema de divisão de trabalho eram fáceis de enxergar, e as empresas de produção em massa tentaram desenvolver mecanismos de coordenação ao longo dos anos. Até mesmo na metade dos anos 80, entretanto, a melhor solução que eles tinham encontrado era uma equipe de desenvolvimento de produtos com um líder fraco (na verdade, apenas um coordenador), cujos membros ainda se reportavam ao executivo sênior de suas especialidades técnicas. De forma proeminente, os planos de carreiras na maioria das empresas ocidentais ainda seguiam uma progressão rígida nos

Capítulo 3 ■ Ascensão da produção *lean* **63**

departamentos técnicos: de engenheiro de pistão júnior para engenheiro de pistão sênior, então de engenheiro de trem de transmissão júnior para engenheiro de trem de transmissão sênior e assim por diante. As pessoas poderiam esperar algum dia alcançar a posição de engenheiro-chefe de produtos, o nível no qual as divergências entre engenheiros de produtos, engenheiros de processos de fabricação e engenheiros industriais das fábricas eram resolvidas.

Ohno e Toyoda, ao contrário, decidiram cedo que a engenharia de produtos deveria englobar inerentemente tanto a engenharia industrial como a de processos. Assim, formaram equipes com líderes fortes, englobando toda a *expertise* relevante. Planos de carreiras foram estruturados de modo a recompensar os que participassem ativamente das equipes, e não os que se destacassem numa área isolada da engenharia de produtos, de processos ou industrial sem se importar com seu papel dentro da equipe.

Como veremos no Capítulo 5, a consequência dessa abordagem *lean* da engenharia representou um grande salto na produtividade, na qualidade de produtos e em respostas rápidas à mutável demanda do consumidor.

## ■ Produção *lean* e a mutável demanda do consumidor

O novo sistema de produção da Toyota era adequado principalmente para capitalizar sobre as mutáveis demandas dos consumidores e sobre as mutáveis tecnologias automotivas. Nos anos 60, carros e pequenos caminhões faziam cada vez mais parte do dia a dia das pessoas em países desenvolvidos. Quase todo mundo, até mesmo as pessoas que não tinham grande interesse em carros, dependiam deles em sua vida cotidiana.

Ao mesmo tempo, os veículos estavam adquirindo características que os tornavam quase impossíveis de consertar para o usuário comum. A betumadeira e a chave inglesa, que podiam consertar quase tudo que saía errado no modelo T, não eram muito úteis para peças computadorizadas ou sistemas de freios antiderrapantes dos anos 80 quando eles falhavam.

Além disso, quando as famílias começaram a adquirir mais de um veículo, as pessoas não queriam apenas um carro ou caminhão de tamanho padrão. O mercado começou a se fragmentar em vários segmentos de produtos.

Para o Sistema Toyota de Produção, essas evoluções eram uma benção: os consumidores começaram a reportar que a característica mais importante de seus carros e caminhões era a confiabilidade. Ele tinha de dar a partida toda manhã e não podia nunca deixar o usuário empenhado. Falhas nos veículos

**64**  Parte I ■ As origens da produção *lean*

não eram mais um desafio para o mecânico amador, e sim pesadelos inexplicáveis, até mesmo para os proprietários que tinham boas habilidades mecânicas. Já que o sistema Toyota conseguia oferecer uma confiabilidade superior, a empresa logo descobriu que não precisava mais igualar o preço dos produtos de competidores de produção em massa.

Além disso, o flexível Sistema Toyota de Produção e sua habilidade de reduzir os custos de engenharia permitia à empresa fornecer a variedade de produtos que os compradores queriam com pouco aumento de custos. Em 1990, a Toyota oferecia aos consumidores de todo o mundo tantos produtos quanto a General Motors – apesar de a Toyota ter metade do tamanho da GM. Para mudar a produção e as especificações do modelo em fábricas de produção em massa seriam necessários muitos anos e custaria uma fortuna. Por outro lado, uma produtora *lean* proeminente, como a Toyota, precisa de metade do tempo e do esforço necessário a um produtor em massa como a GM para projetar um novo carro. Dessa forma, a Toyota conseguia oferecer o dobro de veículos com o mesmo orçamento para seu desenvolvimento.

Ironicamente, a maioria das empresas ocidentais concluiu que os japoneses tiveram sucesso porque produziam de forma padronizada em altíssimo volume. Mais recentemente, em 1987, um gerente de fábrica em Detroit confidenciou, em uma entrevista a membros de nosso projeto, haver descoberto o segredo do sucesso japonês: "eles estão produzindo latas idênticas; se eu fizesse isso, eu poderia ter alta qualidade a baixo custo também". Essa ilusão vem do fato de que as empresas japonesas inicialmente minimizavam os custos de distribuição ao focar em uma ou duas categorias de produto em cada mercado de exportação.

Entretanto, o portfólio de produtos total das empresas japonesas sempre foi maior, além de elas fornecerem um aumento constante na variedade de produtos em todos os mercados do mundo. Atualmente elas oferecem tantos modelos quanto todas as empresas ocidentais juntas, conforme veremos no Capítulo 5.[12] Além disso, sua variedade de produtos continua crescendo rapidamente, enquanto as empresas ocidentais mantêm-se na média, chegando a reduzir o número de diferentes modelos em cada fábrica. A Ford e a GM, por exemplo, têm "focado" suas montadoras para a meta de um único produto básico por fábrica. Ao contrário, as fábricas japonesas na América do Norte constroem dois ou três diferentes produtos.

Como os ciclos de vida dos produtos agora têm uma média de apenas quatro anos, o volume médio de produção de um carro japonês pelo período de sua produção hoje corresponde a um quarto do volume das empresas ocidentais de produção em massa, e essa diferença está aumentando. Ou seja, os japoneses atualmente fazem, em média, 125 mil cópias de cada um de seus

Capítulo 3 ■ Ascensão da produção *lean* **65**

modelos a cada ano. As sete grandes empresas ocidentais produzem quase o dobro. Entretanto, os japoneses mantêm a produção dos modelos por uma média de quatro anos, enquanto as empresas ocidentais os mantêm por quase dez. Isso significa que durante o ciclo de vida de um modelo, os japoneses produzem 500 mil cópias (125 mil × 4), enquanto as empresas ocidentais produzem 2 milhões (200 mil × 10), ou seja, uma diferença de quatro para um.

Ainda mais impressionante, montadoras japonesas, como a Toyota, já têm dois terços do volume de produção somado ao longo do ciclo de vida útil do modelo das empresas europeias especializadas, como Mercedes e BMW. Na verdade, com a chegada de uma série de carros japoneses de determinado nicho, como o Honda NS-X, os japoneses podem se tornar capazes de fazer o que as empresas de produção em massa nunca conseguiram: atacar os produtores artesanais desse determinado nicho, como a Aston Martin e a Ferrari, para trazer o mundo inteiro para a era da produção *lean*.

## ■ A produção *lean*: lidando com o consumidor

Toda a variedade disponível da produção *lean* não serviria para nada se o produtor *lean* não conseguisse construir o que o cliente queria. Portanto, desde o começo Eiji Toyoda e seu especialista de *marketing*, Shotaro Kamiya começaram a pensar sobre a ligação entre o sistema de produção e o consumidor.

Para Henry Ford, essa ligação era muito simples: como não havia variedade de produtos e como a maioria dos reparos podia ser feita pelo dono do veículo, o trabalho da concessionária era simplesmente ter carros e peças suficientes em estoque para atender à demanda. Além disso, como a demanda no mercado norte-americano de carros variava demais desde o começo da indústria, a montadora tendia a usar a concessionária como um "amortecedor" de impactos para proteger a fábrica da necessidade de aumentar e reduzir a produção continuamente. O resultado, em plena prática nos anos 20, era um sistema de concessionárias pequenas e financeiramente independentes que mantinham um grande estoque de carros e caminhões esperando por compradores.

As relações entre a fábrica e a concessionária eram distantes e geralmente tensas, pois a fábrica tentava "empurrar" carros para as concessionárias para manter a produção constante. As relações entre a concessionária e o consumidor eram igualmente tensas, pois as concessionárias continuamente ajustavam os preços – e faziam promoções – para ajustar a demanda com a oferta e maximizar lucros. Como qualquer pessoa que tenha comprado um carro na América do Norte ou na Europa sabe, esse tem sido um sistema marcado pela

**66** Parte I ■ As origens da produção *lean*

falta de comprometimento no longo prazo em ambos os lados, o que maximiza os sentimentos de desconfiança. A fim de aumentar a posição de barganha, todos escondem informações – a concessionária sobre o produto, e o consumidor sobre seus verdadeiros desejos –, e todos saem perdendo no longo prazo.

Kamiya tinha aprendido esse sistema trabalhando no sistema de distribuição japonês da General Motors nos anos 30, mas isso parecia muito insatisfatório. Portanto, após a guerra, ele e Toyoda começaram a pensar em novas formas de distribuir carros.[13] Sua solução, trabalhada gradualmente com o passar do tempo, era construir uma rede de vendas muito semelhante à do grupo de fornecedores da Toyota, um sistema que tinha uma relação bem diferente com o cliente.

De forma mais específica, a Toyota Motor Sales Company[14] construiu uma rede de distribuidores, alguns completamente próprios e alguns nos quais a Toyota tinha uma pequena participação acionária, os quais tinham um "destino compartilhado" com a Toyota. Essas concessionárias desenvolveram um novo conjunto de técnicas que a Toyota chamou de "vendas agressivas". A ideia básica era desenvolver uma relação de longo prazo, na verdade vitalícia, entre a montadora, a concessionária e o comprador, integrando o revendedor no sistema de produção e o comprador no processo de desenvolvimento do produto.

Certamente, o trauma de um grande estoque de produtos não vendidos em 1949 estimulou o pensamento da Toyota sobre como construir o sistema sem estoque que eventualmente surgiu. A Toyota Motor Sales foi unificada com a Toyota Motor Company no final dos anos 80 para formar a atual Toyota Motor Corporation.

A concessionária tornou-se parte do sistema de produção à medida que a Toyota gradualmente parou de fabricar carros com antecedência para compradores desconhecidos e se converteu a um sistema de produção sob encomenda, no qual o revendedor era o primeiro passo no sistema *kanban*, enviando pedidos de carros pré-vendidos para a fábrica, para entrega a clientes específicos em duas a três semanas. Para tornar isso viável, entretanto, a concessionária precisava trabalhar em colaboração íntima com a fábrica para ordenar os pedidos de forma que a fábrica pudesse acomodá-los. Embora o sistema de produção de Ohno fosse notavelmente competente em fazer produtos a partir de pedidos específicos, ele não conseguia lidar com grandes aumentos ou quedas de demanda ou mudanças repentinas na demanda de produtos que não podiam ser fabricados com as mesmas ferramentas – por exemplo, dos maiores aos menores carros dentro da variedade de produtos ou entre carros e caminhões.

Ordenar os pedidos só era possível porque o time de vendas da Toyota não ficava sentado esperando por encomendas. Em vez disso, eles iam

Capítulo 3 ■ Ascensão da produção *lean*

diretamente aos clientes fazendo visitas domiciliares. Quando a demanda começava a cair, eles trabalhavam mais horas, e quando a demanda mudava, eles se concentravam nas famílias que sabiam ser mais propensas a querer o tipo de carro que a fábrica fazia.

O último caso só era possível por causa de uma segunda característica da venda agressiva – um enorme banco de dados sobre as famílias e suas preferências de compras, o qual a Toyota construiu de forma gradual sobre todas as que já haviam mostrado interesse em algum de seus produtos. Com essa informação, o time de vendas da Toyota podia direcionar seus esforços para os compradores mais prováveis.

O sistema também conseguia incorporar o comprador no processo de desenvolvimento de produtos de uma forma bem direta. A Toyota focava incansavelmente em compradores recorrentes – algo fundamental em um país onde as inspeções governamentais de veículos, o famosos *shoken*, resultava em praticamente todos os carros sendo descartados após seis anos. A Toyota estava determinada a nunca perder um comprador e conseguia minimizar a chance de isso acontecer utilizando seu banco de dados para prever o que seus compradores iriam querer com base na mudança de suas rendas, tamanho da família, padrões de condução e preferências. Ao contrário dos produtores em massa, que conduzem pesquisas de avaliação de produtos e outras de opinião com compradores aleatoriamente selecionados – assumia-se que os compradores tinham pouca "lealdade à marca" –, a Toyota ia diretamente a seus clientes atuais para planejar novos produtos. Os clientes fidelizados eram tratados como membros da "família Toyota", e a lealdade à marca se tornou uma característica do sistema *lean* de produção da Toyota.

## ■ O futuro da produção *lean*

A Toyota tinha elaborado por completo os princípios da produção *lean* no início dos anos 60. As outras empresas automotivas japonesas também adotaram a maioria deles, embora isso tenha levado muitos anos para acontecer. Por exemplo, a Mazda não tinha abraçado completamente as ideias de Ohno sobre administração de fábricas e de sistemas de abastecimento até se deparar com uma crise em 1973, quando a demanda por exportações de seus carros nada econômicos com motor Wankel entrou em colapso. O primeiro passo que o grupo Sumitomo deu para ajudar a Mazda foi insistir que o complexo de produção da empresa em Hiroshima rapidamente se refizesse à imagem de Toyota City, em Nagoya.

Mais que isso, nem todas as empresas se tornaram igualmente hábeis em operar o sistema. (Um objetivo importante deste livro é educar o público para o fato de que algumas empresas japonesas são mais *lean* do que outras e de que várias das antiquadas empresas de produção em massa do Ocidente estão rapidamente se tornando *lean* também.) De qualquer forma, nos anos 60, as empresas japonesas de forma geral tinham ganhado uma enorme vantagem sobre os produtores em massa de outros lugares e foram capazes, por um período de vinte anos, de aumentar sua participação na produção mundial de veículos motorizados de forma constante, exportando de seus complexos de produção altamente focados no Japão, como mostra a **Figura 3.1**.

Esse caminho do desenvolvimento liderado pela exportação chegou a um final abrupto após 1979, quando a economia mundial estagnou, o desequilíbrio da balança comercial com a América do Norte e a Europa atingiu proporções inimagináveis e barreiras comerciais foram impostas. Nos anos 80, o mundo estava no mesmo ponto na difusão da produção *lean* que esteve na da

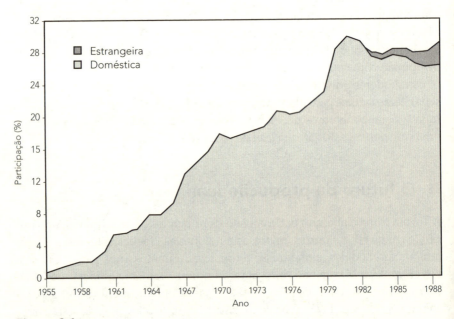

**Figura 3.1**
Participação japonesa na produção mundial de veículos motorizados, 1955-1989.
**Nota:** Inclui ambas as produções interna e estrangeira.
**Fonte:** Automotive News Market Data Book.

Capítulo 3 ■ Ascensão da produção *lean* **69**

produção em massa nos anos 20: os líderes praticantes do novo método agora precisam tentar aumentar a sua participação no mercado mundial através de investimentos diretos na América do Norte e na Europa (como visto na área pintada da Figura 3.1), e não através de crescentes exportações de unidades finalizadas. Enquanto isso, empresas norte-americanas, europeias e até mesmo coreanas – com frequência os mestres da agora obsoleta produção em massa – estão tentando igualar ou superar o desempenho de seus desafiantes *lean*.

Esse processo é muito empolgante. Ele também produz muitas tensões. De fato haverá perdedores (incluindo algumas das menores empresas japonesas), mas também vencedores, e o público de todos os lugares sem demora tende a reduzir essa disputa a termos nacionalistas – "nós" *versus* "eles", "nosso" país *versus* o "deles".

Retornaremos ao problema da difusão da produção *lean* nos últimos capítulos deste livro, pois acreditamos que esse é um dos obstáculos mais importantes na economia mundial dos anos 90. Entretanto, primeiro precisamos adquirir um entendimento mais profundo sobre os elementos da produção *lean*.

# Os elementos
## da produção *lean*

O público geral tem uma imagem mental simples e vívida da produção automotiva – a fábrica de montagem onde todas as peças se juntam para criar o carro ou caminhão finalizado. Embora esse passo final da fabricação seja importante, ele representa somente cerca de 15% do esforço humano envolvido na fabricação do carro. Para entender propriamente a produção *lean*, precisamos olhar para todas as etapas do processo, desde o *design* e a engenharia do produto, indo além da fábrica até chegar no cliente, que precisa do automóvel para seu dia a dia. Além disso, é crucial entender o mecanismo de coordenação necessário para colocar todas essas etapas em harmonia em uma escala global, um mecanismo que chamamos de *empreendimento lean*.

Nos capítulos a seguir, abordaremos cada uma das etapas da produção *lean*. Começaremos com a parte do sistema que todos acreditam entender – a fábrica representada pela montadora – para, de forma sistemática, mostrar o quão diferente a produção *lean* é das ideias de Henry Ford. Prosseguiremos para o desenvolvimento de produto e engenharia, então partiremos para o sistema de abastecimento, em que a maior parte da fabricação ocorre. Depois, olharemos para o sistema de vendas de carros e caminhões – o final do processo de produção no mundo da produção em massa, mas o começo do processo da produção *lean*. Por fim, examinaremos qual é o tipo de empresa *lean* global necessária para fazer o sistema inteiro funcionar, o único aspecto da produção *lean* que ainda não está totalmente desenvolvido.

# 4
# Administrando a fábrica*

A montadora automotiva domina a paisagem, onde quer que esteja localizada no mundo. De longe, é um enorme prédio sem janelas cercado de hectares de áreas de armazenamento e estações ferroviárias. O complexo formato do prédio e a falta de uma fachada com frequência torna difícil saber por onde entrar. Uma vez que você está dentro dela, a cena é inicialmente chocante.

Milhares de trabalhadores em um enorme prédio cuidam de fluxos de veículos que se movem pelo chão, enquanto uma complexa rede de transportadores e esteiras em tetos altos carregam as peças de um lado para o outro. A cena é densa, agitada e barulhenta. À primeira vista, é como se estivéssemos dentro de um relógio suíço – fascinante, mas incompreensível e também um pouco assustador.

Em 1986, no início do IMVP, fizemos uma comparação entre a produção *lean* e a produção em massa realizando uma pesquisa cuidadosa com o máximo possível de montadoras de veículos motorizados do mundo. No final, visitamos e sistematicamente juntamos informações em mais de 90 fábricas em 17 países diferentes, ou cerca de metade da capacidade de montagem do mundo inteiro. A nossa pesquisa provaria ser uma das mais completas já feitas na indústria automotiva ou em qualquer outra indústria.

---

*Este capítulo é baseado na "IMVP World Assembly Plant Survey". A pesquisa foi iniciada por John Krafcik, que mais tarde ganhou a companhia de John Paul MacDuffie. Haruo Shimada também ajudou.

**76**   Parte II ■ Os elementos da produção *lean*

Por que escolhemos a fábrica de montagem como objeto de estudo? Por que não a fábrica de motores, por exemplo, ou a fábrica de freios ou de alternadores? E por que tantas fábricas em tantos países? Claramente, a melhor fábrica de produção *lean* do Japão e a pior fábrica de produção em massa da América do Norte ou da Europa teriam sido suficientes para demonstrar as diferenças entre a produção *lean* e a produção em massa.

Três fatores nos convenceram de que a montadora era a atividade mais útil no sistema de produção de veículos a motor a ser estudada.

Em primeiro lugar, uma grande parte do trabalho da indústria automotiva envolve montagem. É apenas uma consequência do grande número de peças que existem em um carro. Quase toda a montagem ocorre em fábricas de componentes. Por exemplo, uma fábrica de alternadores receberá de fornecedores ou fabricará cerca de 100 peças diferentes que compõem o alternador, então irá montá-las em uma unidade completa. Entretanto, é difícil entender a montagem em uma fábrica assim, pois a atividade final normalmente é somente uma pequena parte do todo. Na fábrica de montagem final, por outro lado, a única atividade é a montagem – soldar e aparafusar milhares de peças simples e componentes complexos resultando em um veículo acabado.

Em segundo lugar, as fábricas de montagem ao redor do mundo fazem exatamente quase as mesmas coisas, pois praticamente todos os carros e caminhões leves de hoje são construídos com técnicas de fabricação semelhantes. Em quase toda montadora, por volta de 300 painéis de aço estampado são soldados na carroceria completa. Depois, a carroceria é imersa e recebe um *spray* para protegê-la da corrosão. Em seguida, ela é pintada. Por fim, milhares de peças mecânicas, itens elétricos e estofados são instalados dentro da carroceria pintada para produzir o automóvel completo. Como essas tarefas são muito uniformes, conseguimos comparar significativamente uma fábrica do Japão com uma do Canadá, outra da Alemanha e mais uma da China, mesmo que os carros fabricados por eles tenham aspectos bem diferentes ao saírem da fábrica.

Por fim, escolhemos a montadora para estudo porque os esforços japoneses para difundir a produção *lean* construindo fábricas na América do Norte e na Europa inicialmente envolviam montadoras. Quando começamos nossa pesquisa em 1986, três fábricas de montagem gerenciadas por japoneses já estavam em operação nos Estados Unidos, e uma estava pronta para ser aberta na Inglaterra.

Em contraposição, as fábricas japonesas de motores, freios, alternadores e outros componentes, embora tenham sido publicamente anunciadas a serem inauguradas na América do Norte e na Europa, ainda estavam no estágio de planejamento. Sabíamos por experiência que não faz sentido examinar a planta baixa de uma nova fábrica da empresa ou observar uma fábrica assim que ela começa a produzir. Para enxergar a diferença completa entre a

Capítulo 4 ■ Administrando a fábrica* **77**

produção *lean* e a produção em massa, tínhamos que comparar as fábricas que operavam com capacidade total.

E a segunda questão que sempre nos perguntam: "por que estudar tantas fábricas em tantos países?". A resposta é simples. A produção *lean* está agora se difundindo do Japão para praticamente todas as nações. Diretamente em seu caminho estão as gigantes fábricas de produção em massa da antiga era industrial.

Em todos os países e em todas as empresas – inclusive, podemos acrescentar, nas empresas menos bem-sucedidas do Japão –, encontramos um desejo intenso, e até mesmo desesperado, de saber a resposta para duas questões simples: "qual é a nossa situação?" e "o que precisamos fazer para igualar o novo nível competitivo requerido pela produção *lean*?". Agora sabemos as respostas.

## ■ A produção em massa clássica: a GM de Framingham

Começamos nossa pesquisa em 1986 pela montadora da General Motors em Framingham, Massachusetts, a apenas alguns quilômetros ao sul de nossa sede em Boston. Escolhemos Framingham, não por ser perto, mas porque suspeitávamos fortemente que ela incorporava todos os elementos da produção em massa clássica.

Nossa primeira entrevista com os gerentes seniores da fábrica não foi promissora. Eles tinham acabado de retornar de um passeio pela fábrica conjunta da Toyota e da GM (NUMMI, um acrônimo para New United Motor Manufacturing, Inc.), onde John Krafcik, nosso líder nas pesquisas em fábricas de montagem, trabalhava antigamente. Um dos gerentes comentou que tinham de existir áreas secretas de conserto e inventários secretos nos fundos da fábrica da NUMMI, pois ele não tinha visto o bastante desses ambientes para uma fábrica "de verdade". Outro gerente perguntou sobre o motivo de tanto alvoroço. "Eles constroem carros assim como nós". Um terceiro nos avisou que "toda aquela conversa da NUMMI [sobre a produção *lean*] não é bem-vinda aqui".

Apesar desse começo desanimador, achamos a gerência da fábrica bastante prestativa. Por todo o mundo, como já descobrimos várias vezes, os gerentes e os operários querem muito aprender em que ponto estão e como melhorar. O medo deles de quão ruins as coisas podem estar é, na verdade, o que normalmente cria essa hostilidade inicial.

No chão de fábrica, descobrimos o que já esperávamos: um clássico ambiente de produção em massa com suas inúmeras disfunções. Começamos olhando os corredores próximos à linha de montagem. Eles estavam lotados do que chamamos de trabalhadores indiretos – trabalhadores a caminho de

**78** Parte II ■ Os elementos da produção *lean*

ajudar um colega, mecânicos em rota para resolver algum problema, faxineiros, corretores de estoque. Nenhum desses trabalhadores realmente agrega valor, e as empresas conseguem encontrar outras formas para que os trabalhos que eles fazem sejam realizados.

Depois, fomos olhar a própria linha. Próximo a cada estação de trabalho, havia pilhas – às vezes o correspondente a semanas – de mercadorias. Espalhados, havia caixas descartadas e outros materiais de embrulho temporários. Na própria linha o trabalho estava distribuído desigualmente, com alguns operários correndo como loucos para acompanharem o ritmo e outros com tempo disponível para fumar um cigarro ou até ler um jornal. Além disso, em vários pontos, os trabalhadores pareciam se debater para encaixar peças mal ajustadas nos modelos Oldsmobile Ciera que estavam montando. As peças que não se encaixassem de forma alguma eram atiradas em latas de lixo sem nenhuma cerimônia.

No final da linha, encontramos o que talvez fosse a melhor evidência da antiga produção em massa: uma enorme área de trabalho cheia de carros acabados repletos de defeitos. Todos esses carros precisavam de reparos antes de serem enviados, uma tarefa que pode se mostrar muito demorada e que com frequência falha em resolver os problemas agora escondidos embaixo de camadas de peças e estofados.

Voltando pela fábrica para discutirmos nossas descobertas com os gerentes seniores, nos deparamos com os últimos dois sinais da produção em massa: grandes parachoques de carrocerias finalizadas esperando a jornada pela cabine de pintura e da cabine de pintura para a montagem final, e grandes estoques de peças, muitas ainda nos carrinhos nos quais foram transportados das fábricas de componentes da General Motors em Detroit.

Por fim, um comentário sobre a mão de obra. *Desanimado* seria o único rótulo pertinente. Os trabalhadores de Framingham tinham sido demitidos meia dúzia de vezes desde o começo da crise industrial norte-americana de 1979, e eles pareciam ter pouca esperança de que a fábrica conseguiria competir contra as instalações de produção *lean* localizadas no centro-oeste dos Estados Unidos.

## ■ A produção *lean* clássica: Toyota Takaoka

Nossa próxima parada foi na montadora da Toyota em Takaoka, em Toyota City. Como em Framingham (construída em 1948), essa é uma fábrica madura (de 1966). Ela tinha um número muito maior de robôs de soldagem e pintura

Capítulo 4 ■ Administrando a fábrica* **79**

em 1986, mas não era uma instalação de alta tecnologia como a que a General Motors estava construindo para seus novos modelos GM-10, nos quais carregadores computadorizados substituíram a linha de montagem final.

As diferenças entre Takaoka e Framingham são marcantes para qualquer um que entenda a lógica da produção *lean*. Para começar, quase ninguém ficava nos corredores. Os exércitos de trabalhadores indiretos tão visíveis na GM não existiam, e praticamente todo trabalhador à vista estava de fato agregando valor ao carro. Isso era ainda mais aparente porque os corredores de Takaoka eram muito estreitos.

A filosofia da Toyota sobre a quantidade de espaço necessário na fábrica para certo volume de produção é o oposto da fábrica da GM em Framingham: a Toyota acredita em ter o mínimo de espaço possível para que a comunicação cara a cara entre os trabalhadores seja mais fácil e para que não exista espaço para estoques. A GM, ao contrário, tem a crença de que o espaço extra é necessário para trabalhar nos veículos que precisavam de reparos e para estocar os enormes inventários necessários para garantir uma produção fluida.

A linha final de montagem revelava mais diferenças. Menos do que o correspondente à uma hora de estoque ficava perto de cada trabalhador em Takaoka. As peças fluíam melhor, e as tarefas eram melhor distribuídas, para que assim todos trabalhadores tivessem quase o mesmo ritmo de trabalho. Quando um colaborador encontrava uma peça defeituosa, ele – não há mulheres trabalhando nas fábricas da Toyota no Japão – cuidadosamente a etiquetava e a enviava para a área de controle de qualidade para obter uma peça substituta. No controle de qualidade, os trabalhadores submetiam a peça ao que a Toyota chama de "os cinco porquês", no qual, como explicamos no Capítulo 2, o motivo do defeito é rastreado até a sua principal causa para que ele não volte a ocorrer.

Como falamos, cada trabalhador da linha pode puxar um cordão acima de sua estação de trabalho para parar a linha se algum problema for encontrado. Na GM, apenas os gerentes seniores podem parar a linha por algum motivo além de segurança – mas ela para frequentemente devido a problemas com o maquinário ou a entrega de materiais. Em Takaoka, todo trabalhador pode parar a linha, mas a linha quase nunca para porque os problemas são resolvidos antecipadamente, e o mesmo problema nunca ocorre duas vezes. Fica claro que prestar atenção extrema para prevenir defeitos eliminou a maioria das razões que ocasionavam a parada da linha.

No final da linha, a diferença entre a produção *lean* e a produção em massa era ainda mais impressionante. Em Takaoka, não avistamos quase nenhuma

**80** Parte II ■ Os elementos da produção *lean*

área de retrabalho. Quase todos os carros iam direto da linha para o barco ou para os caminhões que os levavam até o comprador.

Voltando pela fábrica, ainda observamos outras diferenças entre ela e a de Framingham. Não havia praticamente nenhum para-choque entre a área de soldagem e a cabine de pintura e entre a pintura e a montagem final. E não havia nenhum armazém de peças. Em vez disso, as peças eram entregues diretamente à linha de hora em hora pelas fábricas do fornecedor, onde elas tinham acabado de ser produzidas. (Na verdade, nosso questionário inicial de pesquisa perguntava quantos dias de estoque havia na fábrica. Um gerente da Toyota educadamente nos perguntou se havia um erro de tradução. Para ele, certamente queríamos dizer *minutos* de estoque.)

Uma última e impressionante diferença em relação a Framingham era o ânimo da mão de obra. O ritmo de trabalho era claramente mais árduo em Takaoka, e mesmo assim havia um sentimento de propósito, e não apenas trabalhadores realizando tarefas com suas mentes distantes sob o olhar atento do supervisor. Sem dúvida, isso se dava, em grande parte, ao fato de que todos os trabalhadores de Takaoka eram empregados vitalícios da Toyota, com empregos totalmente seguros em troca do pleno comprometimento com seu trabalho.[1]

## ■ Quadro comparativo: a produção em massa *versus* a produção *lean*

Quando a equipe fez a pesquisa nas duas fábricas, começamos a construir um simples quadro comparativo para nos dizer quão produtiva e precisa cada fábrica era ("precisa" aqui significa o número de defeitos de montagem nos carros conforme subsequentemente informado pelos compradores).[2] Era fácil calcular uma comparação bruta de produtividade ao dividir o número de horas trabalhadas por todos os empregados da fábrica pelo número de veículos produzidos, como mostrado na linha superior da **Tabela 4.1**.[3] Entretanto, precisávamos garantir que cada fábrica estivesse desempenhando exatamente as mesmas tarefas. Caso contrário, não estaríamos comparando maçãs com maçãs.

Então desenvolvemos uma lista de atividades padrão para ambas as fábricas – soldagem de todos os painéis da carroceria, aplicação de três camadas de tinta, instalação de todas as peças, inspeção final e retrabalho – e anotamos as

## Tabela 4.1

A montadora da General Motors em Framingham *versus* a montadora da Toyota em Takaoka, 1986

|  | GM Framingham | Toyota Takaoka |
|---|---|---|
| Horas brutas de montagem por carro | 40,7 | 18 |
| Horas ajustadas de montagem por carro | 31 | 16 |
| Defeitos de montagem a cada 100 carros | 130 | 45 |
| Espaço de montagem por carro | 0,75 | 0,45 |
| Estoques de peças (média) | 2 semanas | 2 horas |

**Nota:** Horas brutas de montagem por carro são calculadas dividindo-se número total de horas de esforço na fábrica pelo número total de carros produzidos. "Horas ajustadas de montagem por carro" incorporam os ajustes nas atividades padrão e atributos de produtos descritos no texto. Defeitos por carro foram estimados com base na *J. D. Power Initial Quality Survey* de 1987. Espaço de montagem por carro está em metros quadrados por veículo por ano, corrigido para o tamanho do veículo. Estoques são uma média aproximada para as principais peças.
**Fonte:** IMVP World Assembly Plant Survey.

tarefas que uma fábrica fazia e que a outra não. Por exemplo, Framingham só fazia metade de sua soldagem e adquiria muitas montagens pré-soldadas de empresas externas. Fizemos um ajuste para refletir esse fato.

Também sabíamos que não faria muito sentido comparar fábricas que montavam veículos de tamanhos muito diferentes e com quantidades diversas de equipamentos opcionais, então ajustamos a quantidade de esforço em cada fábrica como se um veículo de tamanho padrão e opções específicas estivesse sendo montado.[4]

Quando concluímos nossa tarefa, uma descoberta extraordinária surgiu, como mostrada na Tabela 4.1. Takaoka era quase duas vezes mais produtiva e três vezes mais precisa que Framingham em desempenhar as mesmas atividades padrão em nosso carro padrão. Em termos de espaço de fabricação, ela era 40% mais eficiente, e seus estoques eram uma pequena fração dos de Framingham.

Caso se lembre da Tabela 2.1 do Capítulo 2, você pode estar se perguntando se essa diferença no desempenho entre a produção em massa clássica, como a praticada pela GM, e a produção *lean* clássica, como a executada pela Toyota, realmente merece o termo *revolução*. Afinal, Ford conseguiu reduzir o esforço direto de montagem em nove vezes em Highland Park.

**82** Parte II ■ Os elementos da produção *lean*

Na verdade, Takaoka é, em alguns aspectos, uma conquista ainda mais impressionante do que a de Ford em Highland Park, visto que ela representa um avanço em muitas dimensões. Não apenas o esforço foi cortado pela metade e os defeitos reduzidos a um terço, mas Takaoka também reduziu estoques e economizou espaço de produção (i.e., ela economiza tanto no capital quanto na mão de obra quando comparada com a produção em massa ao estilo Framingham). Além disso, Takaoka consegue mudar de um tipo de veículo para a próxima geração de produto em apenas alguns dias, enquanto Highland Park, com sua enorme quantidade de ferramentas específicas, fechou por meses em 1927, quando Ford trocou do Modelo T para o novo Modelo A. As fábricas de produção em massa continuam fechando por meses quando precisam trocar para novos produtos.

## ■ Difundindo a produção *lean*

A revolução em meios de fabricação só é útil se estiver disponível para todos. Estávamos, portanto, realmente interessados em aprender se as novas instalações de transição que estavam sendo abertas na América do Norte e na Europa podiam realmente instituir a produção *lean* em um ambiente diferente.

Conhecíamos uma das fábricas de transição japonesas na América do Norte muito bem, claro, por causa da experiência de John Krafcik, associado de pesquisa do IMVP. A fábrica New United Motor Manufacturing Inc. (NUMMI) em Fremont, Califórnia, é uma *joint-venture* entre uma clássica produtora em massa, a GM, e uma clássica produtora *lean*, a Toyota.

A NUMMI usa uma antiga fábrica da General Motors, construída nos anos 60 para montar carros e caminhões da GM para a Costa Oeste dos Estados Unidos. Conforme a participação de mercado da GM pela Costa do Pacífico caía continuamente, a fábrica tinha cada vez menos trabalho. Ela finalmente fechou de vez suas portas em 1982. Em 1984, a GM decidiu que precisava aprender sobre a produção *lean* com quem era mestre nesse modelo. Então, ela convenceu a Toyota a fornecer gestão para uma fábrica reaberta, a qual produziria pequenos carros de passeio da Toyota para o mercado norte-americano.

A NUMMI não traria nenhum comprometimento à produção *lean*. Os gerentes seniores eram todos da Toyota e rapidamente implementaram uma cópia exata do Sistema Toyota de Produção. Uma ação crucial nesse sentido foi a construção de uma nova fábrica de estamparia adjacente à área de soldagem da carroceria, para que os painéis da carroceria pudessem ser estampados

Capítulo 4 ■ Administrando a fábrica* **83**

em pequenos lotes conforme necessário. Em comparação, a antiga fábrica de Fremont dependia de painéis que vinham por ferrovia das fábricas de estamparia centralizadas da GM, no Centro-Oeste. Lá, elas eram estampadas aos milhões em prensas especializadas.

O Sindicato dos Trabalhadores Automotivos Unidos também cooperou para tornar a produção *lean* possível. Oitenta por cento da mão de obra da NUMMI consistia de colaboradores antigamente empregados pela GM em Fremont. Entretanto, no lugar do contrato padrão do sindicato com milhares de páginas impressas definindo estreitas categorias de trabalho e outras questões de controle de trabalho, o contrato da NUMMI só diferenciava duas categorias de colaboradores: montadores e técnicos. O sindicato concordou também que todos os seus membros deveriam trabalhar em pequenas equipes para fazer o trabalho com o mínimo de esforço e o máximo de qualidade.

No outono de 1986, a NUMMI estava a todo vapor. E estávamos prontos para compará-la com Takaoka e Framingham, como mostrado na **Tabela 4.2**.

Descobrimos que a NUMMI igualava a qualidade de Takaoka e quase igualava sua produtividade. A utilização de espaço não era tão eficiente por causa do antigo leiaute ruim da fábrica da GM. O estoque também era consideravelmente maior do que em Takaoka, pois quase todas as peças eram transportadas por 8 mil quilômetros pelo Pacífico, em vez de 8 ou 16 quilômetros de uma fábrica fornecedora vizinha em Toyota City. (Ainda assim, a NUMMI era capaz de funcionar com um fornecimento de peças para dois dias, enquanto Framingham precisava do equivalente a duas semanas.)

Estava claro para nós no final de 1986 que a Toyota havia realmente realizado uma revolução em fabricação, que as antigas fábricas de produção

**Tabela 4.2**

General Motors de Framingham *versus* Toyota de Takaoka *versus* NUMMI de Fremont, 1987

|  | GM Framingham | Toyota Takaoka | NUMMI Fremont |
|---|---|---|---|
| Horas de montagem por carro | 31 | 16 | 19 |
| Defeitos de montagem a cada 100 carros | 135 | 45 | 45 |
| Espaço de montagem por carro (m²) | 0,75 | 0,45 | 0,65 |
| Estoques de peças (média) | 2 semanas | 2 horas | 2 dias |

**Fonte:** IMVP World Assembly Plant Survey.

**84** Parte II ■ Os elementos da produção *lean*

em massa não conseguiam competir e que a nova melhor forma – a produção *lean* – poderia passar pela transição com sucesso para novos ambientes, como aconteceu na NUMMI. Com essas descobertas, ficamos pouco surpresos pelos eventos subsequentes: a fábrica de Takaoka continua melhorando, agora com muita automação adicional. A NUMMI também estava melhorando continuamente, e uma segunda linha está sendo adicionada para montar os caminhões da Toyota. A fábrica de Framingham fechou para sempre no verão de 89.

## ■ Pesquisando o mundo

Quando terminamos nossa pesquisa inicial, estávamos determinados a prosseguir e realizar uma pesquisa no mundo todo. Estávamos motivados, em parte, pelo fato de que as empresas e os governos que nos patrocinavam queriam saber em que ponto estavam e, em parte, porque sabíamos que uma pesquisa de somente três fábricas não podia responder muitas questões sobre quais papéis a automação, a facilidade de fabricação, a variedade de produtos e as práticas de gestão desempenhavam no sucesso da produção.

Entretanto, logo percebemos que teríamos que omitir nomes de empresas e fábricas quando divulgássemos nossas descobertas. Muitas empresas só estavam disponíveis a nos dar acesso a suas fábricas sob a condição de não revelarmos os nomes delas em nossos resultados. Respeitamos seus desejos e, neste livro, identificamos somente as fábricas autorizadas pelas empresas.

Após mais quatro anos de pesquisas, descobrimos o seguinte sobre produtividade e qualidade (ou precisão) ao redor do mundo, conforme resumido nas **Figuras 4.1** e **4.2**.

Tais constatações não são tudo o que esperávamos. Supúnhamos que todas as empresas japonesas dentro do Japão teriam aproximadamente o mesmo desempenho – isto é, seriam igualmente *lean*. Além disso, esperávamos que todas as fábricas norte-americanas na América do Norte e as fábricas norte-americanas e europeias na Europa tivessem o mesmo nível de performance com pouca variação, ficando atrás da média das fábricas japonesas bem como Framingham ficou atrás de Takaoka em 1986. Por fim, esperávamos que as montadoras de países em desenvolvimento fossem marcadas por baixa produtividade e baixa qualidade. A realidade é bem diferente.

Capítulo 4 ■ Administrando a fábrica* 85

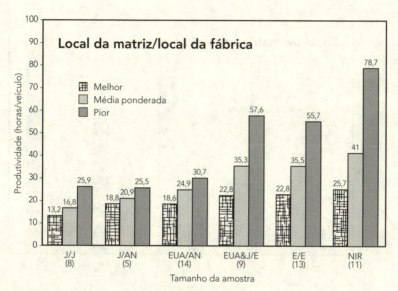

**Figura 4.1**
Produtividade da fábrica de montagem, produtores por volume, 1989.

**Nota:** Grandes produtores incluem as "Três Grandes" norte-americanas; Fiat, PSA, Renault e Volkswagen na Europa; e todas as companhias no Japão.
J/J         = fábricas japonesas no Japão.
J/AN      = Fábricas japonesas na América do Norte, incluindo as que possuem fábricas em joint-venture com empresas norte-americanas.
EUA/AN   = fábricas norte americanas na América do Norte.
EUA&J/E = fábricas americanas e japonesas na Europa.
E/E        = fábricas europeias na Europa.
NIR       = fábricas em países em industrialização: México, Brasil, Taiwan e Coreia do Sul.
**Fonte:** IMVP World Assembly Plant Survey.

O que descobrimos, em vez disso, é que existe uma variação considerável de desempenho de produtividade no Japão; na verdade, uma diferença de dois para um em produtividade e qualidade entre a melhor e a pior fábrica. As diferenças em outros aspectos – utilização de espaço, níveis de estoques, percentagem da fábrica dedicada à área de retrabalho – são muito menores, mas ainda há alguma variação.

Na América do Norte, rapidamente descobrimos que Framingham era, na verdade, a pior fábrica norte-americana. O desempenho médio das "Três Grandes" no final de 1989 era muito melhor – 48% mais esforço e 50% mais defeitos, em comparação com a diferença de Framingham/Takaoka em 1986 de quase o dobro de esforço e três vezes o número de defeitos. Ainda mais

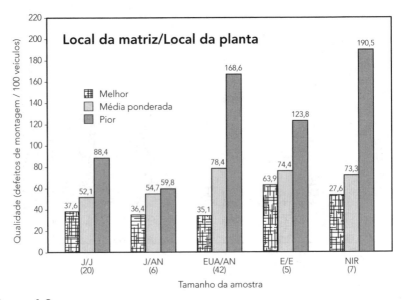

**Figura 4.2**
Qualidade da fábrica de montagem, produtores em volume, 1989.

**Nota:** Qualidade expressa em número de defeitos atribuíveis à montagem a cada 100 carros,, conforme reclamações dos compradores nos primeiros três meses de uso. Os dados incluem somente carros vendidos nos Estados Unidos.
**Fonte:** IMVP World Assembly Plant Survey, utilizando-se uma tabulação especial dos defeitos de montagem fornecida por J. D. Power and Associates.

impressionante, Ford, o pioneiro da produção em massa há 75 anos, agora é praticamente tão *lean* em suas fábricas de montagem norte-americanas quanto as empresas japonesas padrão em transição na América do Norte.[5] As melhores fábricas norte-americanas situadas na América do Norte são agora quase tão produtivas quanto uma fábrica japonesa média – e são quase iguais em termos de qualidade.

Talvez ainda mais impressionante tenha sido a nossa descoberta sobre a Europa. Framingham, a fábrica norte-americana que se saiu tão mal em comparação com Takaoka e que agora está fechada, tinha, na verdade, uma produtividade consideravelmente melhor em 1986 do que a média das fábricas europeias em 1989. Na verdade, quando andávamos de fábrica em fábrica, chegamos a uma conclusão memorável: a Europa, o berço da produção artesanal da indústria de veículos motorizados, é agora a verdadeira casa da produção em massa clássica. O desempenho médio americano – sob a constante pressão das fábricas de transição japonesas na América do Norte – melhorou drasticamente, em parte por fechar as piores fábricas, como a de Framingham, e em parte por adotar as técnicas de produção *lean* em outras. A Europa, por sua vez, ainda não começou a eliminar essa diferença competitiva.

Quanto às fábricas japonesas na América do Norte, descobrimos o que esperávamos. A média de seu desempenho é mais ou menos comparável à média de uma fábrica japonesa em termos de qualidade, mas com aproximadamente 25% menos em termos de produtividade. Acreditamos que essas diferenças sejam, em parte, devidas ao fato de que as empresas ainda estão no início de sua curva de aprendizagem quando se trata de produção *lean*. As diferenças também se devem aos diferentes métodos de abastecimento que exigem trabalho extra, um ponto ao qual retomaremos no Capítulo 6.[6]

No entanto, também há uma variação importante entre as empresas de transição.

Por exemplo, uma delas tem a utilização menos eficiente de espaço de fabricação entre todas as empresas pesquisadas no mundo. Em geral, descobrimos que as fábricas de melhor desempenho no Japão administram as empresas de transição com melhor desempenho na América do Norte, sugerindo que a maior parte da variação observada se deve a diferenças na gestão.

Por fim, as montadoras nos países em desenvolvimento, principalmente Brasil, Coreia do Sul, México e Taiwan, mostram uma ampla diferença de desempenho. A melhor fábrica em termos de qualidade da Ford em Hermosillo, México, na verdade, tinha a melhor qualidade entre as montadoras da amostragem pesquisada, inclusive acima das melhores fábricas japonesas e das melhores empresas de transição dos Estados Unidos. A melhor fábrica de um país em desenvolvimento era também surpreendentemente eficiente, em especial se considerarmos o seu modesto nível de automação. Em oposição, as piores fábricas dos países em desenvolvimento tinham desempenhos muito baixos, com baixa qualidade e produtividade terrível.

De onde vem essa diferença? Acreditamos que ela possa ser rastreada até a montagem de um produto em um processo de desenvolvimento *lean* (como em Hermosillo, onde o carro montado era uma variação do Mazda 323) e fazendo isso com a assistência da gestão de uma empresa que domina a produção. No caso de Hermosillo, essa empresa era a própria Ford, mas em vários outros casos, uma empresa independente recebia assistência significativa e contínua da gestão japonesa, tornando-se efetivamente uma empresa de transição.

Tais constatações exigem uma radical reordenação de nosso mapa mental do mundo industrial, o que acreditamos que muitos leitores acharão muito difícil de fazer: precisamos parar de igualar a produção "japonesa" com

**88** Parte II ■ Os elementos da produção *lean*

a produção *"lean"* e a produção "ocidental" com a produção "em massa". Na verdade, algumas fábricas no Japão não são *lean*, e muitas fábricas japonesas na América do Norte estão demonstrando que a produção *lean* pode ser praticada bem longe do Japão. Ao mesmo tempo, as melhores fábricas norte-americanas na América do Norte mostram que a produção *lean* pode ser plenamente implementada por empresas ocidentais, e as melhores fábricas dos países em desenvolvimento mostram que a produção *lean* pode ser introduzida em qualquer lugar do mundo.

## ■ O estranho caso dos produtores "artesanais"

Os dados de produtividade e de qualidade nas Figuras 4.1 e 4.2 dizem respeito apenas a carros feitos para o mercado de massa, ou seja, carros da Ford, mas não o Lincoln, carros da Toyota, mas não o Lexus, carros da Volkswagen, mas não a Mercedes. Desde o começo, acreditávamos que as montadoras eram bastante similares em suas tarefas efetivas, não importando o prestígio da marca que esteja sendo montada. O mesmo tipo de robô, com frequência os mesmos modelos vindos do mesmo fabricante, faz a soldagem de carroceria tanto dos Volkswagen quanto da Mercedes. A tinta é aplicada em cabines de pintura praticamente iguais, e a montagem final envolve a instalação, em maior parte feita à mão, de centenas de partes conforme o veículo se move ao longo de uma grande linha de montagem. A verdadeira diferença do mercado de massa para os carros de luxo é que o segundo pode ter soldas de aço mais resistentes em sua carroceria, camadas extras de pintura, mais isolamento acústico e muitos outros recursos de luxo adicionais.

Embora óbvia para nós, essa ideia não é universalmente aceita, nem mesmo na indústria automotiva, e certamente não é a visão do público geral. Repetidas vezes, os executivos nos diziam que nossas constatações sobre a produtividade e qualidade poderiam se aplicar aos carros e camionetes comuns, mas que "carros de luxo são outra coisa".

Decidimos, então, "tirar a prova" realizando uma pesquisa mundial especial das montadoras de carros de luxo. Visitamos a fábrica japonesa de carros de grande porte que acreditamos, com base em nossa pesquisa das fábricas da mesma empresa para mercados de massa, serem as melhores do mundo. Na América do Norte, pesquisamos as fábricas da Lincoln e da Cadillac. Na Europa, visitamos a Audi, a BMW, a Mercedes, a Volvo, a Rover, a Saab e a Jaguar. Em cada caso, padronizamos cuidadosamente as tarefas desempenhadas e as especificações do veículo, de forma que nossas perguntas buscassem responder quanto esforço cada fábrica necessitaria para desempenhar os passos padronizados da montagem em um carro menor e menos elaborado e quantos erros cometeria no processo. Então, a quantidade real de esforço gasto em cada fábrica é, na verdade, bem maior do que o apresentado nas **Figuras 4.3** e **4.4**. Além disso, fizemos ajustes de acordo com a ausência dos colaboradores, que é de 25% em muitas dessas fábricas europeias, comparado a 5% ou menos no Japão. As horas em nosso gráfico representam horas realmente trabalhadas, e não as horas da folha de pagamentos.

Nossas descobertas foram reveladoras. A fábrica japonesa requer metade do esforço das fábricas norte-americanas de carros de luxo, metade do esforço da melhor fábrica europeia, um quarto do esforço das fábricas europeias médias e um sexto do esforço da pior produtora europeia de carros de luxo. Ao mesmo tempo, a fábrica japonesa superava muito o nível de qualidade de

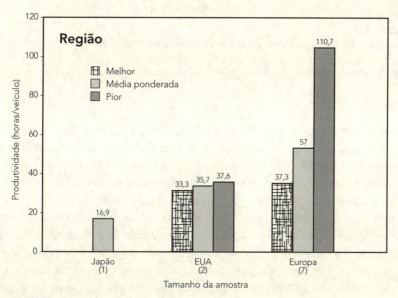

**Figura 4.3**
Produtividade de fábricas de montagem de carros de luxo, 1989.
**Nota:** "Carros de luxo" incluem os fabricados pelos "produtores especializados" da Europa – Daimler-Benz, BMW, Volvo, Saab, Rover, Jaguar, Audi e Alfa Romeo – e pela Cadillac e Lincoln na América do Norte. A categoria de luxo japonesa inclui o Honda Legend, o Toyota Cressida e o Mazda 929, os três sedans japoneses mais caros fabricados para exportação em 1989. O Toyota Lexus e o Nissan Infiniti são recentes demais para terem sido incluídos.
**Fonte:** IMVP World Assembly Plant Survey.

## Parte II ■ Os elementos da produção *lean*

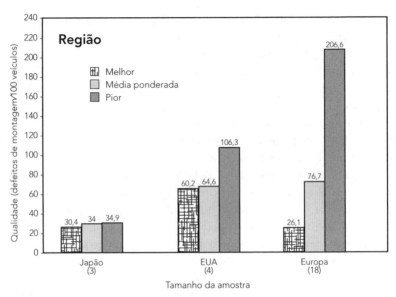

**Figura 4.4**
Qualidade de fábricas de montagem de carros de luxo, 1989.
**Nota:** "Carros de luxo" conforme definição na Figura 4.3.
**Fonte:** IMVP World Assembly Plant Survey, com base nos dados fornecidos por J. D. Power and Associates.

todas as fábricas, com exceção de uma na Europa – e essa fábrica europeia requer quatro vezes mais esforço do que a fábrica japonesa para montar um produto comparável. Não é de se espantar que os produtores ocidentais de carros de luxo estejam temerosos com a chegada das marcas Lexus, Infiniti, Acura e outras marcas de luxo japonesas que ainda estão por vir.

Ao revisar esses dados, muitos leitores podem se perguntar se a diferença está na maior variedade de produtos e menor escala de produção na Europa. Certamente, a imagem que associamos a essas empresas é de produção artesanal em baixos volumes. Isso, porém, não corresponde totalmente à realidade. As fábricas europeias, com uma exceção, produzem o mesmo volume dos produtores em massa que já mencionamos e, na maioria dos casos, produzem um conjunto de produtos *menos* complexo do que as fábricas de carros de luxo japonesas que pesquisamos.

Ao visitarmos a fábrica europeia de alta qualidade, mas de baixa produtividade que acabamos de mencionar, não tivemos de ir muito longe para descobrir o problema básico: a convicção generalizada entre gerentes e trabalhadores de que eles são artesãos. Ao final da linha de montagem, havia uma

Capítulo 4 ■ Administrando a fábrica* **91**

enorme área de retrabalho e retificação, com exércitos de técnicos vestindo aventais brancos a fim de ajustarem os veículos acabados ao famoso padrão de qualidade da empresa. Constatamos que um terço do trabalho total de montagem acontecia nessa área. Em outras palavras, a fábrica alemã estava gastando mais esforços em consertar os problemas criados do que para produzir um carro quase perfeito já na primeira vez, como na fábrica japonesa.

Educadamente perguntamos a esses colaboradores de avental o que exatamente eles estavam fazendo. "Somos artesãos, prova da dedicação de nossa empresa à qualidade", eles responderam. Tais "artesãos" ficariam surpresos ao saber que estavam, na verdade, fazendo o trabalho dos montadores de Henry Ford em 1905 – ajustando peças fora de padrão, fazendo o ajuste fino de peças projetadas para tal e retificando trabalhos prévios de montagem feitos incorretamente, para que tudo funcionasse de forma adequada no final.

Com certeza, esses colaboradores são altamente qualificados, e o trabalho que fazem é, sem dúvida, desafiador, já que cada problema é diferente. Entretanto, pelo ponto de vista de um produtor *lean*, isso é puro *muda* – desperdício. Sua causa: o fracasso em não conseguir projetar peças fáceis de serem montadas e rastrear os defeitos assim que são descobertos para que não voltem a ocorrer. Quando os colaboradores não dão esse importante último passo, o trabalho de montagem subsequente compõe o problema inicial e torna-se necessário chamar os artesãos para arrumar as coisas.

Nosso conselho para qualquer empresa que pratique o "artesanato" desse tipo em qualquer atividade de fabricação, seja ela automotiva ou não, é simples e enfático: abandone-o! Institua a produção *lean* o mais rapidamente possível e elimine a necessidade de qualquer artesanato na fonte. Caso contrário, os competidores *lean* irão superá-lo na década de 1990.*

## ■ Resumo da pesquisa mundial de montadoras do IMVP

A **Tabela 4.3** resume muitas dimensões do atual desempenho mundial dos produtores em grande volume em nível de montadora, além de produtividade e qualidade. Em particular, é importante notar a diferença entre o

---

\* Mantivemos o texto tal como está no original. O texto escrito pelos autores foi publicado em 1990, esclarecimentos sobre as afirmações e suposições do autor sobre acontecimentos posteriores podem ser encontrados no posfácio de 2007 e no epílogo que acompanham este livro.

# Tabela 4.3

Síntese das características das montadoras, grandes produtores, 1989 (média por fábrica em cada região)

| | Japonesa no Japão | Japonesa na América do Norte | Americana na América do Norte | Toda Europa |
|---|---|---|---|---|
| **Desempenho** | | | | |
| Produtividade (horas/veículo) | 16,8 | 21,2 | 25,1 | 36,2 |
| Qualidade (defeitos de montagem/100 veículos) | 60,0 | 65,0 | 82,3 | 97,0 |
| **Leiaute** | | | | |
| Espaço (m²/veículo/ano) | 0,53 | 0,85 | 0,72 | 0,72 |
| Tamanho da área de reparos (em % do espaço de montagem) | 4,1 | 4,9 | 12,9 | 14,4 |
| Estoques (dias/amostragem de 8 peças) | 0,2 | 1,6 | 2,9 | 2,0 |
| **Mão de obra** | | | | |
| % da mão de obra em equipes | 69,3 | 71,3 | 17,3 | 0,6 |
| Rotação de trabalho (0 = nenhuma, 4 = frequente) | 3,0 | 2,7 | 0,9 | 1,9 |
| Sugestões por colaborador | 61,6 | 1,4 | 0,4 | 0,4 |
| Nº de classes de trabalho | 11,9 | 8,7 | 67,1 | 14,6 |
| Treinamento de novos colaboradores de produção (horas) | 380,3 | 370,0 | 46,4 | 173,3 |
| Índice de ausência | 5,0 | 4,8 | 11,7 | 12,1 |
| **Automação** | | | | |
| Solda (% de passos diretos) | 86,2 | 85,0 | 76,2 | 76,6 |
| Pintura (% de passos diretos) | 54,6 | 40,7 | 33,6 | 38,2 |
| Montagem (% de passos diretos) | 1,7 | 1,1 | 1,2 | 3,1 |

**Fonte:** IMVP World Assembly Plant Survey, 1989, e J. D. Power Initial Quality Survey, 1989.

desempenho médio japonês e o desempenho médio norte-americano e europeu em termos do tamanho da área de reparo necessária, porcentagem dos colaboradores organizados em equipes, o número de sugestões recebidas (e a falta de sistemas de sugestão nas empresas de transição japonesas) e a quantidade de treinamento dado aos novos colaboradores de montagem.

Uma descoberta adicional e muito importante de nossa pesquisa merece uma nota: a relação entre produtividade e qualidade. Quando começamos a pesquisa e relacionamos produtividade com qualidade em todas as fábricas, não encontramos quase nenhuma relação. Além disso, isso não mudou com o tempo. A **Figura 4.5** mostra a relação, em todo o mundo no final de 1989, mostra que a correlação entre produtividade e qualidade é de 0,15.

Isso parecia intrigante. Pensávamos que deveria ser negativamente relacionado – fábricas com maior qualidade necessitariam de maior esforço, como os gerentes das fábricas ocidentais pensaram por muito tempo – ou positivamente relacionadas – a qualidade deveria ser "livre", como muitos que escrevem sobre empresas japonesas de produção sugeriram. A resposta a esse enigma, como a Figura 4.5 mostra, é que as duas tendências estão em evidência e se cancelam. As fábricas japonesas domésticas e de transição estão todas concentradas na parte inferior esquerda da figura. Para essas fábricas *lean*, a qualidade realmente é livre. Ao removê-las, ficamos com um padrão no qual as empresas tendem a ter maior qualidade ou maior produtividade, mas não ambas. Para esses produtores em massa, a qualidade sai cara mesmo se puder ser atingida.

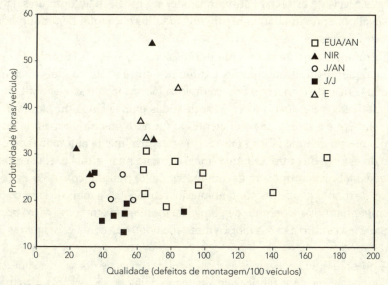

**Figura 4.5**
Produtividade *versus* qualidade na fábrica de montagem, grandes produtores, 1989.
**Fonte:** IMVP World Assembly Plant Survey, 1989.

**94** Parte II ■ Os elementos da produção *lean*

## ■ Tornando-se *lean*

Revisamos periodicamente nossas descobertas com quase todos os produtores de veículos motorizados do mundo, os principais patrocinadores do IMVP. Então, os números que relatamos aqui não são uma surpresa para essas empresas e agora costumam ser reconhecidos como uma síntese precisa do estado geral da competição em nível de fábrica.

Entretanto, determinar quem ocupa qual posição no *ranking* mundial é diferente de explicar exatamente o que os que ficaram para trás precisam fazer para se recuperarem. Enquanto revisávamos nossos dados com essas empresas, seus executivos e gerentes nos questionaram em quatro pontos específicos.

Primeiro, eles perguntaram se a automação é o segredo. Nossa resposta foi que sim e que não. A **Figura 4.6** mostra a relação entre a porcentagem de etapas de montagem que são automatizadas – quer seja através da robótica, quer seja através de uma automação mais tradicional e menos sofisticada – e a produtividade das fábricas. Há claramente uma tendência de queda para a direita – mais automação significa menos esforço. (Em outras palavras, maiores níveis de automação mostram uma forte correlação negativa (–0,67) com maiores níveis de esforço.) Estimamos que, em média, a automação seja responsável por aproximadamente um terço da diferença total de produtividade entre as fábricas.

Entretanto, o que é realmente impressionante sobre a Figura 4.6 é que, em qualquer nível de automação, a diferença entre a fábrica mais eficiente e a menos eficiente é enorme. Por exemplo, a fábrica japonesa nacional menos automatizada na amostra (com 34% de todas etapas feitas por automação), que também é a fábrica mais eficiente do mundo, precisa da metade do esforço humano de uma fábrica europeia comparavelmente automatizada e um terço do esforço de outra. Olhando mais à direita na Figura 4.6, conseguimos ver que a fábrica europeia mais automatizada do mundo (com 48% de todas etapas de montagem feitos por automação) requer 70% a mais de esforço para desempenhar nosso conjunto de etapas de montagem em nosso carro padrão do que é necessário à nossa fábrica mais eficiente, que conta com apenas 34% de automação.

A questão óbvia é: como isso é possível? Através de nossas descobertas e visitas, concluímos que fábricas de alta tecnologia que são organizadas inadequadamente acabam adicionando quase a mesma quantidade de colaboradores técnicos e de serviço indiretos que a quantidade removida de colaboradores diretos não qualificados das tarefas manuais de montagem.

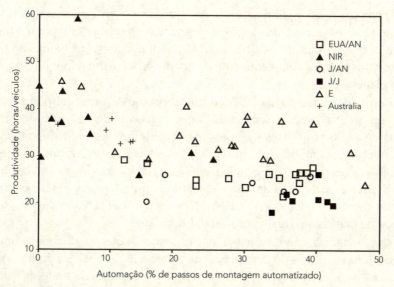

**Figura 4.6**
Automação *versus* produtividade, grandes produtores, 1989.
**Nota:** "Automação" é igual ao percentual de tarefas de montagem que foram automatizadas. A automação inclui tanto a automação fixa, como as multissoldas, como a flexível usando robôs. A automação na movimentação dos materiais não está incluída.
**Fonte:** IMVP World Assembly Plant Survey, 1989.

Ainda mais, elas têm dificuldades de manter um rendimento elevado, pois problemas no complexo maquinário reduzem a porcentagem do tempo total de operação em que uma fábrica está realmente produzindo veículos. Ao observar avançadas tecnologias de robótica em muitas fábricas, chegamos a um axioma simples que a organização *lean* deve alcançar antes de automatizar os processos com alta tecnologia se quiser aproveitar o benefício total.[7]

A segunda pergunta é: a facilidade de fabricação do produto faz mais diferença do que a operação da fábrica? De forma compreensível, os líderes sindicais frequentemente nos fazem essa mesma pergunta. Donald Ephlin, agora aposentado de sua posição como vice-presidente da United Auto Workers nos Estados Unidos, engajou-nos em um diálogo sobre esse assunto durante toda a vida do IMVP.

Quanto da lacuna competitiva entre as empresas boas e as empresas ruins, ele queria saber, está nos colaboradores sindicalizados na fábrica e quanto nos engenheiros e gerentes que estão longe do chão de fábrica enfurnados nos escritórios? Seu argumento era simples: "Os colaboradores que represento nas fábricas norte-americanas estão levando a culpa por problemas que eles não

**96** Parte II ■ Os elementos da produção *lean*

têm como corrigir". Ephlin argumentava que fazer melhorias organizacionais – estoques *just-in-time*, um cordão que permitia ao colaborador parar a linha e assim por diante – faria diferença, mas nenhuma dessas melhorias poderia tornar uma fábrica completamente competitiva se o *design* do produto fosse mal planejado.

Responder a questão da facilidade de fabricação de forma definitiva é difícil, pois precisaríamos desempenhar o que os fabricantes de automóveis chamam de análise *tear-down* (desmontagem) em todos os carros sendo montados em todas as fábricas pesquisadas. Somente assim poderíamos enxergar quantas peças o carro tem e quão facilmente elas podem ser montadas. Essa análise seria extremamente cara e consumiria muito tempo. Então podemos relatar somente algumas evidências interessantes, mas parciais, de que a facilidade de fabricação é realmente muito importante.

Uma evidência disso consiste numa pesquisa que conduzimos com os fabricantes mundiais de automóveis na primavera de 1990.[8] Pedimos a eles que classificassem todos os outros fabricantes de automóveis em termos quão fáceis seus produtos são de fabricar na montadora. Eles deveriam basear sua classificação em estudos de *tear-down* que as empresas conduzem como parte de seus programas de avaliação competitiva. Por mais estranho que pareça, os primeiros modelos de produção de qualquer carro novo raramente chegam aos consumidores. Em vez disso, os competidores os compram e imediatamente os "desmontam" para a avaliação competitiva. Os resultados que os produtores relataram constam na **Tabela 4.4**.

Não podemos confirmar a precisão dessas descobertas, pois não sabemos quanta análise *tear-down* as empresas fazem ou quão bem elas as fazem. Quando começamos nossa pesquisa de fábricas de montagem, ficamos impressionados ao descobrir que pouquíssimas empresas de automóveis conduziam estudos avaliativos sistemáticos (*benchmarking)* de seus competidores. De qualquer forma, as empresas que responderam concordavam sobre quem projetava os *designs* mais "fabricáveis", e as descobertas se relacionam bem com o desempenho da empresa em nossos índices de produtividade e de qualidade. Isso sugere que a facilidade de fabricação é um indicador de alto desempenho na fábrica.

Conseguimos mais evidências a partir de uma recente comparação que a General Motors fez entre sua nova fábrica de montagem em Fairfax, Kansas, que fabrica a versão Pontiac Grand Prix de seu modelo GM-10, e a fábrica de montagem da Ford para seus modelos Taurus e Mercury Sable, perto de Atlanta. Essa comparação se baseou em desmontar os dois carros e usar manuais para reconstituir o processo de montagem.

## Tabela 4.4

Facilidade de montagem dos produtos na montadora, produtores classificados por outros produtores, 1990

| Produtor | Classificação média | Faixa de classificação |
|---|---|---|
| Toyota | 2,2 | 1–3 |
| Honda | 3,9 | 1–8 |
| Mazda | 4,8 | 3–6 |
| Fiat | 5,3 | 2–11 |
| Nissan | 5,4 | 4–7 |
| Ford | 5,6 | 2–8 |
| Volkswagen | 6,4 | 3–9 |
| Mitsubishi | 6,6 | 2–10 |
| Suzuki | 8,7 | 5–11 |
| General Motors | 10,2 | 7–13 |
| Hyundai | 11,3 | 9–13 |
| Renault | 12,7 | 10–15 |
| Chrysler | 13,5 | 9–17 |
| BMW | 13,9 | 12–17 |
| Volvo | 13,9 | 10–17 |
| PSA | 14,0 | 11–16 |
| Saab | 16,4 | 13–18 |
| Daimler-Benz | 16,6 | 14–18 |
| Jaguar | 18,6 | 17–19 |

**Nota:** Essa classificação foi compilada tabulando-se as respostas de uma pesquisa com as 19 grandes montadoras. Oito empresas responderam à pesquisa de maneira aproveitável – duas norte-americanas, quatro europeias, uma japonesa e uma coreana. Foi solicitado que classificassem todas as 19 empresas "pelo grau de excelência, na sua opinião, de cada empresa em projetos de fácil montagem".
**Fonte:** IMVP Manufacturability Survey, 1990.

A GM encontrou uma grande lacuna de produtividade entre a sua fábrica e a da Ford – as duas fazem carros da mesma classe de tamanho, com níveis semelhantes de equipamentos opcionais e vendem ao mesmo segmento de mercado. Após uma cuidadosa investigação, a GM concluiu que 41% da lacuna de produtividade poderia ser rastreada à facilidade de fabricação dos dois *designs*, como mostrado na **Tabela 4.5**. Por exemplo, o carro da Ford tem muito menos peças – dez no seu para-choque dianteiro em comparação a 100 no Pontiac da GM –, e as peças da Ford se encaixam mais facilmente. A outra

**98** Parte II ■ Os elementos da produção *lean*

## Tabela 4.5
Fábrica de montagem da Ford em Altlanta *versus* fábrica de montagem da GM em Fairfax, 1989

| Diferença de produtividade, alocada por causa | |
| --- | ---: |
| Abastecimento | 9% |
| Processamento | 2% |
| *Design* para fabricação | 41% |
| Prática da fábrica | 48% |
| | 100% |

**Fonte:** General Motors.

grande causa da lacuna de produtividade eram as práticas organizacionais da fábrica, que acabamos de discutir. O estudo da GM descobriu que o nível de automação – que era, na verdade, muito maior na fábrica da GM – não era um fator que explicava a lacuna de produtividade.

A facilidade de fabricação não se deve ao acaso. Em vez disso, é um dos resultados mais importantes de um processo de *design lean*. Veremos esse ponto com mais cuidado no Capítulo 5.

Uma terceira pergunta que normalmente aparece quando revisamos nossas descobertas com as empresas é a variedade de produtos e a complexidade. O gerente de fábrica que encontramos no Capítulo 3, que dizia poder competir com qualquer um se simplesmente pudesse focar sua fábrica em um único produto padronizado, é típico de muitos gerentes ocidentais. Isso certamente é uma ideia interessante com uma lógica simples.

Entretanto, em nossa pesquisa, não descobrimos nenhuma relação entre o número de modelos e os estilos de carrocerias em uma linha de produção e produtividade ou qualidade do produto. Tentamos uma abordagem diferente ao comparar o que estava sendo construído em fábricas ao redor do mundo em termos de complexidade "além das aparências". Essa era uma medida composta do número de principais componentes elétricos, cores de pintura exterior e combinações de motor/transmissão sendo instaladas em uma linha de produção, além do número de diferentes peças sendo instaladas e o número de diferentes fornecedores de uma fábrica de montagem. Os resultados eram ainda menos tranquilizadores para aqueles que achavam que uma fábrica focada fosse a solução para seus problemas competitivos: as fábricas de nossa pesquisa com maior complexidade além das aparências também tinha os maiores índices de produtividade e qualidade. Essas, obviamente, eram as fábricas japonesas no Japão.[9]

## ■ Organização *lean* em nível de fábrica

Aqueles executivos da empresa, gerentes de fábrica e líderes sindicais que aceitaram nossa conclusão de que a automação e a facilidade de fabricação são importantes para fábricas de alto desempenho, mas que alcançar o potencial requer gestão superior da fábrica, normalmente levantam uma última pergunta que achamos muito interessante: quais são as características organizacionais verdadeiramente importantes de uma fábrica *lean* – os aspectos específicos das operações da fábrica que compõem até metade da diferença geral de desempenho entre as fábricas ao redor do mundo? E como elas podem ser introduzidas?

A fábrica verdadeiramente *lean* tem duas características organizacionais importantes: *ela transfere o número máximo de tarefas e responsabilidades para os colaboradores que realmente agregam valor ao carro na linha, e ela tem um sistema de detecção de defeitos que rapidamente rastreia cada problema, assim que é descoberto, até a sua causa final.*

Isso, por sua vez, significa que o trabalho em equipe entre os colaboradores de linha e um sistema integrado de visualização de informações, simples, mas abrangente, é o que torna possível para todos responder rapidamente a problemas e entender a situação geral da fábrica. Nas ultrapassadas fábricas de produção em massa, os gerentes escondiam as informações sobre as condições da fábrica, pensando que esse conhecimento fosse a chave para seu poder. Em uma fábrica *lean*, como em Takaoka, toda informação – metas diárias de produção, carros produzidos naquele dia, quebras de equipamentos, falta de funcionários, necessidade de horas extras e assim por diante – está disponível em quadros *andon* (*displays* eletrônicos luminosos), que são visíveis para todas as estações de trabalho. Toda vez que algo dá errado em qualquer local da fábrica, todo colaborador que sabe como ajudar corre para dar uma mãozinha.

Então, no final das contas, é a dinâmica da equipe de trabalho que emerge como o coração da fábrica *lean*. Montar essas equipes eficientes não é simples. Primeiro, é necessário que se ensine uma grande variedade de habilidades aos colaboradores – na verdade todas as funções em seu grupo de trabalho – para que as tarefas possam ser rotacionadas e os colaboradores possam substituir uns aos outros. Os colaboradores, então, precisam adquirir muitas habilidades adicionais: simples reparos de máquinas, verificação da qualidade, limpeza e pedidos de materiais. Depois, eles precisam de encorajamento para pensar ativamente (na verdade, proativamente) para que possam encontrar soluções antes que os problemas se tornem sérios.

**100** Parte II ■ Os elementos da produção *lean*

Nossos estudos das fábricas que tentaram adotar a produção *lean* revelam que os colaboradores só reagem quando existe algum sentimento de obrigação recíproca, um sentimento de que a gestão realmente valoriza os colaboradores qualificados, que fará sacrifícios para mantê-los e está disposta a delegar responsabilidade à equipe. Apenas mudar o quadro organizacional para mostrar "equipes" e introduzir círculos de qualidade para encontrar formas de melhorar os processos produtivos provavelmente não surtirá muito efeito.

Esse simples fato nos foi trazido por um de nossos primeiros estudos das fábricas da Ford e da General Motors nos Estados Unidos. Nas fábricas da Ford, descobrimos que o contrato básico entre sindicato e gestão não tinha mudado desde 1938, quando Ford foi finalmente forçado a assinar um contato de controle de trabalho com o UAW (em inglês, United Auto Workers, sindicato dos trabalhadores automotivos). Os colaboradores continuaram tendo tarefas rígidas e não existia nehuma estrutura de equipe formal. Ainda assim, conforme caminhávamos por diversas fábricas, observávamos que o trabalho em equipe estava ativo e funcionando. Os colaboradores estavam ignorando os detalhes técnicos do contrato em grande escala a fim de cooperar e cumprir suas funções.[10]

Em contrapartida, em muitas fábricas da General Motors, achamos um novo contrato de equipe e todos os aparatos formais da produção *lean*. Ainda assim, alguns instantes de observação revelaram que pouco trabalho em equipe acontecia e que a moral no chão de fábrica era muito baixa.

Como lidamos com essas aparentes contradições? A resposta é simples. Os colaboradores das fábricas da Ford tinham grande confiança na gestão da fábrica, que trabalhou com muito afinco no início dos anos 80 para entender os princípios da produção *lean*. Eles também acreditavam firmemente que, se todos os colaboradores trabalhassem juntos para fazer o trabalho da melhor forma, a empresa poderia proteger os seus empregos. Enquanto que nas fábricas da GM descobrimos que os colaboradores tinham pouca confiança na habilidade da gestão de gerenciar a produção *lean*. Isso não é surpreendente, já que o foco da GM no início dos anos 80 estava em projetar tecnologias avançadas para se livrar dos colaboradores. Estes também tinham um sentimento fatalista de que muitas fábricas estavam fadadas ao fracasso independente do que fosse feito. Nessas circunstâncias, é pouco surpreendente que o compromisso à produção *lean* dos altos níveis da corporação e do sindicato nunca se traduziram em progresso no chão de fábrica.

Retornaremos a essa difícil questão de como a produção *lean* pode ser introduzida nas atuais fábricas de produção em massa no Capítulo 9.

## ■ A produção *lean* é humanamente gratificante?

Como falamos no Capítulo 2, o fordismo era uma "faca de dois gumes". A produção em massa tornava o consumo em massa possível, enquanto tornava árduo o trabalho da fábrica. A produção *lean* recupera a satisfação do trabalho enquanto aumenta os padrões de vida ou trata-se de uma faca com os dois gumes ainda mais afiados?

As opiniões certamente se dividem. Dois membros do United Automobile Workers Union nos Estados Unidos recentemente argumentaram que a produção *lean* é ainda pior para o colaborador do que a produção em massa.[11] Eles chegaram a rotular o sistema de produção *lean* instituído pela NUMMI na Califórnia de "gestão por estresse", pois os gerentes continuamente tentavam identificar problemas no sistema – tempo de trabalho não utilizado, excesso de colaboradores, excesso de estoques – e removê-los. Os críticos argumentam que essa abordagem torna o filme "Tempos Modernos" um passeio no parque. Na fábrica de Charlie Chaplin, pelo menos os colaboradores não tinham que pensar sobre o que estavam fazendo e tentar melhorar.

Uma segunda crítica da produção *lean* vem na forma do que chamamos de "neoartesanato". Isso só funciona em algumas fábricas da Suécia, mas recebe muita atenção ao redor do mundo por apelar para uma crença pública aparentemente inabalável no artesanato.

Vamos usar a nova fábrica da Volvo no Oeste da Suécia, a Udevalla, como exemplo. Na Udevalla, equipes de colaboradores da Volvo montam os modelos 740 e 760 em plataformas estacionárias de montagem em pequenas estações de trabalho. Cada equipe de 10 colaboradores é responsável por montar um veículo inteiro do início até a pintura. Por um lado, esse sistema é uma recuperação total do *hall* de montagem de Henry Ford de 1903, que nós e o resto do mundo deixamos para trás no Capítulo 2. O tempo de ciclo – o intervalo entre o colaborador começar a repetir suas ações – aumenta para várias horas na Udevalla, comparado com um minuto em uma fábrica de montagem de produção *lean* ou em massa. Além disso, os colaboradores da equipe de montagem podem definir seu próprio ritmo, desde que completem quatro carros por dia. Eles também podem rotacionar as funções dentro das equipes como desejarem. O abastecimento automatizado de materiais entrega as peças necessárias para cada carro à equipe de trabalho. Os defensores do sistema da Udevalla argumentam que ele consegue igualar a eficiência das fábricas de produção *lean* e fornecer um ambiente de trabalho que é muito mais humano.

**102** Parte II ■ Os elementos da produção *lean*

Discordamos fortemente dos dois pontos. Acreditamos que uma diferença vital, mas frequentemente mal compreendida, exista entre a tensão e um desafio contínuo e entre o neoartesanato e a produção *lean*.

Quanto ao primeiro ponto, concordamos que um sistema de produção *lean* propriamente organizado realmente remove todos os problemas: é por isso que ele é *lean* ("enxuto"). Mas ele também fornece aos colaboradores as habilidades de que precisam para controlar seu ambiente de trabalho e o desafio contínuo de tornar o trabalho mais fluido. Enquanto a fábrica de produção em massa normalmente está cheia de estresse, enquanto os colaboradores lutam para montar produtos não fabricáveis e não têm como melhorar seu ambiente de trabalho, a produção *lean* oferece uma tensão criativa através da qual os colaboradores têm muitas formas de lidar com os desafios. Essa tensão criativa envolvida na solução de problemas complexos é exatamente o que separou o trabalho manual da fábrica do trabalho profissional "pensante" na era da produção em massa.

Para fazer esse sistema funcionar, claro, a gestão precisa oferecer seu total apoio para a mão de obra da fábrica e, quando o mercado estiver em baixa, fazer os sacrifícios necessários para garantir a segurança de trabalho que foi oferecida historicamente somente a profissionais valorizados. É verdadeiramente um sistema de obrigações recíprocas.

Ainda mais, acreditamos que uma vez que os princípios de produção *lean* forem totalmente instituídos, as empresas serão capazes de se mover rapidamente nos anos 90 para automatizar a maior parte das tarefas repetitivas na montagem de um automóvel – e mais que isso. Portanto, ao final deste século, esperamos que as fábricas de montagem *lean* sejam ocupadas quase que inteiramente por solucionadores de problemas altamente qualificados, cuja tarefa será pensar de maneira contínua em formas de fazer o sistema funcionar mais fluida e produtivamente.

A grande falha do "neoartesanato" é que ele nunca alcançará sua meta, visto que ele busca ir na direção oposta, de volta à era artesanal como um fim em si mesmo.

Somos muito céticos quanto a essa forma de organização poder ser tão desafiadora ou gratificante quanto à produção *lean*. Simplesmente aparafusar um grande número de peças em um longo ciclo, em vez de um pequeno número em um curto ciclo, é uma visão muito limitada de enriquecimento do trabalho. A verdadeira satisfação presumidamente vem em retrabalhar e ajustar cada pequena peça para que ela se encaixe de maneira adequada. Em um sistema de produção *lean* bem organizado, essa atividade é totalmente desnecessária.

Por fim, a produtividade do sistema de Udevalla quase certamente não compete sequer com a produção em massa, muito menos com a produção *lean*. Não fizemos auditoria em Udevalla ou Kalmar, as duas fábricas da Volvo adiministradas nesse modelo, mas simples cálculos matemáticos sugerem que, se dez colaboradores precisam de oito horas simplesmente para montar quatro veículos (sem incluir a soldagem da carroceria, sua pintura e a obtenção dos materiais necessários) – para o total de 20 horas de montagem por veículo –, a Udevalla não pode esperar competir com a melhor fábrica de produção *lean* em nossa pesquisa, que precisa de somente 13,3 horas para soldar, pintar e montar um veículo um pouco menor e menos elaborado.

Antes de encerrarmos esse ponto, oferecemos um último motivo pelo qual a produção *lean* não é mais opressora do que a produção em massa. Em termos simples, a produção *lean* é *frágil*. A produção em massa é projetada com garantias por toda parte – estoque extra, espaço extra, colaboradores extras a fim de fazer a produção funcionar. Mesmo quando as peças não chegam na hora certa ou quando muitos colaboradores ficam doentes ou quando outros colaboradores não conseguem detectar um problema antes do produto ser fabricado em massa, o sistema ainda funciona.

Entretanto, para fazer o sistema *lean* sem essas garantias – sem uma rede de segurança – funcionarem, é essencial que todo colaborador dê o máximo de si. Simplesmente fazer os movimentos da produção em massa de cabeça baixa e com cabeça em outro lugar rapidamente leva a desastres na produção *lean*. Então, se a gestão não conseguir liderar, e a mão de obra sentir que não há obrigações recíprocas, é bem previsível que a produção *lean* se reverterá à produção em massa. Como um gerente de produção *lean* disse durante uma visita: "a produção em massa é simplesmente a produção *lean* administrada por um manual, para que ninguém tome iniciativa e responsabilidade de continuamente melhorar o sistema".

Esse último ponto levanta algumas questões profundas sobre a disseminação da produção *lean* por todo o mundo, um tópico que é alvo de nossa atenção no Capítulo 9. Entretanto, aqui precisamos seguir a lógica da produção *lean* desde a montadora até o desenvolvimento do produto. Como veremos, a natureza do automóvel moderno – um produto altamente complexo com mais de dez mil peças – requer um sistema de *design* e engenharia altamente complexo. E, como em todos os outros aspectos da produção, a abordagem *lean* necessária para coordenar esse sistema é fundamentalmente diferente da abordagem da produção em massa.

# 5

# Projetando o carro*

## ■ GM-10: Desenvolvimento de produtos em uma empresa de produção em massa

Em 1981, a General Motors começou a planejar um substituto para os seus recém-lançados carros de tração dianteira chamados A-body e os seus antigos carros de tração traseira chamados G-body, que eram oferecidos pela empresa no segmento carros de tamanho intermediário do mercado norte-americano. Os carros A-body – o Chevrolet Celebrity, o Pontiac 6000, o Oldsmobile Ciera e o Buick Century – normalmente continuariam em produção por 10 anos. Entretanto, a GM sabia que a Ford estava desenvolvendo um novo modelo de tamanho intermediário para ser apresentado em 1985 e havia rumores que as empresas japonesas estavam planejando uma presença muito mais forte nesse segmento. (Intermediário é uma das quatro categorias de tamanho padrão tradicionalmente usadas para segmentar o mercado norte-americano de carros: subcompacto, compacto, intermediário e de grande porte.)

O segmento de carros intermediários do mercado havia se tornado a base de produção da GM, contabilizando cerca de um terço das vendas anuais da empresa na América do Norte. Executivos seniores da GM concluíram que eles não poderiam passar de 1986 sem um novo modelo. Eles sabiam que se

---

*Este capítulo se baseia na pesquisa de Takahiro Fujimoto, Andrew Graves, Kentaro Nobeoka e Antony Sheriff.

**106** Parte II ■ Os elementos da produção *lean*

tentassem fazer o ciclo comum de 10 anos com as carrocerias A enquanto continuavam com as antigas carrocerias G, eles ficariam muito atrás da Ford e das empresas japonesas. Então eles iniciaram o processo extraordinariamente complexo e caro de desenvolver um novo carro.

Todas as grandes empresas de automóveis – sejam de produção *lean* ou em massa – enfrentam o mesmo problema básico ao desenvolver um novo produto. Vários departamentos funcionais – *marketing*, engenharia de motores, engenharia de carrocerias, engenharia de chassis, engenharia de processos e operações da fábrica – precisam colaborar intensivamente por um longo período de tempo para desenvolver o novo carro com sucesso. A questão é como.

A abordagem mais simples seria criar uma equipe de projeto totalmente autônoma composta pelo número necessário de projetistas e engenheiros. Um gerente de equipe poderia orquestrar os esforços desse grupo por anos até que o projeto fosse concluído.

Na verdade, nenhuma empresa do mundo, seja produtora *lean* ou em massa, faz isso. As razões são simples. Toda empresa tem uma variedade de modelos, componentes mecânicos e fábricas que precisam ser compartilhados. O Modelo A compartilha a mesma transmissão do Modelo B e é fabricado ao lado do Modelo C na mesma fábrica. Isolar os engenheiros de transmissão e os gerentes de fábrica do Modelo A em uma equipe autônoma nunca funcionaria, já que seus esforços logo entrariam em conflito com os das equipes que trabalham nos modelos B e C. Isolar os projetistas de produto nunca funcionaria também, pois seus projetos podem se sobrepor a outros produtos novos na *pipeline* de planejamento. Além disso, engenheiros trabalhando em isolamento logo perderiam contato com a fronteira técnica de sua especialidade na medida em que ela é empurrada adiante por atividades de pesquisa nos departamentos funcionais. O resultado: seus projetos não seriam de alta qualidade.

Como consequência, a maioria das empresas automotivas desenvolve o mesmo tipo de matriz, na qual todo colaborador incluído no desenvolvimento de um produto reporta-se tanto ao departamento funcional quanto ao programa de desenvolvimento. O desafio da liderança é gerenciar a matriz para satisfazer as necessidades do departamento funcional e do programa de desenvolvimento do produto.

Na General Motors, superar esse desafio tem sido particularmente crucial. Dos anos 30 até o final dos anos 50, a empresa tinha cinco modelos básicos – o Chevrolet, o Pontiac, o Oldsmobile, o Buick e o Cadillac. Os cinco tinham chassis, carrocerias e motores diferentes, mas compartilhavam centenas, ou até milhares, de outras peças – pistões, componentes elétricos, molas, rolamentos e vidros. Então o desenvolvimento de um novo modelo por qualquer

Capítulo 5 ■ Projetando o carro **107**

uma das divisões de automóveis envolvia uma complexa interação com outras divisões de automóveis e de componentes que produziam as peças compartilhadas. Essa era a consequência organizacional da determinação de Alfred Sloan de compartilhar o máximo possível de peças para ganhar economias de escala.

Depois de 1959, quando a GM introduziu seus primeiros carros de pequeno porte, a situação se tornou ainda mais complexa. No final dos anos 60, a empresa estava oferecendo quatro tamanhos diferentes de carros em cada divisão, exceto no Cadillac, em que oferecia dois modelos. Para preservar as economias de escala enquanto fazia isso, a GM começou a compartilhar um modelo básico entre as suas divisões, dando uma aparência levemente diferente ao modelo vendido em cada divisão. Assim, o novo modelo intermediário introduzido em 1968 assumiu as formas de um Chevrolet Chevelle, um Pontiac Tempest, um Olds F-85 e um Buick Skylark. Esses carros tinham diferentes chapas externas e diferentes painéis e guarnições internas de portas, mas usavam exatamente os mesmos componentes básicos, incluindo motores e chassis, por baixo da carcaça de metal. Em outras palavras, tudo que não era visível era exatamente igual. Para desenvolver esses produtos, a empresa agora também precisava coordenar as necessidades de quatro divisões de *marketing* cada uma almejando um aspecto diferente – esportivo, conservador, tecnologicamente avançado, de luxo – em suas versões para satisfazer às expectativas dos compradores tradicionais daquela divisão de carros.

A abordagem da GM para desenvolver seu novo modelo, conhecida dentro da empresa como GM-10, foi padrão. Os executivos seniores designaram um gerente de programa para liderar a coordenação dos departamentos funcionais envolvidos no processo de desenvolvimento. Robert Dorn, engenheiro-chefe da divisão Pontiac da GM, foi selecionado como gerente da GM-10 e recebeu um orçamento de sete bilhões de dólares para desenvolvimento do projeto. Ele montou um escritório na divisão Chevrolet da GM, recrutou um pequeno grupo de pessoas e começou a trabalhar. (Como o sistema da GM não tem um Gabinete do Gestor e Programas, as pessoas selecionadas para cumprir essa função são, na realidade, nômades, e precisam encontrar uma divisão para acolhê-las.)

Seu primeiro passo foi fazer as quatro divisões concordarem sobre o mercado-alvo para o carro e os adicionais que esses compradores achariam mais atraentes. Para conseguir isso, ele pediu muitas pesquisas de mercado com os consumidores e uma análise dos padrões de venda no mercado.

Decisões-chave feitas durante esse processo incluíam as dimensões físicas dos novos carros, sua aparência e desempenho geral, o mercado e o preço

**108**  Parte II ■ Os elementos da produção *lean*

pretendido (por volta de 14 mil dólares) e o custo decorrente desses fatores, economia de combustível (cerca de 10 km/l) e estilos de carrocerias. Todas as quatro divisões queriam um coupé de duas portas e um sedan de quatro portas, e várias pediram uma camionete.

O grupo de Dorn pegou essas informações e consultou o Centro de Estilo da GM sobre a aparência externa e interna exata de cada modelo. Esse processo começa com esboços, passa para modelos detalhados em argila e avança para protótipos, que são mostrados para compradores em potencial representativos para sondar suas reações.

Quando todas as milhares de decisões sobre especificações, aparência e desempenho foram tomadas, o grupo de Dorn definia os detalhes para o próximo grupo de especialistas que era então a Divisão de Carrocerias Fisher da GM e as divisões de engenharia de componentes. Lá, engenheiros trabalhavam para fazer especificações exatas de todas as principais peças e, mais importante, decidiam quais peças poderiam ser aproveitadas dos atuais carros A e quais poderiam ser obtidas a partir de outros produtos da GM. As peças que não poderiam ser aproveitadas nem compartilhadas tinham que ser projetadas do zero. (Essa engenharia avançada é a parte mais cara e demorada de qualquer programa de desenvolvimento e precisa começar o mais cedo possível.)

Nesse momento, Robert Dorn estava ficando preocupado. O programa GM-10 estava com frequência ultrapassando seu prazo de cinco anos, e a pequena equipe de Dorn não parecia conseguir acelerar. Muito do problema vinha do fato de que Dorn e seu grupo eram, na verdade, coordenadores, e não gerentes. Em outras palavras, eles argumentavam com as pessoas para coordenar seus esforços; eles não eram líderes que davam ordens e esperavam ser obedecidos. Quando pediam aos departamentos de engenharia que aceleracem, recebiam promessas, mas pouca ação. Era claro que, na matriz, cada colaborador estava mais preocupado em agradar seu chefe de departamento funcional do que o coordenador do programa GM-10. Por exemplo, se o coordenador dissesse que uma característica do motor precisava ser mudada para funcionar corretamente, o representante da equipe da engenharia de motores impediria, sabendo que o motor estava funcionando bem nos carros que representavam a maior parte do volume de produção da GM.

Conforme o programa ficava para trás, seus problemas se multiplicavam. A erosão do segmento de camionetes causado pelas minivans gerou o cancelamento da versão camionete da GM-l0, e a introdução do Ford Taurus, em 1985, fez a GM reprojetar a chapa externa dos seus carros, pois os executivos

Capítulo 5 ■ Projetando o carro **109**

seniores sentiam que, caso contrário, seus produtos seriam muito semelhantes aos da Ford.

Por fim, em 1985, Dorn se cansou e se demitiu. Ele foi substituído por Gary Dickenson, que enfrentou um novo grande obstáculo do programa GM-10 – mudar do completo *design* de produto da Fisher Body e os departamentos de engenharia de componentes para a então Divisão de Montagem da General Motors (GMAD, em inglês *General Motors Assembly Division*), que recebeu a responsabilidade de fabricar os carros de fato. A GMAD era uma organização monolítica (agora fragmentada após uma grande reorganização), com sua própria cultura interna e seu plano de carreira, e Dickenson logo se tornou tão frustrado quanto Dorn ao tentar avançar com o programa dentro de um grupo que estava fabricando uma dúzia de outros grandes produtos. O tempo continuava se esgotando.

Quando o GM-10 estava finalmente pronto para chegar ao mercado em 1988, Dickenson recebeu uma nova missão, e um terceiro gerente do programa, Paul Schmidt, recebeu a tarefa de supervisionar o lançamento. Seu trabalho era corrigir os problemas das quatro montadoras de alta tecnologia projetadas para construir o GM-l0 e coordenar o vasto aparato de *marketing* e de promoção. Além disso, ele tinha de lidar com as muitas mudanças contínuas nos *designs* dos carros. Essas mudanças eram introduzidas depois do lançamento para aumentar a satisfação dos clientes, diminuir os custos com a garantia e tornar mais simples as operações da fábrica.

O primeiro modelo GM-10, o coupé de duas portas Buick Regal, chegou aos compradores na primavera de 1988, sete anos depois da decisão inicial de proceder com o projeto e dois anos depois do prazo original. Os modelos de duas portas Olds Cutlass Supreme e o Pontiac Grand Prix vieram depois, no início de 1989. O último modelo na categoria, o sedan de quatro portas Buick Regal, finalmente chegou às concessionárias no verão de 1990, nove anos após o programa GM-10 ter começado. Enquanto isso, a Ford tinha lançado seus modelos Taurus e Sable conforme o esperado, no final de 1985, e a Honda tinha passado por duas gerações de seu modelo Accord, aumentando de tamanho até quase alcançar as dimensões físicas dos carros GM-10.

Não é de se surpreender que os GM-10, apesar de geralmente serem considerados competentes, encontraram uma dura competição no mercado. Em 1986, a GM havia decidido que a meta anual de produção de 1,6 milhão de unidades para as atuais carrocerias A e G não era realista e diminuiu os planos de produção dos GM-10 para um milhão de unidades por ano (e de sete fábricas de montagem final para quatro). A empresa queria atingir essa meta até 1990. Na verdade, as vendas de 1989 estavam em somente 60% do

**110** Parte II ■ Os elementos da produção *lean*

nível planejado, significando que, mesmo com as contínuas vendas de algumas carrocerias A, a GM havia perdido 700 mil unidades de vendas em seu segmento principal de vendas durante os anos 80.

Como vimos no último capítulo, os carros GM-10 não são nem fáceis nem baratos de se fabricar. Portanto, o que antigamente era uma das áreas mais rentáveis da GM – o segmento intermediário –, não conseguia mais se sustentar. De fato, as carrocerias A, que o GM-10 substituiria, se provaram muito mais rentáveis no final da década de 80, e a empresa agora planeja continuar a produção das variantes do Oldsmobile e do Buick indefinidamente.

## ■ O Honda Accord: desenvolvimento *lean* de produtos

No início de 1986, quando o programa GM-10 já tinha quatro anos de funcionamento, a Honda começou a planejar seu próprio produto para o segmento intermediário, o Accord de quarta geração, que seria lançado no outono de 1989 como um modelo de 1990. Desde seu lançamento em 1976, o Accord tem sido a chave para o sucesso da Honda nos mercados de exportação e teve crescimento constante de subcompacto para intermediário para refletir a renda e o tamanho da família de seus leais compradores.

O processo de desenvolvimento de um produto da Honda é bem diferente do da GM. Em 1985, Tateomi Miyoshi foi nomeado Líder de Grandes Projetos (LGP) para um novo Accord e recebeu poderes muito superiores aos que Robert Dorn sequer havia sonhado. Enquanto a Honda também usa uma matriz, na qual cada membro de projeto é emprestado de um departamento funcional, Miyoshi recebeu instruções para pegar emprestadas as pessoas adequadas de cada um dos departamentos relevantes e transferi-las para o projeto Accord por toda a duração dele. Em vez de coordenar, a tarefa de Miyoshi era, claramente, gerenciar. Ele conseguia levar o projeto adiante rapidamente, pois todos os recursos necessários estavam sob seu controle direto.

Quando o plano do Accord foi finalizado, tornou-se claro que o carro atenderia a diferentes demandas de mercado em diferentes partes do mundo. Para o mercado norte-americano, tanto o coupé de duas portas quanto a camionete seriam importantes, assim como o sedan de quatro portas. Para o mercado japonês, um *hardtop* de quatro portas seria necessário, além do sedan e do coupé, sendo que o último seria importado dos Estados Unidos. A Europa seria atendida pelo sedan do Japão e o coupé e a camionete dos Estados Unidos.

Além disso, a Honda precisava de versões levemente diferentes de cada carro para seus canais de distribuição distintos da Honda e da Vigor no Japão.

A Honda, portanto, decidiu subdividir seu trabalho de desenvolvimento entre uma equipe japonesa responsável pelo carro básico (incluindo o sedan de quatro portas) e duas subequipes, uma nos Estados Unidos, responsável pelas variantes coupé e camionete, e outra no Japão, responsável pelo *hardtop* de quatro portas. O coupé e a camionete seriam exclusivamente produzidos nos Estados Unidos, no complexo da Honda em Marysville, Ohio, usando ferramentas de produção projetadas e construídas lá, enquanto o sedan seria construído tanto no Japão como nos Estados Unidos, e o *hardtop* somente no Japão.

Assim que o plano do produto foi definido, a equipe da Honda seguiu em alta velocidade sem interrupções. Enquanto os membros da equipe continuavam a trabalhar intimamente em colaboração com seus departamentos funcionais, pelos motivos que já mencionamos, Miyoshi e praticamente todos os membros da equipe continuaram em suas funções até bem depois do novo modelo ser lançado dentro do prazo, no outono de 1989. Depois, eles retornaram a seus departamentos funcionais ou receberam um novo projeto de desenvolvimento de produto, talvez a próxima geração do Accord, que será introduzido no outono de 1993.

Apesar do *design* conservador, o Accord está fazendo sucesso no mercado, em particular na América do Norte. De fato, desde 1989, ele é o modelo de maior venda da América do Norte, posição que, nos 80 anos anteriores, havia sempre sido ocupada por um produto da GM ou da Ford.

## ■ Uma rápida visão do desenvolvimento de produtos ao redor do mundo

Os casos do GM-10 e do Accord sugerem uma impressionante diferença entre as abordagens de produção *lean* e de produção em massa no desenvolvimento de um produto e as consequências para o êxito na competição. Contudo, trata-se de apenas dois exemplos, e seria perigoso traçar conclusões inflexíveis a partir de evidências tão limitadas, ainda que instigantes. Felizmente, quando lançávamos nossa pesquisa em 1986, o professor Kim Clark, da Harvard Business School, estava realizando uma pesquisa mundial do desenvolvimento de produtos na indústria automotiva. Com a ajuda de Takahiro Fujimoto, candidato ao Ph.D. nessa mesma faculdade, Clark fez uma pesquisa em quase todas as montadoras de automóveis na América do Norte, no Japão

**112** Parte II ■ Os elementos da produção *lean*

e na Europa Ocidental.[1] Ele perguntou quantas horas de engenharia seriam necessárias e o tempo gasto para fabricar os produtos mais recentes. Ainda que nossos projetos fossem totalmente diferentes em inspiração, patrocínio e condução, beneficiamo-nos de longas discussões com a equipe de Clark, e seu trabalho complementa nossas pesquisas globais sobre práticas da fábrica e gestão do sistema de abastecimento.

Clark e sua equipe enfrentaram inicialmente o mesmo problema que o nosso na fábrica de montagem: como garantir que estamos comparando maçãs com maçãs? Projetos de desenvolvimento de automóveis podem variar muito quanto ao tamanho e à complexidade dos veículos, quantidade de estilos diferentes de carrocerias a partir de um modelo base (ou "plataforma", em linguagem automotiva), número de peças aproveitadas de modelos anteriores e número de peças compartilhadas com outros modelos do mesmo produtor. Conforme notamos, peças aproveitadas e compartilhadas necessitam de bem menos engenharia do que peças inteiramente novas. Como já estão desenvolvidas, costumam necessitar apenas de pequenas modificações para se ajustarem ao novo modelo.

Depois de fazerem ajustes para essas variáveis, as descobertas da equipe de Clark eram simples e impressionantes. Com base em 29 projetos de desenvolvimento de "modelos inéditos" que chegaram ao mercado entre 1983 e 1987, Clark descobriu que um carro japonês totalmente novo precisava de em média 1,7 milhão de horas de engenharia e levava 46 meses entre seu primeiro *design* e a entrega ao cliente.[2] (Por "modelos inéditos", queremos dizer que esses eram carros com carrocerias totalmente novas, embora algumas usassem motores aproveitados ou compartilhados.) Em comparação, a média dos projetos americanos e europeus de complexidade correlata e com a mesma fração de peças aproveitadas ou compartilhadas levava 3 milhões de horas de engenharia e consumia 60 meses. Essa, então, é a verdadeira magnitude da diferença de desempenho entre a produção *lean* e a produção em massa: uma diferença de quase dois para um em esforço de engenharia e uma economia de um terço em tempo de desenvolvimento.

Talvez o ponto mais marcante da pesquisa de Clark seja a descoberta de que as técnicas *lean* de desenvolvimento de produtos simultaneamente reduzem o esforço e o tempo envolvido na fabricação. Tal fato derruba uma de nossas suposições mais comuns, uma que se baseia em 70 anos de experiência com produção em massa: a de que qualquer projeto pode ser acelerado em uma crise, mas que fazer isso aumenta muito o custo e o esforço.

Todos já ouvimos a resposta: "claro que posso terminar mais rápido, mas vai custar uma fortuna!". Sugerimos que a ideia de que "mais rápido sai mais caro" vá se juntar à de que "qualidade custa mais" (uma ideia desbancada no Capítulo 4) na lata de lixo de ideias do que restou da era da produção em massa.

## ■ As técnicas do *design lean*

É incrível saber que novos produtos podem agora ser produzidos mais rapidamente e com menos esforço e erros. Entretanto, como notamos, as inovações são mais úteis quando estão disponíveis para todos, e, como vimos, as práticas na General Motors e nos outros produtores em massa estão muito longe disso. Quais são, então, as técnicas exatas do *design lean* que as melhores empresas automotivas usam e como elas podem ser transferidas para os atuais produtores em massa?

Para encontrar a resposta, começamos olhando para o trabalho de Clark e Fujimoto, mas depois pedimos a Antony Sheriff e Kentaro Nobeoka, da nossa equipe do IMVP, para conduzir pesquisas adicionais. Sheriff, um antigo projetista de produtos na Chrysler, havia se desiludido com as abordagens norte--americanas de desenvolvimento de produtos quando se juntou ao IMVP, enquanto Nobeoka era um projetista na Mazda que estava em licença para tirar seu Ph.D. no MIT. Entre os dois havia um grande conhecimento sobre desenvolvimento de produtos de uma perspectiva interna do processo.[3]

A partir do trabalho de Clark e Fujimoto e de nossas próprias pesquisas, concluímos que há quatro diferenças básicas entre os métodos de *design* empregados por produtores em massa e por produtores *lean*. Essas diferenças estão em liderança, trabalho em equipe, comunicação e desenvolvimento simultâneo. Juntas, as técnicas *lean* nessas quatro áreas tornam possível fazer um trabalho melhor e mais rápido com menos esforço.

### Liderança

Primeiro, vamos olhar para a liderança de um projeto. Os produtores *lean* invariavelmente empregam alguma variação do sistema *shusa*, do qual a Toyota foi pioneira (conhecido como "líder de grandes projetos", do inglês *large-project leader,* ou sistema LPL, na Honda).

O *shusa* é simplesmente o chefe, o líder da equipe cuja função é projetar e fazer a engenharia de um novo produto e fazer ele ser produzido. Nas melhores empresas japonesas, a posição de *shusa* tem grande poder e é, talvez, o cargo mais cobiçado na empresa. Sim, os colaboradores podem visar essa

114    Parte II ■ Os elementos da produção *lean*

posição a fim de usá-la como um trampolim para chegar ao topo. Entretanto, para aqueles que verdadeiramente amam fazer as coisas, a função traz uma satisfação extraordinária. Na verdade, é a melhor posição no mundo moderno para orquestrar todas as habilidades necessárias para fazer um produto fabricado maravilhosamente complexo, como o automóvel, ganhar vida.

As pessoas podem dizer que o *shusa* é o novo "superartesão", controlando um processo que agora requer muito mais habilidade para ser dominado. Estranhamente, enquanto estamos acostumados a pensar no trabalho em equipe comprometido como a maior forma de sublimação da individualidade, novos produtos dentro da indústria automotiva japonesa são comumente conhecidos pelo nome do *shusa*: "Este é o carro de Fuji-san" ou "Akoika-san realmente colocou sua personalidade naquele carro" são frases comumente escutadas nas empresas japonesas. Talvez não possamos escapar da necessidade humana de existirem artesãos. Entretanto, em uma era quando as habilidades envolvidas não são muito técnicas, e sim sociais e organizacionais – e muito além de qualquer aspecto individual –, os artesãos devem agora assumir a forma do *shusa*.

Os produtores em massa ocidentais também têm líderes de equipes de desenvolvimento, como vimos no exemplo do GM-10. Qual é a diferença entre os dois sistemas? Acreditamos que esteja no poder e no plano de carreira do líder de equipe. Nas equipes ocidentais, o líder é mais adequadamente chamado de coordenador, cuja função é convencer os membros da equipe a cooperar. É um papel frustrante, pois o líder realmente tem autoridade limitada, então poucos relatam gostar da função. Na verdade, muitos executivos de empresas enxergam essa função como um beco sem saída no qual o sucesso traz pouca recompensa e o fracasso é muito evidente (como vimos na história sobre o projeto GM-10, que abre este capítulo).

Além do mais, ser líder de equipe é uma posição extremamente fraca para pleitear um projeto dentro da empresa. É comum em Detroit, Wolfsburg e Paris que a alta administração passe por cima do líder da equipe quando se trata de especificações e da impressão que o produto passa – frequentemente de forma repetida por todo o desenvolvimento. É compreensível que isso aconteça, considerando o papel da gestão sênior de equilibrar as outras necessidades corporativas conforme as condições de mercado mudam. Entretanto, no pior dos casos – e com excesso de frequência principalmente nos Estados Unidos –, o resultado é um produto sem personalidade ou distinção que a empresa precisa vender somente com base em preços baixos.

## Trabalho em equipe

O problema aqui se torna mais claro quando olhamos para o segundo elemento do *design lean*, a equipe intimamente conectada. Como vimos, no processo de desenvolvimento *lean* o *shusa* monta uma pequena equipe que então recebe o projeto de desenvolvimento para toda a sua duração. Esses colaboradores vêm de departamentos funcionais da empresa – avaliação de mercado, planejamento de produtos, estilização, engenharia avançada, engenharia detalhada (carroceria, motor, transmissão, parte elétrica), engenharia de produção e operações de fábrica. Eles mantêm relações com seus departamentos funcionais – é vital que eles o façam, como explicamos antes neste capítulo –, mas, enquanto o programa estiver em andamento, eles estão claramente sob controle do *shusa*. O desempenho deles na equipe, conforme avaliado pelo *shusa*, determinará sua próxima tarefa, que provavelmente será outra equipe de desenvolvimento.

Por outro lado, na maioria das empresas ocidentais, um projeto de desenvolvimento consiste em indivíduos, incluindo o líder da equipe, que são cedidos por pouco tempo de seus departamentos funcionais. Além disso, o próprio projeto é deslocado de departamento a departamento por uma espécie de linha de produção, que vai de um extremo ao outro da empresa. Ou seja, o projeto é, na verdade, apanhado e movido do departamento de *marketing* para as divisões de engenharia e, depois, e desta para o departamento de operações da fábrica por toda a sua duração, da mesma forma que um carro passa da soldagem para a pintura e desta para a montagem. Então, ele é modificado por cinco pessoas totalmente diferentes em cada área.

Os membros da equipe sabem que o sucesso de suas carreiras depende de avançarem em sua especialidade funcional – conseguir uma promoção de chefe da engenharia de pistões para subchefe da engenharia de motores, e dali para chefe da engenharia de motores, por exemplo –, e eles trabalham muito dentro da equipe para promover os interesses de seus departamentos. Em outras palavras, ser um membro da equipe GM-10, por exemplo, não leva a lugar nenhum. O líder da equipe nunca verá os registros do desempenho de um colaborador, e a avaliação de desempenho do líder não fará muita diferença para a carreira do colaborador. As principais avaliações virão do chefe da divisão funcional do colaborador, que quer saber: "o que você fez pelo meu departamento?". Como resultado, discutir a melhor forma de alcançar harmonia entre o motor e a carroceria, por exemplo, pode facilmente culminar em um debate politizado entre os interesses do departamento de engenharia de motores e os do departamento de engenharia de carrocerias.

**116** Parte II ■ Os elementos da produção *lean*

A continuidade nas equipes japonesas de desenvolvimento é refletida em outras descobertas de Clark e Fujimoto. Eles descobriram que aproximadamente 900 engenheiros estão envolvidos em um projeto típico em uma empresa norte-americana ou europeia por toda sua duração, enquanto uma equipe típica japonesa seleciona, em média, somente 485 engenheiros.[4] Além disso, essas empresas japonesas mais comprometidas ao sistema *shusa* (que Clark e Fujimoto chamam de gestão de equipe "peso pesado") precisavam de uma média de somente 333 membros na equipe, enquanto as empresas ocidentais com as equipes mais fracas (principalmente na Alemanha) precisavam de uma média de 1.421 membros durante todo o projeto. Os japoneses usam menos pessoas em parte porque uma organização eficiente requer menos recursos, mas também porque há pouca rotatividade nas equipes japonesas. Como os gerentes de departamento ocidentais enxergam os membros de equipe simplesmente como representantes de seus departamentos no processo de desenvolvimento, eles se preocupam pouco com as frequentes realocações e com outras necessidades para o desenvolvimendo de habilidades em seu próprio departamento. Para a equipe, entretanto, essas realocações significam uma grande perda, pois muito do conhecimento essencial de uma equipe de desenvolvimento está nas visões e nas experiências compartilhadas pelos membros da equipe durante um longo período.

## Comunicação

Isso nos traz à terceira característica do *design lean* – comunicação. Clark e Fujimoto descobriram que muitos esforços de desenvolvimento ocidentais não conseguiam resolver *trade-offs* cruciais de *design* antes da parte final do projeto. Um motivo é que os membros de equipes norte-americanos mostram grande relutância em enfrentar conflitos diretamente. Eles se comprometem de forma vaga com um conjunto de decisões de *design* – concordando, assim, em tentar fazer algo desde que não surja nada que os impeça disso. No Japão, ao contrário, os membros da equipe assinam testemunhos formais de que farão exatamente o que todos concordarem como um grupo. Então, conflitos envolvendo recursos e prioridades acontecem no começo, e não no final do processo. Outro motivo é que o processo sequencial de *design*, que vai de um departamento para o seguinte em vez de ser mantido na sede da equipe, torna a comunicação para resolver os problemas muito difícil em todos os casos.

O resultado é uma impressionante diferença na conformidade do esforço dedicado ao projeto. Nos melhores projetos *lean* japoneses, o número de pessoas envolvidas é mais alto logo de início. Todas as especialidades relevantes

Capítulo 5 ■ Projetando o carro **117**

estão presentes, e o trabalho do *shusa* é forçar o grupo a confrontar todas as difíceis negociações que terão de fazer para entrar em consenso em relação ao projeto. Conforme o desenvolvimento prossegue, o número de pessoas envolvidas cai de acordo com algumas especialidades, como a variação de mercado e planejamento de produto, que deixam de ser necessárias.

Em contrapartida, em muitos exercícios de projeto em produção em massa, o número de pessoas envolvidas é muito pequeno no começo, mas cresce até atingir um pico momentos antes do lançamento, com centenas ou até milhares de pessoas extras trazidas para resolver problemas que deveriam ter sido resolvidos logo no começo. O processo é muito similar ao que vimos na montadora: o produtor em massa mantém a linha funcionando a qualquer custo, mas acaba tendo que fazer muito retrabalho no final, enquanto o produtor *lean* despende mais esforço logo no início, corrigindo os problemas antes de eles se multiplicarem e tendo muito menos esforço total e maior qualidade no final.

## Desenvolvimento simultâneo

A última técnica que separa a produção *lean* da produção em massa no desenvolvimento de produtos é o desenvolvimento simultâneo. Para ver o que queremos dizer com esse termo, vamos usar o exemplo do desenvolvimento de moldes.[5]

Como apontamos no Capítulo 4, praticamente todo carro e caminhão leve construído no mundo hoje tem uma carroceria de painéis de aço prensado. As pesadas formas de metal, chamadas moldes, são necessárias para prensar os painéis das carrocerias a partir de chapas de aço e estão entre as mais complexas e caras ferramentas do mundo industrial. Elas são feitas de ligas de aço exóticas para que tenham extrema resistência e rigidez e devem ser moldadas com uma tolerância de mícrons através de superfícies curvadas contínuas. Além disso, as superfícies do molde que se juntam (os elementos superior e inferior, ou "macho" e "fêmea") devem se ajustar com precisão absoluta. Caso contrário, a chapa de aço vai se romper ou até se fundir com a superfície do molde conforme as duas peças se juntam sob toneladas de pressão.

A abordagem da produção em massa quanto à fabricação de moldes é simples: espere até que os *designers* do produto deem especificações exatas para a peça prensada. Depois, requisite um bloco de aço apropriado ao departamento de produção de moldes e corte-o utilizando máquinas computadorizadas. Como o processo de corte envolve muitas etapas e a utilização de muitas máquinas, os moldes se acumulam enquanto esperam que a próxima máquina fique disponível. O tempo total de desenvolvimento, desde o primeiro dia em

**118** Parte II ■ Os elementos da produção *lean*

que os *designers* de produto pedem um novo conjunto de moldes até que os moldes comecem a prensar os painéis para a produção de carros, é de aproximadamente dois anos.

Em comparação, os melhores produtores *lean* – todos eles japoneses, mas não mais somente no Japão (a Honda está projetando e cortando moldes para sua fábrica em Marysville, Ohio) – começam a produção de moldes ao mesmo tempo em que começam o *design* da carroceria. Como eles conseguem? Porque os *designers* dos moldes e os *designers* da carroceria estão em contato direto cara a cara e provavelmente trabalharam juntos anteriormente em equipes de desenvolvimento de produto.

Os *designers* de moldes sabem o tamanho aproximado de um novo carro e o número aproximado de painéis, então eles vão e pedem os blocos de aço para os moldes. Depois, começam a fazer cortes aproximados no aço até que ele esteja pronto para o corte final assim que os *designs* finais do painel forem definidos.

Esse processo, claro, envolve um grau considerável de antecipação. O *designer* de moldes precisa entender o processo de *design* do painel tão bem quanto o próprio *designer* do painel e ser capaz de antecipar com precisão a solução final do *designer* de painel. Quando o *designer* de moldes está correto, o tempo de desenvolvimento é drasticamente reduzido. Quando o *designer* de moldes está errado (um acontecimento pouco frequente), a empresa paga um preço alto. Ainda assim, a previsão original pode ser alcançada ao dar ao molde prioridade no processo de corte.

Além disso, os colaboradores *lean* na área de corte de moldes parecem ser muito melhores em programar a produção. A solução deles não deve ser uma surpresa se você se lembra do exemplo da estamparia de Ohno que foi mencionado no Capítulo 3: as máquinas de corte de moldes têm ferramentas especiais de rápida troca, o que permite que uma máquina lide com muitos tipos diferentes de cortes e que os moldes que estão sendo cortados fiquem muito menos tempo em filas.

Qual é o resultado final dessa intensa comunicação entre os *designers* de painéis e os colaboradores da área de moldes com uma antecipação precisa por parte dos colaboradores da área de moldes somada a uma programação inteligente das máquinas de corte flexíveis? Essa combinação mostra que os melhores produtores *lean* no Japão (e em Ohio) conseguem produzir um conjunto de moldes prontos para a produção para um novo carro em apenas um ano, exatamente a metade do tempo necessário na produção em massa.[6] Não surpreendentemente, esse processo requer menos ferramentas, estoques menores (já que o elemento-chave, o dispendioso aço para os moldes, só fica no local de produção por metade do tempo) e menos esforço humano.

Capítulo 5 ■ Projetando o carro **119**

# ■ Comparativo de desenvolvimento de produtos: produção *lean versus* produção em massa

A **Tabela 5.1** resume todas as vantagens do desenvolvimento *lean* de produtos na forma de uma tabela comparativa.

**Tabela 5.1**

Desempenho no desenvolvimento de produtos por indústrias automotivas regionais, metade dos anos 80

| | Produtores japoneses | Produtores norte-americanos | Grandes produtores europeus | Produtores europeus especializados |
|---|---|---|---|---|
| Média de horas de eng. por carro novo (em milhões) | 1,7 | 3,1 | 2,9 | 3,1 |
| Média de tempo de desenv. por carro novo (em meses) | 46,2 | 60,4 | 57,3 | 59,9 |
| Número de colaboradores na equipe de projeto | 485 | 903 | 904 | 904 |
| Número dos tipos de carroceria por carro novo | 2,3 | 1,7 | 2,7 | 1,3 |
| Taxa média de peças compartilhadas | 18% | 38% | 28% | 30% |
| Participação do fornecedor na engenharia | 51% | 14% | 37% | 32% |
| Custos de mudança de eng. como porcentagem do custo total dos moldes | 10–20% | 30–50% | 10–30% | 10–30% |
| Proporção de produtos atrasados | 1 em 6 | 1 em 2 | 1 em 3 | 1 em 3 |
| Tempo de desenvolvimento do molde (em meses) | 13,8 | 25 | 28 | 28 |
| Prazo de entrega do protótipo (em meses) | 6,2 | 12,4 | 10,9 | 10,9 |
| Tempo do início da produção até a primeira venda (em meses) | 1 | 4 | 2 | 2 |
| Retorno para produtividade normal após o novo modelo (em meses) | 4 | 5 | 12 | 12 |
| Retorno à qualidade normal depois do novo modelo (em meses) | 1,4 | 11 | 12 | 12 |

**Fonte:** Kim B. Clark, Takahiro Fujimoto e W. Bruce Chew, "Product Development in the World Auto Industry", *Brookings Papers on Economic Activity*, nº 3, 1987; e Takahiro Fujimoto, "Organizations for Effective Product Development: The Case of the Global Motor Industry", Tese de Ph.D., Harvard Business School, 1989, Tabelas 7.1, 7.4 e 7.8.

**120** Parte II ■ Os elementos da produção *lean*

Quando revisamos essa tabela conseguimos enxergar diversas vantagens adicionais do projeto *lean*. Por exemplo, o projeto *lean* resulta em uma fração muito maior de projetos que entram na produção no tempo certo. Na verdade, cinco em cada seis projetos japoneses chegam ao mercado dentro do tempo definido no começo do desenvolvimento, enquanto somente metade dos projetos norte-americanos chega no tempo certo. O projeto GM-10 foi pior do que a média de atrasos, mas nem um pouco incomum.

Outra vantagem está na competência da fábrica *lean* de assimilar novos produtos sem sofrer prejuízos na produtividade. Muitos analistas ocidentais foram mal direcionados pelas lentas programações de início de operação ("taxas de aceleração" na linguagem automotiva) das fábricas de transição japonesas na América do Norte e na Europa. O que eles não conseguem perceber é que essa forma de gerir está crescendo e com isso construindo o processo de produção passo a passo, e isso leva tempo. Por exemplo, os executivos da Toyota em Georgetown, Kentucky, dizem que levará uma década para a fábrica dominar completamente o Sistema Toyota de Produção. Para garantir que ninguém pegue atalhos, eles aumentaram a taxa de produção da fábrica muito lentamente, parando quando necessário para fazer certo todas as etapas, em vez de correr e ter que voltar depois para retrabalhar os erros não somente nos carros, mas em toda a organização de fabricação.

Entretanto, assim que a produção *lean* estiver completamente implementada na fábrica, será fácil introduzir novos produtos desenvolvidos por um processo *lean* de desenvolvimento. Por exemplo, as fábricas japonesas estão fazendo com que os novos modelos recuperem seu antigo nível de produtividade em quatro meses, enquanto as norte-americanas necessitam de cinco, e as europeias precisam de um ano todo.[7]

Ainda mais impressionante é a diferença na qualidade. As fábricas japonesas de produção *lean* conseguem introduzir novos *designs lean* com somente uma pequena queda na qualidade que entregam, enquanto as fábricas norte-americanas e europeias lutam por um ano para levar a qualidade de volta a seu nível original, que já é menor do que a japonesa.

## ■ As consequências do *design lean* no mercado

O que as empresas que dominaram o *design lean* fazem para aproveitar sua força no mercado? Obviamente, elas oferecem uma variedade maior de produtos e os substituem com maior frequência do que os competidores de produção em massa.

Isso foi exatamente o que aconteceu na indústria automotiva ao redor do mundo na década de 1980.

Na **Figura 5.1**, resumimos o número de modelos que as empresas japonesas automotivas estavam vendendo ao redor do mundo entre 1982 e 1990.[8] Depois, comparamos esse número com o total de produtos ofertados por produtores norte-americanos ao redor do mundo e pelas cinco grandes empresas

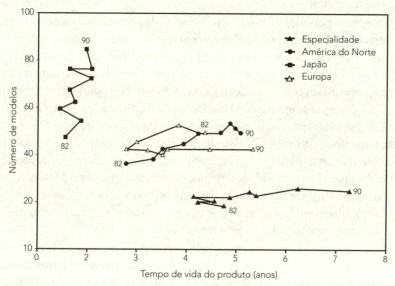

**Figura 5.1**
Número de modelos e tempo de vida médio do modelo por origem regional dos produtores, 1982-1990.

**Nota:** As empresas estão agrupadas por categoria com base em sua região. Todos os produtos desenvolvidos por cada empresa nas três maiores regiões estão inclusos na soma da região. Portanto, os carros desenvolvidos pela General Motors e pela Ford na Europa estão inclusos na contagem "norte-americana". Os modelos desenvolvidos fora das três maiores regiões, com exceção do Ford Capri, na Austrália, estão excluídos. Os modelos desenvolvidos pela General Motors, pela Fiat, pela Ford e pela Volkswagen no Brasil e os modelos desenvolvidos pela Ford e pela GM Holden's na Austrália não são contabilizados. A contagem de modelos inclui todos os automóveis e minivans de tração dianteira. Ela exclui minivans de tração traseira, veículos esportivos/utilitários e caminhões.

Um "modelo" é definido como um veículo com placa de metal exterior completamente diferente de qualquer outro produto oferecido pela empresa. Portanto, o GM-10 conta como quatro modelos, e o Ford Taurus/Sable, como dois. Variações de duas, três, quatro e cinco portas e versões camionete do mesmo carro são contadas como somente um modelo. A idade média do produto é ponderada de acordo com o volume de vendas porque muitos produtos de volume muito baixo na Europa e no Japão continuam em produção por períodos muito longos. Produtos de produtores artesanais, como a Ferrari e a Aston Martin, e modelos em produção por mais de vinte anos, como o Morris Mini e o Citroën Deux Cheveux, foram excluídos.

**Fonte:** Calculado por Antony Sheriff a partir de dados do produto em "Automobile Review", Geneva, 1990 e anos anteriores.

**122**   Parte II ■ Os elementos da produção *lean*

europeias de grande produção (PSA, Renault, Fiat, Rover e Volkswagen). Fornecemos um cálculo separado para as cinco empresas europeias especializadas de menor porte: BMW, Mercedes, Volvo, Saab e Jaguar.

A tendência é impressionante. As empresas japonesas estão usando a produção *lean* como vantagem para expandir o conjunto de produtos rapidamente, mesmo se renovarem produtos existentes a cada quatro anos. Entre 1982 e 1990, elas praticamente dobraram o portfólio de produtos de quarenta e sete para oitenta e quatro modelos.

No mesmo período, as empresas europeias de alto volume estavam buscando estratégias antiquadas de produção em massa enquanto sofriam para assimilar as empresas adquiridas nas décadas de 1970 e 1980. Elas reduziram ligeiramente a quantidade de modelos oferecidos, de quarenta e nove para quarenta e três, e permitiram que os modelos existentes envelhecessem de forma evidente. A PSA (Peugeot) , em especial, racionalizou a oferta de produtos da Citroën e da Chrysler Europa, enquanto a Fiat consolidava as ofertas da Alfa Romeo. Recentemente, a Volkswagem assimilou a montadora espanhola Seat (que previamente montava modelos da Fiat, sob licença), Volvo e Renault concordaram em colaborar nas suas atividades automobilísticas, e a General Motors tornou-se parceira sênior em uma *joint venture* envolvendo as operações automotivas da Saab. Esses eventos sugerem que mais uma rodada de racionalização dos produtos deve acontecer na Europa no início dos anos 1990.

Os norte-americanos, por outro lado, conseguiram um aumento significativo em sua gama de produtos, de trinta e seis para cinquenta e três modelos, mas a um custo, como você pode ver ao longo do eixo inferior da Figura 5.1. Os números aqui se referem ao tempo de vida médio que um produto fica em produção. No caso dos produtores japoneses, esse número está entre 1,5 e 2,0 anos – o que seria de esperar de empresas que têm como política a substituição de todos os modelos a cada quatro anos. Para os norte-americanos, por outro lado, o tempo de vida médio subiu de 2,7 para 4,7 anos, sugerindo que o modelo agora é mantido em produção por quase dez anos, em vez de oito, como era comum no passado. Acreditamos que a razão é simplesmente porque os norte-americanos, com seu desenvolvimento de produtos e processos ineficientes, estão descobrindo que não têm dinheiro ou engenheiros para expandir sua gama de produtos e renová-los com tanta frequência.

Uma rápida olhada no mercado norte-americano de automóveis, como mostra a **Figura 5.2**, indica que a estratégia japonesa dos anos 80 provavelmente continuará nos anos 90. Até os modelos de 1991, as empresas japonesas ainda não ofereciam produtos nas classes de carros, vans e picapes.

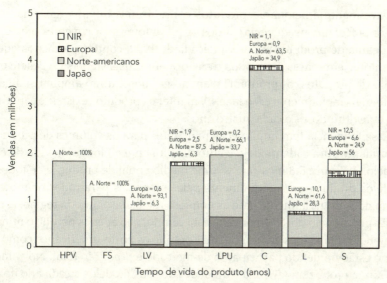

**Figura 5.2**
Participação de mercado de veículos a motor norte-americanos, 1989.

**Nota:** Esses são os números da participação de mercado e o volume de vendas dos produtores do Japão, da Europa e da América do Norte e dos produtores em países em desenvolvimento, principalmente a Coreia do Sul. Todos os veículos vendidos por esses produtores estão inclusos em sua participação, onde quer que eles tenham sido produzidos. Portanto, a participação japonesa inclui veículos montados em fábricas norte-americanas.

**HPV** = picapes e vans
**FS** = carros com valor inferior a US$ 25.000,00
**LV** = mini-vans
**I** = Carros intermediários
**LPU** = Picapes pequenas
**C** = Carros compactos
**L** = Carros de luxo de qualquer tamanho, com valor superior a US$ 25.000,00
**S** = Carros subcompactos
**Fonte:** Calculado pelos autores de *Ward's Automotive Reports*.

Da mesma forma, sua gama de ofertas nas classes especializadas de luxo e esporte na Europa ainda é muito modesta, apesar da recente empolgação com a Lexus, Infiniti e Acura. Carros grandes e picapes são as áreas mais rentáveis de todo o mercado mundial. Portanto, seria surpreendente se os produtores japoneses não avançassem rapidamente para concluir suas ofertas de produtos nas classes maiores de carros, picapes e vans, e talvez para desenvolver também novos segmentos de mercado.

Ao mesmo tempo, os grandes produtores europeus em breve concluirão seu processo de consolidação de produtos, e as empresas das três regiões provavelmente adicionarão produtos como mini-minivans nas classes de menor porte. A consequência? Todos os produtores sobreviventes oferecerão uma gama de produtos maior na década de 1990; contudo, a menos que os produtores em massa ocidentais transformem seus sistemas de desenvolvimento de produtos, os produtores japoneses conseguirão ampliar sua gama muito mais rapidamente e, ao fazê-lo, manter os produtos existentes atualizados, substituindo-os a cada quatro anos.

Essa tendência tem implicações marcantes para os volumes de produção, anualmente para cada modelo e cumulativamente ao longo da vida de cada modelo. A **Figura 5.3** mostra o volume médio anual de produção de todos os modelos produzidos mundialmente pelas empresas para todos os modelos produzidos mundialmente para as empresas sediadas em cada região. A produção por modelo norte-americana está caindo, não apenas porque o número de modelos oferecidos aumentou, mas porque os norte-americanos como um grupo estão perdendo participação de mercado e produção total. No entanto, eles ainda produzem 60% mais unidades de seus modelos a cada ano do que

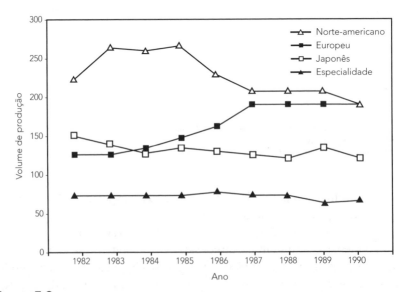

**Figura 5.3**
Volume de produção anual dos modelos, por produtor regional, 1982-1990.
Nota: A definição de "modelos" é a mesma da Figura 5.1. Toda a produção de certo modelo ao redor do mundo está somada na região do produtor. A produção de 1990 é estimada.
Fonte: Calculado por Antony Sheriff a partir de dados de produção do PRS.

os japoneses. A produção europeia por modelo (entre os grandes produtores) também tem aumentado, em parte devido à consolidação do modelo e em parte devido ao extremamente forte mercado de automóveis europeu. Atualmente, os europeus também estão produzindo 60% mais unidades de seus modelos por ano do que os japoneses.

A **Figura 5.4** leva a análise a um passo adiante. Dobramos a idade média do produto (mostrada na Figura 5.1) e multiplicamos pelo volume médio anual de produção por modelo (mostrado na Figura 5.3) para os norte-americanos, os grandes produtores europeus, os especializados europeus e os japoneses. Como os modelos japoneses – com pouquíssimas exceções – permanecem em produção por apenas quatro anos, em comparação a de oito a dez anos para os produtores norte-americanos e grandes produtores europeus, não é de surpreender que os japoneses estejam produzindo apenas um quarto do número de unidades de cada carro durante seu tempo de produção. O que é

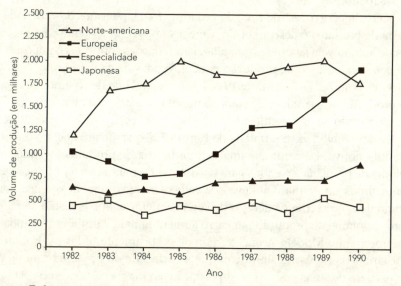

**Figura 5.4**
Volume de produção estimada durante a vida útil do modelo, por região, 1982-1990.
**Nota:** "Modelos" são como o que foi definido nas Figuras 5.1 e 5.3. Esses números foram estimados ao dobrar-se a idade média do produto mostrada na Figura 5.1 e multiplicando-se pelos volumes anuais de produção mostrados na Figura 5.3. Ter que fazer algum tipo de estimativa é inevitável, pois a maioria dos modelos contabilizados nos números continuará em produção por muitos anos.
**Fonte:** Calculado por Antony Sheriff a partir de dados do PRS e de "Automobile Review".

**126** Parte II ■ Os elementos da produção *lean*

surpreendente é que a vida útil longa dos modelos de produtos especializados europeus resulta em 50% a mais de unidades produzidas durante a vida útil do que no carro japonês comum "de massa". Quem são os verdadeiros "especializados" na indústria automobilística mundial de hoje?

Uma perspectiva final sobre a estratégia de produtos *lean* surge quando mudamos nosso foco dos volumes de produção em todo o mundo para o que aconteceu em um mercado específico, principalmente no mercado de carros, vans e caminhões dos EUA. Já vimos na Figura 5.2 que uma ampla variedade de segmentos de mercado agora é atendida com um nível surpreendentemente uniforme de vendas entre segmentos. A **Tabela 5.2** mostra o aumento considerável no número de produtos oferecidos desde o auge da produção em massa em 1955 e o número continuamente decrescente de vendas por produto. Os anos de 1955, 1973 e 1986 foram usados porque foram anos de pico de demanda nesse mercado altamente cíclico. Para tornar os números de vendas por produto de 1989 comparáveis aos anos anteriores, presumimos que as vendas de 1989 estivessem no nível de 1986, quando na verdade eram cerca de 9% menores.

Na realidade, o destino final da produção *lean* em termos da variedade de oferta de produtos é desconhecido. Conversamos recentemente com executivos de automóveis japoneses que planejam reduções contínuas e importantes em seu volume-alvo de produção para as vendas de cada produto. No caso extremo, embora não por várias décadas, é possível que retornemos ao círculo da produção artesanal, onde cada comprador era capaz de fazer um pedido personalizado de um veículo adequado às suas necessidades precisas?

Essa possibilidade é retratada na **Figura 5.5**, que mostra que, no início da era automotiva, havia uma gama extraordinária de produtos à venda, com volume de produção e vendas para o carro médio muito baixos. Muitas vezes, como vimos em Panhard et Levassor, cada carro era um modelo único, construído de acordo com os desejos de seu proprietário. Sob a gestão de Henry Ford, o volume de produção por carro aumentou para 2 milhões de unidades por ano para o Modelo T, mas a saída de praticamente todos os produtores artesanais da indústria significou que a variedade de produtos caiu de milhares para dezenas de ofertas. A produção em massa clássica, sob gestão de Alfred Sloan, aumentou modestamente a variedade de produtos, mas o mundo aguardava a chegada da produção *lean* para um verdadeiro renascimento na escolha do consumidor. E o fim ainda não está à vista.

Capítulo 5 ■ Projetando o carro **127**

## Tabela 5.2
Fragmentação do mercado norte-americano de carros, vans e camionetes, 1955-1989

| | 1955 | 1973 | 1986 | 1989 (2) |
|---|---|---|---|---|
| *Total:* | | | | |
| Produtos à venda (1) | 30 | 84 | 117 | 142 |
| Vendas/produto (000s) | 259 | 169 | 136 | 112 |
| Participação de mercado capturada pelos 6 maiores produtores em vendas | 73 | 43 | 25 | 24 |
| *Produtos norte-americanos* | | | | |
| Número de vendas | 25 | 38 | 47 | 50 |
| Vendas/Produto (000s) | 309 | 322 | 238 | 219 |
| *Produtos europeus* | | | | |
| Número de vendas | 5 | 27 | 27 | 30 |
| Vendas/Produto (000s) | 11 | 35 | 26 | 18 |
| *Produtos japoneses* | | | | |
| Número de vendas | 0 | 19 | 41 | 58 |
| Vendas/Produto (000s) | 0 | 55 | 94 | 73 |

**Notas:**

(1) Um *produto* é definido como um veículo que vende mais de 1.000 unidades no mercado dos Estados Unidos anualmente, que não compartilha nenhum painel externo e que tem uma base diferente de qualquer outro veículo do produtor. Portanto, o Ford Taurus e o Mercury Sable são contabilizados como apenas um produto, assim como os quatro carros do GM-10 vendidos com os diferentes selos da Chevrolet, Pontiac, Oldsmobile e Buick. Apesar dos carros da Ford e da GM terem placas de metal exteriores completamente diferentes, eles compartilham a mesma base e muitos itens estruturais e componentes mecânicos. Note que os *produtos* contabilizados aqui não são os mesmos que os *modelos* definidos e contabilizados nas Figuras 5.1, 5.3 e 5.4.

(2) 1955, 1973 e 1986 foram os anos escolhidos porque foram anos de pico de volume no altamente cíclico mercado norte-americano. As vendas em 1989 foram 9% menores que em 1986, então usar o volume de 1989 não proporcionaria uma boa comparação da tendência nas vendas médias por produto. Usamos, portanto, o volume de vendas de 1986 para calcular as vendas totais por produto em 1989. Além disso, pegamos a participação de mercado de 1989 por produtor regional, multiplicando-a pelas vendas gerais de 1986 para descobrir as vendas por produtor regional e, então, usar esse resultado para calcular a média de vendas por produto por região para 1989.

(3) Esses são produtos feitos em qualquer lugar do mundo para venda no mercado dos Estados Unidos pelas empresas de cada região. Portanto, o modelo Volkswagen Fox construído no Brasil é contabilizado como Europeu, e os modelos Ford Merkur fabricados na Alemanha são contabilizados como norte-americanos.

**Fonte:** Calculado pelos autores a partir dos dados de venda em "Ward's Automotive Reports", 8 de janeiro de 1990 (para 1989) e em "Ward's Automotive Yearbook" (para 1955, 1973 e 1986).

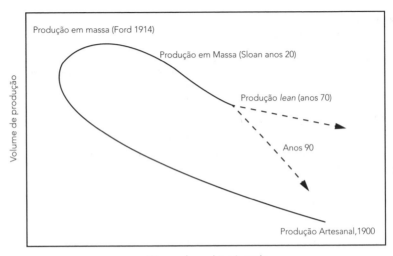

**Figura 5.5**
A progressão da variedade de produtos e do volume de produção na indústria automotiva.

## ■ Para onde o *design lean* vai agora

Quando apresentamos essas descobertas às empresas de automóveis ocidentais, os executivos seniores costumam dizer que o foco dos japoneses em ciclos curtos de modelos e em uma variedade maior de produtos é interessante, mas apenas como curiosidade, não como ameaça. "Eles nunca serão capazes de sustentar esse ritmo, e os consumidores logo se cansarão de ciclos curtos e de muitas opções", disse um executivo sênior da Europa (uma posição que ignora o sucesso das empresas japonesas que usam estratégias semelhantes de proliferação de produtos em outros produtos de consumo – motocicletas, câmeras, relógios, eletrônicos).

A chegada à cena dos carros de luxo japoneses parece até ter fortalecido essa posição. Como outro executivo observou: "Os compradores de carros de luxo não querem mudanças constantes no modelo, pois isso prejudica o valor de revenda. Os japoneses terão que parar com isso".

De maneira respeitosa, discordamos. Pensamos no desenvolvimento *lean* de produtos como uma capacidade multifacetada que mudou fundamentalmente a lógica da concorrência nesse setor. Os produtores que controlam totalmente essas técnicas conseguem usar o mesmo orçamento de

Capítulo 5 ■ Projetando o carro **129**

desenvolvimento para oferecer uma gama mais ampla de produtos ou ciclos de modelos mais curtos – ou podem gastar o dinheiro economizado implementando um processo de desenvolvimento eficiente para o desenvolvimento de novas tecnologias. Se os compradores de carros de luxo resistirem a um ciclo curto de modelos, o produtor *lean* pode se concentrar em uma variedade maior de modelos. Se uma variedade maior de modelos não atrai clientes, as novas tecnologias atraem – talvez a suspensão eletrônica, uma carroceria tão imune à ferrugem que oferece uma garantia vitalícia ou mesmo um novo tipo de motor. E, em todos os casos, o ciclo mais curto de desenvolvimento tornará as empresas *lean* mais responsivas a mudanças repentinas na demanda do consumidor. A escolha e a vantagem sempre estarão no produtor *lean*. Isso se torna mais evidente quando comparamos as abordagens de produção *lean* e em massa quanto ao desenvolvimento de novas tecnologias.

## ■ Inventando algo novo

As pessoas envolvidas nos esforços de desenvolvimento de produtos que acabamos de analisar estavam empenhadas na solução de problemas de rotina. Elas combinavam componentes existentes e princípios de engenharia comprovados para desenvolver novos produtos atualizados e de acordo com os desejos atuais do consumidor. Em outras palavras, elas resolviam problemas sem ter que criar nada que fosse fundamentalmente novo.

Mas o que acontece quando as soluções antigas não funcionam mais – quando o mundo externo muda de tal maneira que os componentes existentes e os princípios de *design* não são mais adequados para que o trabalho seja feito? E o que uma empresa faz quando a concorrência fica maior e precisa de algo melhor do que uma solução pronta para manter sua posição no mercado?

Esse é o trabalho da pesquisa em oposição ao desenvolvimento – o processo consciente de inventar, aperfeiçoar e introduzir algo novo. Como veremos, os produtores *lean* abordam o problema de uma maneira muito diferente dos produtores em massa.

### Invenção na produção em massa

Alfred Sloan era um engenheiro elétrico treinado pelo MIT, então seus conselhos sobre inovação tecnológica podem nos surpreender. Em suas memórias, *"My Years with General Motors"*, ele tinha o seguinte a declarar sobre o tópico:

**130** Parte II ■ Os elementos da produção *lean*

"... não era necessário ser líder no projeto técnico ou correr o risco com experimentos não testados [desde que] nossos carros fossem pelo menos iguais em *design* aos dos melhores de nossos concorrentes".[9]

Quando escreveu isso, ao se aposentar, no início dos anos 60, Sloan percebeu um problema especial com a inovação, devido ao tamanho e ao domínio de mercado da GM. Naquela época, quando a GM tinha metade do mercado automobilístico norte-americano, qualquer inovação verdadeiramente histórica – um caminhão movido à turbina ou um carro com carroceria de plástico, por exemplo – poderia ter levado a Ford e a Chrysler à falência. A situação das montadoras certamente teria atraído a atenção do governo dos Estados Unidos com a intenção de impedir o monopólio de sua maior indústria. Portanto, ter cautela fazia sentido. A GM quase não queria fazer uma inovação que levaria ao desmembramento corporativo.[10]

No entanto, a maneira como a GM e os outros grandes produtores em massa – incluindo os da Europa – organizaram sua pesquisa base tornou altamente improvável que eles apresentassem inovações surpreendentes de qualquer forma. Infelizmente, eles descobriram esse triste fato apenas muito recentemente.

Ao pensar em inovação, Sloan levou as ideias de Henry Ford sobre a divisão do trabalho ao extremo lógico. Ele decidiu concentrar os cientistas e engenheiros que estavam trabalhando em ideias avançadas de pré-produção ao centro técnico da GM, nos arredores de Detroit. Na opinião de Sloan, lá eles estariam livres das distrações diárias do comércio e seriam capazes de se concentrar nas necessidades de longo prazo da empresa.

Ao longo das décadas, a GM construiu uma equipe enorme e de alta qualidade e fez várias descobertas fundamentais. Na verdade, em meados da década de 70, os recursos tecnológicos da GM se mostraram vitais para o bem-estar de toda a indústria automobilística mundial, quando seus cientistas e engenheiros – em muito pouco tempo – aperfeiçoaram a tecnologia do catalisador de escape, agora usado por todas as montadoras do mundo para produzir automóveis que atendem aos padrões de emissão. A GM provou que, quando o ambiente externo exigia uma ação rápida, ela conseguia, e ainda consegue, inovar.

Infelizmente, na ausência de uma crise – uma situação em que o futuro da empresa esteja em jogo, e as barreiras organizacionais do fluxo de informações sejam suspensas –, novas ideias percorriam muito lentamente o centro de pesquisa de mercado. E, quando uma crise ocorria, a falta de contato diário entre os pensadores no centro de pesquisa e os implementadores no desenvolvimento de produtos geralmente implicava gafes embaraçosas. No caso da GM, elas incluíram o projeto Corvair no final dos anos 50, o projeto Vega no final dos anos 60, o projeto X-car no final dos anos 70, e as fábricas de alta tecnologia para os produtos GM-10 no final dos anos 80. Em cada um dos casos, ideias inovadoras para novos produtos e fábricas fracassaram quando a implementação não atingiu os objetivos técnicos originais. Esses resultados contrastam surpreendentemente com o que aconteceu na última década nas empresas de produção *lean*.

## Invenção na produção *lean*

Engenheiros mecânicos, elétricos e de materiais treinados em universidades iniciam suas carreiras de maneira interessante em muitos dos produtores *lean* japoneses.[11] Eles montam carros. Na Honda, por exemplo, todos os engenheiros iniciantes passam os três primeiros meses na empresa trabalhando na linha de montagem. Depois disso eles são realocados no departamento de *marketing* pelos próximos três meses. Eles passam o ano seguinte alternando entre os departamentos de engenharia – trem de força, carroceria, chassis e maquinário de processo. Por fim, depois de expostos a toda a variedade de atividades envolvidas no projeto e na fabricação de um carro, eles estão prontos para uma atribuição a uma especialidade de engenharia, como no departamento de motores.

No início, é provável que eles sejam atribuídos a uma equipe de desenvolvimento de novos produtos. Lá eles farão um trabalho de rotina, adaptando amplamente os projetos estabelecidos às necessidades espcíficas do novo modelo. Essa tarefa, como vimos no capítulo anterior, continua por até quatro anos.

Depois de trabalhar com sucesso em um novo projeto de desenvolvimento, é provável que o jovem engenheiro seja transferido de volta ao departamento de motores para realizar um trabalho mais básico, talvez no *design* de um novo motor, como as unidades V6 e V8, recentemente introduzidas pelos produtores japoneses para possivelmente serem utilizadas em diversos novos modelos. (Um programa de desenvolvimento de mecanismos, como um programa de desenvolvimento de um novo modelo, exige de três a quatro anos entre o conceito inicial e a produção efetiva.)

**132** Parte II ■ Os elementos da produção *lean*

Depois que os engenheiros concluem com sucesso suas tarefas nesse segundo tipo de equipe de desenvolvimento, os mais promissores são selecionados para um treinamento acadêmico adicional e, então, são designados para trabalhar em projetos mais avançados e de longo prazo. Por exemplo, o engenheiro pode estudar como incorporar reforços de fibra em peças de metal altamente tensionadas, como hastes que conectam o eixo da manivela aos pistões. Ao trabalhar nesses projetos, os engenheiros consultam especialistas acadêmicos contratados pela empresa.

No entanto, mesmo esses projetos de desenvolvimento de longo prazo têm um objetivo muito específico – remediar alguma fraqueza nos produtos da empresa identificada pelas equipes de desenvolvimento de produtos ou componentes. Portanto, eles estão intimamente ligados a necessidades e a cronogramas de projetos de desenvolvimento específicos. E o trabalho é conduzido por engenheiros que compreendem completamente os aspectos práticos do desenvolvimento e fabricação do produto. Para garantir que os engenheiros mantenham sua sensibilidade, a Honda, por exemplo, designa até mesmo os engenheiros mais avançados para passar um mês de cada ano trabalhando em uma das outras áreas funcionais da empresa –áreas de vendas, operações da fábrica, coordenação de abastecimento e assim por diante.

Os produtores *lean* japoneses têm extremo cuidado para não isolar suas tecnologias avançadas do dia a dia da empresa e das incessantes demandas do mercado. Com base em suas observações dos produtores em massa dos Estados Unidos e da Europa, eles concluíram há muito tempo que, para serem eficazes, a engenharia, mesmo do tipo mais avançado, deve estar sempre ligada às principais atividades da empresa, impulsionadas pelo mercado.

## ■ Inovação *lean* na prática: da baixa tecnologia às maravilhas da alta tecnologia

O modo como esse processo funciona é bem ilustrado pela evolução dos projetos de motores japoneses durante os anos 80. No início da década, as empresas japonesas enfrentavam um problema comum. Elas supunham que os preços de energia continuariam subindo e que os consumidores desejariam carros menores; portanto, investiram bilhões de dólares no final da década de 70 em novas fábricas para pequenos motores de quatro cilindros. Em vez disso, os preços dos combustíveis caíram, e os consumidores procuravam carros maiores, com mais potência.

Capítulo 5 ■ Projetando o carro **133**

O que fazer? O tamanho do motor pode ser aumentado um pouco usando as ferramentas de produção existentes, alargando o furo dos cilindros e aumentando o fluxo. No entanto, ir além disso – adicionar cilindros ou alterar a configuração do motor de, digamos, quatro cilindros em uma linha para seis em um arranjo em V – seria incrivelmente caro, pois exigiria a junção da maioria das ferramentas de produção existentes. As novas usinas de bilhões de dólares, por sua vez, drenariam recursos das equipes de desenvolvimento de produtos, que se esforçam para aumentar rapidamente a gama de produtos japoneses. Certamente, os produtores *lean* pensaram, existe uma solução mais rápida e fácil.

De fato havia. As equipes de desenvolvimento de produtos recorreram aos grupos de engenharia avançados, que sugeriram a introdução de todos os recursos técnicos disponíveis para aumentar o desempenho dos motores básicos de quatro cilindros. Esses recursos eram conceitualmente simples – injeção de combustível em vez de carburadores, quatro válvulas por cilindro em vez de duas (para obter mais combustível e mais descarga a cada fluxo), eixos de equilíbrio na parte inferior do motor (para diminuir a brusquidão inerente do *design* de quatro cilindros), turbocompressores e superalimentadores (para obter mais potência de um motor de mesmo tamanho), um segundo conjunto de cabeçotes (para tornar o tempo das válvulas mais preciso) e até um conjunto adicional de cabeçotes para uso em rotações mais altas do motor (para obter potência total do motor em uma ampla variedade de condições operacionais).

Além disso, os engenheiros trabalharam muito no que é conhecido na indústria como refinamento – prestando atenção aos mínimos detalhes do projeto para que o motor acabado funcionasse sem problemas em todas as velocidades e condições de condução, imitando o desempenho de um motor muito maior.

Por fim, os engenheiros prestaram muita atenção à facilidade de fabricação. Como estavam contrariando uma boa prática de engenharia – adicionando peças e complexidade a um dispositivo já complexo –, eles tiveram que trabalhar muito nesse quesito para que os motores complexos funcionassem sempre corretamente e gerassem apenas o mínimo de despesa extra de produção.

À medida que essas características eram adicionadas durante a década de 80, elas tinham um efeito interessante nas percepções do público – uma que talvez fosse imprevisível. Mesmo quando aumentaram a potência do motor básico, em alguns casos, essas inovações convenceram os compradores,

**134**  Parte II ■ Os elementos da produção *lean*

principalmente na América do Norte, de que os carros japoneses agora eram "de alta tecnologia" e que agora possuíam os recursos mais avançados. Eles passaram de carros "de baixa tecnologia", em 1980, para maravilhas da "alta tecnologia", em 1990, preservando o investimento básico de seus fabricantes em instalações de produção para motores pequenos.

Essa percepção por parte dos consumidores foi muito frustrante para os engenheiros de muitas empresas de produção em massa, que sabiam que todas essas "inovações" estavam presentes na indústria automobilística há décadas. Por exemplo, quatro válvulas por cilindro e cabeçotes duplos estavam disponíveis no Bentley de 1924, e os compressores eram comuns nos maiores carros de luxo europeus nos anos 30. No entanto, eles costumavam ser vetados pela gestão por serem muito caros ou complexos para uso na produção ou restritos ao uso em uma gama limitada de modelos especiais.

Além disso, quando os produtores em massa, principalmente nos Estados Unidos, tentaram copiar essas "inovações" em larga escala, as fraquezas de seus sistemas de engenharia foram expostas. Em muitos casos, anos foram necessários para introduzir um recurso comparável e, muitas vezes, ele era acompanhado de problemas de direção ou altos custos de produção. A GM, por exemplo, estava quatro anos atrás da Toyota quando introduziu muitos dos recursos que acabamos de listar em seu motor *Quad Four*; foram necessários mais dois anos para atingir um alto nível de refinamento. Mesmo assim, gargalos de fabricação significavam que esse motor estava disponível em apenas uma gama restrita de carros da GM que usavam motores de quatro cilindros.

## ■ Produção *lean versus* produção em massa em pesquisa e desenvolvimento: algumas comparações numéricas

Dadas as abordagens contrastantes à inovação, não é surpreendente que os exemplos citados sejam comuns e que o desempenho no desenvolvimento de novas tecnologias seja sistematicamente diferente. Em particular, não é de surpreender que as empresas norte-americanas gastem mais em suas atividades de pesquisa, como mostra a **Figura 5.6**, mas fique atrás das empresas japonesas em um indicador-chave de força tecnológica – patenteamento –, como mostra a **Figura 5.7**. Os dados das patentes são para todas as patentes registradas nos Estados Unidos por empresas de veículos e fornecedores de diferentes regiões do mundo.[12]

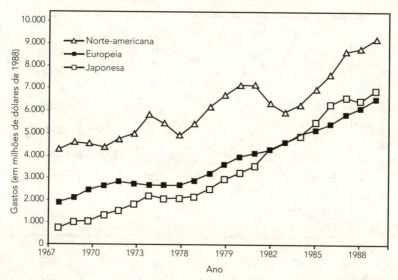

**Figura 5.6**
Gasto anual com pesquisa e desenvolvimento de veículos a motor, por região, 1967-1988.

**Nota:** Os valores são para os gastos mundiais em pesquisa e desenvolvimento das empresas da indústria de veículos motorizados agrupadas por região. Portanto, o gasto mundial da General Motors está consolidado na categoria "norte-americano", e o gasto mundial da Volkswagen está agrupado em "europeu".
Os valores estão em dólares de acordo com as taxas de câmbio de 1988.
**Fonte:** Calculado por Daniel Jones a partir do relatório anual da Organização para o Desenvolvimento e a Cooperação Econômica entitulado "Compilation of Surveys of R&D by Member Governments".

Além disso, na última década, os produtores *lean* japoneses ultrapassaram consistentemente os norte-americanos e até os europeus ao trazer essas inovações patenteadas ao mercado.

## ■ Necessidade de inovações históricas?

Até agora, conversamos sobre inovações que envolvem a introdução de ideias já bastante bem entendidas no nível técnico aos veículos de produção. Listamos vários avanços desse tipo na década de 80 e muitos outros estarão disponíveis na década de 90 – em particular, a aplicação de itens eletrônicos em sistemas de veículos mecânicos, como suspensão e a disponibilidade de comunicações móveis a um custo mais baixo em uma variedade muito maior

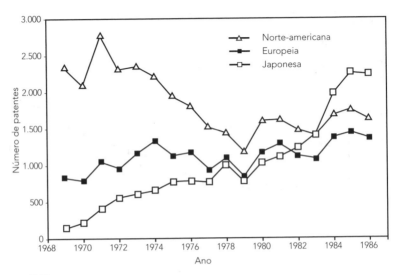

**Figura 5.7**
Patenteamento na indústria de veículos motorizados, 1969-1986.

**Nota:** Os valores são para as patentes dadas pelo escritório de patentes dos Estados Unidos para montadoras e fornecedores localizados em cada uma das grandes regiões. Em caso de subsidiárias cuja empresa-mãe fica em uma região diferente, as patentes foram contabilizadas na região de operação. Por exemplo, Alfred Teves é uma subsidiária alemã da ITT, que fica nos Estados Unidos. As patentes da Teves foram contabilizadas na região europeia.

As patentes de empresas fornecedoras foram estimadas a partir do desenvolvimento de uma lista dos principais fornecedores automotivos nas três principais regiões, usando as seguintes fontes:

Japão: Dodwell Consultants, "The Structure of the Japanese Autoparts Industry", Tóquio: Dodwell, 1986.

América do Norte: Elm International, "The Elm Guide to Automotive Sourcing, 1987-88", East Lansing, Michigan: Elm International, 1987.

Europa: PRS, "The European Automotive Components Industry 1986", Londres: PRS, 1986.

Essa lista foi, então, comparada com os dados sobre patentes por empresa, fornecidos pelo escritório de avaliação tecnológica dos Estados Unidos. Ajustes foram feitos para excluir patentes não automotivas por grandes empresas que oferecem outros produtos, como a Allied Signal, nos Estados Unidos, e a Hitachi, no Japão.

**Fonte:** Estimado pela unidade de pesquisa de políticas científicas da Universidade de Sussex a partir dos dados fornecidos pelo escritório de avaliação tecnológica dos Estados Unidos, que fica em Washington, D.C.

de veículos. Mas e as inovações históricas – realmente grandes saltos no *know-how* tecnológico que seriam necessários em células de combustível, em estruturas totalmente plásticas ou em sistemas sofisticados de navegação e prevenção de congestionamentos? Como veremos, os anos 90 podem ser um momento para essas inovações. Os produtores *lean* podem responder a esses desafios muito mais assustadores?

Na verdade, a indústria automotiva mundial viveu seu primeiro século em um ambiente benigno – a demanda por seus produtos aumentava continuadamente até mesmo nos países mais desenvolvidos; o espaço se tornou disponível na maioria das áreas para expandir as rodovias em grande escala; e a atmosfera terrestre era capaz de tolerar o uso crescente de veículos motorizados com pequenos acertos técnicos nos anos 70 e 80, projetados para resolver problemas de poluição em áreas urbanas congestionadas. Em pouco tempo, o ambiente para a operação de veículos motorizados pode se tornar muito mais exigente.

A demanda por carros está agora próxima da saturação na América do Norte, no Japão e na parte ocidental da Europa. Uma pequena quantidade de crescimento incremental será possível nos anos 90, mas, no final do século, os produtores desses mercados precisarão fornecer aos consumidores algo novo se quiserem aumentar seu volume de vendas (medido em dólares ou marcos ou ienes, em vez de unidades). Além disso, o crescimento do uso de veículos e a crescente resistência à construção de rodovias tornou o sistema rodoviário dessas regiões constantemente mais congestionados, gradualmente tirando o prazer em usar veículos motorizados.

Novas tecnologias para veículos eletrônicos que permitem que eles naveguem fugindo do congestionamento e até, algum dia, que sejam autônomos pode resolver os dois problemas: deixar a direção a cargo de um computador permitiria que as empresas cobrassem muito mais por carro, mesmo se não vendessem mais unidades – e sistemas de entretenimento a bordo dos carros poderiam ser lucrativos se os motoristas não precisassem ficar de olho na estrada.

Enquanto isso, nos anos 90, os carros e caminhões que forem capazes de reunir informações da estrada sobre congestionamento e encontrar a rota mais rápida até seu destino poderiam fazer um uso muito melhor do limitado espaço rodoviário. Dado o tamanho dos ganhos potenciais, não é de se surpreender que os governos e as empresas de veículos a motor na América do Norte, na Europa Ocidental e no Japão recentemente iniciaram programas de pesquisa cooperativas com fundos públicos em cada região para encontrar soluções técnicas para tais problemas.[13]

Entretanto, tornar essas tecnologias uma realidade é verdadeiramente intimidador. A indústria de informática ainda está bem longe da capacidade computacional adequada para autopilotos, e a confiabilidade de tais sistemas teria de ser muito alta. Apesar dos veículos a motor controlados por humanos matarem mais de 100 mil pessoas por ano na América do Norte, Europa

**138** Parte II ■ Os elementos da produção *lean*

Ocidental e Japão combinados, é difícil imaginar que o público aceitaria um sistema controlado por computadores que matasse a metade, ou um décimo, dessa quantidade de pessoas.

Além disso, as soluções terão de ser procuradas bem além dos laboratórios de pesquisas de empresas individuais, pois rodovias públicas serão um elemento-chave nos sistemas de informação necessários e porque os padrões selecionados podem ter grande relevância para a saúde das indústrias nacionais de veículos motorizados. O recente debate sobre os padrões mundiais para a televisão de alta definição – no qual os governos em cada região procuravam defender seus interesses – talvez seja uma prévia do que está por vir na indústria de veículos a motor.

Uma revolução na navegação e no sistema de autopilotagem poderia revitalizar o desejo do consumidor de gastar altos valores em veículos motorizados, até nos mercados mais saturados. Entretanto, revoluções ainda mais impressionantes na tecnologia de veículos a motor pode ser necessária simplesmente para preservar o que a sociedade já tem, se as piores previsões sobre o efeito estufa se confirmarem. E essas focam nos efeitos potenciais dos níveis crescentes de dióxido de carbono (em parte por conta dos veículos a motor), de metano e clorofluorcarbonos (em parte por causa do ar condicionado dos automóveis) sobre a atmosfera terrestre. Tais emissões podem aumentar drasticamente as temperaturas e alterar o clima global se continuarem.

Na pior das hipóteses, no início do próximo século poderemos testemunhar um aumento enorme nos níveis do mar conforme o gelo antártico derrete, inundando boa parte da terra costeira do mundo onde a população está concentrada. Poderemos também presenciar mudanças nos padrões de chuva, convertendo os celeiros do mundo em regiões semiáridas. Mesmo mudanças mais simples já poderiam ameaçar a capacidade da Terra de suportar sua população atual.[14]

Atualmente, o debate científico sobre o efeito estufa está extraordinariamente confuso. As pessoas concordam que os níveis de dióxido de carbono, metano e clorofluorcarbonos estão aumentando, mas as consequências precisas do aumento estão longe de serem claras. Modelos computacionais que incorporam muitos ciclos de *feedback* no sistema climático são a chave para prever isso. Até agora, entretanto, esses modelos concordam muito pouco entre si e fazem suas previsões somente de forma limitada. Além disso, o destino de regiões específicas conforme o clima muda é ainda menos claro.

Por outro lado, a sociedade está agora despendendo enormes recursos científicos à procura de respostas precisas, provavelmente nos próximos anos. Ficaríamos surpresos se a indústria de veículos motorizados não tivesse de

Capítulo 5 ■ Projetando o carro **139**

responder de maneira drástica – e sua resposta pode fornecer o último teste para abordagens *lean* em pesquisa e desenvolvimento. Por exemplo, em um caso extremo, as emissões de dióxido de carbono podem precisar ser completamente eliminadas, criando a necessidade de carros movidos a hidrogênio, que produzem somente água como produto final da combustão, ou até mesmo carros movidos à energia solar.

Até agora, os produtores japoneses *lean* não fracassaram em inovações históricas desse tipo; eles simplesmente não tentaram, ocupando-se, em vez disso, com um brilhante processo de caça ao tesouro que busca tecnologia para ideias quase prontas para o mercado, como é o caso dos motores de quatro cilindros de alta tecnologia dos anos 80. Um desafio muito mais difícil provavelmente está logo à frente.

# 6

# Coordenando a cadeia de abastecimento*

O carro moderno é quase inimaginavelmente complicado. Como ressaltamos, um modelo típico é composto de mais de 10 mil peças, cada qual deve ser projetada e produzida por alguém. Organizar essa enorme tarefa é provavelmente o maior desafio da fabricação de um veículo a motor. Ainda assim, é uma das menos compreendidas e apreciadas por alguém que esteja fora desse contexto.

Henry Ford pensou ter solucionado o problema na Primeira Guerra Mundial: faça tudo sozinho na sua própria empresa. Entretanto, essa solução levantou tantas questões quanto respondeu: como você organiza e coordena centenas de milhares de colaboradores em centenas de fábricas e escritórios de engenharia? O que você faz com suas máquinas e fábricas, todas dedicadas a fazer peças específicas para seus próprios produtos, quando a demanda muda ou quando a economia não anda bem?

Nos anos 20, Alfred Sloan encontrou uma resposta para esses problemas: faça tudo na sua própria empresa, mas monte divisões descentralizadas para fabricar as peças como centros de lucros independentes – por exemplo, a Harrison Radiator, a Saginaw Steering e a AC Spark Plug – para fazer as categorias específicas de peças para a empresa toda. Ao tratar as divisões como

---

*Este capítulo foi baseado principalmente na pesquisa de Toshihiro Nishiguchi e Richard Lamming.

**142** Parte II ■ Os elementos da produção *lean*

negócios independentes, Sloan pensava, poderia impor a disciplina de mercado de custo e eficiência enquanto preservava as vantagens de coordenação de uma empresa unificada.

Sloan também tinha uma solução para o problema do cíclico mercado de carros: se o mercado cai, ele demite colaboradores no sistema de abastecimento, assim como se faz na fábrica de montagem.

Na década de 1950, a Ford Motor Company, sob o comando de Henry Ford II, teve uma nova ideia que, na verdade, era uma ideia antiga. A Ford tentou oferecer a fornecedores independentes várias categorias de componentes que anteriormente eram fabricados dentro da empresa. Os fornecedores recebiam desenhos detalhados das peças necessárias e diziam seu preço por peça. O preço mais baixo geralmente ganhava um contrato de um ano. Quando o mercado caía, esses fornecedores tinham os contratos cancelados, sendo "demitidos", assim como colaboradores. Esse era, na verdade, o mundo que a Ford havia deixado para trás por volta de 1913; o mundo das interações de mercado no curto prazo com empresas independentes.

Na década de 1980, as empresas de produção em massa de todo o mundo usavam as duas abordagens. A GM era a mais integrada, com cerca de 70% das peças em cada carro e caminhão fornecidas por suas divisões internas. A Saab, no extremo oposto, produzia apenas cerca de 25% de suas peças, sempre deixando internamente apenas as mais visíveis para o consumidor – a carroceria e o motor.[1]

O quanto cada empresa realmente integrava dependia da história e do tamanho da empresa. O enorme investimento que a GM havia feito em suas operações de peças dificultava pensar em alternativas, enquanto a Saab era simplesmente pequena demais para fabricar todas as suas próprias peças. Na verdade, uma justificativa essencial da compra da Jaguar pela Ford e da *joint venture* entre GM e a Saab é que a Jaguar e a Saab conseguem obter peças mais baratas por meio do maior poder de barganha de um grande produtor e compartilhar peças, como interruptores e luzes, com a Ford e a GM, respectivamente. No entanto, nenhum sistema – interno ou externo – funcionava muito bem.

Em meados da década de 1980, quando a produção em massa estava em queda, muitas empresas, incluindo a General Motors e a Chrysler, experimentaram reduzir a fração de peças que obtinham de seus fornecedores internos. Essa tática foi inspirada na crença de que salários mais baixos em empresas externas eram o segredo competitivo dos sistemas japoneses de abastecimento.

Capítulo 6 ■ Coordenando a cadeia de abastecimento **143**

Em nossa opinião, essa mudança de direção – agora suspensa na Chrysler e na GM por causa da resistência da gestão intermediária e do UAW – tinha um foco errado.[2] A chave para um sistema de abastecimento competitivo é a maneira como a montadora (p. ex., a Ford ou a Renault ou a Toyota) trabalha com seus fornecedores (p. ex., as operações automotivas da Ford, a Bendix, que é a divisão de transmissões da Renault, a Valeo, que é a divisão de motores da Toyota, e a Nippondenso).

Se o fornecedor vem de dentro ou de fora da empresa, isso faz pouca diferença. Para entender por que isso acontece, vamos continuar de onde paramos no Capítulo 5 e seguir o processo de abastecimento de componentes,[2] uma vez que ele funcionou (e em muitos casos ainda funciona) em empresas de automóveis de produção em massa. Rastrearemos o sistema a partir do momento em que ele começa, no *design* de um carro novo.

## ■ A produção em massa madura: projetando as peças

Lembre-se de que o processo de *design* em uma empresa de produção em massa segue uma sequência, uma etapa de cada vez. Primeiro, o conceito geral para o novo modelo é especificado pela equipe de planejamento de produtos da montadora e revisado pela gestão sênior. Em seguida, planeja-se em detalhes o produto (p. ex., a distância entre os eixos e a pista) e o tipo específico de material a ser usado para cada peça (p. ex., para-lamas de aço, volante de plástico, motor de alumínio). Em seguida, são feitos projetos de engenharia detalhados para cada peça, especificando os materiais exatos a serem utilizados (p. ex., aço de um determinado calibre com revestimento galvanizado duplo para os para-lamas; plástico termoendurecido com reforço de fibra de carbono para o volante; liga de alumínio específica para o bloco do motor e assim por diante). Somente aqui as organizações que efetivamente fabricam as peças são solicitadas. Geralmente, há entre 1.000 e 2.500 fornecedores para o carro completo, incluindo empresas independentes e divisões internas.

Quando os fornecedores – internos ou independentes – finalmente recebem a ligação, os desenhos são mostrados a eles, e a empresa pergunta quais são as ofertas. Por exemplo, pergunta-se aos fornecedores: "Qual será o custo por volante para fabricar 400.000 unidades por ano?". A montadora de produção em massa também define uma meta de qualidade – tantas peças ruins a cada 1.000 como o limite superior aceitável – e um cronograma de entrega

**144** Parte II ■ Os elementos da produção *lean*

– talvez uma ou duas vezes por semana – com multa por falta de entrega no prazo ou na quantidade certa. O prazo do contrato geralmente é bastante curto – geralmente um ano para peças que exigem novo investimento de capital e ainda menos para peças de *commodities,* como baterias ou pneus, as quais a maioria das empresas do setor compra dos mesmos fornecedores e estão sempre em produção. Portanto, preço, qualidade, confiabilidade na entrega e duração do contrato tornam-se os quatro elementos principais do relacionamento montadora-fornecedor.

Quando os fornecedores veem os desenhos, eles sabem, por longa experiência, que estão envolvidos em um jogo complexo no qual nenhuma das regras está explícita. Eles percebem que o escritório de compras da montadora está sob enorme pressão para reduzir custos. "Custo em primeiro lugar" é o *slogan* da montadora. Portanto, dizer um preço baixo por peça é absolutamente essencial para uma oferta vencedora. No entanto, os fornecedores também sabem que os negócios subsequentes para um novo modelo geralmente podem se estender por dez anos. Ainda há o mercado de peças de reposição, que pode ser consideravelmente mais longo. Portanto, na realidade, eles não estão fazendo ofertas para um contrato de um ano, mas, potencialmente, para um fluxo de negócios que pode funcionar por vinte anos.

Como esse é o caso, eles devem oferecer valores abaixo do custo? Fazer isso é tentador, porque a experiência dos fornecedores também lhes diz que, uma vez que uma peça está em produção, com qualidade e desempenho de entrega aceitáveis, eles podem conversar com a montadora para fazer um ajuste de custos: "Não podemos obter nosso aço na forma líquida de que precisamos; portanto, os custos da sucata estão acima das nossas estimativas", eles podem dizer (o que significa que as únicas chapas de aço que eles conseguem adquirir são grandes demais, e, portanto, eles precisam cortar mais para obter o tamanho da peça que precisam, um processo que envolve custos e desperdícios extras) ou "nosso sindicato está insistindo em mudanças nas regras de trabalho que estão aumentando nossos custos" ou ainda "a nova máquina que compramos para moldar volantes não consegue fornecer qualidade adequada sem o acabamento manual".

Além disso, existe uma longa tradição do ajuste anual de custos em contratos, projetado para permitir inflação geral. A montadora tende a conceder esse ajuste, sem investigar as circunstâncias individuais. Analisar cada caso exigiria esforço demais. Obviamente, é quase certo que os fornecedores reduzem os custos de produção ao longo do tempo, pois, com o passar dos anos, eles adquirem experiência na produção da peça. Portanto, o aumento de custo anual nos anos seguintes pode transformar uma oferta inicial com perda de dinheiro em negócios subsequentes lucrativos.

Por fim, para algumas peças que exigem grandes investimentos em novas ferramentas de produção, a montadora pode achar extremamente caro e inconveniente obter um novo fornecedor quando a produção estiver em pleno andamento. Os fornecedores dessas peças podem apostar que sua capacidade de aumentar os preços será maior com o tempo. Essa mentalidade torna quase irresistível a tentação de "comprar o negócio" – ou seja, oferecer um valor deliberadamente menor para entrar no jogo.

A montadora de produção em massa já participou desse jogo milhares de vezes e já espera que os fornecedores escolhidos retornem com ajustes de preços. Portanto, é importante que os *designers* de produtos da montadora tenham uma ideia dos custos reais dos fornecedores, para que possam estimar com precisão os ajustes de preços no futuro.

É um trabalho pesado, no entanto. Uma característica fundamental da cotação de mercado é que os fornecedores compartilham apenas uma única informação com a montadora: o preço por peça. Fora isso, os fornecedores guardam de maneira zelosa as informações sobre suas operações, mesmo quando são divisões da própria empresa montadora. Ao reter informações sobre como planejam fazer a peça e sobre sua eficiência interna, eles acreditam que estão maximizando sua capacidade de ocultar seus lucros da montadora.

Depois que a montadora escolhe os vencedores, os fornecedores começam a trabalhar na fabricação de protótipos. É provável que esse processo revele muitos problemas porque o produtor em massa tradicional distribui as muitas peças de um componente complexo para muitos fornecedores diferentes, que podem não ter contato direto entre si. Por exemplo, até recentemente a General Motors montava praticamente todos os seus assentos, solicitando cerca de vinte e cinco peças por assento de vinte e cinco fornecedores diferentes. Quando as peças eram finalmente reunidas no assento acabado, não era de se surpreender que uma peça não se encaixasse direito ou que dois materiais se mostrassem incompatíveis. Por exemplo, eles podiam chocalhar ou ranger no clima frio devido a diferentes coeficientes de expansão.

Depois que o fornecedor testa as peças nos componentes e a montadora, por sua vez, testa os componentes em veículos completos, a montadora especifica as alterações necessárias em cada peça e fornece a aprovação para iniciar a grande produção. No entanto, a montadora de produção em massa ainda não terminou o processo de seleção de fornecedores.

**146**   Parte II ▪ Os elementos da produção *lean*

## ▪ A produção em massa madura: o fornecimento de peças

Nesse momento, o departamento de compras se preocupa menos em colocar o veículo em produção e mais em como controlar custos entre fornecedores cujas operações ele entende pouco. A maneira óbvia de fazer isso é identificar fornecedores adicionais para cada peça e fornecer a eles os desenhos finais prontos para produção como base para a realização de orçamentos. Os fornecedores que já foram selecionados ficam horrorizados, é claro – o que é exatamente o que se deseja. O fornecedor inicial também se sente enganado, porque o novo fornecedor não terá que arcar com o custo de ajustar os desenhos originais.

É claro que o primeiro fornecedor também já participou desse jogo inúmeras vezes e provavelmente deixou alguma brecha em sua oferta para fazer ajustes para os anos seguintes, pois ele sabe que a montadora joga dois ou até mesmo três ou quatro fornecedores um contra o outro. Além do mais, muitas das ameaças da montadora de procurar uma fonte alternativa podem ser falsas, principalmente quando direcionadas a fornecedores internos.

Vamos dar o exemplo de um dos fornecedores internos da GM. Imaginemos que o gerente do programa de um novo produto da GM não esteja satisfeito com a oferta interna do fornecedor – o valor é muito alto e, no passado, o fornecedor apresentava problemas de qualidade e entrega. No entanto, assim que o gerente identifica um fornecedor alternativo fora da empresa, o fornecedor interno vai para a sede da empresa e explica que o cancelamento do negócio relacionado a essa peça exigirá um aumento no custo de peças similares já fornecidas para outros produtos da GM. Por quê? Porque as economias de escala serão perdidas e o fornecedor interno terá capacidade excedente.

A sede, sempre respeitando as justificativas de economia de escala e utilização de capacidade em uma empresa de produção em massa como a GM, conversa com o gerente do programa. O fornecedor interno faz promessas solenes de se esforçar mais para reduzir custos no futuro, melhorando a qualidade e a confiabilidade da entrega, e recupera o contrato. Dessa forma, o mercado interno, que supostamente mantém honestas as divisões de abastecimento interno, é gradualmente diluído. Esse processo explica como a GM conseguiu ter o maior volume de produção e os custos mais altos do mundo em muitas de suas divisões de abastecimento de componentes durante grande parte da última década.

No final do processo de seleção, a montadora geralmente acaba com um único fornecedor para os componentes mais complexos e avançados

Capítulo 6 ■ Coordenando a cadeia de abastecimento **147**

tecnologicamente, como os computadores de controle do motor. Para peças de *commodities*, como pneus, três ou quatro fornecedores geralmente são contratados. No entanto, montar a lista completa de fornecedores e iniciar a grande produção é o fim apenas do primeiro estágio da colaboração montadora-fornecedor em um novo produto.

Imediatamente após um novo modelo chegar ao mercado, inicia-se um longo processo de depuração envolvendo intensa interação entre a montadora e seus fornecedores. Apesar de anos de testes de protótipos, a montadora geralmente descobre, pelos comentários iniciais do consumidor, que algo não está certo – ou uma peça não funciona ou compradores reclamam que não funciona bem.

Por exemplo, os freios de um novo modelo funcionam corretamente, mas fazem barulho quando estão frios. A solução? Uma "mudança em andamento", que nesse caso envolve a substituição de um novo material de pastilha de freio na linha de produção o mais rapidamente possível. Nos anos 80, muitas empresas ocidentais introduziam milhares de mudanças em andamento no primeiro ou nos dois primeiros anos da vida de um novo modelo. Cada uma delas podia exigir a renegociação dos contratos com os fornecedores – o que significava aumentos de custos para a montadora.

Outro aspecto da depuração envolve a facilidade de fabricação. A fábrica de montagem pode relatar que os colaboradores acham quase impossível montar uma peça da forma adequada devido ao seu *design*, ou, talvez, haja simplesmente muitas peças em determinada área do veículo – dez peças quando do apenas uma bastava, por exemplo. A única solução pode ser redesenhar a peça ou todo o componente, algo que as montadoras quase nunca faziam antes dos anos 80 – porque é caro –, mas começaram a adotar com mais frequência nos últimos anos, à medida que a demanda por qualidade cresceu junto com a conscientização sobre a penalidade de custo de fabricação de um componente projetado incorretamente durante a vida útil de produção de um modelo.

Por fim, o fornecedor pode não conseguir atingir as metas de qualidade. Lembre-se de que o produtor em massa expressa essas metas como uma porcentagem aceitável de peças defeituosas. Quando o montador encontra menos do que o número aceitável de peças defeituosas, geralmente inspecionando as peças à medida que são entregues à fábrica de montagem, elas são jogadas na lixeira ou devolvidas. Somente quando o número de peças com defeito ultrapassa o nível aceitável é que a montadora toma alguma providência – envia toda a remessa de volta, por exemplo, e recusa o pagamento.

Mesmo nesse caso, é de responsabilidade estrita do fornecedor encontrar o problema e corrigi-lo. A maioria dos fornecedores acredita firmemente que "o

**148** Parte II ■ Os elementos da produção *lean*

que acontece na minha fábrica é problema meu". A intromissão da montadora nos problemas de produção do fornecedor é claramente indesejável, pois ela poderia descobrir dados valiosos sobre as operações e os custos do fornecedor – informações que a montadora poderia usar para negociar preços baixos para contratos subsequentes.[3]

O relacionamento fornecedor-montadora pode permanecer em conflito mesmo quando um novo modelo é totalmente alinhado. Se a concorrência for inesperadamente inflexível, por exemplo, a produção pode nunca atingir o volume planejado. Assim, os custos aumentam, mesmo quando a pressão aumenta para reduzir os preços. A montadora pode ficar tentada a procurar fontes a um custo menor – mesmo que seja fora das empresas já contratadas.[4] Os fornecedores que acabaram de se preparar e que, de fato, estão vendendo abaixo do custo, podem ser descartados por um lance mais baixo. Essa etapa sem dúvida reduz custos no curto prazo, mas reforça a todos os fornecedores, incluindo os novos vencedores, que as informações devem ser protegidas da montadora e que qualquer confiança depositada em um relacionamento de longo prazo é mal colocada.

Como se esses obstáculos não fossem suficientes, há o problema de variação de volume. Como veremos no Capítulo 9, os principais mercados de automóveis dos produtores em massa, principalmente na América do Norte, tendem a ser altamente cíclicos. Também pode haver mudanças rápidas na combinação de produtos que os consumidores exigem, mesmo quando o número total de carros e caminhões vendidos é estável. A montadora de produção em massa assume a posição de que essas mudanças são imprevisíveis e que os pedidos de peças podem ter que ser cancelados com uma notificação repentina. Qualquer possível excesso de peças é um problema do fornecedor. Além disso, os fornecedores de produção em massa tendem a ter estoques muito grandes de peças acabadas e de peças em andamento. Os fornecedores, portanto, incorporam contingências de excesso de estoque em suas ofertas, e, no final, o consumidor paga pelo fluxo errático dos negócios.

Como deve estar claro, o sistema de abastecimento da produção em massa madura é amplamente insatisfatório para todos os envolvidos. Os fornecedores são trazidos no final do processo de *design* e pouco conseguem fazer para melhorar esse *design*, que pode ser difícil e caro de fabricar. Eles estão sob intensa pressão de custo de um comprador que não entende seus problemas. Como resultado, lances inimagináveis ganham contratos, seguidos de ajustes, o que pode fazer o custo por parte tornar-se maior do que o oferecido pelos concorrentes perdedores, porém realistas. Esse processo dificulta a precisão da estimativa de custos para a montadora. Além disso, o esforço de colocar os

Capítulo 6 ■ Coordenando a cadeia de abastecimento **149**

fornecedores uns contra os outros os deixa relutantes em compartilhar ideias sobre técnicas de produção aprimoradas enquanto uma peça está em produção. Em outras palavras, eles não têm incentivo para mesclar suas curvas de aprendizado.

Na melhor das hipóteses, o sistema típico de abastecimento de produção em massa pode manter os lucros dos fornecedores muito baixos. O departamento de compras da montadora pode citar esse fato como a principal evidência de seu sucesso. No entanto, os custos das peças – uma questão muito diferente dos lucros do fornecedor – podem permanecer muito altos, e a qualidade pode se mostrar insatisfatória e resistente a melhorias, tudo porque ninguém realmente se comunica com mais ninguém. Com certeza existe uma alternativa melhor.

## ■ Abastecimento de componentes na produção *lean*[5]

Há um caminho melhor. Mais uma vez, viajamos até o Japão para encontrá-lo. Para ver como esse sistema funciona, vamos voltar ao processo de desenvolvimento de produtos liderado pelo *shusa*, que examinamos no Capítulo 5. No início do desenvolvimento de produtos, o produtor *lean* seleciona todos os fornecedores necessários. Os principais produtores *lean* japoneses têm menos de 300 fornecedores em cada projeto (em comparação com 1.000 a 2.500 para produtores em massa ocidentais).[6] Esses fornecedores são fáceis de determinar porque geralmente eles são as empresas que fornecem as mesmas peças para outros modelos do produtor e são membros de longo prazo do grupo de fornecedores da montadora. (Explicaremos a natureza desses grupos em breve.) Significativamente, eles não são selecionados com base em ofertas, mas com base em relações anteriores e em um registro comprovado de desempenho.

Há de um terço a um oitavo a mais de fornecedores envolvidos em comparação com uma empresa de produção em massa porque os produtores *lean* atribuem um componente inteiro – por exemplo, assentos – ao que eles chamam de fornecedor de primeira linha. Esse fornecedor é responsável por fornecer assentos completos para a fábrica de montagem. Em consequência, a Nissan, por exemplo, possui apenas um fornecedor de assentos para seu novo modelo Infiniti Q45, enquanto a GM, em muitos casos, ainda está lidando com 25 fornecedores fornecendo as 25 peças necessárias ao departamento de montagem de assentos de suas montadoras.

**150** Parte II ■ Os elementos da produção *lean*

O fornecedor de primeira linha geralmente possui uma equipe de fornecedores de segunda linha – empresas independentes que são especialistas em fabricação. Essas empresas podem, por sua vez, contratar ajudantes em um terceiro ou mesmo quarto nível da pirâmide de abastecimento. Essas últimas empresas fabricam peças individuais de acordo com os desenhos fornecidos pela empresa de segunda linha (analisamos as origens históricas desse sistema no Capítulo 3).

Os fornecedores de primeira linha de um programa de desenvolvimento *lean* designam membros da equipe – chamados de engenheiros residentes de projeto – para a equipe de desenvolvimento logo após o início do processo de planejamento, entre dois e três anos antes da produção. À medida que o planejamento do produto é concluído, com a contribuição contínua dos engenheiros dos fornecedores, diferentes áreas do carro – suspensão, sistema elétrico, iluminação, controle de temperatura, assentos, direção e assim por diante – são entregues ao especialista da fornecedora daquela área para que a engenharia seja realizada detalhadamente. Os fornecedores de primeira linha, portanto, têm total responsabilidade por projetar e fabricar sistemas de componentes que atendam às especificações de desempenho acordadas para o carro finalizado. A equipe de desenvolvimento do fornecedor, com um *shusa* próprio e com a ajuda de engenheiros internos de projeto da montadora e dos fornecedores de segunda linha, detalha o desenvolvimento e a engenharia

Em 1988, por exemplo, Nisshin Kogyo, um dos principais fabricantes japoneses de freios, tinha uma equipe de desenvolvimento de produtos de sete engenheiros, dois analistas de custos e uma pessoa mantendo contato e regularmente posicionada no centro de pesquisa e desenvolvimento da Honda. A equipe trabalhava diariamente com os engenheiros de desenvolvimento da Honda no *design* de um novo carro.[7]

A natureza dos acordos de abastecimento implica que a montadora de fato possa saber relativamente pouco sobre determinadas peças ou sistemas. Entrevistamos o chefe de um fornecedor ocidental que recentemente havia se tornado o fornecedor de assentos de uma das empresas de transição japonesas na América do Norte. Para começar, ele voou para Tóquio e pediu à montadora um conjunto detalhado de desenhos técnicos, para que dessa forma ele pudesse preparar uma oferta. No entanto, a montadora explicou que sabia muito pouco sobre os aspectos técnicos dos assentos e certamente não tinha desenhos: "Eles são de inteira responsabilidade de nossos dois fornecedores tradicionais de assentos. Você terá que perguntar a eles" – disseram. (No final, a empresa ocidental formou uma *joint venture* com um dos fornecedores japoneses para abastecer a empresa de transição na América do Norte.)

Capítulo 6 ■ Coordenando a cadeia de abastecimento **151**

A montadora *lean* não delega ao fornecedor o *design* detalhado de certas peças consideradas vitais para o sucesso do carro, devido à tecnologia patenteada ou à percepção do consumidor quanto ao produto. Os principais exemplos de peças geralmente reservadas para as divisões internas de fornecimento da montadora são motores, transmissões, principais painéis da carroceria e, cada vez mais, os sistemas de gerenciamento eletrônico que coordenam as atividades de muitos sistemas do veículo.

Mesmo quando se trata de peças cujas tecnologias são pouco familiares à montadora e que são totalmente dependentes de um único fornecedor externo, o produtor *lean* se preocupa em aprender sobre os custos e a qualidade de produção do fornecedor.

Mas o que é esse sistema que permite o intercâmbio de informações tão delicadas? A resposta é simples. O sistema funciona apenas porque existe uma estrutura lógica para determinar custos, preços e lucros. Essa estrutura faz as duas partes desejarem trabalhar juntas para benefício mútuo, em vez de se olharem com suspeita mútua.

Quase todos os relacionamentos entre fornecedor e montadora são conduzidos no contexto do que é chamado de contrato básico. O contrato é, por um lado, simplesmente uma expressão do compromisso de longo prazo das montadoras e dos fornecedores de trabalharem juntos. No entanto, ele também estabelece regras básicas para a determinação de preços, bem como garantia de qualidade, pedido e entrega, direitos de propriedade e abastecimento de materiais.[5]

Em resumo, o contrato estabelece as bases para um relacionamento cooperativo, em essência diferente dos relacionamentos relativamente contraditórios entre fornecedor e montadora no Ocidente. Contratos semelhantes também são comuns entre os fornecedores de primeira e segunda linha no Japão desde os anos 60.

## ■ Abastecimento *lean* na prática

Vamos agora examinar mais de perto como o relacionamento fornecedor--montadora funciona na prática.

No coração do abastecimento *lean* está um sistema diferente de definição de preços e análise conjunta dos custos. Primeiro, a montadora *lean* estabelece um preço-alvo para o carro ou caminhão e, em seguida, com os fornecedores, trabalha de trás para frente imaginando como o veículo pode ser fabricado por esse preço, o que permite um lucro razoável para a montadora e para os fornecedores. Em outras palavras, é um sistema de "preço de mercado menos" em vez de um sistema de "custo do fornecedor mais".

**152** Parte II ■ Os elementos da produção *lean*

Para atingir esse custo-alvo, tanto a montadora quanto o fornecedor usam técnicas de *engenharia de valor* para dividir os custos de cada estágio da produção, identificando cada fator que poderia reduzir o custo de cada peça. Depois que a engenharia de valor é concluída, o fornecedor de primeira linha designado para projetar e produzir cada componente entra em negociação mútua com a montadora, não sobre o preço, mas sobre como atingir a meta e ainda permitir um lucro razoável para o fornecedor. Esse processo para a determinação de preços é o oposto da abordagem da produção em massa.

Na produção *lean*, uma vez que a peça está em produção, uma técnica chamada *análise de valor* é usada para obter reduções de custos adicionais.

A análise de valor, que vigora durante todo o tempo de produção da peça, é, novamente, uma técnica para analisar detalhadamente os custos de cada etapa da produção, para que as etapas cruciais possam ser identificadas e direcionadas a trabalhos adicionais para reduzir ainda mais os custos. Essas economias podem ser alcançadas por melhorias incrementais, ou *kaizen*, pela introdução de novas ferramentas ou pelo *redesign* da peça.

Certamente, todos os produtores – em massa e *lean* – tentam analisar custos, mas a produção *lean* torna muito mais fácil fazer isso com precisão. Onde os tempos de organização sempre foram aprimorados para que apenas alguns minutos sejam necessários e as execuções de produção são frequentes, curtas e ininterruptas, os estimadores de custos não precisam esperar dias ou semanas para calcular a média do desempenho de várias execuções de produtos. Eles podem coletar rapidamente dados precisos e representativos. Na verdade, a coleta dos dados pode ser deixada para os próprios operadores da máquina. Isso torna possível fazer uma análise completa dos custos várias vezes ao ano e monitorar o progresso na redução de custos com exatidão.[9]

Obviamente, na abordagem *lean* ao trabalho, o fornecedor deve compartilhar uma parte substancial de suas informações confidenciais sobre custos e técnicas de produção. A montadora e o fornecedor analisam todos os detalhes do processo de produção do fornecedor, procurando maneiras de reduzir custos e melhorar a qualidade. Em troca, a montadora deve respeitar a necessidade do fornecedor de obter um lucro razoável. Os acordos entre a montadora e o fornecedor sobre o compartilhamento de lucros incentivam os fornecedores a melhorar o processo de produção porque garantem que o fornecedor mantenha todos os lucros derivados de suas inovações de economia de custos e atividades *kaizen*.

Uma segunda característica do abastecimento *lean* é a queda contínua dos preços ao longo da vida útil de um modelo. Enquanto os produtores em massa assumem que os fornecedores estão realmente vendendo abaixo do custo no início de um contrato e esperam recuperar seu investimento aumentando os preços

## Capítulo 6 ■ Coordenando a cadeia de abastecimento 153

ano a ano, os produtores *lean* assumem – ou melhor, sabem – que o preço para a produção do primeiro ano é a razoável estimativa do custo real do fornecedor mais o lucro. As montadoras também estão bem cientes da curva de aprendizado existente para produzir praticamente qualquer item. Portanto, elas percebem que os custos devem cair nos anos seguintes, mesmo que os custos de matérias-primas e salários aumentem um pouco. As melhorias nas empresas de produção *lean*, de fato, vêm muito mais rápido – isto é, as curvas de aprendizado são muito mais acentuadas – do que nas empresas de produção em massa por causa do *kaizen*, a melhoria incremental contínua no processo de produção.

A questão é: quem realiza a economia? Novamente, por meio de discussões e negociações mútuas, a montadora e o fornecedor concordam com uma curva de redução de custo ao longo dos quatro anos de vida útil do produto com a condição de que qualquer economia de custo derivada do fornecedor, além daquelas acordadas, vá para o fornecedor. Esse é o principal mecanismo do sistema de fornecimento *lean* para incentivar os fornecedores a se envolverem em melhorias rápidas e contínuas.

Eis um exemplo de como esse processo funciona: digamos que o preço de uma peça, como um conjunto de instrumentos, seja fixado em 1.200 ienes no primeiro ano de produção. Digamos também que, através dos esforços conjuntos da montadora e do fornecedor, um custo de 1.100 ienes seja alcançado no primeiro ano. Nesse caso, a montadora paga ao fornecedor 1.150 ienes no primeiro ano. A montadora e o fornecedor compartilham o lucro.

Agora, digamos que o fornecedor, através de seus próprios esforços, venha com outra inovação que reduz ainda mais o preço no primeiro ano para 1.080 ienes. O fornecedor manteria o saldo e ainda receberia 1.150 ienes. O mesmo processo se aplicaria nos três anos seguintes.[10]

Ao concordar em compartilhar os lucros de atividades conjuntas e deixar que os fornecedores mantenham os lucros de atividades adicionais que realizam, a montadora renuncia ao direito de monopolizar os benefícios das ideias do fornecedor, benefícios dos quais os fornecedores ocidentais ficariam horrorizados em abrir mão. Por outro lado, a montadora japonesa ganha com a crescente disposição de seus fornecedores de apresentar inovações e sugestões de economia de custos e trabalhar em colaboração. O sistema substitui um círculo vicioso de desconfiança por um círculo virtuoso de cooperação.

Depois que o componente é projetado e a produção começa, diferenças adicionais aparecem entre o abastecimento em massa e o abastecimento *lean*. Por um lado, a produção *lean* sofre poucas mudanças em seu andamento pela simples razão de que o novo carro ou caminhão tende a funcionar da maneira que deveria.

**154** Parte II ■ Os elementos da produção *lean*

Outra diferença importante é a maneira como os componentes são entregues à montadora. Agora, nas melhores empresas de produção *lean*, é quase universal a prática de fornecer componentes diretamente para a linha de montagem, geralmente a cada hora, mas certamente várias vezes ao dia, sem realizar inspeção em todas as peças recebidas. Esse procedimento está de acordo com o famoso sistema *just-in-time*, inventado por Taiichi Ohno.

Para fazer o trabalho *just-in-time* – um sistema no qual caixas de peças vazias enviadas pela montadora de volta ao fornecedor são o sinal para fazer mais peças –, outra inovação da produção *lean* é essencial: a suavização da produção. A produção *lean*, como contemplaremos mais detalhadamente no Capítulo 9, caracteriza-se por uma extraordinária flexibilidade na mudança do *mix* de produtos em apenas algumas horas de antecedência. Ao mesmo tempo, o sistema é extremamente sensível a variações no volume total de carros e caminhões fabricados. É muito difícil acomodar esses tipos de turnos em um sistema no qual os colaboradores, por causa das garantias de emprego, têm um custo fixo.

Assim, a Toyota e outros profissionais de produção *lean* trabalham muito no *heijunka* (suavização da produção), no qual o volume total que a montadora fabrica é mantido o mais constante possível. O sistema de vendas agressivo que examinaremos no próximo capítulo possibilita em grande parte o sucesso do *heijunka* no mercado interno japonês, enquanto nos mercados de exportação os produtores *lean* japoneses desfrutam de uma vantagem de custo e qualidade há trinta anos. Isso permite reduzir os preços durante as quedas de mercado, a fim de manter o volume da produção estável.

Os japoneses têm outro motivo para praticar a suavização da produção: garantir um volume de negócios constante para seus fornecedores. Dessa forma, os fornecedores podem utilizar os colaboradores e as máquinas com muito mais eficiência do que no Ocidente, onde são constantemente confrontados com mudanças repentinas no volume e no conjunto de pedidos em um prazo muito curto. Essas mudanças não anunciadas pela montadora são a causa dos fornecedores ocidentais manterem estoques desnecessários; eles sentem que devem se proteger contra rompantes em pedidos de peças por parte das montadoras. Afinal, se você tem pedidos que variam constantemente e também precisa fazer entregas rápidas, há apenas uma solução. Você deve fabricar peças completas antecipando pedidos e manter muita matéria-prima à mão.

No Japão, as montadoras notificam os fornecedores com antecedência sobre as mudanças no volume de produção. Se as alterações persistirem, a montadora trabalhará com o fornecedor para procurar outras empresas. A montadora não puxará repentinamente essas atividades para a produção interna de modo que seus próprios funcionários continuem trabalhando, como ocorre no

Capítulo 6 ■ Coordenando a cadeia de abastecimento **155**

Ocidente. No Japão, existe o compromisso de compartilhar os maus e os bons momentos. Os fornecedores são, em grande parte, considerados custos fixos, como os colaboradores da montadora.[11]

Certamente, mesmo o melhor sistema de abastecimento ocasionalmente tem problemas, e, mesmo para os melhores produtores *lean*, zero defeitos é uma meta, e não uma realidade. No entanto, uma diferença importante entre o abastecimento em massa e o abastecimento *lean* surge quando um defeito é encontrado. Nos sistemas de produção em massa à moda antiga, os inspetores de peças alocados nas docas de recebimento geralmente identificam problemas nos componentes. Como vimos, quando há poucos defeitos, essas peças são simplesmente descartadas ou devolvidas em troca de crédito. Quando são numerosos, todo o transporte pode ser rejeitado e devolvido. Isso é viável porque a montadora já tem uma semana ou mais de peças em mãos e pode facilmente continuar a produção enquanto aguarda uma remessa aceitável.

O produtor *lean* tem uma atitude muito diferente. Sem estoques de reserva, uma remessa defeituosa pode ser catastrófica. Na pior das hipóteses, toda a fábrica de montagem, com seus 2.500 colaboradores, pode parar. No entanto, esse desastre quase nunca acontece na prática, mesmo que as peças não sejam inspecionadas até serem de fato instaladas no carro ou no caminhão. Por que não?

Por dois motivos: o fornecedor de peças sabe o que as peças defeituosas podem significar e faz o possível para não deixar isso acontecer. Como um fornecedor comentou conosco: "Trabalhamos sem uma rede de segurança, portanto não podemos nos dar ao luxo de cair.[12] Então não caímos". E, no raro caso de uma peça defeituosa, o departamento de controle de qualidade da montadora passa rapidamente pelo que a Toyota chama de "cinco porquês". Tanto o fornecedor quanto a montadora estão determinados a rastrear todas as peças defeituosas até sua causa definitiva e garantir que seja criada uma solução que impeça que esse erro ocorra novamente.

O fornecedor, muito provavelmente, terá um engenheiro presente na fábrica de montagem para resolver os problemas. Se o engenheiro não conseguir entender o que está errado, os engenheiros da montadora farão uma viagem à fábrica do fornecedor. Essa visita, no entanto, não é uma inquisição. Pelo contrário, a viagem é mais como uma missão bilateral de solução de problemas.

No mundo da produção em massa, o fornecedor pode proibir categoricamente essas visitas: "Minha fábrica é problema meu!" é uma resposta típica de um fornecedor no Ocidente. Por outro lado, os acordos de abastecimento *lean* no Japão sempre dão acesso à fábrica para a equipe da montadora.[13] Vamos ver o que pode acontecer quando eles chegam.

**156** Parte II ■ Os elementos da produção *lean*

Primeiro, eles descobrem que a peça defeituosa foi causada por uma máquina que não consegue manter a tolerância adequada de defeitos. Mas a máquina não é a causa definitiva. Então, a equipe pergunta: "Por que essa máquina não segue a tolerância?". A equipe do fornecedor informa que isso ocorre porque os operadores da máquina não são treinados adequadamente. Os membros da equipe perguntam: "Por quê?". O fornecedor responde que é porque a rotatividade é muito grande, o que significa que os operadores são sempre iniciantes. "Por que os colaboradores saem?" os membros da equipe perguntam. A resposta: "Porque o trabalho é monótono, barulhento e não é desafiador". A melhor solução: repensar o processo de trabalho para reduzir a rotatividade. Essa é a causa definitiva – quase sempre um problema organizacional. Uma vez resolvida a dificuldade, é altamente improvável que o problema volte a ocorrer. No exercício de repetidamente resolver os cinco porquês e na tentativa de encontrar melhorias no processo que reduzam custos e aumentem os lucros, os fornecedores *lean* aprendem diversos caminhos práticos para melhorar a fabricação.

## ■ Gerenciando o relacionamento

Uma característica final do abastecimento *lean* é a presença das associações de fornecedores, nas quais todos os fornecedores de primeira linha de uma montadora se reúnem para compartilhar novas descobertas sobre as melhores maneiras de fabricar peças. A Toyota, por exemplo, possui três associações regionais de fornecedores: a Kanto Kyohokai, a Tokai Kyohokai e a Kansai Kyohokai – com 62, 136 e 25 fornecedores de primeira linha, respectivamente, em 1986; a Nissan tem duas, a Shohokai e a Takarakai – com 58 e 105 fornecedores.[14] A maioria das outras montadoras japonesas também tem associações de fornecedores. Além disso, muitos dos maiores fornecedores também têm associações para seus fornecedores de segunda linha, por exemplo, a Denso Kyoryokukai, em Nippondenso.

A maioria dos principais fornecedores pertence a essas associações, as quais são extremamente importantes para disseminar novos conceitos, como o Controle Estatístico do Processo (CEP) e o Controle da Qualidade Total (TQC, do inglês *Total Quality Control*), no final da década de 50 e início da década de 60, a Análise de Valor (VA, do inglês *Value Analysis*) e a Engenharia de Valor (VE, do inglês *Value Engineering*), no final da década de 60, e o Desenho Assistido por Computador (CAD, do inglês *Computer Aided Design*), na década de 80.[15]

Capítulo 6 ■ Coordenando a cadeia de abastecimento **157**

Essas reuniões nunca seriam possíveis entre os fornecedores de produção em massa. Eles sabem que compartilhar todas as descobertas sobre como tornar as peças mais baratas com menos esforço fará perderem os próximos contratos – ou, para ganhar o contrato, terão que dar uma oferta tão baixa que não conseguirão obter lucro. Portanto, o processo de aprimoramento das técnicas de produção passa a ser o trabalho das associações profissionais de engenharia, como o Instituto de Engenheiros Industriais dos Estados Unidos. O trabalho é realizado, mas de forma muito indireta e lenta.

Por outro lado, os fornecedores de um produtor *lean* sabem que, desde que façam um esforço honesto para executar o que deveriam, a montadora garantirá que eles tenham um retorno razoável em seu investimento. Portanto, compartilhar com outros membros do grupo significa que o desempenho de todo o grupo melhorará, e todos os membros serão beneficiados. Em outras palavras, a participação ativa na solução de problemas mútuos através do grupo de fornecedores é um ato de simples interesse próprio.

Antes de passar para o próximo ponto, devemos esclarecer alguns mal-entendidos sobre o abastecimento *lean* – a suposição frequente no Ocidente de que todas as peças são de "fonte única" em um sistema de abastecimento *lean* – ou seja, todas as peças são fornecidas por apenas uma empresa. Isso geralmente é verdade em sistemas grandes e complexos que exigem investimentos maciços em ferramentas – eixos, sistemas de injeção eletrônica, módulos de controle de motor e assim por diante –, mas muito menos em peças mais simples.

As montadoras *lean* se preocupam com o esforço de seus fornecedores, assim como a Toyota e outras montadoras se preocupam em manter o ritmo de trabalho na fábrica de montagem. Lá eles continuam com a linha de montagem contínua aparentemente antiquada, porque é um dispositivo de estímulo altamente eficaz. Para garantir que todos se esforcem de maneira contínua, as montadoras geralmente dividem seu pedido de peças entre dois ou mais membros do grupo de fornecedores.[16] As montadoras não dão esse passo para reduzir os preços – lembre-se de que os preços não são determinados por meio de ofertas, mas por uma investigação mútua entre a montadora e um fornecedor pré-designado. Em vez disso, eles agem dessa forma para impedir que alguém perca a qualidade ou a confiabilidade da entrega.

Quando um fornecedor não tem qualidade ou confiabilidade, a montadora não descarta a empresa – o método do Ocidente. Em vez disso, a montadora transfere uma fração dos negócios desse fornecedor para sua outra fonte durante determinado período como penalidade. Como os custos e as margens de lucro foram cuidadosamente calculados em um volume padrão estimado, a transferência de parte do volume pode ter um efeito devastador

**158** Parte II ■ Os elementos da produção *lean*

na lucratividade do fornecedor que não coopera. A Toyota e outras empresas descobriram que essa forma de punição é altamente eficaz para manter todos em alerta, mantendo o relacionamento no longo prazo essencial ao sistema.

Os produtores *lean* ocasionalmente demitem fornecedores, mas não por capricho. Os fornecedores nunca são pegos de surpresa. Longe disso. Na verdade, todos os fabricantes japoneses mantêm sistemas de classificação de fornecedores relativamente simples. Os fornecedores recebem pontuações com base principalmente no número de peças defeituosas encontradas na linha de montagem, no percentual de entregas realizadas de forma pontual com quantidade e sequência adequadas e no desempenho na redução de custos.

Os fornecedores comparam regularmente suas pontuações com as de seus concorrentes, discutem as descobertas e destacam áreas problemáticas, geralmente com a ajuda de engenheiros emprestados da montadora. O sistema de pontuação não é simplesmente um exercício estatístico. Ele também avalia a atitude e a vontade do fornecedor de melhorar. Somente se não houver sinal de melhoria, o fornecedor, no final, será demitido. Como observou um agente de compras da montadora em uma entrevista: "Manteremos todos os fornecedores enquanto acharmos que eles estão fazendo um esforço sério para melhorar. Somente quando pensamos que eles desistiram é que terminamos a parceria".

Esses são os elementos do abastecimento *lean*. Em vez de preço – determinado pelo poder de negociação dos dois lados – como principal elo com fornecedores externos e burocracia como elo principal com as divisões internas de abastecimento, a montadora *lean* utiliza um acordo no longo prazo que estabelece uma estrutura racional para analisar custos, estabelecer preços e compartilhar lucros. Portanto, é do interesse de todas as partes melhorar sempre seu desempenho, sendo completamente abertas uma à outra, com nenhuma das partes temendo que a outra se aproveite da situação exclusivamente para seus próprios fins. O relacionamento entre fornecedores e montadoras no Japão não se baseia sobretudo na confiança, mas na interdependência mútua criada pelas regras do jogo. No entanto, um conjunto estável de regras não significa que alguém possa relaxar. Muito pelo contrário. Isso mantém todos se esforçando constantemente para melhorar o desempenho.

Como os produtores *lean* têm sucesso delegando grande parte da responsabilidade pela engenharia e pela fabricação de peças aos fornecedores, eles precisam fazer muito menos sozinhos do que nas empresas de produção em massa. Entre o custo total de materiais, ferramentas e peças acabadas necessárias para fabricar um carro, a Toyota Motor Company responde por apenas 27%. A empresa produz 4 milhões de veículos por ano com apenas 37.000 colaboradores.

Capítulo 6 ■ Coordenando a cadeia de abastecimento **159**

A General Motors, por outro lado, adiciona 70% do valor em 8 milhões de veículos e precisa de 850.000 colaboradores no mundo todo para fazê-los.[17]

Parte da diferença, com certeza, está no fato de que a Toyota é mais eficiente em tudo o que faz. Outra grande parte da diferença, no entanto, é que a Toyota e outros produtores *lean* fazem muito menos coisas. Clark e Fujimoto descobriram, por exemplo, que os produtores *lean* japoneses fazem uma engenharia detalhada, em média, em apenas 30% das peças de seus carros.[18] (Engenharia detalhada é o processo de produção de *designs* detalhados das peças para uso dos fornecedores.) Os fornecedores projetam o restante. Por outro lado, no início dos anos 80, os produtores em massa norte-americanos realizavam engenharia detalhada de 81% de suas peças. No entanto, esses produtores em massa ainda estavam lidando com três a oito vezes mais fornecedores externos que a Toyota. Em outras palavras, como os norte-americanos faziam muito mais engenharia detalhada e construíam uma fração maior das peças necessárias na empresa, esperaríamos que o número de fornecedores externos de que precisariam fosse muito menor. Em vez disso, a situação é exatamente oposta. Ainda mais impressionante, eles precisavam de uma equipe de compras muito maior. Em 1987, a GM tinha 6.000 colaboradores em suas operações de compra de peças, enquanto a Toyota tinha apenas 337.[19]

## ■ Reformando os sistemas de abastecimento da produção em massa

Falamos até agora como se o mundo tivesse dois tipos de sistemas de abastecimento – em massa e *lean*, General Motors e Toyota. Na verdade, os sistemas de abastecimento para produção em massa não existem mais em sua forma original – na General Motors ou em qualquer outro lugar. Uma década de intensa competição e a introdução de muitas novas tecnologias nos automóveis levaram a grandes mudanças na maneira como os produtores em massa ocidentais estão tratando seus fornecedores. Agora ouvimos muita conversa sobre confiança, parceria e fornecimento único. As mudanças não são apenas retóricas, mas também não representam necessariamente uma mudança em direção ao abastecimento *lean*.

Para investigar a extensão dessas mudanças, o pesquisador do IMVP Richard Lamming visitou os maiores fornecedores de componentes e os departamentos de compras das montadoras na Europa e na América do Norte.[20] Para complementar suas extensas entrevistas, também realizamos uma pesquisa por correio com os fornecedores na América do Norte.[21] As descobertas?

**160** Parte II ■ Os elementos da produção *lean*

Pressões competitivas intensificadas forçaram as montadoras ocidentais a procurar economias adicionais em seus componentes. Algumas montadoras que enfrentaram uma crise – a Chrysler em 1981, por exemplo – simplesmente recorreram a reduções gerais nos preços que pagam a seus fornecedores. Outras, no entanto, tentaram reduzir os custos no longo prazo, explorando mais as economias de escala na produção de peças. Isso significava racionalizar sua estrutura e reduzir o número de fornecedores.

Essa racionalização está bem encaminhada, como mostra a redução no número de fornecedores de todos os produtores em massa durante os anos 80, de uma faixa de 2.000 a 2.500 no início da década para 1.000 e 1.500 no final.[22] Os produtores em massa estão tentando reduzir o número de fornecedores de cada montadora para entre 350 e 500, e a maioria alcançou esse objetivo, como mostra a **Tabela 6.1**.

Esse desenvolvimento ocorreu ao mesmo tempo em que muitas montadoras começaram a terceirizar a produção de peças que poderiam ser produzidas de forma mais econômica por fornecedores especializados do que por divisões internas. ("Terceirizar", no jargão da indústria automotiva, significa simplesmente comprar uma peça de outra empresa em vez de fabricá-la.) No início dos anos 80, por exemplo, a Ford encerrou suas operações internas de montagem de chicotes elétricos nos Estados Unidos e deu esse negócio a doze fornecedores externos. No final da década, reduziu o número de fornecedores para quatro.[23]

As montadoras podem reduzir o número de fornecedores de três maneiras: Primeiro, elas podem classificar os fornecedores atribuindo componentes inteiros a um fornecedor de primeira linha – assentos, por exemplo –, como fazem os japoneses. Essa abordagem pode reduzir o número de fornecedores de 25 para apenas um, como vimos anteriormente. Esse é o custo administrativo da montadora para coordenar a queda de abastecimento.

Segundo, mesmo sem hierarquização, as montadoras podem reduzir o número de fornecedores reduzindo a contagem de peças nos componentes. No capítulo 4, mostramos como os conjuntos de para-choques dianteiros em um carro da GM continham dez vezes o número de peças de um conjunto similar em um carro da Ford. Portanto, a GM também pode ter dez vezes mais fornecedores para sua fábrica de montagem. Como carros e caminhões estão se tornando mais complicados, em parte por causa das demandas ambientais e em parte para satisfazer os consumidores, sempre haverá uma corrida entre um número crescente de sistemas de veículos e um número decrescente de peças por sistema. No momento, no entanto, a contagem de peças está caindo de maneira rápida, resultando na redução do número de fornecedores por parte das montadoras.

# Tabela 6.1

Comparação de fornecedores entre regiões

| Médias para cada região | Japoneses no Japão | Japoneses nos Estados Unidos | Norte-americanos nos Estados Unidos | Toda Europa |
|---|---|---|---|---|
| *Desempenho do fornecedor:*[1] | | | | |
| Tempos de troca do molde (em minutos) | 7,9 | 21,4 | 114,3 | 123,7 |
| *Lead time* para moldes novos (em semanas) | 11,1 | 19,3 | 34,5 | 40,0 |
| Classificações de trabalho | 2,9 | 3,4 | 9,5 | 5,1 |
| Máquinas por colaborador | 7,4 | 4,1 | 2,5 | 2,7 |
| Níveis de estoque (em dias) | 1,5 | 4,0 | 8,1 | 16,3 |
| Número de entregas JIT diárias | 7,9 | 1,6 | 1,6 | 0,7 |
| Defeitos de peças (por carro)[2] | 0,24 | NA | 0,33 | 0,62 |
| *Envolvimento do fornecedor no design:*[3] | | | | |
| Engenharia feita pelo fornecedor (% do total de horas) | 51 | NA | 14 | 35 |
| Peças de propriedade do fornecedor (em %) | 8 | NA | 3 | 7 |
| Peças de caixa preta (em %) | 62 | NA | 16 | 39 |
| Peças de *design* da montadora (em %) | 30 | NA | 81 | 54 |
| *Relações entre fornecedor e montadora:*[4] | | | | |
| Número de fornecedores por montadora | 170 | 238 | 509 | 442 |
| Nível de estoque (em dias, a cada 8 peças) | 0,2 | 1,6 | 2,9 | 2,0 |
| Proporção de peças entregues *just-in-time* (em %) | 45,0 | 35,4 | 14,8 | 7,9 |
| Proporção de peças provenientes de uma fonte única (em %) | 12,1 | 98,0 | 69,3 | 32,9 |

**Notas e fontes:**

(1) De uma amostra de 54 fornecedores no Japão (18), Estados Unidos (10 norte-americanas e 8 japoneses) e Europa (18). T. Nishiguchi, Strategic Dualism: An Alternative in Industrial Societies, tese de Ph.D., Nuffield College, Oxford, 1989, Capítulo 7, p. 313-347.

(2) Calculado a partir Pesquisa de Qualidade Inicial, de J.D. Power, 1988.

(3) A partir de uma pesquisa com vinte e nove projetos de desenvolvimento de produtos, de Clark e Fujimoto. K. B. Clark, T. Fujimoto e W.B. Chew, "Product Development in the World Auto Industry", Brookings Papers on Economic Activity, n. 3, 1987, p. 741; T. Fujimoto, "Organizations for Effective Product Development: The Case of the Global Motor Industry", tese de Ph.D., Harvard University, 1989, Tabela 7.1.

(4) A partir da pesquisa mundial de fábricas de montagem da IMVP, 1990.

## 162    Parte II ■ Os elementos da produção *lean*

Terceiro, as montadoras podem fornecer peças de origem única que anteriormente tinham dois ou três fornecedores. Eles podem ser convertidos em fontes únicas em um contexto tradicional de mercado, solicitando lances e entregando a atividade ao menor lance. O fornecedor que recebe integralmente essa atividade deve ter maiores economias de escala e, portanto, preços mais baixos. Os entrevistados em nossa pesquisa por correio confirmaram que o fornecimento único era realmente uma tendência. Em média, entre 1983 e 1988, o número de fornecedores que produzem uma peça específica para cada montadora norte-americana caiu de 2 para 1,5, e o número de fornecedores que produzem o mesmo tipo geral de peça para cada montadora caiu de 2,3 para 1,9.[24] Conforme mostrado na Tabela 6.1, é uma diferença considerável em comparação com o Japão, onde a fonte múltipla é a regra.

A principal razão para as montadoras usarem um único fornecedor é para conseguir sequências de produção mais longas de um único componente e evitar a duplicação das ferramentas. Entretanto, tem um lado negativo em utilizar um único fornecedor. Isso deixa a montadora vulnerável a quebras de abastecimento, como aconteceu durante as greves que afetaram a Ford e a Renault na Europa.

Apesar de muitos observadores argumentarem que ter um único fornecedor é outra técnica útil que as montadoras ocidentais podem aprender com os japoneses, já vimos que esse argumento é errado e foge do foco. Esses mesmos observadores presumiam que ter um único fornecedor no Japão levava a relacionamentos de longo prazo com os fornecedores. Na verdade, como vimos, os relacionamentos de longo prazo dos japoneses não dependem de um único fornecedor, mas de um contrato que encoraje a cooperação.

Outra mudança no sistema de abastecimento ocidental é a mudança de atitude das montadoras quanto à qualidade . Todas as montadoras dos Estados Unidos instituíram um sistema de notas relativa à qualidade para seus fornecedores – não apenas de remessa em remessa, mas para todas as peças fornecidas ao longo de um período grande. A Ford começou um sistema de notas sistemático chamado Q1 na metade dos anos 80. O Q1 foi logo seguido pelo programa GM Spear e o Chrysler Pentastar. Esses são sistemas estatísticos complexos que classificam os fornecedores pelo número de defeitos descobertos na montadora, desempenho de entrega, progresso na implementação de qualidade, programas de melhoria na fábrica do fornecedor, nível de tecnologia, atitudes da gestão, entre outros. O objetivo era trazer todo fornecedor de forma gradual a níveis mais altos de desempenho e qualidade. Esses programas tiveram um grande impacto na difusão de técnicas de monitoria de qualidade, como o controle estatístico de processo (CEP), para os fornecedores.

Com o CEP, os operadores de ferramentas registram as dimensões de cada peça – ou conjunto de peças – produzida. Se eles notarem que essas

Capítulo 6 ■ Coordenando a cadeia de abastecimento **163**

dimensões fogem do planejado, eles fazem os ajustes necessários na máquina ou, se for um problema mais difícil, como um mal funcionamento da máquina, pedem ajuda. Em teoria, nenhuma peça defeituosa deveria ser produzida. Parte do programa Q1 envolvia ir um passo além e compartilhar esses quadros CEP com a montadora.

Nossa pesquisa mostrou que 93% dos fornecedores usavam o CEP em todas as suas operações em 1988, um valor 19% maior do que em 1983.[25] Os japoneses começaram a melhorar a qualidade de seus fornecedores através do mesmo processo, mas eles difundiram o CEP para seus fornecedores no final dos anos 50, uns 30 anos atrás. Obviamente, os produtores em massa ainda têm um longo caminho a percorrer. Na verdade, depois que os fornecedores começam a utilizar os sistemas CEP por um tempo para identificar quando uma máquina está prestes a produzir peças defeituosas, descobrir o porquê e, então, tomar os passos necessários para garantir que os problemas não voltem a ocorrer, o CEP se torna uma atividade rotineira para os colaboradores da produção, um estágio que muitas empresas japonesas alcançaram na metade da década de 60.

O próximo passo em direção ao abastecimento *lean*, claro, seria compartilhar as informações detalhadas sobre o custo de cada etapa de produção usando técnicas de análise de valor. Ironicamente, a General Electric originalmente desenvolveu essas técnicas em 1947, e elas entusiasmaram os japoneses e foram adotadas no início dos anos 60.[26] Até 1988, entretanto, apenas 19% dos fornecedores norte-americanos estavam dando esse tipo de informação para suas clientes montadoras. Esse fato não deve ser uma surpresa, já que nenhuma mudança fundamental ocorreu no relacionamento de concorrência com base em poder entre montadoras e fornecedores.

Vimos algumas mudanças em direção a entregas mais frequentes no Ocidente. Em 1983, mais de 70% dos fornecedores norte-americanos entregavam um abastecimento de peças para mais de uma semana de uma só vez (i.e., eles entregavam uma vez por semana ou menos). Hoje, esse número caiu para 20%.[27] Essa porcentagem se compara a 16% dos fornecedores japoneses que entregavam semanalmente em 1982.[28] Naquele ano, 52% dos fornecedores japoneses estavam entregando diariamente, e outros 31%, em uma base horária. Nos Estados Unidos, somente 10% dos fornecedores estavam entregando em uma base diária ou horária até 1988.

A melhoria norte-americana nas programações de entrega, contudo, não é um passo em direção ao abastecimento *lean*. Em vez disso, é uma tentativa de cortar estoque na fábrica da montadora; o fornecedor, em contrapartida, fica com o estoque. Então a mudança não representa uma transformação filosófica, mas simplesmente uma tentativa das montadoras de mandar os custos para seus fornecedores.

**164** Parte II ■ Os elementos da produção *lean*

Além disso, uma coisa é entregar pequenos lotes de peças com frequência para a montadora, mas outra diferente é produzir essas peças em pequenos lotes, como um fornecedor *lean* faria. Na verdade, 55% dos fornecedores norte-americanos produzem um abastecimento maior que uma semana de uma peça de uma vez antes de mudar as ferramentas para fazer outra peça, quase sem mudanças dos 60% que faziam isso cinco anos atrás.[29]

Muitos fornecedores na pesquisa ainda expressam ceticismo sobre o conceito *just-in-time*. Provavelmente não seja surpreendente que eles façam isso dada a maneira que o conceito tem sido usado pelas montadoras até então. Os fornecedores, com certa razão, enxergam o *just-in-time* como uma forma de enviar o fardo dos estoques para eles. Parte do problema é que inicialmente o *just-in-time* era concebido como a realização de entregas frequentes para a fábrica de montagem. Entretanto, como vimos no Capítulo 4, o *just-in-time* funciona sozinho apenas quando é aplicado na produção. A disciplina imposta na fábrica ao produzir pequenos lotes é uma das etapas cruciais para melhorar a eficiência e a qualidade na produção *lean*.

Outro sinal de que as condições não estão mudando de maneira radical: nossa pesquisa não revelou nenhuma evidência que sugerisse que os fornecedores dos Estados Unidos pensassem que as montadoras norte-americanas eram mais confiáveis do que há cinco anos – apesar de realmente vermos algumas mudanças para contratos de longo prazo. A média de duração de um contrato subiu de 1,2 anos para 2,3 anos, e a proporção de fornecedores com contratos de 3 anos ou mais subiu de 14 para 40%.[30] Ao mesmo tempo, os fornecedores relataram que as montadoras davam a eles pouca assistência para a redução de custos e adoção de novas técnicas – uma descoberta que confirma nossa impressão de que essas relações estão distantes como de costume.

É verdade que a engenharia de abastecimento, combinada com contratos de longo prazo (três a cinco anos, em vez de um ano ou menos), padrões de qualidade altos, entregas mais frequentes e utilização de um único fornecedor para muitos componentes caracterizam um novo sistema de abastecimento norte-americano no início dos anos 90. Não se engane com esses desenvolvimentos, porém, ao pensar que os fornecedores ocidentais estão avançando em direção ao abastecimento *lean*. Eles não estão. Enquanto muitas dessas mudanças se parecem com o abastecimento *lean* japonês replicado no Ocidente, quase tudo tem sido direcionado pelas pressões de custos e a existente lógica da produção em massa: a utilização de um único fornecedor para alcançar economias de escala, *just-in-time* para transferir o fardo dos estoques, entre outros.

De fato, sem uma mudança fundamental de uma relação de barganha baseada no poder, é quase impossível avançar em direção ao abastecimento *lean*.

## Capítulo 6 ■ Coordenando a cadeia de abastecimento **165**

Se as montadoras não estabelecerem um novo conjunto de regras básicas para unir análise de custos, determinação de preços e compartilhamento de lucros, os fornecedores continuarão seguindo as regras antigas.

Confrontados com a relação baseada no poder, o objetivo principal dos fornecedores é trazer qualquer vantagem para seu lado. Seu principal modo de fazer isso tem sido introduzir novas tecnologias e unir componentes discretos aos sistemas. Sem uma análise de valor detalhada, a montadora não é capaz de fazer mais do que adivinhar o preço de um componente complexo ou colocar um fornecedor contra o outro.

A incorporação de muitas novas tecnologias no automóvel, como os freios ABS, sistemas de gestão de motor eletrônico e peças de carroceria de plástico, está proporcionando a alguns fornecedores um grande papel ao projetar não apenas peças discretas, mas sistemas completos. Isso também está proporcionando a muitos novos fornecedores – gigantes como a Motorola, a Siemens e a General Electric Plastics – entrar na indústria pela primeira vez. Quanto mais complexa a tecnologia, menos ela se encaixa nos tradicionais sistemas de abastecimento de produção em massa em que a montadora tem a vantagem. Os fornecedores de componentes tecnologicamente avançados ou complexos têm uma oportunidade de adicionar mais valor ou, em outras palavras, melhorar seu poder de barganha frente às montadoras. Para muitos fornecedores, isso tem sido o principal motivador para avançarem tecnologicamente.

## ■ Desempenho do fornecedor

Enquanto essas mudanças no relacionamento entre fornecedores e montadoras vêm acontecendo nos Estados Unidos, o que tem acontecido ao desempenho de fabricação dos fornecedores? Quão grande é a lacuna entre fornecedores norte-americanos, europeus e japoneses? Para responder a essa pergunta, Toshihiro Nishiguchi conduziu uma pesquisa em 54 fábricas de componentes correspondentes no Japão, na Europa e na América do Norte.[31] Os resultados, como resumidos na Tabela 6.1, mostram que o desempenho de fabricação entre as empresas de componentes ocidentais não era melhor que o das montadoras. Em outras palavras, a lacuna de desempenho que encontramos quando comparamos montadoras é refletida na indústria de abastecimento.

Em termos de qualidade de componentes, os Estados Unidos estavam a uma distância gritante dos japoneses – com 33 defeitos de componentes a cada 100 carros, comparado com 24 dos japoneses. Os europeus, com 62 defeitos a cada 100 carros, ainda estavam muito atrás. Em relação a todas as outras medidas, entretanto, tais como o tempo que levava para mudar os moldes de ferramentas, o nível de estoques, o número de classificações de trabalho nas

**166** Parte II ■ Os elementos da produção *lean*

fábricas, o nível de trabalho de multi-qualificado e a frequência de entrega, Nishiguchi descobriu uma lacuna significativa entre fabricantes de peças nos Estados Unidos e na Europa e os do Japão (veja a Tabela 6.1). Na maioria dos casos, a lacuna era maior do que na montagem – um fato que indica que a indústria de componentes está, de certa forma, atrás das montadoras que adotaram a fabricação *lean*.

No entanto, nem tudo está perdido, pois agora existem pelo menos 145 fornecedores de componentes japoneses localizados na América do Norte e muitos outros fornecedores dos Estados Unidos estão começando a fornecer para as empresas de transição japonesas nos Estados Unidos. Os fornecedores dos Estados Unidos que conseguiram garantir contratos com as empresas de transição têm uma excelente oportunidade de aprender tudo, desde a fabricação *lean* e o desenvolvimento de produtos até os relacionamentos *lean* com fornecedores. E isso pode ser feito.

Quando, por exemplo, a divisão Packard Electric da GM começou a abastecer a *joint-venture* da GM-Toyota, a NUMMI, na Califórnia, suas remessas iniciais de chicotes elétricos foram julgados competitivos em preço, mas não em qualidade.[32] Depois de discutir a situação com a NUMMI, a Packard enviou um engenheiro interno para a NUMMI em período integral, para que os problemas de qualidade pudessem ser enfrentados imediatamente. Ela também procurou a assistência técnica (composta por três engenheiros industriais emprestados por seis meses) da Sumitomo Wiring Systems, um dos fornecedores tradicionais de chicote de fiação da Toyota. Os engenheiros da Sumitomo ajudaram a Packard a instalar o Sistema Toyota de Produção completo em sua fábrica em Juarez, México, dedicada ao abastecimento da NUMMI. Os resultados dos esforços contínuos de aprendizagem da Packard: depois de dezoito meses, ela foi de última para primeira na classificação de fornecedores da NUMMI.

Mas ainda existe um amplo potencial de desentendimento sobre as diferenças nas filosofias de fornecedores, como ilustra o exemplo a seguir:[33]

Um fornecedor norte-americano de uma peça complexa conquistou os negócios da NUMMI e melhorou constantemente sua taxa de defeitos e confiabilidade de entrega até quase atingir a perfeição. Em seguida, promoveu um grande aumento de preço, algo que parecia razoável pelos os padrões ocidentais, uma vez que havia provado sua capacidade. No entanto, para a equipe de compras da NUMMI treinada pela Toyota, o pedido parecia um exemplo flagrante de má-fé. No sistema Toyota, os fornecedores nunca devem se comprometer a entregar a preços irreais, mas devem estar preparados para reduzir seu preço continuamente durante a vida útil do modelo. Esse tipo de mal--entendido ilustra a diferença de abordagem entre as relações de fornecedores em massa e *lean* que ainda precisa ser superada.

Capítulo 6 ■ Coordenando a cadeia de abastecimento **167**

## ■ A Europa ocidental como a intermediária

Conforme o sistema de abastecimento muda na América do Norte, ele se parece mais com o sistema de abastecimento da Europa ocidental do que com o do Japão. Apesar das montadoras de produção em massa da Europa ocidental, como vimos no Capítulo 4, serem agora as seguidoras mais ortodoxas do mundo de Henry Ford em suas próprias fábricas, o sistema de abastecimento europeu sempre foi diferente dos métodos de produção em massa e tem estado mais próximo do abastecimento *lean*.[34]

Isso se dá, em parte, porque as montadoras europeias sempre foram menores e mais numerosas. Seis empresas dividem o mercado em massa com participação de mercado de 10 a 15 % da produção total, enquanto meia dúzia de empresas especializadas divide o resto do mercado. Esses números são mostrados na **Tabela 6.2** que representa as vendas anuais de 1989.

Essas montadoras menores nunca tiveram escala ou fundos para contemplar fazerem tudo sozinhas, como Henry Ford fez inicialmente e a GM quase fez por 50 anos. Além disso, sempre existiram muitos fornecedores europeus – liderados pela empresa alemã Bosch, mas incluindo a GKN (GKN Automotive, fabricante de juntas universais) e a SKF (fabricante de rolamentos) – com uma vantagem técnica clara em certas áreas de componentes. Então a tradição na Europa sempre ditou que os maiores fornecedores fossem mais

**Tabela 6.2**

Participação do mercado automotivo na Europa ocidental, 1989

| Produtor | Participação de mercado (%) | Volume de vendas (em milhões) |
|---|---|---|
| Volkswagen (Audi, Seat) | 15,0 | 2,021 |
| Fiat (Lancia, Alfa Romeo) | 14,8 | 1,991 |
| Peugeot (Citroën) | 12,7 | 1,704 |
| Ford | 11,6 | 1,562 |
| General Motors (Opel, Vauxhall) | 11,0 | 1,488 |
| Renault | 10,4 | 1,392 |
| Mercedes-Benz | 3,2 | 0,434 |
| Rover | 3,1 | 0,412 |
| BMW | 2,8 | 0,377 |
| Volvo | 2,0 | 0,266 |
| Japoneses | 10,9 | 1,457 |
| TOTAL | 100,0 | 13,478 |

**Fonte:** Financial Times, 22 de janeiro de 1990.

**168** Parte II ■ Os elementos da produção *lean*

talentosos. Em vez de trabalhar a partir de desenhos, muitos faziam a engenharia completa dos componentes para as montadoras. Clark e Fujimoto descobriram, por exemplo, que enquanto as montadoras dos Estados Unidos faziam a engenharia detalhada em 81% de suas peças e as montadoras japonesas faziam a engenharia detalhada em 30%, as montadoras europeias a fazia em 54% das peças.[35] O tamanho dos principais fornecedores europeus é mostrado pelo fato de que o mercado europeu de componentes é o maior do mundo, e as 20 principais empresas somam um terço do total de vendas de componentes para as montadoras. No mercado um pouco menor dos Estados Unidos, por sua vez, são necessárias as 30 principais empresas para somar um terço do total de vendas de componentes.

Outra característica da indústria de abastecimento europeu que a torna mais parecida com o abastecimento *lean* do que com o abastecimento em massa é o agrupamento de fornecedores em volta de suas montadoras nativas, tanto fisicamente quanto em termos de relacionamentos de longo prazo. As montadoras francesas, por exemplo, historicamente recorrem a fornecedores franceses, concentrados na área de Paris, com os quais elas têm trabalhado por décadas.

De maneira distinta, o que tem sido não *lean* no sistema de abastecimento europeu é o alto número de fornecedores para cada montadora – entre 1.000 e 2.000. Veja a **Tabela 6.3**. Esses números altos indicam que a divisão em camadas *lean* não tem sido o padrão, e as montadoras europeias de mercado em massa estão agora trabalhando muito para reduzir a complexidade de seus

**Tabela 6.3**
Número estimado de fornecedores de componentes na América do Norte e na Europa ocidental

| Regiões | Grandes | Pequenos |
| --- | --- | --- |
| América do Norte | 1.000 | 4.000 |
| Alemanha ocidental | 450 | 5.000 |
| França | 400 | 1.500 |
| Reino Unido | 300 | 1.500 |
| Itália | 250 | 1.000 |
| Espanha | 50 | 500 |
| Outros países | 50 | 500 |
| Total da Europa ocidental | 1.500 | 10.000 |

**Fonte:** Richard Lamming, "Causes and Effects of Structural Change in the European Automotive Components Industry", IMVP Working Paper, 1989, p. 13.

Capítulo 6 ■ Coordenando a cadeia de abastecimento **169**

sistemas de abastecimento ao designar fornecedores para componentes inteiros. Esse desenvolvimento está ocorrendo conforme a Europa muda de um conjunto de sistemas de produção nacional de veículos motorizados para um sistema verdadeiramente regional, então o nível de reorganização estrutural que está acontecendo, mesmo na ausência de pressão dos produtores *lean*, é substancial.

Estamos vendo um movimento em direção à organização estratificada na Europa. A Renault, por exemplo, está designando os componentes do carro para 150 "famílias" de tipos de componentes, a Peugeot, em 257, e a Fiat, em 250.[36] Para cada uma dessas famílias, as empresas estão procurando dois ou três fornecedores que consigam entregar o sistema completo. Ou elas estão tentando reunir os fornecedores das peças individuais dentro de um sistema e fazê-los cooperar na entrega de um sistema completo para a fábrica de montagem. Essa é uma variação da organização estratificada e poderia reduzir a quantidade de trabalho burocrático envolvido na especificação do componente em até 50%. Um fornecedor francês estima que esse agrupamento pode reduzir em 15 vezes o número de fornecedores.

Nos últimos anos, os fornecedores começaram a tomar iniciativa para reestruturar a indústria em uma base europeia. Muitos fornecedores pegaram empresas em outro país para criar outras verdadeiramente europeias que fornecem a clientes por toda Europa. Exemplos incluem a tomada da Jaeger e da Solex na França e do comércio de componentes elétricos da Lucas pela Magnet Marelli, da Itália, e as muitas aquisições do grupo Valeo da França. Muitos fornecedores construíram novas fábricas em outros lugares da Europa. A Bosch e outras empresas alemãs, por exemplo, montaram fábricas no Reino Unido para escapar dos altos custos de produzir na Alemanha e vender para as operações de montagem das fábricas de transição japonesas.

Por causa da grande força de muitos fornecedores europeus de componentes, principalmente na Alemanha, não esperamos que muitos fornecedores japoneses venham à Europa como vieram à América do Norte.[37] Daqueles que vieram, apenas 40% estabeleceram operações completamente próprias, comparado a 64% na América do Norte. A estratégia declarada de muitos fornecedores japoneses é, em vez disso, entrar em *joint ventures* com fornecedores europeus. As montadoras japonesas também disseram que acreditam que vão ter mais facilidade para encontrar fornecedores locais na Europa do que tinham na América do Norte. Isso porque os japoneses acham que os atuais fornecedores europeus são muito melhores do que os existentes nos Estados Unidos e no Canadá, então eles acreditam que podem trabalhar com os europeus.

**170** Parte II ■ Os elementos da produção *lean*

Independente de quão forte a indústria europeia de componentes possa ser, ela ainda enfrenta muita reestruturação para a próxima década. Como vimos mais cedo, ela está tão atrás da japonesa quanto as montadoras europeias em termos de desempenho e qualidade de fabricação. Relações próximas com as montadoras europeias podem sofrer tensão conforme as montadoras lutam para preencher a lacuna com a chegada das montadoras japonesas. Através de suas operações nos Estados Unidos, muitos fornecedores europeus preveem o que está por vir na Europa e o que precisa ser feito para fechar a lacuna. Além disso, através das *joint ventures* com fornecedores japoneses e da experiência no fornecimento de peças para as recém-chegadas montadoras japonesas, os fornecedores europeus poderiam, na verdade, levar as montadoras em direção à produção *lean* na Europa.

## ■ Os obstáculos restantes do abastecimento *lean*

Os produtores ocidentais em massa estão agora a caminho de criar um novo sistema de abastecimento pós-produção em massa, que consiste nas seguintes características:

- Fornecedores maiores e mais talentosos de primeira linha que vão fazer a engenharia completa dos componentes para as montadoras. Eles vão fornecer esses componentes em intervalos mais frequentes e com contratos mais longos.
- Padrões de qualidade muito mais altos.
- Custos muito mais baixos.

Infelizmente, como vimos antes, as reformas realizadas até hoje incluíram empurrar o tradicional sistema de abastecimento em massa até o próprio limite sob pressão, *em vez de mudar fundamentalmente a forma como o sistema funciona*. O progresso em direção ao abastecimento *lean* continua bloqueado pela falta de vontade das montadoras ocidentais de desistir de negociações com base em poder na qual confiam a tanto tempo. Em nossas entrevistas com montadoras e fornecedores ocidentais, encontramos fortes evidências de que todos conhecem a letra da nova música, mas poucos conseguem manter o ritmo.

Os problemas básicos são inerentes à estrutura e à lógica de incentivo do sistema. Muitos ocidentais ainda acreditam que o relacionamento entre montadoras e fornecedores no Japão é baseado somente em parceria e confiança.

## Capítulo 6 ■ Coordenando a cadeia de abastecimento **171**

Se pudéssemos recriar essas qualidades no Ocidente, essas pessoas dizem, faríamos grandes avanços na direção de alcançá-los em eficiência. Na verdade, não temos evidências de que os fornecedores japoneses amem suas montadoras clientes mais do que os fornecedores no Ocidente amam as suas.

Em vez disso, eles operam em uma estrutura completamente diferente que canaliza os esforços das duas partes em direção a fins mutuamente benéficos com o mínimo de esforço desperdiçado. Ao abandonar negociações baseadas em poder e substituir uma estrutura racional convencional por uma análise conjunta de custos, uma determinação conjunta de preços e um compartilhamento de lucros, as relações adversárias dão espaço a relações cooperativas. A cooperação não significa uma atmosfera relaxada e confortável – longe disso. Como vimos, os fornecedores japoneses enfrentam uma constante pressão para melhorar seu desempenho, tanto através da constante comparação com outros fornecedores quanto através de contratos baseados em custos decrescentes. Entretanto, eles também têm muito mais discrição do que no Ocidente, com maior responsabilidade por projetar e fazer a engenharia de seus próprios produtos.

No final do Capítulo 4, fizemos uma importante distinção entre a tensão debilitante do trabalho de produção em massa e o desafio criativo de melhoria constante na produção *lean*. A mesma comparação existe nos sistemas de abastecimento. Na produção em massa, os fornecedores ficam constantemente frustrados ao tentar adivinhar a próxima jogada da montadora. Na produção *lean*, os fornecedores não têm que espiar sobre os ombros. Em vez disso, eles podem seguir com a tarefa de melhorar seu próprio trabalho – sabendo que serão recompensados de forma justa por fazer isso.

Como o sistema de abastecimento ocidental pós-produção em massa pode se aproximar do verdadeiro abastecimento *lean*? Suspeitamos que as principais formas para fazer isso serão através da criação de sistemas de abastecimento *lean* no Ocidente por produtores japoneses, um tópico ao qual retornaremos no Capítulo 9. A jogada dos japoneses forçará as montadoras ocidentais e seus fornecedores a acompanhá-los.

# 7
# Lidando com clientes*

Já passamos pelas etapas do processo de produção de um veículo motorizado – a fábrica, a pesquisa e o desenvolvimento de produtos e o abastecimento de componentes. Em cada uma dessas áreas, encontramos uma grande lacuna entre os métodos e resultados da produção em massa e os da produção *lean*. A última parada em nossa jornada nos leva ao verdadeiro motivador desses esforços de produção: o cliente. Olhamos para a maneira como o sistema de produção sabe o que o cliente quer e como ele faz a compra e a manutenção de um automóvel. Também examinamos como o fabricante entrega o carro ao cliente.

Por que não começamos nossa odisseia com a ligação entre o cliente e o sistema de produção? Esse pode parecer o lugar mais lógico para começar a entender qualquer processo de fabricação orientado para o mercado. Aqui está o motivo: neste volume, examinamos cada passo do processo de produção começando pela perspectiva da produção em massa. E, como mostramos nos capítulos anteriores, o sucesso da produção em massa tem sido tão voltado às necessidades dos processos de *design* e de fabricação que o cliente tem ficado em último lugar. Então é essa a sequência que seguimos também.

---

*Este capítulo é baseado na pesquisa de Daniel Jones, Jan Helling e Koichi Shimokana.

**174** Parte II ■ Os elementos da produção *lean*

## ■ O produtor em massa e o cliente

Henry Ford sabia como lidar com clientes. Ele deixava a concessionária fazer isso por ele. E ele sabia como lidar com a concessionária também: mantendo-a pequena, isolada e sob contrato para vender somente produtos da Ford. Por fim, fazia a concessionária comprar os carros da fábrica na pré-venda, conforme sua área geográfica de vendas. Dessa forma, a concessionária teria um estoque de produtos à disposição para satisfazer os clientes que chegavam.

Na prática, essa última característica do sistema oferecia enormes vantagens para a Ford; ela fornecia uma salvaguarda de unidades finalizadas para protegê-lo de variações nos volumes de vendas. Além disso, Ford exigia pagamento total de suas concessionárias já na expedição, mas comprava suas peças e matérias-primas a prazo. Assim, ele conseguia administrar o negócio sem investir dinheiro em estoque. Ele era pago por seu cliente (a concessionária, claro, e não o consumidor final) antes do vencimento da fatura de seus materiais. Se as concessionárias recusassem seus esforços de empurrar carros para elas antecipadamente, o que elas às vezes faziam em crises econômicas, Ford utilizava sua principal arma: cancelava os privilégios.

Talvez esse sistema fosse o melhor na época de Ford. Ele oferecia somente um produto, então não existiam pedidos customizados. O cliente poderia muito bem comprar de um estoque. Além disso, a maioria dos compradores tinham as habilidades mecânicas necessárias para fazer seus próprios reparos e, se necessário, poderiam pedir peças diretamente da fábrica. Eles precisavam pouco, como acontece hoje, de uma concessionária atenciosa (ou mecânico) para manter seu carro funcionando.

Contudo, o sistema de Ford abria um precedente ruim. Ele claramente sinalizava que as necessidades de produção da fábrica vinham em primeiro lugar; a concessionária e o cliente deveriam fazer quaisquer ajustes necessários. Conforme as ofertas de produto se tornaram mais variadas com Alfred Sloan e os carros se tornaram mecanicamente mais complexos, a abordagem de Ford às relações com os clientes se tornou cada vez menos satisfatória.

No entanto, o sistema mudava lentamente. No final dos anos 40, a suprema corte dos Estados Unidos tirou o direito das montadoras de colocar cláusulas de vendas exclusivas em seus contratos com concessionárias franqueadas. Essas cláusulas davam à fábrica o direito de cancelar a franquia de qualquer concessionária que tentasse vender os produtos de um competidor.

Capítulo 7 ■ Lidando com clientes **175**

O fim da negociação exclusiva não significava nada na época. A indústria já era dominada pelas três grandes fabricantes de carros, que tinham estabelecido suas próprias cadeias de concessionárias, uma situação que não mudaria por pelo menos mais uma década. Teoricamente, a decisão da Suprema Corte ajudaria empresas pequenas, como a Nash e a Studebaker, a sobreviver. Mas, de qualquer maneira, elas estavam com os seus dias contados, então a decisão não teve nenhum impacto real nelas também. Entretanto, quando os carros importados começaram a aparecer no final dos anos 50, muitas das concessionárias pequenas e mais fracas começaram a "dobrar" – isto é, adicionar uma segunda ou terceira linha de carros de uma montadora estrangeira para tentar aumentar seu negócio.

Para os novos competidores no mercado dos Estados Unidos, como a Volkswagen e a Renault, a capacidade de utilizar concessionárias existentes de forma rápida e barata abriu caminho para o rápido crescimento de sua participação de mercado. Por exemplo, em apenas dois anos – de 1957 a 1959 –, a quota de carros importados do mercado dos Estados Unidos deu um salto de 2 a 10%, uma taxa de aumento que teria sido (e ainda é) impossível na Europa e no Japão, como veremos em breve.

Houve outras mudanças nas concessionárias de carros dos Estados Unidos com o passar das décadas. Conforme o investimento no equipamento necessário para fornecer carros aumentava, o número de concessionárias caía gradualmente. De 45.500 concessionárias em 1947, o número caiu para 30.800 em 1970 e para 25.100 em 1989.[1] Estimava-se queda para menos de 20.000 durante a década de 90.[2] Conforme o mercado de carros crescia e o número de concessionárias caía, o número de carros vendido por concessionária aumentou de 70 em 1947 para 393 em 1989 (580 se incluirmos caminhões leves), veja a **Tabela 7.1**.[3] Recentemente, os produtores japoneses e coreanos têm sido cuidadosos na expanção suas redes de concessionárias e têm, em vez disso, aumentado o número de carros vendidos por concessionárias de forma recorde, como mostra a Tabela 7.1. Além disso, nos últimos anos, muitas "megaconcessionárias" surgiram para desafiar as tradicionais concessionárias locais. Esses empreendedores têm 40 ou mais unidades e, em muitos casos, vendem uma dúzia ou até mais de marcas

De outras formas, todavia, o sistema de concessionárias mudou muito pouco desde a época de Henry Ford. Em sua maioria, as concessionárias ainda são pequenas, e de propriedade única. Aproximadamente 11.700 delas, ou 47%, ainda são locais. Em muitos casos, elas ainda pagam à vista e ainda reclamam das montadoras empurrarem carros que elas não querem. Os estoques ainda são grandes – com uma média de 66 dias na última década,[4] um

# Tabela 7.1
Vendas de carros por concessionária nos Estados Unidos

| Produtor | 1956 | 1965 | 1978 | 1987 |
|---|---|---|---|---|
| General Motors | 183 | 351 | 464 | 249 |
| Ford | 189 | 318 | 389 | 259 |
| Chrysler | 104 | 213 | 239 | 114 |
| Honda | | | 396 | 693 |
| Toyota | | | 423 | 578 |
| Nissan | | | 323 | 477 |
| Hyundai | | | | 1.369 |
| Volkswagen | | | 253 | 219 |
| Volvo | | | 120 | 257 |

**Fonte:** Compilado de "Automotive News Market Data Book", vários anos.

pouco acima dos 60 dias que a indústria considera como o nível ideal, no qual muitos carros estão à disposição para fornecer variedade para o comprador, mas sem custos de carregamento excessivos.

Em alguns sentidos, o sistema de concessionárias até regrediu desde a época de Ford. Toda montadora mantém um enorme departamento de *marketing* para cada uma de seus departamentos de vendas (p. ex., a Chevrolet, a Mercure e a Dodge) com um escritório principal perto da matriz e escritórios regionais para supervisionar as concessionárias em cada área geográfica. O departamento de *marketing* e as concessionárias normalmente têm relações tensas porque o *marketing* acredita que seu trabalho seja garantir que as concessionárias vendam carros suficientes para que a fábrica mantenha uma produção constante. A principal atividade do departamento de vendas é balancear os incentivos para os clientes, e as concessionárias para que todos os carros sejam vendidos.

Para alcançar essa meta, o departamento de *marketing* pode vincular os pedidos das concessionárias por carros populares à sua aceitação de carros não populares – um método altamente efetivo, mas muito reprovado, de alinhar o abastecimento com a demanda. Por exemplo, recentemente visitamos a sede administrativa de uma empresa dos Estados Unidos. A empresa estava enfrentando o problema de como vender 10.000 carros já fabricados que nenhuma concessionária queria. A empresa tinha fabricado os automóveis com base em suas previsões de demanda de mercado, em vez de olhar os pedidos reais das concessionárias ou dos consumidores. O mercado tinha mudado, entretanto, e ninguém queria os carros.

Capítulo 7 ■ Lidando com clientes **177**

Uma possível solução era aquela que acabamos de discutir: vincular os pedidos das concessionárias por modelos mais populares aos que vendem menos. Então, para conseguir cinco modelos populares, cada concessionária tinha que aceitar um modelo indesejado. Outra era oferecer um desconto de fábrica para os modelos indesejados. Essa opção era muito mais aceitável para as concessionárias, mas consideravelmente mais cara para a empresa.

Para piorar a situação, a coordenação entre o departamento de vendas e os planejadores de produtos nas grandes empresas de produção em massa é baixa. Embora os planejadores de produtos conduzam inúmeros grupos focais e de pesquisas no início do processo de desenvolvimento de produtos para avaliar a reação do consumidor aos novos modelos propostos, eles não encontraram uma maneira de incorporar *feedbacks* contínuos do departamento de vendas e das concessionárias. Na verdade, as concessionárias quase não têm vínculo com os departamentos de vendas e *marketing*, responsáveis pela transação. As habilidades da concessionária estão focadas na persuasão e na negociação, e não em fornecer informações aos planejadores de produtos.

É preocupante pensar que nenhum colaborador de uma empresa de automóveis precisa comprar um carro de uma concessionária (eles compram internamente através da empresa ou até recebem um carro grátis como parte do pacote de remuneração). Portanto, eles não têm vínculo direto com a experiência de compra ou com o cliente. Além disso, a concessionária tem pouco incentivo para compartilhar qualquer informação sobre os clientes com o fabricante. A atitude da concessionária é: "o que acontece no salão é problema meu". (Nesse sentido, o relacionamento entre concessionária e fabricante se assemelha ao relacionamento entre fornecedor de componentes e montadora.)

Por acaso, visitamos um gerente de departamento em Detroit no dia em que ele recebeu a versão pronta para a produção de um grande modelo novo. O gerente nos disse que o carro que ele viu era totalmente diferente em caráter e apelo ao consumidor do protótipo que ele havia concordado em vender dois anos antes. Desde então, o departamento de vendas teve pouco contato com a equipe de desenvolvimento de produtos, que fez muitas alterações no veículo para facilitar a fabricação. Para o gerente de vendas, no entanto, essas mudanças prejudicaram o apelo de vendas do carro no mercado, e agora era tarde demais para fazer quaisquer ajustes. No final, o julgamento do gerente de departamento se mostrou correto – o produto foi um desastre.

Na verdade, os departamentos de vendas das montadoras tornaram-se enormes burocracias que não conseguem comunicar efetivamente a demanda do mercado aos planejadores de produtos. Além disso, elas antagonizam as concessionárias, com as quais deveriam ter um relacionamento colaborativo.

**178** Parte II ■ Os elementos da produção *lean*

Além disso, a tradição do bazar de venda de carros – onde o cliente e a concessionária tentam enganar um ao outro quanto ao preço – ainda está firmemente estabelecida nas concessionárias, mesmo que cada vez mais compradores relatem em pesquisas que não gostam da prática. Isso significa que o fluxo de informações entre cliente e concessionária também é restrito.

Ou seja, os vendedores não estão realmente interessados pelas necessidades ou pelos desejos do cliente. Eles querem fechar o negócio o mais rápido possível e apresentarão apenas algumas informações sobre o produto para atingir esse objetivo. Depois que a transação é assinada, o vendedor não tem mais interesse no cliente. Todo o sistema de vendas e negociação baseia-se em fornecer ao cliente o mínimo de informações reais possível – o mesmo princípio em que se baseia o relacionamento entre concessionárias e fabricantes.

O resultado? À medida que a fábrica e a oficina mecânica se tornaram mais eficientes com a pressão dos concorrentes *lean*, o componente pós-fábrica do negócio de automóveis – um componente que inclui não apenas os custos da negociação (publicidade e promoções do fabricante, remessa, equipe e despesas gerais e muito mais), mas também o trabalho de publicidade e a garantia do revendedor – passou a representar uma fração cada vez maior do custo total que o consumidor paga. Atualmente, a maioria dos analistas estima que 15% do custo total do comprador seja incorrido após a saída da fábrica, quando o novo carro é entregue à divisão de vendas da montadora antes de ser enviado à concessionária.

Como os custos pós-fábrica aumentaram para uma porcentagem maior dos custos totais, as montadoras começaram, compreensivelmente, a dar mais atenção à redução desses custos. No entanto, estudos de varejo mostram, de maneira geral, que os custos de distribuição de automóveis na América do Norte e na Europa já são consideravelmente mais baixos, como uma fração do custo total, do que em muitos produtos, incluindo alimentos. Na verdade, o sistema de distribuição já oferece baixo custo, mas com um nível de serviço ainda mais baixo.[5]

Vemos outros elementos do sistema de concessionárias de Henry Ford em vigor ainda hoje. Na década de 80, a eliminação de pedidos especiais tornou-se o método favorito dos produtores em massa para tentar melhorar a eficiência em suas fábricas e cadeias de abastecimento. Com demandas especiais, um cliente procurava uma concessionária e especificava um carro com um conjunto de opções. O carro seria construído assim que o pedido fosse feito. A encomenda personalizada de um carro novo era um ritual anual ou semestral para muitos americanos e canadenses, mas agora é muito menos comum. Como o gerente geral aposentado de uma divisão de vendas de uma das Três Grandes nos disse recentemente com certa satisfação: "Se não consegui mais nada nos meus anos aqui, pelo menos consegui acabar com os pedidos especiais!".

As empresas europeias e japonesas que exportam para os Estados Unidos nunca aceitaram pedidos especiais devido à distância envolvida no abastecimento. Em vez disso, elas se concentravam em adicionar uma variedade de opções como equipamento padrão nos carros que exportam. Com o crescimento das franquias de importação ao longo dos anos, os consumidores têm muito mais opções. Em 1958, por exemplo, os consumidores dos Estados Unidos tinham a opção de comprar 21 marcas diferentes de carros de 10 fabricantes diferentes; em 1989, eles tinham a opção de comprar 167 modelos diferentes vendidos sob 37 marcas diferentes de 25 produtores diferentes. Portanto, o consumidor norte-americano agora tem uma variedade enorme e crescente de produtos para comprar da concessionária. No entanto, se um veículo que atenda as necessidades do cliente ainda não estiver disponível, poderá ser difícil fazer um pedido especial.

## O cliente na Europa

O sistema de distribuição europeu se assemelha ao norte-americano em muitos aspectos, mas está uns trinta anos atrás. Na Europa Ocidental, não só existem mais concessionárias do que nos Estados Unidos, mas em muitos países europeus ainda existe uma estrutura de concessionárias de duas camadas, algo que desapareceu dos Estados Unidos na década de 30. Ou seja, além das 36.200 principais concessionárias da Europa, também existem 42.500 subconcessionárias.[6] A maioria delas são pequenas oficinas que vendem carros novos fornecidos pela concessionária principal, atuando como atacadista. Comparado com os Estados Unidos, onde cada concessionária vende, em média, 393 carros por ano, uma concessionária da Europa Ocidental vende apenas cerca de 280 carros por ano e, se considerarmos as subconcessionárias, a média cai para apenas 128 carros por ano. (Os dados comparando vendas por concessionária nos Estados Unidos, na Europa e no Japão são apresentados na **Tabela 7.2**.)

O sistema da Europa também tem a complicação adicional de outra camada entre o fabricante e a concessionária: a empresa nacional de importação, que executa muitas das funções – como supervisionar as concessionárias – do escritório regional de vendas nos Estados Unidos. No entanto, em muitos casos, essas empresas não pertencem ao fabricante. Por exemplo, os carros Volvo são vendidos no Reino Unido através das Concessionárias Volvo, de propriedade do Grupo Lex – uma empresa que também possui muitas concessionárias de automóveis no Reino Unido.

**180** Parte II ■ Os elementos da produção *lean*

## Tabela 7.2
Vendas de carros por concessionária, por região, 1984

| | Principal Concessionária | Concessionárias e subconcessionárias | Concessionárias de carros nacionais | Concessionárias de carros exportados |
|---|---|---|---|---|
| EUA | 355 | na | 396 | 225 |
| Europa: | | | | |
| Reino Unido | 321 | 233 | 359 | 148 |
| Alemanha Ocidental | 189 | 119 | 192 | 59 |
| Itália | 339 | 111 | 220 | 64 |
| França | 325 | 61 | 58 | 80 |
| Japão | 222 | na | 222 | na |

**Nota:** Os Estados Unidos e o Japão não têm subconcessionárias. Praticamente não havia carros importados no Japão em 1984. "Concessionárias e subconcessionárias" é uma média dos dois.
**Fonte:** SRI International, "The Future of Car Dealerships in Europe", 1986; Automotive New Market Data Book; e K. Shimokawa, "The Study of Automotive Sales, Distribution and Service. Systems and Its Further Revolution", IMVP Working Paper, maio de 1987, p. 9.

Além disso, na última década o número de concessionárias principais e subconcessionárias realmente aumentou na maior parte da Europa Ocidental. E, com a abertura dos mercados francês, espanhol, italiano e português para os japoneses durante os anos 90, o número de concessionárias poderia aumentar ainda mais – embora alguns dos novos revendedores de carros japoneses nesses países tenham vendido anteriormente outras marcas existentes.

A única exceção a essa tendência na Europa é o Reino Unido, onde o número de concessionárias diminuiu constantemente – de 12.000 em 1968 para 8.144 em 1988.[7] Em alguns aspectos, a estrutura de varejo do mercado de carros no Reino Unido chegou ainda mais perto da megaconcessionária do que nos Estados Unidos, com o crescimento de grandes grupos de concessionárias públicas, que eram donas de muitas concessionárias, vendendo uma variedade de marcas em locais separados. Os maiores desses grupos de concessionárias de capital aberto, como o Lex, está agora se expandindo para os Estados Unidos e para a Europa.

Não é apenas a estrutura do sistema de distribuição na Europa que difere da dos Estados Unidos. A estrutura legal também.

As montadoras europeias nunca perderam legalmente seu direito de impor cláusulas exclusivas a suas franquias; portanto, o acesso ao mercado de importações sempre foi muito mais difícil do que nos Estados Unidos. Se você

Capítulo 7 ■ Lidando com clientes **181**

já se perguntou por que os carros japoneses foram, por anos, vendidos em garagens em ruas secundárias na maioria dos países europeus, não precisa procurar por uma resposta muito além das letras pequenas nos contratos das franquias. Na maioria dos casos, as franquias proíbem a venda de outra marca no mesmo local – dificultando aos japoneses encontrarem concessionárias para seus produtos. Além disso, os japoneses têm sido limitados por cotas em muitos mercados europeus; portanto, o volume que eles podem oferecer nem sempre é suficiente para tentar uma concessionária maior e bem estabelecida, embora essa situação esteja mudando.

Até agora – novamente, com exceção do Reino Unido –, não houve uma reorganização das concessionárias mais fracas na Europa Ocidental. A maioria das subconcessionárias ainda vende carros fabricados pelos produtores locais. Como a pressão competitiva leva a uma racionalização da rede de concessionárias, muitas delas são as primeiras a fechar. Isso aconteceu no Reino Unido na década de 70, quando a Rover reduziu suas concessionárias de 6.800 em 1968 para 1.900 em 1982 em resposta à sua queda no mercado.[8] Essa mudança foi uma oportunidade de ouro para os carros importados, que estavam apenas entrando no mercado do Reino Unido, adquirirem essas concessionárias e criarem sua própria rede. Podemos esperar que algo semelhante aconteça nas redes de concessionárias da França, da Alemanha e da Itália, à medida que o mercado europeu de automóveis se torna mais integrado e as pressões competitivas dos japoneses aumentam. Até agora, no entanto, os japoneses enfrentaram a tarefa muito cara de iniciar canais de distribuição do zero.

Uma grande questão para a Europa recém-unificada virá em 1995, quando a atual isenção de leis restritivas às concessionárias será analisada. No caso de quase todos os outros produtos de consumo, a Comunidade Europeia exige que uma fábrica permita que seus franqueados vendam marcas concorrentes. Em 1995, a Comunidade deve decidir se segue a prática norte-americana, a japonesa ou a tradicional prática europeia na organização de sua rede de distribuição de carros. Como vimos, isso é tanto uma questão comercial quanto de política de concorrência, porque a capacidade das concessionárias de vender múltiplas marcas certamente facilitará o caminho dos carros importados.

Além de uma estrutura mais complexa, o sistema europeu exibe as mesmas ineficiências que o norte-americano. Os estoques de unidades acabadas das concessionárias europeias são semelhantes aos da América do Norte. Além disso, a fração dos custos totais que o consumidor incorre após a saída da fábrica é quase a mesma na Europa e na América do Norte.

Uma característica do sistema de distribuição se desenvolveu diferentemente na Europa: a venda de carros esportivos executivos, de luxo e de alto

**182** Parte II ■ Os elementos da produção *lean*

desempenho. Como parte de uma estratégia deliberada para diferenciar esses carros dos oferecidos pelos grandes produtores, alguns produtores especializados instituíram um nível de serviço muito mais alto para o cliente. Por exemplo, a Volvo, juntamente com sua importadora do Reino Unido, a Volvo Concessionaires (de propriedade da Lex Services), foi pioneira em um contrato de serviço vitalício e em outras formas de atendimento aprimorado.

Essa abordagem foi rapidamente copiada por outras empresas europeias especializadas e foi aplicada em suas concessionárias na América do Norte. Por exemplo, parte da recuperação bem-sucedida de vendas da Jaguar na América do Norte no início dos anos 80 foi através do aprimoramento do atendimento ao cliente, que superou as preocupações dos consumidores com a confiabilidade do produto. Recentemente, as novas marcas de luxo japonesas – Acura, Lexus e Infiniti – avançaram mais nesse caminho exigindo que suas concessionárias gastassem grandes valores em locais de vendas específicos, construídos com *designs* e treinamento de equipe padronizados.

Os produtores europeus especializados também continuaram e até incentivaram a encomenda personalizada de carros. No mercado interno alemão, por exemplo, a Mercedes não oferece pacotes de opções; em vez disso, todas as opções são independentes e instaladas na fábrica, a partir do pedido do cliente. A incapacidade da fábrica de fazer isso com facilidade ou precisão é, na verdade, uma das causas da baixa produtividade nas fábricas europeias especializadas que vimos no Capítulo 4.

Entretanto, em outros aspectos, a estrutura básica das concessionárias permaneceu a mesma, mesmo nessas concessionárias de luxo. Considera-se que um alto nível de serviço acarreta altos custos de distribuição e que isso só pode ser justificado em marcas de luxo com altas margens brutas. Carros mais baratos logicamente só podem ser vendidos através de concessionárias que oferecem o mínimo de assistência ao consumidor.

## ■ O produtor *lean* e o consumidor

Existe uma abordagem alternativa e *lean* para vender e atender carros, uma abordagem que completa o sistema de produção *lean*?

Acreditamos que ela exista pelo menos na lógica, e vários de seus elementos podem ser vistos no Japão hoje. O sistema japonês não é um modelo ideal de sistema de distribuição *lean* por várias razões, e, na verdade, como veremos em breve, ele está mudando. Entretanto, a maneira como os produtores japoneses pensam sobre a distribuição em seu mercado interno e a maneira como as partes de seu sistema se encaixam revelam um sistema de distribuição *lean* do futuro, um sistema dificilmente imaginado no Ocidente.

Para entender o que a distribuição *lean* deve ser, não podemos começar por uma perspectiva limitada de corte de custos, a abordagem ocidental normal, na qual fatores como o número de vendas feitas por cada vendedor por mês são a maneira de medir o sucesso. Em vez disso, devemos vê-la como um componente essencial de todo o sistema de produção *lean*.

Vamos começar visitando uma concessionária típica de um país ocidental. As instalações consistem, efetivamente, em um grande estacionamento no qual se coloca uma vasta gama de carros novos pegando poeira e aumentando os custos de juros. A equipe de vendas, que trabalha com comissões individuais, vive com uma proporção fixa de cada venda mais um pequeno salário base. A maioria são vendedores profissionais, e não especialistas nos produtos. Ou seja, eles receberam treinamento em técnicas de vendas, principalmente em como conseguir uma barganha bem-sucedida, e não nos recursos especiais do que estão vendendo. Portanto, não faz diferença se eles estão vendendo sapatos, computadores, enciclopédias ou carros.

Visitamos concessionárias há anos como parte de nosso trabalho no IMVP e ficamos continuamente impressionados com o pouco conhecimento *efetivo* dos vendedores sobre seus produtos: um vendedor falava sobre as vantagens da tração traseira ao tentar vender um carro com tração dianteira que ele nos mostrou; outra vendedora falava sobre economia de combustível ao falar do motor de quatro cilindros no modelo V6 em exibição; outro ainda disse que sapatos, sua especialidade anterior, eram muito mais fácil de vender do que os carros que ele havia vendido nas últimas duas semanas – esses são apenas alguns exemplos da evidente falta de conhecimento dos produtos por parte dos vendedores, um problema que é particularmente evidente na América do Norte. A rotatividade da equipe de vendas na Europa é muito menor, e eles parecem saber mais sobre os produtos específicos que estão vendendo.

Embora ainda seja possível fazer pedidos especiais a algumas marcas de carros na América do Norte, a equipe de vendas pressiona muito o cliente a levar um carro que já está no local, talvez oferecendo um desconto maior. Depois que um acordo é fechado, após algumas discussões intensas, o cliente, agora o comprador, é entregue à equipe financeira para organizar os pagamentos e depois à equipe de serviço para organizar a entrega. O departamento de serviço é responsável por cuidar de quaisquer problemas subsequentes.

Três meses após a venda, o comprador geralmente recebe um questionário da montadora. "Você está satisfeito com o carro e com a concessionária?" quer saber a empresa. E, por alguns anos após a venda, o comprador provavelmente

**184** Parte II ■ Os elementos da produção *lean*

receberá uma revista mensal ou trimestral da montadora com alguns artigos de interesse geral e informações sobre novos produtos.

Esse é o relacionamento entre comprador e vendedor para a compra mais cara que a maioria de nós faz em nossas vidas. Lembrem-se de que nossas casas, o outro item caro em nosso consumo pessoal, geralmente valorizam, enquanto nossos carros se depreciam e, em uma década ou menos, ficam quase sem valor. Portanto, em termos de consumo líquido, os carros são muito mais importantes que as casas.

Como o cenário que acabamos de esboçar contrasta com as práticas de vendas dos produtores *lean* japoneses? Novamente, tomemos a Toyota como exemplo.[9] A Toyota tem cinco "canais" de distribuição no Japão – Toyota, Toyopet, Auto, Vista e Corolla – e está prestes a abrir um sexto. (A Nissan e a Mazda também têm cinco canais separados cada, e a Honda e a Mitsubishi têm três cada.) O canal é simplesmente o nome da concessionária. Nos Estados Unidos, por exemplo, o nome da concessionária talvez seja o do proprietário individual – Joe Smith Buick, digamos. No Japão, é a Toyota Vista ou a Toyota Corolla. Os canais são de âmbito nacional e, em muitos casos, pertencem à montadora. Cada canal vende uma parte da gama total dos produtos Toyota. Por exemplo, um canal pode vender modelos mais baratos; outros, mais esportivos e assim por diante.

Os canais têm nomes de modelos e rótulos diferentes para seus carros, mas a principal diferenciação é o apelo a diferentes grupos de clientes. Como todos os carros dos cinco canais são claramente identificados como Toyota, o objetivo dos canais não é estabelecer a identidade da marca, como acontece com as divisões de vendas nos Estados Unidos. Em vez disso, é desenvolver um vínculo direto entre o sistema de fabricação e o cliente – a quem a Toyota, não ao acaso, chama de proprietário.

Para entender como o sistema Toyota funciona, vamos ver um dos cinco canais: o Corolla. A Toyota estabeleceu esse canal em 1961 para vender o modelo Publica, mas mudou o nome para Corolla em 1966, quando esse novo modelo substituiu o Publica na linha de produtos Toyota. Desde então, expandiu sua linha de produtos para incluir os modelos Supra, Camry, Celica, Corolla II e a van e a picape Townall.

O canal Corolla está diretamente vinculado ao processo de desenvolvimento do produto. Durante o período em que novos carros estão sendo desenvolvidos para o canal, os colaboradores dele são emprestados às equipes de desenvolvimento. Esses representantes do canal estão em posição de dar uma contribuição inestimável ao desenvolvimento de produtos, por razões que examinaremos em breve.

Capítulo 7 ■ Lidando com clientes **185**

O canal, que faz parte da empresa Toyota, vende seus carros através de 78 concessionárias, cada uma com cerca de dezessete locais diferentes. (Isso se contrapõe com as várias centenas ou milhares de concessionárias com as quais o produtor em massa precisa trabalhar.) Cerca de 20% das concessionárias são de propriedade do canal Corolla.[10] O restante é de propriedade parcial da Corolla ou de propriedade independente, embora todo o treinamento seja feito centralmente pela Corolla. Cada uma dessas concessionárias mantém um longo e forte relacionamento com a Toyota e pode ser mais bem caracterizada como parte de uma família extensa bem integrada. Além do treinamento, o canal fornece uma equipe e uma gama completa de serviços para as concessionárias em que não possui complexos. No total, o canal vendeu cerca de 635.000 carros e caminhões em 1989 e possui 30.400 colaboradores.

Os colaboradores, muitos dos quais são graduados, são contratados logo após a formatura a cada primavera. Eles passam por um programa de treinamento intensivo na "Universidade" da Corolla, que oferece sessenta cursos, principalmente relacionados a *marketing*. Depois que os novos colaboradores estão bem treinados, embora o treinamento formal continue todos os anos para cada um, eles são atribuídos a concessionárias específicas e começam a vender carros.

A equipe de vendas da concessionária é organizada em equipes de sete ou oito, uma organização muito semelhante, na verdade, às equipes de trabalho nas fábricas da Toyota e da NUMMI, que descrevemos no Capítulo 4. Assim como na fábrica, essas equipes são multiqualificadas; todos os membros são treinados em todos os aspectos das vendas: informações sobre os produtos, recebimento de pedidos, financiamento, seguro e coleta de dados (que explicaremos em breve). Eles também são treinados para resolver sistematicamente os problemas dos proprietários à medida que eles surgirem.

Cada equipe de trabalho começa e termina o dia com uma reunião de equipe. Durante a maior parte do dia, os membros se espalham para vender carros de porta em porta, com exceção de uma equipe que cuida do balcão de informações da concessionária. Todo mês, a equipe inteira leva um dia para resolver sistematicamente quaisquer problemas que surgirem, usando os "cinco porquês" e outras técnicas de solução de problemas. Essas reuniões são o equivalente às vendas do círculo de qualidade na fábrica.

A venda de carros de porta em porta é uma característica exclusiva do Japão e é muito estranha para quem vê de fora. Eis como funciona: os membros da equipe elaboram um perfil de todas as famílias da área geográfica ao redor da concessionária e, depois, visitam cada uma delas periodicamente, ligando antes para marcar um horário. Durante as visitas, o representante de vendas

## 186 Parte II ■ Os elementos da produção *lean*

atualiza o perfil da família: quantos carros cada família tem? Qual é a marca e quais são as especificações? Quanto espaço ela tem disponível na garagem? Quantas crianças na casa e que uso a família faz de seus carros? Quando a família acha que precisará substituir seus carros? A última resposta é a mais importante para o processo de planejamento do produto; os membros da equipe fornecem essas informações para as equipes de desenvolvimento regularmente.

Com base nas informações que eles coletaram e no conhecimento sobre a gama de produtos Corolla, o representante de vendas sugere a especificação mais apropriada para um novo veículo para atender as necessidades desse cliente em particular. A família pode ter dúvidas sobre o que comprar, é claro, mesmo que esteja realmente querendo adquirir um carro, então o representante de vendas se disponibiliza a trazer um veículo de demonstração na próxima visita. Quando uma família está pronta para comprar, ela faz um pedido especial através do representante de vendas. A maioria dos carros no Japão é encomendada pelo cliente, enquanto essa possibilidade está sendo eliminada nos Estados Unidos. O pedido normalmente também inclui um pacote completo de financiamento, troca do carro antigo e seguro, porque o agente de vendas é treinado para fornecer um serviço completo para o comprador.

Se os carros são feitos a pedido do cliente, você pode perguntar, como a fábrica lida com isso? Eis o que acontece.

Os executivos da fábrica tentam adivinhar a demanda para diferentes versões, cores e assim por diante. Com base nessa previsão, eles estabelecem o cronograma de construção da fábrica, que também dá aos fornecedores de componentes informações sobre o que fazer. A precisão dessas previsões obviamente depende da frequência que o cronograma é revisado. Normalmente, isso acontece a cada dez dias no Japão, comparado a cada mês ou a cada seis semanas no Ocidente.[11] Quando os pedidos chegam, a montadora ajusta o cronograma de fabricação para produzir os carros específicos que o cliente deseja. Como os japoneses praticam a produção *just-in-time*, isso é muito mais fácil do que no Ocidente, que possui fábricas muito menos flexíveis e prazos de entrega muito mais longos para encomendar peças (que permanecem em estoque por muito tempo antes de serem usadas).

É claro que o cronograma japonês de construção é mais preciso e consegue acomodar um pedido especificado pelo cliente com mais facilidade devido ao *feedback* muito mais rápido dos clientes sobre o que eles realmente querem, bem como as concessionárias japonesas manterem uma vigilância

Capítulo 7 ■ Lidando com clientes **187**

muito mais próxima quanto aos seus gostos. A montadora e os fornecedores de componentes conseguem planejar com mais precisão e obter a combinação certa de produtos na linha – por exemplo, misturando alguns carros de alta especificação que demoram um pouco mais para serem montados com carros de baixa especificação que levam menos tempo. As fábricas japonesas conseguem entregar um carro pedido pelo cliente em menos de duas semanas no Japão. O mesmo pedido no Ocidente – se é que o cliente conseguiria fazer esse pedido – levaria de seis semanas, na melhor das hipóteses, até três meses.

E quanto à determinação do preço? Como o cliente está comprando um carro adaptado às suas necessidades, a discussão que os compradores ocidentais consideram tão desagradável é quase eliminada no sistema japonês. O vendedor não precisa dar um desconto no produto para se livrar de um carro que o cliente preferiria não ter. Além disso, o objetivo principal das concessionárias japonesas é que o cliente se sinta parte da "família" da concessionária. As concessionárias querem que os clientes pensem que foram bem tratados e pagaram um preço justo. Lembre-se de que essa é provavelmente uma das muitas transações que o cliente faz com esse vendedor. É bem provável que o vendedor já vendeu um carro para o cliente no passado, cumpriu as formalidades de registro e venda, ofereceu a manutenção do carro e auxiliou nas rigorosas inspeções governamentais. Talvez o vendedor também já tenha discutido com a seguradora em nome do cliente sobre um sinistro e emprestou um carro enquanto o do cliente estava sendo consertado. No Ocidente, há pressão para tirar o máximo de proveito de uma transação pontual entre dois estranhos, sem subsequente lealdade ou compromisso. (Mesmo que o cliente retorne à mesma concessionária para uma compra seguinte, é provável que o vendedor tenha mudado.) No sistema japonês, o objetivo é maximizar o fluxo de receita de um cliente no longo prazo.

Com pouquíssimos defeitos nos carros japoneses e intensa concorrência no mercado automobilístico japonês, fica claro que a concessionária resolverá os problemas que o proprietário encontrar no carro, mesmo após o término da garantia formal. O cliente não precisa discutir com as concessionárias para que elas assumam a responsabilidade pelas reivindicações de garantia, uma experiência desagradável que em geral convence os clientes ocidentais a procurar outra concessionária para o próximo carro, principalmente para uma marca que tem reputação de poucas falhas. Depois que um contrato é assinado, o pedido vai diretamente para a fábrica. Quando o carro estiver pronto, entre dez dias e duas semanas, o representante de vendas entregará o carro

**188** Parte II ■ Os elementos da produção *lean*

pessoalmente na casa do novo proprietário. O comprador de um carro novo nunca precisa chegar perto da concessionária.

## A concessionária *lean*

Alguns compradores japoneses, principalmente os mais jovens das grandes cidades, preferem visitar uma concessionária. Diferente das pessoas mais velhas, eles estão mais interessados em fazer compras e ver por si mesmos quais produtos estão sendo oferecidos. Essa tendência está ocorrendo em um momento em que os fabricantes estão achando cada vez mais difícil recrutar pessoas dispostas a vender carros de porta em porta.

Por um lado, as montadoras estão contratando mais mulheres como vendedoras, algumas das quais não desejam bater em portas, principalmente durante a noite. O resultado: mais e mais japoneses estão comprando seus carros na concessionária – cerca de 20% fazem suas compras na concessionária no canal Corolla, e esse percentual é ainda maior nos outros canais. Além disso, como veremos, todos os compradores eventualmente visitarão a concessionária para fazer a manutenção do carro.

Uma concessionária Corolla moderna típica é semelhante às concessionárias ocidentais em um aspecto – sua sala de exposição –, mas todo o resto é diferente. Em primeiro lugar, não existem vastas áreas de estacionamento; na verdade, você verá poucos carros nas instalações, com apenas três ou quatro modelos em demonstração. Como a maioria dos carros é fabricada sob encomenda, não há uma extensa quantidade de veículos finalizados para compra no lote e não há estoque de sessenta ou setenta dias de carros com custos de juros. No Japão, o estoque de carros finalizados no sistema é, em média, de apenas vinte e um dias.[12]

Em segundo lugar, o vendedor não fica em cima do consumidor. Como a equipe é paga em uma comissão em grupo, os sete ou oito membros da sala de exposição não têm incentivo para atrair o cliente antes que o próximo vendedor o faça ou para sugerir que possa oferecer um acordo melhor. Em vez disso, todos os membros da equipe participam da discussão quando o cliente os aborda para fazer uma pergunta específica.

O coração de qualquer concessionária japonesa é sua área de serviço. O objetivo principal da área não é corrigir problemas ou executar serviços de rotina, como é o caso das concessionárias ocidentais. Em vez disso, seu objetivo é preparar veículos para as inspeções do Ministério dos Transportes, uma tarefa que fornece uma importante fonte de receita. As inspeções do governo também existem de forma mais branda na Europa e de forma realmente leve, em comparação com o Japão, na América do Norte. Todos os carros devem passar na primeira inspeção aos três anos de idade. Depois disso, o ministério exige inspeções a cada dois anos até o décimo ano de um carro e inspeções anuais após esse período.

O custo dessas inspeções se torna bastante alto à medida que os carros envelhecem. Os testes não apenas se tornam mais frequentes, mas também mais exigentes. Por exemplo, por volta do sétimo ano, o sistema de freios talvez precise ser substituído por completo, mesmo que funcione normalmente. Portanto, os japoneses têm um forte incentivo para comprar um carro novo depois de quatro anos, e a maioria dos japoneses aposenta seus carros nesse momento. (A concessionária revende apenas um terço das trocas no mercado local. Outro terço é enviado para outros países do Sudeste Asiático para ser vendido lá, e o último terço é descartado, porque os custos de reparo para colocá-los no padrão dos testes provavelmente seriam muito altos. Como veremos, além de desgastes, as concessionárias consertam tudo o que estiver errado para que não corram o risco de assumir altos custos futuros ou manchar sua reputação.) Os compradores têm pouca oportunidade de adiar sua próxima compra em tempos difíceis – uma resposta comum às crises econômicas no Ocidente.

## Lealdade ao canal na produção *lean*

Estamos acostumados com a ideia de que a lealdade do comprador a uma determinada marca é, em grande parte, um vestígio do passado nos mercados automotivos ocidentais. O fato de um cliente ter comprado um Chevrolet ou um Renault uma vez não aumenta a probabilidade de ele comprar uma dessas marcas na próxima vez. Longe disso. A maioria dos consumidores ocidentais busca uma boa pechincha ou um veículo disponível que atenda às suas necessidades. Eles não prestam muita atenção em marcas específicas.

No Reino Unido, por exemplo, a lealdade à marca caiu de cerca de 80% na década de 60 para 50% hoje. Esse número é ainda mais baixo nos Estados Unidos, onde, além disso, a recompra da mesma marca cai proporcionalmente à idade do consumidor – de cerca de 30% para aqueles com mais de 56 anos, de 22 a 23% para os consumidores com 26 a 55 anos e 13% para menores de 25 anos.[13]

## 190    Parte II ■ Os elementos da produção *lean*

Essa situação não existe no Japão. Um objetivo principal de todo canal de distribuição é criar e nutrir a lealdade vitalícia ao canal. Mais uma vez, vamos usar o canal da Corolla como exemplo.

Depois que um carro novo é entregue, o proprietário se torna parte da família Corolla. Isso implica em ligações frequentes da pessoa que vendeu o carro – que passa a ser o agente de vendas pessoal do proprietário. O representante garantirá que o carro esteja funcionando corretamente e descobrirá quaisquer problemas que o proprietário possa estar tendo para enviá-lo de volta à fábrica.

O agente de vendas também envia ao proprietário um cartão de aniversário ou um cartão de condolências em caso de morte na família e telefona para perguntar se seus filhos e filhas precisarão de um carro ao entrar na faculdade ou em seus primeiros empregos. Costuma-se dizer no Japão que a única maneira de escapar do agente de vendas de quem você comprou um carro é saindo do país.

Um aspecto desse relacionamento seria particularmente bem-vindo aos compradores de automóveis ocidentais: como o canal é obcecado por participação de mercado e tenta nunca perder algum proprietário, as garantias de curto prazo oferecidas pelas montadoras japonesas são ignoradas. O canal, em geral, continuará consertando carros defeituosos sem custo para o proprietário durante toda a vida útil regular do veículo, desde que os proprietários não abusem disso. (Obviamente, essa garantia implícita não se aplica a desgastes de rotina, como a substituição de freio e embreagem.)

## ■ Distribuição *lean versus* em massa: um resumo

Como vimos, a abordagem *lean* para lidar com os clientes tem um conceito bem diferente da abordagem dos produtores em massa. Primeiro, o sistema de vendas japonês é ativo, e não passivo; na verdade, os japoneses o chamam de "venda agressiva". Em vez de esperar na concessionária por clientes atraídos pela publicidade e reduções de preço anunciadas publicamente, como descontos de fábrica, a equipe da concessionária visita de forma periódica todas as famílias na sua área de atuação. Quando as vendas estão fracas, a equipe de vendas trabalha mais, e, quando as vendas ficam a ponto de a fábrica não ter mais pedidos suficientes para sustentar a produção total, a equipe de produção pode ser transferida para o sistema de vendas. (Esse

Capítulo 7 ■ Lidando com clientes **191**

tipo de transferência ocorreu durante a crise da Mazda em 1974 e, mais recentemente, na Subaru.)

Em segundo lugar, o produtor *lean* trata o comprador – ou o proprietário – como parte integrante do processo de produção. A elaborada coleta de dados sobre as preferências do proprietário de novos veículos é alimentada sistematicamente às equipes de desenvolvimento de novos produtos, e a empresa faz um esforço extraordinário para nunca perder nenhum proprietário.

Em terceiro lugar, o sistema é *lean* ("enxuto"). O sistema de distribuição inteiro tem três semanas de fornecimento de unidades acabadas, a maioria das quais já está vendida.

O sistema que oferece esse alto nível de serviço também é muito diferente do sistema de concessionária de uma produção em massa. O setor é muito mais concentrado – há apenas um total de 1.621 concessionárias no Japão, em comparação com cerca de 16.300 nos Estados Unidos, um mercado 2,5 vezes maior que o Japão. Quase todas as concessionárias japonesas têm vários pontos de venda e algumas das maiores correspondem facilmente às megaconcessionárias encontradas nos Estados Unidos. Da mesma forma que os produtores *lean* têm apenas um número limitado de fornecedores, eles trabalham apenas com um número limitado de concessionárias, que fazem parte integrante de seu sistema de produção *lean*.[14]

## ■ O futuro das relações *lean* com clientes

Se muitos elementos do sistema japonês são superiores, como pensamos que são, por que não foram copiados no Ocidente? Quando perguntamos aos produtores *lean* japoneses e aos produtores em massa ocidentais, duas respostas completamente diferentes são dadas. Os produtores ocidentais argumentam por unanimidade que o sistema é muito caro, "um pesadelo de controle de custos do qual eles gostariam de escapar no Japão". Ele exige muito esforço para vender cada carro, eles dizem embasados no fato de que o representante de vendas médio de uma concessionária dos Estados Unidos vende dez carros por mês (ou cerca de um carro a cada dois dias), enquanto o representante de vendas japonês médio vende quatro carros por mês (ou cerca de um por semana). Do ponto de vista do produtor em massa, que já considera os custos de venda muito altos, esse custo extra parece completamente impossível de justificar.

**192**  Parte II ■ Os elementos da produção *lean*

A perspectiva japonesa é bem diferente. Primeiro, o sistema de vendas porta a porta é visto como um anacronismo adequado às condições especiais no Japão. Ele está sendo gradualmente eliminado; portanto, são apenas os outros elementos do sistema que os japoneses gostariam de introduzir na América do Norte e na Europa. No entanto, e mais importante, como apontou um executivo japonês, "o sistema não faz sentido a menos que os carros sejam fabricados sob encomenda e entregues quase imediatamente. Só podemos fazer isso ao desenvolver um sistema completo de fabricação ponta a ponta na América do Norte e na Europa até o final dos anos 90".

Na situação atual, em que os carros japoneses são fabricados a 12.000 km de distância do cliente dos Estados Unidos e em que as empresas japonesas têm limitações de participação de mercado em muitos lugares, os fabricantes japoneses escolheram se comportar como os produtores em massa ocidentais. Acreditamos que seguir o sistema ocidental não é sua intenção final e que os produtores em massa ocidentais podem ter uma surpresa antes do final dos anos 90, quando esse último elemento do sistema de produção *lean* surgir.

As empresas japonesas estão bastante conscientes dos custos de seu sistema – ninguém no mundo todo é melhor em analisar os custos de cada etapa da produção até o último iene do que os japoneses. Eles argumentam que esses custos não teriam sentido se a venda *lean* estivesse cumprindo as mesmas funções que a venda em massa. No entanto, apontam eles, o sistema vai muito além. O sistema de vendas *lean*, com suas pesquisas periódicas com praticamente todos os consumidores no mercado japonês, é o primeiro passo do sistema de desenvolvimento de produtos. Isso evita a necessidade das demoradas, caras e frequentemente imprecisas pesquisas de avaliação de mercado dos produtores em massa ocidentais.

O sistema de venda *lean* também reduz muito os custos de estoque e suaviza o fluxo de produção na fábrica. Ao garantir que sua equipe de vendas tenha um entendimento claro das necessidades da fábrica, principalmente para um fluxo suave de pedidos, mesmo quando o conjunto de pedidos varia, torna-se possível fazer a fábrica funcionar melhor.

Além disso, o sistema japonês consegue ajustar novos produtos e detectar erros embaraçosos ou perigosos antes que sejam necessárias recuperações públicas maciças e altamente visíveis.

Por fim, o sistema de vendas *lean* cria lealdade ao canal e torna extraordinariamente difícil para os novos concorrentes ganharem participação. Essa é uma das principais razões pelas quais os produtores em massa ocidentais enfrentam dificuldades para avançar no mercado japonês. Somente nos últimos anos, com empresas ocidentais como BMW e Daimler-Benz fazendo o

Capítulo 7 ■ Lidando com clientes **193**

investimento necessário em seus próprios canais de distribuição, as vendas de importação se tornaram significativas, subindo para 5% em 1990, em comparação com menos de 1% por décadas.[15]

## Tecnologia da informação e relacionamento *lean* com clientes

Como falamos, as empresas japonesas estão bem cientes de seus custos de vendas, principalmente para vendas de porta em porta, assim como estão cientes de seus custos em todas as outras áreas da produção. Eles acreditam que a maneira mais promissora de reduzir esses custos está na área de tecnologia da informação. Para ver como essa tecnologia pode funcionar, vamos fazer mais uma viagem à nossa concessionária Corolla.

A primeira coisa que um consumidor encontra ao entrar hoje em uma concessionária Corolla é uma complexa tela de computador. Cada proprietário Corolla na família possui um cartão de associado que pode ser inserido no visor, assim como um cartão seria inserido em um caixa eletrônico. A tela mostra todas as informações do sistema sobre o comprador e pergunta se alguma coisa mudou. Se algo tiver mudado, a máquina convida o proprietário a inserir novas informações. O sistema faz uma sugestão sobre os modelos mais adequados às necessidades da família, incluindo preços atuais. Uma amostra de cada modelo geralmente é exibida na sala de exposição que fica ao lado do monitor.

Nesse momento, se o proprietário estiver mesmo interessado em comprar, ele poderá se aproximar do balcão de vendas onde os sete ou oito membros da equipe estão sentados discutindo os detalhes de uma venda. Os carros vendidos dessa maneira estão aumentando constantemente no Japão (cerca de 20% no momento), e as empresas esperam que, no longo prazo, consigam lidar com a maioria dos proprietários existentes dessa maneira. Na verdade, em algum momento no futuro, eles esperam que as mesmas informações estejam disponíveis na casa de todos os proprietários em uma tela de computador ou televisão.

O cliente também tem acesso a outros bancos de dados – desde uma consulta sobre obtenção de financiamento e seguro até licenças de estacionamento (necessárias em muitas cidades japonesas antes que você possa comprar um carro). Os clientes também podem acessar informações sobre carros usados caso desejem comprar um e obter dados de todos os serviços e inspeções com a concessionária.

**194** Parte II ■ Os elementos da produção *lean*

Embora cada proprietário ainda conheça alguém da rede de vendas para entrar em contato caso tenha alguma dificuldade, a maior parte da força de vendas pode ser direcionada para "conquistar" as vendas de proprietários que atualmente são leais a outras marcas. O resultado, esperam as empresas, deve ser que o custo de venda do carro novo caia substancialmente, mas as informações coletadas dos consumidores e o sentimento de lealdade ao canal serão mantidos. Se os produtores japoneses puderem atingir esse objetivo e depois transferir esse sistema de vendas realmente *lean* pelo mundo, o sistema de produção *lean* estará completo.

O que vemos no Japão, então, é que a distribuição é uma parte totalmente integrada de todo o sistema de produção. Não é só um sistema caro de venda de porta em porta. Na essência, é um sistema que fornece um alto nível de serviço ao cliente e um alto nível de *feedback* real ao fabricante. Quando adicionamos os custos de planejamento, *marketing* e distribuição do produto juntamente com os benefícios de uma coordenação mais próxima entre produção a demanda (significando menos descontos e problemas de vendas) e melhor a programação da produção (significando uma fábrica mais eficiente), o sistema japonês já está fornecendo um nível de serviço mais alto por um custo real muito menor do que os analistas ocidentais puderam perceber. Quando a tecnologia da informação for totalmente adicionada ao sistema para produzir uma rede de distribuição realmente *lean*, deverá ser possível eliminar mais um dos problemas inerentes à produção em massa: como a qualidade custa menos na fábrica *lean* e a realização mais rápida do *design* dos produtos reduz custos e erros, a venda de carros à maneira *lean* e com um alto nível de serviço deve ser possível a custos reais muito mais baixos do que na produção em massa com baixo nível de serviço. A distribuição *lean* formará a linha de frente de um sistema orientado pelas necessidades do cliente, e não pelas necessidades da fábrica. Em um mercado mundial cada vez mais competitivo, como vimos no Capítulo 5, os clientes mais ricos buscam – e podem pagar por – uma maior escolha no transporte pessoal; essa reorientação de todo o sistema de produção em massa será fundamental para a sobrevivência.

Hoje há muita discussão no Ocidente sobre as inadequações no sistema de distribuição. Os clientes e os montadores estão descontentes, e as concessionárias são apenas marginalmente lucrativas. No entanto, a discussão no Ocidente sobre o futuro da distribuição automotiva até agora tem se concentrado em encontrar um novo formato atraente para as concessionárias – mega concessionárias, redes de concessionárias públicas, pontos de venda e vendas independentes ou esquemas de assistência vitalícia que mantêm o cliente voltando para reparos por mais de três anos de vida útil do produto.

Como vimos, no entanto, essa não é a maneira correta de analisar o problema. Em vez disso, devemos pensar na distribuição em um contexto mais amplo, como parte integrante de um sistema de produção *lean* focado no cliente. Os formatos atraentes que se encaixam nesse sistema podem ser bem diferentes das nossas expectativas atuais. Na verdade, podemos acabar não apenas com um formato, mas com vários para atender a diferentes tipos de clientes, produtos e segmentos de mercado.

Com essa revisão da distribuição, analisamos todas as etapas da tarefa imensamente complexa de produzir um veículo a motor. Uma das características da produção *lean* que observamos em todos os capítulos foi a necessidade de uma coordenação próxima entre as várias etapas, geralmente envolvendo contato pessoal. De maneira surpreendente, isso é verdade mesmo na distribuição, onde um sistema verdadeiramente *lean* talvez requeira um sistema de produção dentro do (ou) próximo ao mercado de venda.

Devido às grandes distâncias entre os principais mercados do mundo e a persistência das barreiras comerciais, isso sugere que os produtores *lean* que desejam ter sucesso na indústria automobilística global no longo prazo precisarão desenvolver sistemas completos de produção/distribuição em cada grande região. Mas como uma empresa cria e gerencia uma rede global de complexos de produção? Esse é o desafio que examinaremos no próximo capítulo.

# 8

# Gerenciando a empresa *lean*

As etapas de produção, desde o dia em que um novo *design* de automóvel é iniciado até o dia em que um proprietário dirige o carro, são apenas parte de todo o processo. Para que essas etapas sejam bem-sucedidas, é necessário que haja dinheiro disponível para apoiar o esforço de desenvolvimento plurianual, uma equipe altamente treinada e motivada deve estar presente, e as atividades que ocorrem em diferentes lugares do mundo devem ser coordenadas. Embora nenhuma empresa, até agora, tenha conseguido fazê-lo totalmente, acreditamos que os produtores *lean* devam abordar as tarefas de finanças, gestão de funcionários e coordenação global de uma maneira muito diferente dos produtores em massa. Se a abordagem *lean* conseguir unir esse conjunto de tarefas e se aperfeiçoar, aí então teremos uma empresa totalmente *lean*.

## ■ Finanças

Henry Ford, como você deve se lembrar do Capítulo 2, não precisava de financiamento externo. Ao vender carros mais rápido do que seus fornecedores vinham para coletar seu dinheiro, ele conseguia permanecer completamente autossuficiente enquanto administrava um negócio gigante de propriedade exclusiva de sua família imediata. Na verdade, quando Henry Ford II assumiu

**198** Parte II ■ Os elementos da produção *lean*

o lugar de seu avô, em 1945, ele perguntou onde as reservas financeiras da empresa estavam depositadas; ele soube que o dinheiro, cerca de US$ 700 milhões, era todo guardado no cofre da empresa.[1] O primeiro Henry Ford nunca havia depositado dinheiro no banco, muito menos pegado emprestado de um, e todas as ações da empresa na época de sua morte eram de propriedade de familiares.

Quase ninguém na indústria automobilística de produção em massa já foi tão independente. A maioria das principais empresas de automóveis do Ocidente era pública desde o início, pois as demandas financeiras do rápido crescimento fizeram os fundadores se converterem do financiamento familiar ou privado para o mercado de ações (a Ford Motor Company finalmente percorreu esse caminho em 1956). É claro que, em muitos casos (Peugeot, Fiat, Ford), a família fundadora reteve e retém uma parte dominante das ações.

Após a Segunda Guerra Mundial, várias empresas na Europa encontraram uma nova fonte de financiamento na forma de propriedade pública. Uma nova Volkswagen foi estabelecida com o governo alemão sendo o principal acionista, enquanto a Renault, a Alfa Romeo, a empresa espanhola Seat (que agora é de propriedade da Volkswagen) e a British Leyland ficaram sob controle público em momentos diferentes por diferentes razões. No caso da Renault, o estado francês via a empresa como um motor de crescimento que introduzia princípios de produção em massa em todo o país. Os governos italiano, espanhol e britânico, por outro lado, não estavam dispostos a ver uma de suas maiores empresas falir. De qualquer forma, essa era de propriedade pública agora em grande parte chegou ao fim. Com a privatização da Rover, da Alfa Romeo e da Seat no final dos anos 80 e a recente venda da participação do governo federal alemão na Volkswagen, apenas a Renault permanece sob controle público. Seus gerentes seniores argumentaram vigorosamente que ela também deveria ser privatizada.

Portanto, as ações de praticamente todas as montadoras ocidentais são negociadas em bolsas públicas. O mesmo acontece com os produtores *lean* japoneses, mas as semelhanças terminam aí. Você deve se lembrar do Capítulo 3 dos esforços da Toyota para manter uma boa base financeira após a Segunda Guerra Mundial. Sua experiência pode ser estendida a outras montadoras japonesas.

Na primeira era da industrialização japonesa, após a Restauração Meiji, em 1870, grandes empresas foram financiadas através do *zaibatsu*. Essas empresas familiares de ações controlavam impérios industriais que consistiam em uma grande empresa em cada um dos principais setores – aço, construção naval, construção civil, seguros e finanças. Cada *zaibatsu* tinha um banco, e

Capítulo 8 ■ Gerenciando a empresa *lean* **199**

os depósitos no banco eram a principal fonte de recursos para investimentos das empresas do grupo.

Os norte-americanos eliminaram esses grupos fortemente organizados durante a ocupação do Japão após a Segunda Guerra Mundial. Depois que os norte-americanos saíram, o *zaibatsu* foi substituído por uma nova forma de financiamento industrial, o *keiretsu*. Cada *keiretsu* consiste em talvez vinte grandes empresas, uma em cada setor industrial. Ao contrário do *zaibatsu*, não há um grupo no topo da organização. As empresas também não são legalmente ligadas. Em vez disso, elas são mantidas juntas por estruturas de capital de bloqueio cruzado – cada empresa possui uma parte do patrimônio de outra em um padrão circular – e um sentimento de obrigação recíproca. A Toyota, por exemplo, é afiliada ao *keiretsu* Mitsui, enquanto a Mazda é membro da Sumitomo, e a Mitsubishi Motor Company é membro da Mitsubishi. Entre as principais empresas de todos os grupos estão um banco, uma seguradora e uma companhia exportadora. Cada uma delas possui recursos monetários substanciais que podem ser disponibilizados aos membros do grupo. Na verdade, seu principal objetivo é ajudar um ao outro a levantar fundos de investimento.

Esses agrupamentos surgiram aos poucos quando o Japão foi reconstruído após a saída dos norte-americanos. O patrimônio no *zaibatsu* anterior havia sido declarado nulo em 1945. No início, as empresas japonesas foram financiadas quase inteiramente por empréstimos fornecidos pelos grandes bancos de Tóquio e garantidos pelo governo norte-americano. Como as empresas possuíam apenas esses empréstimos e seus ativos físicos, seu patrimônio era muito modesto. Quando a economia decolou e muitas empresas se tornaram lucrativas, elas começaram a se preocupar em serem compradas por estrangeiros. Elas também desconfiavam do mercado de ações independente como o principal meio de gerar patrimônio porque não podiam imaginar um sistema no qual não houvesse obrigação recíproca.

Para lidar com essas preocupações, as empresas em crescimento das décadas de 1950 e 1960 tiveram a ideia de vender ações uma para a outra, geralmente sem dinheiro trocando de mãos. Assim, cada membro dos grupos pré-guerra, e alguns dos recém-chegados, juntaram-se ao novo *keiretsu*, no qual o patrimônio andava em círculos.

Os grandes grupos eram sobretudo privados – mas em grande escala. Ou seja, suas ações eram negociadas em pequenos volumes no mercado de ações muito volátil de Tóquio, mas as ações que realmente contavam nunca estavam à venda. Os norte-americanos e outros estrangeiros descobriram esse fato após 1971. Naquele ano, o patrimônio no Japão foi liberalizado para

**200** Parte II ▪ Os elementos da produção *lean*

permitir o controle majoritário estrangeiro de qualquer empresa, mas nenhum dos membros do *keiretsu* estava disposto a vender suas ações "cativas" a qualquer preço. Poucas empresas podiam realmente ser compradas.

O sistema era unido, em parte, por um senso de obrigação recíproca – cada membro do grupo possuía as ações de todos os outros membros como uma espécie de confiança. No entanto, se o senso de obrigação fracassasse, o fator mais prático desse tipo de patrimônio de "reféns" continuaria funcionando: se uma empresa considerasse vender sua participação para um estranho que tentasse obter controle, a segunda empresa poderia retaliar vendendo o patrimônio da primeira para estranhos também. Ninguém nunca vendeu.

Uma variação desse sistema também foi estendida para os grupos de fornecedores. Vimos no Capítulo 3 como a Toyota desmembrava empresas fornecedoras, como a Nippondenso e a Toyoda Gosei. A Toyota detinha uma participação no capital dessas empresas e elas possuíam uma pequena participação no capital da Toyota. Logo o grupo industrial da Toyota apresentou parte da estrutura circular de patrimônio vista no *keiretsu*, embora a Toyota tenha uma posição forte no centro.

As tentativas do norte-americano T. Boone Pickens de assumir o controle da Koito, empresa membro do grupo Toyota, mostram o quão poderoso é o sistema do grupo. A Toyota possui apenas cerca de 15% da Koito, e Pickens conseguiu comprar ações totalizando mais de 26%. No entanto, ele não conseguiu um lugar no conselho da Koito. Além disso, nenhuma outra ação parecia estar à venda, mesmo a um preço de oferta bem acima do que as ações obteriam no mercado aberto.

Esse sistema de patrimônio em grupo tem sido exasperante para empresas e governos ocidentais porque sua lógica é muito diferente. As empresas japonesas, com o que em princípio parece ser uma estrutura de patrimônio público, são na verdade empresas de capital fechado. Esse acordo não seria permitido sob as leis de investimento dos Estados Unidos e de vários países europeus – as empresas teriam que explicar que apenas parte de suas ações estava realmente à venda. Embora acreditemos que o *keiretsu* e os grupos industriais sejam, na verdade, o sistema mais dinâmico e eficiente de financiamento industrial já criado, eles não são adequadamente compreendidos no Ocidente.

Além de fornecer aos membros proteção contra fusões hostis, uma vantagem muito citada do sistema *keiretsu* é o baixo custo de recursos para os membros do grupo. As economias vêm em duas formas.[2] Primeiro, muitas empresas japonesas pagam quase nenhum dividendo. Normalmente, elas pagam um rendimento de 10% sobre o valor nominal de suas ações, que, como estabelecido no momento da negociação inicial de ações na década de 1950, é substancialmente zero. Assim, as ações da Toyota, por exemplo, no ano fiscal de 1989 pagaram um dividendo de 18,5 ienes, ou 10% dos ganhos, enquanto a Nissan pagou apenas 7 ienes, ou 7% dos ganhos.

Em segundo lugar, na década de 1980, o crescente mercado de ações de Tóquio permitiu às empresas automotivas japonesas emitir grandes quantidades de novas ações na forma de títulos convertíveis em ações se as ações de uma empresa atingissem determinado preço no mercado. Os compradores desses títulos estavam, portanto, dispostos a aceitar taxas de juros muito baixas, presumindo que seu retorno real viria da conversão de ações no mercado de Tóquio, que avança continuamente. Durante os anos 1980, a Toyota emitiu US$ 6,2 bilhões em títulos convertíveis a taxas de juros de 1,2 a 4%, um custo de capital muito abaixo do disponível para as montadoras ocidentais. Até empresas muito mais fracas, como a Isuzu e a Fuji Heavy Industries (Subaru), foram capazes de obter financiamento de baixo custo por esse meio.[2]

Por quanto tempo essa segunda forma de captação de recursos de baixo custo pode continuar é uma questão interessante. Por um lado, a queda repentina no mercado de Tóquio em 1990 fez os investidores terem consciência de que a conversão nem sempre será possível, e a emissão de títulos convertíveis parou, pelo menos temporariamente. Por outro lado, o Japão ainda é um país de poupadores obsessivos, e o dinheiro que poupam precisa de um lugar para ser investido.

Entretanto, mesmo na ausência de fundos de investimento baratos, o sistema do grupo japonês ainda confere uma vantagem competitiva significativa, especificamente para garantir que os fundos de investimento sejam gastos com sabedoria. Para provar essa hipótese, não precisamos olhar muito além para a maneira como os sistemas financeiros no Japão e no Ocidente lidam com empresas em dificuldade. O principal exemplo japonês é a recuperação da Mazda em 1974. Até aquele momento, a Mazda era administrada por sua família fundadora, que era voltada para a engenharia de produtos. A marca registrada da empresa era seu motor rotativo Wankel, que consome muito combustível, mas é tecnicamente avançado. Quando os preços de energia subiram repentinamente em 1973, a Mazda enfrentou um grande problema. Ela precisava de um conjunto totalmente novo de motores de combustão interna com baixo consumo de combustível e precisava de uma nova variedade de modelos para os novos motores.

A empresa também enfrentou outro problema urgente. A Mazda estava cobrando preços acima da média pelos carros em seu segmento de mercado, embora o Wankel fosse mais barato do que os motores comuns. A razão para

## 202 Parte II ■ Os elementos da produção *lean*

os altos preços era o ineficiente sistema de produção da Mazda, que lembrava muito mais a produção em massa do que a produção *lean*. Até esse momento, os carros da Mazda podiam exigir preços especiais por causa da aparência *high-tech* do motor Wankel. O descarte do Wankel significava que a Mazda agora estaria vendendo carros comuns, então os preços tinham que cair. E, para que essa queda ocorresse, era essencial que a Mazda reformasse seu sistema de produção.

A salvação da Mazda veio do grupo Sumitomo, que controlava o patrimônio da montadora por meio de ligações cruzadas. O banco Sumitomo enviou uma equipe de executivos para substituir a gestão familiar. A principal decisão desses novos executivos foi copiar o Sistema Toyota de Produção no complexo de produção Hiroshima da Mazda, para que a Mazda pudesse se tornar competitiva com as melhores empresas japonesas em termos de custo e qualidade. Uma segunda decisão importante foi conceder empréstimos massivos para o desenvolvimento de novos motores e uma nova variedade de modelos para que, dessa forma, a Mazda pudesse expandir, em vez de reduzir, sua presença no mercado.

A diferença com a prática britânica e com a americana das décadas de 70 e 80 é impressionante. Quando a British Leyland e a Chrysler começaram a fracassar, seus banqueiros e investidores institucionais, centenas deles, estavam preocupados principalmente em como minimizar sua exposição. Nos dois casos, as ações eram bem distribuídas e não existia uma organização específica de acionistas para expressar suas preocupações. Os membros externos dos conselhos da empresa não entendiam os verdadeiros problemas nem sabiam o que fazer. Em vez disso, os conselhos permaneceram passivos, os bancos cancelaram seus empréstimos e os investidores institucionais simplesmente venderam suas ações com prejuízo e foram embora.

A British Leyland acabou sob controle direto do governo por uma década, enquanto a Chrysler precisou de um empréstimo garantido pelo governo para se recuperar. Entretanto, nenhuma empresa inspirou confiança suficiente nos governos ou investidores para se qualificar para mais do que a quantidade mínima de assistência. Com fortes restrições ao financiamento no desenvolvimento de produtos, as duas empresas enfrentaram dificuldades nos anos 80. De forma mais significativa, em nenhum dos casos o sistema financeiro ou o governo foram capazes de enfrentar o problema real: sistemas de produção em massa disfuncionais que não podiam mais competir no mercado mundial.

Os sistemas de financiamento de investimentos por trás dos outros produtores ocidentais na Europa têm sido mais eficazes, pelo menos ao fornecer às empresas os fundos necessários para enfrentar as crises. Isso ocorre

## Capítulo 8 ■ Gerenciando a empresa *lean* **203**

porque um único grande acionista com perspectiva de longo prazo controlava o destino da maioria das empresas europeias: a família Agnelli na Fiat, as famílias Peugeot e a Michelin no Grupo PSA, a família Quandt na BMW, o Handelsbank na Volvo, a família Wallenberg na Saab, a família Porsche/ Peich na Porsche e o Deutsche Bank na Mercedes. A Renault, é claro, ainda é de propriedade estatal, e a Volkswagen possuía uma grande participação do governo até pouco tempo. Portanto, nenhuma empresa ficou "sem amigos", sem nenhum acionista significativo comprometido com a empresa e sem forte relação com um grande banco.

Entretanto, embora os grupos japoneses cometessem erros, em alguns casos muito grandes, o sistema *keiretsu* exibia, em média, desempenho superior comparado aos sistemas de finanças anglo-saxão (americano e britânico) e da Europa continental. As financeiras ocidentais tendem a ser impacientes e pouco informadas sobre os problemas de uma empresa (como no caso dos investidores e bancos institucionais americanos e britânicos, que despejam suas ações e empréstimos ao primeiro sinal de problema) ou pacientes, mas passivas (como no caso de diretores externos nos Estados Unidos e na Grã-Bretanha e dos acionistas familiares na Europa continental). Esses últimos falharam muitas vezes em enfrentar um problema claro de posição competitiva até ser tarde demais.

Por outro lado, o sistema de grupo japonês é paciente e extremamente orientado para o longo prazo – mas muito bem informado e muito crítico quanto ao desempenho inadequado. Os grupos podem se dar ao luxo de fazer grandes investimentos para financiar a recuperação de empresas porque seu conhecimento aprofundado reduz os riscos de fracasso.

## ■ Plano de carreira

Como observamos em vários pontos, a produção em massa não oferece progressão na carreira dos colaboradores da produção. Engenheiros, analistas financeiros e especialistas em *marketing* progridem através de conhecimentos técnicos. A progressão para o gerente geral ocorre através de níveis cada vez mais altos da hierarquia corporativa. Todos os três caminhos são disfuncionais para a organização como um todo. A empresa *lean*, por outro lado, esforça-se para fornecer a todos os colaboradores uma carreira clara, embora ela seja muito diferente das da produção em massa.

Para começar, todo colaborador começa trabalhando na linha de produção por certo período. Por exemplo, durante uma visita recente à fábrica da Honda

**204**   Parte II ■ Os elementos da produção *lean*

em Marysville, Ohio, solicitamos uma reunião com o diretor de assuntos externos, a pessoa na Honda que fica encarregada das relações com governos e com o público geral. Ele estava indisponível, nos disseram: ele havia acabado de entrar na empresa e estava ocupado montando carros. Os melhores produtores *lean* acreditam que o valor é verdadeiramente agregado no momento da produção, e não por meio de atividades gerenciais indiretas, e acreditam também que todos os colaboradores precisam entender esse fato assim que entram na empresa.

Quem fica na fábrica se torna cada vez mais capaz de resolver problemas. A gerência enfatiza que a solução de problemas é a parte mais importante de qualquer trabalho. O objetivo da gerência é dar aos colaboradores problemas cada vez mais desafiadores a fim de testar continuamente suas habilidades, mesmo quando, ao contrário das empresas ocidentais, não é possível promover uma escalada até se tornar chefe de seção ou gerente de fábrica. Os salários mais altos vêm, em grande parte, com base no tempo de casa e com bônus por desempenho. Em outras palavras, os fabricantes *lean*, que operam sem grande parte da hierarquia que encontramos nas empresas ocidentais, tentam fazer os colaboradores entenderem que sua capacidade de resolver problemas cada vez mais difíceis é o tipo mais significativo de avanço que podem obter, mesmo que seus títulos não mudem.

Para os colaboradores com uma habilidade especializada – a engenharia mecânica é a mais comum –, o produtor *lean* tenta associar a habilidade a um processo em equipe para aproveitá-la ao máximo. Vimos como essa técnica funciona no Capítulo 5. Vimos também como os membros da equipe são transferidos para as equipes subsequentes e como podem ser solicitados a aprender habilidades totalmente novas à medida que avançam em suas carreiras.

Para os colaboradores necessários para a gestão geral, a diferença entre produção em massa e *lean* é igualmente impressionante. Como a tomada de decisões e a solução de problemas são incentivadas fluxo abaixo na empresa *lean*, há muito menos necessidade de camadas de gerentes intermediários e seniores para encaminhar ordens ao longo da hierarquia e repassar informações de volta. Em vez disso, as principais funções dos gerentes são vincular as organizações fornecedoras à organização montadora e unir unidades geograficamente dispersas da empresa. Normalmente, a empresa envia gerentes de nível intermediário para cargos de alto nível nas empresas fornecedoras do grupo de montadoras e alterna gerentes de nível médio e sênior entre as operações da empresa, em especial as operações no exterior.

Capítulo 8 ■ Gerenciando a empresa *lean* **205**

Essas práticas têm duas vantagens. Elas criam uma complexa rede de relações interpessoais para que a montadora, os fornecedores e as operações internacionais da empresa se conheçam por meio de contatos pessoais. Elas também são o canal através do qual a cultura da empresa se espalha pelo sistema de fornecedores e por novas regiões.

## ■ Difusão geográfica

O mundo em geral, inclusive, devemos dizer, vários produtores *lean* japoneses, ainda não entende uma característica vital da produção *lean*. Esse modo de produção alcança sua mais alta eficiência, qualidade e flexibilidade quando todas as atividades, do projeto à montagem, ocorrem no mesmo local. Como um executivo sênior da Honda observou recentemente: "Queríamos poder projetar, fazer a engenharia, fabricar e montar o carro inteiro em uma única sala grande, para que todos os envolvidos possam ter contato direto". E, como vimos no capítulo anterior, a etapa final do sistema, vendas e serviços *lean* não pode funcionar sem um sistema de produção localizado na mesma área em que o mercado de vendas está.

Por esse motivo, na década de 90 os produtores *lean* precisarão criar sistemas de fabricação de carros de ponta a ponta para os três principais mercados do mundo – América do Norte, Europa e Leste Asiático (principalmente Japão). Esse processo está mais distante na América do Norte, onde as empresas japonesas começaram a abrir fábricas de montagem em 1982. Onze estavam em operação no final da década e, em 1990, representavam pouco mais de 20% das montagens de automóveis na América do Norte, como mostrado nas **Figura 8.1** e **Tabela 8.1**.

Fazer todo o trabalho em uma sala grande não é possível, é claro. Nem é possível fazê-lo em uma área tão restrita quanto a Toyota City, mas o padrão geográfico da produção *lean* na América do Norte já é claro. As operações de montagem das empresas de transição (com exceção da NUMMI) estão localizadas dentro de um raio de 480 quilômetros no centro-oeste americano-canadense. Os veículos montados nessas fábricas continham apenas cerca de 20% de seu conteúdo fabricado nos Estados Unidos e no Canadá, mas esse número subiu de maneira estável para cerca de 60% em 1990 e esperamos que atinja 75% no final dos anos 90.

As fábricas fornecedoras, algumas antigas e outras novas, estão localizadas principalmente nas proximidades, assim as peças podem ser enviadas do fornecedor para a montadora em menos de um dia. As comparações com o

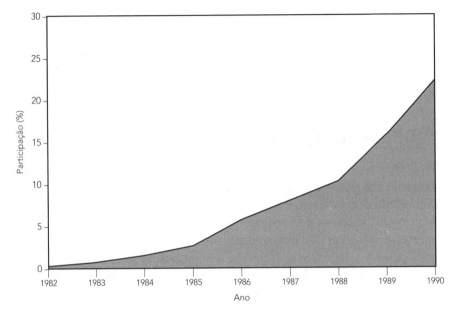

**Figura 8.1**
Participação de mercado das empresas japonesas de transição na produção norte-americana de automóveis, 1982-1990.

**Nota:** 1990 é estimado com base na produção dos primeiros três meses.
**Fonte:** Calculado pelos autores a partir de *Ward's Automotive Reports*.

Japão em termos de concentração geográfica de fornecedores podem ser bastante enganadoras. O congestionamento das estradas no Japão é tão grave que os fornecedores localizados a 50 quilômetros de uma fábrica de montagem podem precisar de mais tempo para realizar a entrega de peças do que os fornecedores localizados a 200 quilômetros de montadoras japonesas presentes em áreas rurais do centro-oeste americano-canadense.

Honda, Toyota, Nissan, Mazda e Mitsubishi agora também implantaram operações de engenharia de produtos e de processos na América do Norte. A Honda, fiel à sua convicção de fazer tudo em um só lugar, instalou seu centro de engenharia no complexo de Marysville, Ohio, enquanto as outras empresas estão localizadas na área de Detroit. Suas razões: eles querem estar perto da sede dos fornecedores dos Estados Unidos e ser capazes de recrutar engenheiros em Detroit facilmente.

Esses centros estão crescendo muito rápido, embora a virada do século passe antes que elas se aproximem do tamanho das Três Grandes empresas americanas de Detroit. Entretanto, eles já estão realizando projetos de *desgin* e engenharia significativos. As alterações de carroceria necessárias para criar o cupê

## Tabela 8.1

Instalações de produção das empresas japonesas de transição na América do Norte

| Firma | Localização | Produção de 1989 | Capacidade anunciada | Notas |
|---|---|---|---|---|
| *Fábricas de montagem:* | | | | |
| Honda | Marysville, OH | 351.670 | 360.000 | |
| | East Liberty, OH | | 150.000 | (1) |
| | Alliston, ON | 86.447 | 100.000 | |
| NUMMI | Fremont, CA | 192.235 | 340.000 | (2) |
| Toyota | Georgetown, KY | 151.150 | 240.000 | |
| | Cambridge, ON | 20.859 | 50.000 | |
| Nissan | Smyrna, TN | 238.640 | 480.000 | (3) |
| Mazda | Flat Rock, MI | 216.200 | 240.000 | |
| Diamond Star | Bloomington, IL | 91.839 | 240.000 | (4) |
| CAMI | Ingersoll, ON | | 200.000 | (5) |
| SIA | Lafayette, IN | | 120.000 | (6) |
| TOTAL DA MONTAGEM | | 1.349.000 | 2.520.000 | |
| *Fábricas de motor:* | | | | |
| Honda | Anna, OH | | | |
| Nissan | Smyrna, TN | | | |
| Toyota | Georgetown, KY | | | |
| TOTAL DE MOTORES | | | | |

**Notas:**
(1) Operações com início em 1989.
(2) *Joint-venture* da General Motors com a Toyota. A linha de montagem de caminhões foi adicionada.
(3) Segunda linha de montagem foi adicionada.
(4) *Joint-venture* da Chrysler com a Mitsubishi.
(5) *Joint-venture* da General Motors com a Suzuki.
(6) *Joint-venture* da Subaru com a Isuzu.
A capacidade anunciada é normalmente para dois turnos de oito horas por dia, cinco dias por semana. Portanto, o uso de hora extra pode permitir produção em excesso da "capacidade" até 120% da capacidade por períodos longos.
**Fonte:** A produção de 1989 vem de *Ward's Automotive Reports*. Os planos de capacidade vem dos anúncios das empresas.

e a perua Honda Accord a partir do sedan Honda Accord inicial foram projetadas em Marysville, e todos os moldes de produção também foram cortados lá. O cupê e a perua serão montados exclusivamente em Marysville para todo o mundo, com exportações para o Japão e para a Europa. O centro de engenharia da Nissan em Ann Arbor, Michigan, está fazendo um trabalho de engenharia

**208** Parte II ■ Os elementos da produção *lean*

semelhante na versão cupê do seu novo modelo Sentra, que será montado exclusivamente em Smyrna, Tennessee, para todos os mercados mundiais.

Na Europa, o avanço japonês tem sido muito mais lento, por razões que examinaremos no próximo capítulo. Entretanto, o ritmo do investimento japonês está agora crescendo rapidamente, como mostra a **Tabela 8.2**. Acreditamos que, ao final dos anos 90, várias montadoras japonesas terão sistemas de produção completos na Europa também.

### Tabela 8.2
Instalações de produção das empresas de transição japonesas na Europa

| Empresa | Localização | Produção de 1988 | Capacidade anunciada para metade da década de 1990 | Capacidade potencial adicional | |
|---|---|---|---|---|---|
| *Fábricas de montagem:* | | | | | |
| Nissan | Washington, Reino Unido | 57.000 | 200.000 | 200.000 | |
| | Barcelona, Espanha | 76.000 | 150.000 | | |
| Honda | Swindon, Reino Unido | | 140.000 | 260.000 | |
| | Longbridge, Reino Unido | 4.000 | 40.000 | 400.000 | (1) |
| Toyota | Burnaston, Reino Unido | | 200.000 | 200.000 | |
| | Hanover, Alemanha | | 15.000 | | (2) |
| | Lisboa, Portugal | 14.000 | 15.000 | | |
| Isuzu | Luton, Reino Unido | 35.000 | 80.000 | | (3) |
| Suzuki | Linares, Espanha | 22.000 | 50.000 | | (4) |
| | Esztergom, Hungria | | 50.000 | | |
| Mazda | ? | | | 100.000 | (5) |
| Mitsubishi | ? | | | 100.000 | (5) |
| TOTAL DA MONTAGEM | | 208.000 | 940.000 | 1.260.000 | |
| *Fábricas de motor:* | | | | | |
| Nissan | Washington, Reino Unido | | 200.000 | 200.000 | |
| Honda | Swindon, Reino Unido | | 70.000 | 330.000 | |
| Toyota | Shotton, Reino Unido | | 200.000 | 200.000 | |
| TOTAL DE MOTORES | | | 470.000 | 730.000 | |

**Notas:**
(1) Produção da Rover para a Honda. O número potencial supõe uma tomada da Rover por parte da Honda.
(2) Veículos da Toyota montados pela Volkswagen.
(3) *Joint-venture* com a General Motors.
(4) Excluindo a montagem das Land Rovers.
(5) Novas fábricas em debate.
**Fonte:** Comité des Constructeurs Français d'Automobiles, *Reportoire Mondial*, Paris, dezembro de 1989, p. 9, elaborado pelos autores.

## As vantagens da empresa global

Além da vantagem vital de fazer tudo em um único lugar próximo ao ponto de venda, a criação de um sistema de fabricação de ponta a ponta em cada um dos principais mercados do mundo beneficia uma empresa de cinco maneiras, em comparação com os rivais que tentam fabricar e exportar de uma única região.

Primeiro, e mais óbvio, isso fornece proteção contra barreiras comerciais e cotações de moeda. Para a empresa que produz em só uma região, como a Jaguar na Grã-Bretanha ou a Saab na Suécia, as cotações de moeda podem produzir um ganho inesperado nas exportações – por exemplo, os altos lucros que essas empresas obtiveram nos Estados Unidos em meados da década de 80, quando o dólar estava forte em relação às moedas europeias.

Contudo, o desastre é igualmente provável. Entre 1987 e 1989, a Jaguar e a Saab não se tornaram ruins em fabricar carros. Na verdade, nossa pesquisa com as fábricas de montagem do IMVP mostrou uma melhoria modesta na produtividade de fabricação e na qualidade dos produtos. Além disso, as duas empresas introduziram novos modelos e fortaleceram sua variedade de produtos. Ainda durante esse período, uma moeda mais fraca nos Estados Unidos, que é o principal mercado de exportação das duas empresas, converteu a Jaguar e a Saab de líderes de mercado para quase falidas. Elas foram, então, compradas respectivamente pela Ford e pela General Motors, empresas com bases multirregionais de produção.

Para grandes empresas que desejam capturar uma fração substancial de cada mercado regional, a lição dos anos 80 é clara: simplesmente não há substituto para a produção dentro da região. A compra de carros e caminhões representa cerca de 15% do consumo pessoal na América do Norte, na Europa e no Japão. Esse é um número tão grande – US$ 240 bilhões por ano no caso da América do Norte – que é difícil imaginar compensar as exportações que poderiam equilibrar o comércio entre as regiões quando uma delas (o Japão) produz um grande número de veículos motorizados, e as outras regiões os consomem.

A experiência da década de 1980 também sugere que, se não surgirem barreiras comerciais para reequilibrar o comércio de veículos automotores, as cotações de moeda mudarão. Esses métodos têm consequências diferentes. As cotas impostas pelo governo sobre a importação de unidades prontas tendem a enriquecer os importadores à medida que aumentam os preços para a demanda de racionamento, enquanto as mudanças de cotações fazem o oposto. No entanto, em ambos os casos, permanece o fato de que, no longo prazo,

**210** Parte II ■ Os elementos da produção *lean*

os produtores devem se posicionar no mercado de vendas (como os japoneses estão fazendo na América do Norte e na Europa) ou ceder essa parte do mercado mundial de veículos automotivos (como os grandes produtores europeus parecem estar fazendo na América do Norte).

Uma segunda vantagem para a empresa que desenvolve um sistema de produção multirregional de ponta a ponta é a rica diversidade de produtos. Como vimos no Capítulo 5, o mercado de veículos automotivos na Europa, na América do Norte e no Japão está se fragmentando progressivamente, sem fim à vista. Um sistema de produção *lean* pode obter a maioria das economias de escala com um volume muito menor por produto individual em comparação com a produção em massa, como também vimos no Capítulo 5. Entretanto, atingir esse objetivo pressupõe que a variedade de produtos possa ser montada em sequência em uma grande linha de produção, usando vários tamanhos de motor e transmissão de uma grande fábrica de motores e de uma grande fábrica de transmissão. Portanto, as empresas com maiores volumes de produção para todos os seus produtos combinados ainda têm uma vantagem competitiva. Desde que a gerência corporativa consiga lidar com a complexidade, ser grande ainda significa ser melhor, e ser grande na década de 1990 exige que as empresas produzam em cada uma das principais regiões.

Outro fato importante é que os consumidores nas três regiões continuam a exigir diferentes tipos de produtos e – esse ponto é fundamental – a associar imagens diferentes ao mesmo produto. Considere o exemplo dos carros de luxo alemães vendidos como táxis na Alemanha com o objetivo de criar uma base de volume para seus fabricantes, mas vendidos na América do Norte e no Japão em quantidades muitos mais baixas e a preços muito mais altos como produtos de luxo. Da mesma forma, a Honda recentemente embolsou lucros saudáveis exportando seu cupê Accord, construído e vendido nos Estados Unidos em grandes quantidades, como um produto de produção limitada e muito mais luxuoso para o mercado japonês.

A Honda parece ter sido a primeira a ver a vantagem dessa abordagem. A empresa planeja, durante os anos 90, desenvolver um *mix* de produtos exclusivos para cada grande região. Eles serão produzidos em dada região para atender o segmento de consumo dela. A empresa exportará esses produtos para outras regiões para preencher nichos de mercado, onde espera que a quantidade e a exclusividade limitadas do produto permitam a cobrança de preços mais altos.

Se essa abordagem for levada à sua conclusão lógica, o produtor multirregional terá um fluxo de comércio e um portfólio de produtos dentro da companhia, como mostra a **Figura 8.2**, no qual a maioria da demanda é atendida

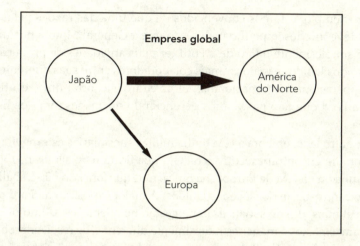

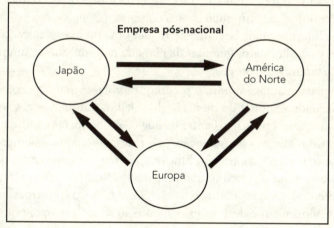

**Figura 8.2**
Fluxos de produtos inter-regionais dentro de uma empresa.

pelo sistema de produção de cada região, e o comércio inter-regional é razoavelmente equilibrado.

Uma terceira vantagem que o produtor multirregional pode obter sobre o produtor de região única é a sofisticação que os gerentes ganham com a exposição a muitos ambientes diferentes. A sofisticação é subjetiva, é claro, mas em nossas interações com executivos de todas as principais montadoras e empresas fornecedoras, ficamos impressionados com quanta perspectiva os gerentes ganham ao tentar fabricar produtos em diferentes ambientes.

**212** Parte II ■ Os elementos da produção *lean*

Por exemplo, estamos convencidos de que uma das razões pelas quais a Ford teve um desempenho melhor do que a General Motors nos últimos anos é simplesmente o fato de a Ford ter mais atividades de produção fora dos Estados Unidos e realocar mais colaboradores entre suas diferentes unidades operacionais internacionais. Agora é raro encontrar um executivo sênior da Ford que não passa anos gerenciando operações fora dos Estados Unidos.

Por outro lado, embora a GM tenha muitas subsidiárias estrangeiras, ainda é comum encontrar executivos da GM que ficaram dois anos na Opel, na Alemanha ou na GM da Europa, na Suíça, mas que fora isso não trabalharam fora do centro-oeste dos Estados Unidos. A maior exposição na Ford produz um nível mais alto de sofisticação na gestão de operações. Como os gerentes foram expostos a maneiras radicalmente diferentes de resolver problemas, eles também têm a flexibilidade de pensar de forma mais criativa sobre as questões estratégicas enfrentadas pela empresa. (Obter o benefício total das operações internacionais obviamente requer um sistema sofisticado de colaboradores para alternar os gerentes da maneira mais produtiva, um problema ao qual voltaremos em breve.)

Uma quarta vantagem para o produtor multirregional é a proteção contra a ciclicidade regional do mercado de veículos automotivos. Os veículos motorizados são os principais entre os que os economistas chamam de bens duráveis. Com alguma manutenção, os proprietários quase sempre conseguem que seus carros continuem funcionando por um pouco mais de tempo. Portanto, as vendas de veículos automotivos em todos os países tendem a ser mais voláteis do que a economia em geral. Entretanto, os principais mercados mundiais não sobem e descem exatamente ao mesmo tempo; por exemplo, o mercado japonês estava em expansão no final dos anos 1980, enquanto o mercado norte-americano estava fraco. Assim, uma empresa presente em todos os principais mercados tem mais proteção contra a ciclicidade.

O estabelecimento de um sistema de produção global é em particular importante para as empresas norte-americanas que dependem predominantemente do próprio mercado, que é acima de tudo cíclico. As empresas japonesas ainda vendem a maioria de seus carros no mercado japonês, que, por razões que examinaremos no próximo capítulo, é muito menos cíclico. Portanto, eles acharão mais fácil atravessar a próxima recessão automotiva na América do Norte e reduzirão os preços, se necessário, para sustentar a produção tranquila em suas novas fábricas de transição. Por outro lado, a General Motors e a Chrysler operam e vendem amplamente nos Estados Unidos e no

## Capítulo 8 ■ Gerenciando a empresa *lean*  213

Canadá. Qualquer queda nas vendas os forçará a retirar dinheiro das atividades de desenvolvimento de produtos e de suas alianças estrangeiras para cobrir os custos operacionais de curto prazo.

As consequências do desenvolvimento de produtos só serão aparentes em meados dos anos 1990, quando essas empresas norte-americanas provavelmente sofrerão mais perdas de ações. Entretanto, as lentas condições do mercado de 1989 e 1990 já tiveram alguns efeitos. A Chrysler reduziu sua participação na Mitsubishi Motors de 24 para 12%, e a GM reduziu sua participação no capital da Isuzu de 44 para 38%. Essas ações para arrecadar dinheiro estão levando essas empresas exatamente na direção errada quando se trata de estabelecer uma presença global na produção.

Esse fato se torna aparente quando consideramos a vantagem final de desenvolver um sistema de produção completo em cada um dos principais mercados: fazer isso evita que os concorrentes defendam mercados dos quais podem obter lucros para uso em batalhas competitivas em outras partes do mundo.

O mercado doméstico japonês durante os anos 1980 fornece o exemplo mais impressionante do que pode acontecer quando empresas estrangeiras cedem um grande mercado regional a empresas nacionais. As empresas ocidentais poderiam ter se esforçado para comprar as empresas japonesas mais fracas – Isuzu e Suzuki, no caso da GM, e talvez a Mazda também (Ford). Isso sem dúvida levaria a um "atrito de investimento" no Japão, onde, como acabamos de ver, a estrutura de patrimônio em grupo exclui efetivamente estrangeiros, a menos que o grupo decida incluí-los de forma consciente. No entanto, esse é um problema que, em qualquer caso, terá que ser enfrentado em breve, e teria sido do interesse das empresas ocidentais insistir bastante nesse ponto.

Em vez disso, eles pressionaram pela liberalização do comércio, para poder exportar de forma mais fácil peças e carros acabados para o Japão. A liberalização do comércio foi uma luta árdua – mesmo na ausência de barreiras comerciais –, porque os norte-americanos realmente não tinham nada para vender que fosse competitivo, seja em preço ou qualidade, no mercado automotivo japonês, exceto por alguns produtos inovadores, como as limusines da Cadillac, o carro preferido de criminosos japoneses até eles transferirem sua lealdade para a Mercedes na década de 1980.

Enquanto isso, as empresas japonesas recebiam lucros inesperados das cotas norte-americanas e europeias. Quando os japoneses foram informados de que podiam vender apenas uma fração dos carros que vendiam anteriormente,

**214**  Parte II ■ Os elementos da produção *lean*

eles apenas aumentaram seus preços até que as vendas caíssem para o nível exigido. E eles colheram enormes lucros no processo. Na verdade, as cotas ocidentais são sem dúvida o maior incentivo de políticas públicas que a indústria automotiva japonesa já recebeu – mais útil do que o MITI já foi no Japão. As empresas japonesas usaram seus lucros para travar uma guerra de participação de mercado no Japão, provavelmente vendendo abaixo do custo em muitos casos e garantindo que os importadores ocidentais tivessem pouco sucesso vendendo lá, mesmo que não houvesse barreiras comerciais.

Então, no final dos anos 1980, a situação se inverteu. As empresas japonesas usaram os grandes lucros com o mercado doméstico em expansão (o governo japonês ajudou a reduzir bastante o imposto sobre as *commodities* nas compras de carros) para subscrever seus investimentos maciços em instalações de produção na América do Norte e na Europa. Eles poderiam seguir em frente sem medo de que os produtores dos Estados Unidos entrassem com uma ação os acusando de despejar carros ou de praticar alguma outra retaliação comercial porque seus lucros não eram usados para vender carros no exterior abaixo dos preços japoneses. Em vez disso, seus lucros eram usados para investimentos de capital e novos produtos, como o Toyota Lexus LS400 e o Nissan Infiniti Q45, projetados principalmente para os mercados dos Estados Unidos e da Europa.

As empresas dos Estados Unidos e da Europa, sem presença de produção no Japão, obtiveram lucros no forte mercado japonês por meio de uma série de importações, mas perderam a maior parte da oportunidade. O fracasso em estabelecer uma presença industrial no Japão ou em qualquer outro lugar no leste da Ásia – para desafiar de verdade a Toyota, a Nissan e a Honda em seu mercado doméstico e tirar delas essa grande fonte de lucro – é certamente um dos piores deslizes competitivos do Ocidente.

## ■ Gerenciando a empresa global

Dada a evidência esmagadora de que uma presença de produção multirregional é agora essencial para o sucesso na indústria de veículos automotivos, uma pergunta fica: como gerenciar uma empresa *lean* e global que consiste em três complexos de produção de ponta a ponta nos anos 1990 e talvez vários outros no século XXI (p. ex., na Índia, para o mercado do sul da Ásia, no Brasil e na Argentina, para o mercado latino-americano, na Indonésia ou na Austrália, para o mercado oceânico, e até na África do Sul – se o movimento

Capítulo 8 ■ Gerenciando a empresa *lean* **215**

atual em direção à comunidade mundial continuar –, para a região do sul da África).

Este não é um problema trivial de gestão. Na verdade, o gerenciamento dinâmico e eficaz das organizações globais de produção desafiou amplamente a engenhosidade dos produtores automotivos de massa ao longo de quase um século de tentativas.

A primeira empresa automotiva a seguir uma estratégia global de fabricação foi a Ford.[3] A atual Ford Motor Company foi fundada em 1903 para fabricar o Modelo A original. Em 1905, embora a produção anual ainda totalizasse menos de mil unidades, Henry Ford havia estabelecido um fábrica canadense para montar carros Ford à venda no Canadá. Em 1911, três anos após a introdução do Modelo T, a Ford abriu uma montadora em Manchester, na Inglaterra. Em 1926, a Ford estava operando montadoras em dezenove países.

Entretanto, esses passos dificilmente constituíram uma internacionalização séria. As principais motivações de Ford eram reduzir os custos de remessa – as peças eram mais baratas de transportar do que as unidades acabadas – e superar as tarifas, que na época, assim como agora, eram geralmente mais altas nas unidades acabadas do que nas peças. Henry Ford deixou claro que todos os projetos e o máximo de fabricação de componentes possível seriam mantidos em Detroit. Além disso, as filiais estrangeiras, como eram chamadas, estavam quase sempre sob a administração de norte-americanos enviados de Detroit.

Esse padrão continuou ao longo da década de 1920. Entretanto, conforme os países começaram a erguer barreiras comerciais após o colapso da economia mundial de 1929, a Ford foi forçada a ir além. Ela construiu um complexo de fabricação totalmente integrado em Dagenham, na Inglaterra, em 1931, e um complexo semelhante, embora menor, em Colônia, no mesmo ano. Em meados da década de 1930, essas fábricas estavam produzindo praticamente todas as peças dos produtos da Ford. Muito mais radical do que a perspectiva de Henry Ford, elas fabricaram um novo produto, o Modelo Y, não produzido nos Estados Unidos. Esse foi o reconhecimento tardio de Henry Ford de que os europeus não queriam dirigir carros grandes ao estilo norte-americano.

Devemos lembrar, entretanto, que o Modelo Y foi projetado em Detroit, e muitas das ferramentas para sua fabricação também foram feitas lá. Enquanto os engenheiros ingleses sugeriram maneiras de acomodar o carro ao gosto europeu, o Modelo Y e todos os produtos da Ford da década de 1930 eram praticamente 100% norte-americanos.

Somente após a guerra, a Ford da Inglaterra e a Ford da Alemanha começaram a contratar seus próprios engenheiros de desenvolvimento de

**216**   Parte II ■ Os elementos da produção *lean*

produtos, e só em 1961, com a introdução do Ford Anglia, um produto da Ford foi pela primeira vez completamente projetado em um país estrangeiro.[4] Essa evolução ocorreu exatamente cinquenta anos depois que a Ford iniciou suas operações de montagem na Europa, em Trafford Park, Manchester.

A essa altura, a Ford Motor Company havia girado 180 graus em relação à sua prática original. Enquanto Henry Ford exigia controle de 100% do produto e a garantia de que todas as decisões de fabricação viessem de Detroit, Henry Ford II presidiu um notável processo de descentralização no qual a recém--formada Ford da Europa não compartilhava produtos com Detroit. Também havia transferências limitadas de colaboradores – ou seja, aconteciam com apenas alguns norte-americanos em cargos seniores. Em muitos aspectos, era uma empresa totalmente separada, exceto no aspecto financeiro.

Como ela reconheceu o surgimento de uma Europa Ocidental unificada antes das empresas da Alemanha Ocidental, francesas ou britânicas – tornan-do-se a primeira empresa "europeia" na Europa –, a Ford da Europa (funda-da em 1967) se tornou notavelmente bem-sucedida e contribuiu de maneira importante para a sobrevivência da Ford na América do Norte. Enormes em-préstimos da Ford da Europa ajudaram a Ford durante a grande depressão automotiva norte-americana de 1980 a 1982.

Entretanto, pela perspectiva da alta administração em Detroit, a evolu-ção de uma empresa amplamente descentralizada estava longe de ser ideal. Na década de 1970, a empresa na América do Norte havia desenvolvido uma grande variedade de produtos menores em tamanho do que o carro america-no padrão da década de 50. Muitos desses carros eram, em dimensões gerais, idênticos aos produtos desenvolvidos separadamente pela Ford da Europa. Parecia lógico que a padronização global de produtos de cada classe de tama-nho gerasse enormes reduções em custos de desenvolvimento e economias em fabricação.

A primeira tentativa da Ford de aplicar um padrão global foi o Escort, in-troduzido em 1979. Uma equipe mundial de *design* foi designada para desen-volver esse carro com contribuições de todas as empresas de atuação global da Ford. Entretanto, durante o processo, uma coisa curiosa aconteceu: os eu-ropeus da Ford da Europa e o pessoal das operações automotivas norte-ame-ricanas conseguiram implementar mudanças e mais mudanças nesse carro "global" para acomodar, respectivamente, gostos e preferências de fabricação europeus e norte-americanos. No dia do lançamento, os Escorts europeus e norte-americanos, embora praticamente indistinguíveis na aparência exter-na, compartilhavam apenas duas partes – o cinzeiro e o suporte do painel de controle.

Em 1979, a Ford comprou uma participação de 25% da Mazda no Japão. Como a Mazda também fabrica uma gama completa de produtos, de pequeno a grande porte, parecia lógico integrar alguns dos produtos da Mazda no processo global de planejamento e desenvolvimento de produtos Ford.

Para começar, a Ford estabeleceu seu próprio canal de distribuição no Japão (o Autorama) e começou a vender os modelos Mazda 121, 323 e 626 reestilizados com os emblemas "Ford". Esses modelos também são vendidos como Ford em muitos mercados no sudeste da Ásia. Um pouco mais tarde, a Ford decidiu importar para os Estados Unidos uma versão renovada do pequeno projeto 121 da Mazda da Coreia do Sul, onde é montado pela KIA, uma pequena empresa da qual a Ford e a Mazda detêm uma pequena participação acionária. Esse modelo é vendido sob o nome Ford Festiva.

Quando a parceria Ford-Mazda foi totalmente estabelecida, era tarde demais para considerar um exercício de *design* conjunto para o Taurus/Sable (lançado em 1985), mas o *design* conjunto foi realizado no novo Mazda 323 e no Ford Escort (lançado em 1989 no Japão e em 1990 nos Estados Unidos). Um exercício transregional semelhante envolvendo a Ford da Europa e a Ford da América do Norte (chamado CDW 27) está em andamento no novo Ford Tempo/Topaz para o mercado norte-americano e na substituição do Ford Sierra na Europa, prevista para 1991.

A Ford chama o processo de *design* conjunto, com o papel principal atribuído aos "Centros de Responsabilidade" da Mazda, em Hiroshima (para o 323/Escort), da Ford da América do Norte, em Dearborn (para a próxima geração de carros grandes que substituirá o Taurus/Sable), ou da Ford da Europa, no Reino Unido e na Alemanha (para o Tempo/Sierra). Os executivos seniores da empresa defenderam essa abordagem como a única maneira de controlar os crescentes custos de desenvolvimento de novos produtos em um momento em que uma variedade maior de carros e caminhões em todos os mercados regionais é necessária.

Entretanto, até agora a implementação completa dos Centros de Responsabilidade não aconteceu apesar dos grandes esforços da Ford. A Ford da Europa argumentou que o novo 323/Escort era pequeno demais para a Europa e levou o projeto adiante com seu próprio *design* a ser lançado ao mesmo tempo. Da mesma forma, em 1989, ela introduziu um novo modelo Fiesta em uma classe de tamanho maior após rejeitar o uso do *design* Mazda 121 (que foi considerado pequeno demais). Por fim, os executivos na Europa estão resistindo à inclusão de seu carro de grande porte (o Scorpio) no programa de substituição Taurus/Sable, alegando que nenhum projeto isolado pode satisfazer os consumidores norte-americanos e europeus nessa classe de carro. Além do mais,

218　Parte II ■ Os elementos da produção *lean*

a Mazda, embora feliz por atuar como *designer* líder no projeto 323/Escort, continuou a projetar seus próprios modelos para outras classes de tamanho e mercado – 121, Miata, 626 e 929 –, e esses modelos continuam competindo diretamente com os produtos Ford nos principais mercados regionais.

É preocupante perceber que, mesmo com seu progresso limitado na globalização do *design* e da produção, a Ford ainda é a líder clara entre todas as empresas, incluindo as japonesas, em se estabelecer como uma organização verdadeiramente global, com instalações de *design* e produção nos três principais mercados. Por outro lado, a Chrysler possui apenas uma pequena presença de fabricação fora da América do Norte, consistindo em um acordo com a Steyr na Áustria para montar 30.000 vans Chrysler a cada ano (a partir de 1991). A General Motors tem uma forte presença na Europa e no Brasil, mas continua executando essas operações com empresas independentes e descentralizadas que dificilmente conversam com suas operações na América do Norte. Por fim, as empresas de propriedade europeia nunca iniciaram o processo de globalização ou, como veremos a seguir, fizeram apenas um progresso em alguns locais dos países em desenvolvimento.

As japonesas, por outro lado, agora mostram uma intenção de globalizar após forte relutância inicial e vêm tendo certo sucesso. Entretanto, elas vão enfrentar enormes obstáculos na próxima década, como veremos a seguir.

## ■ O fracasso europeu em ganhar uma presença global

A indústria europeia agora segue os norte-americanos e os japoneses na globalização, como mostra a **Tabela 8.3**. Quando consideramos a experiência dos europeus, surge um axioma fundamental: é impossível estabelecer uma produção *lean* globalmente quando você não a domina em casa. O caso da Volkswagen fornece uma boa ilustração.

Em 1974, a Volkswagen estabeleceu uma fábrica de montagem norte-americana em Westmoreland, Pensilvânia. Seu objetivo era estabelecer uma base de fabricação norte-americana de baixo custo conforme a marca alemã se valorizasse e os produtores japoneses intensificassem sua ofensiva de vendas na América do Norte. Entretanto, a Volkswagen não sabia nada sobre produção *lean* e contratou para sua fábrica nos Estados Unidos gerentes de fabricação da antiga linha de montagem e de pensamento obsoleto que haviam trabalhado na General Motors.

Os resultados foram desastrosos. Por um lado, a economia de custos não se concretizou. Igualmente prejudiciais, os ajustes de produtos feitos no

## Tabela 8.3

A internacionalização da montagem de veículos, 1988
(% do total de veículos montados pelo local da montagem final)

| | País de origem | Região local | Outras regiões |
|---|---|---|---|
| Ford | 53 | 13 | 34 |
| General Motors | 65 | 10 | 25 |
| Grupo Volkswagen | 56 | 25 | 19 |
| Fiat (sem a Iveco) | 79 | 11 | 10 |
| Renault (sem a RVI) | 61 | 34 | 5 |
| PSA | 77 | 20 | 3 |
| Honda | 72 | 3 | 25 |
| Nissan | 75 | 4 | 21 |
| Mazda (com a KIA) | 65 | 20 | 15 |
| Toyota | 89 | 2 | 9 |
| Mitsubishi | 80 | 13 | 7 |

**Notas:** Exclui contagem dupla de conjuntos montados no exterior.
Regiões locais: Norte-americanas – Estados Unidos, Canadá e México; Europeias – CEE, AECL,
Polônia, Turquia e Iugoslávia; Japonesas – Japão, Coreia do Sul, Taiwan, Tailândia, Malásia, Indonésia,
Filipinas.
**Fonte:** Estimado pelos autores a partir do Comité des Constructeurs Français d'Automobiles,
*Repertoire Mondial*, Paris, dezembro de 1989.

mercado norte-americano fizeram a qualidade cair enquanto alienavam os compradores atraídos pelos produtos tradicionais alemães. Depois de quinze anos de frustração, a Volkswagen foi para o México em 1989, esperando que os baixos salários dariam a base para restabelecer sua posição histórica no mercado norte-americano.

A Renault sofreu um desastre ainda mais caro. Ela adquiriu a American Motors em 1979 com a intenção de obter uma presença de baixo custo na América do Norte. Da mesma forma, a Renault também não entendia a produção *lean*, fazendo, assim, pouco progresso na revitalização de algumas das piores fábricas de produção em massa da América do Norte.

Em 1987, a Renault já estava farta. Ela vendeu sua fábrica por uma fração da compra para a Chrysler, que está tentando reformar essas instalações antigas fechando primeiro as piores, como a fábrica de montagem de Kenosha, Wisconsin, construída em 1905.

Podemos apreciar o custo total do revés da Renault nos Estados Unidos quando consideramos que a empresa agora não tem presença de fabricação

**220** Parte II ■ Os elementos da produção *lean*

fora da França, na Espanha e em Portugal, três dos mercados mais protegidos da Europa, exceto uma única montadora na Bélgica. A Volkswagen mantém pelo menos metade do interesse na operação AutoLatina no Brasil, possui um complexo de fabricação integrado em Puebla, México, e uma operação pequena, mas problemática, em Xangai. Se ela conseguisse dominar a produção *lean* nas operações de fabricação e *design* de produtos e transferir essas técnicas para suas operações no Brasil, no México e na China, suas perspectivas poderiam melhorar rápida e drasticamente. Isto é verdade devido à sua vantagem geopolítica no estabelecimento de operações na Europa Oriental.

Sabe-se que o primeiro passo para as empresas europeias é dominar a produção *lean* em todas as áreas de fabricação, para que possam defender sua região de origem. Caso contrário, os japoneses e, surpreendentemente, os norte-americanos podem ser os únicos produtores *lean* na Europa após 1992. A Ford melhorou de maneira definitiva suas operações de fabricação na Europa transferindo o que aprendeu com a Mazda. Somente quando os europeus dominarem os métodos de produção *lean* eles poderão revitalizar sua presença na América do Norte e no Leste Asiático. Quando isso acontecer, entretanto, poderá ser tarde demais.

## ■ Os japoneses e a presença global

Os japoneses começam de uma posição melhor, mas também enfrentam desafios globais extraordinários. Uma breve olhada na estratégia da Honda lança uma luz considerável sobre os problemas futuros.

Como sempre acontece, a empresa que dá o maior salto no mercado mundial é a mais fraca em casa. Embora os norte-americanos tenham quase transformado os produtos da Honda em itens *"cult"*, a empresa foi vista no Japão como uma participante menor, mas um tanto excêntrica. Diferente da Toyota, da Nissan, da Mitsubishi e da Mazda, a Honda não tinha ligações com um *keiretsu* e nenhuma atividade comercial importante além de carros e motocicletas. De maneira atípica para empresas japonesas, também tinha pouco interesse no mercado de caminhões, limitando suas ofertas a uma única microvan.

Dada sua esmagadora dependência de exportações, que representam cerca de 70% de sua produção japonesa, a Honda decidiu, em meados da década de 1970, que seria necessário produzir no exterior. Sua vulnerabilidade a mudanças de cotações e barreiras comerciais era muito grande caso não ampliasse

Capítulo 8 ■ Gerenciando a empresa *lean* **221**

sua base de fabricação. Sua montadora de automóveis nos Estados Unidos foi aberta em 1982, mas inicialmente era apenas uma operação de montagem produzindo carros com talvez 25% de conteúdo de fabricação norte-americana, contra 75% de fabricação japonesa.

Ao mesmo tempo, a Honda estava procurando uma base de fabricação na Europa. Isso foi muito mais difícil de desenvolver porque a Honda começou a vender na Europa bem depois da Toyota e da Nissan, e até mesmo depois da Mitsubishi e da Mazda. Portanto, ela era a última na fila para as cotas estabelecidas sobre importações japonesas para a Grã-Bretanha, para a França e para a Itália no início dos anos 1980 e tinha uma rede de distribuição muito fraca nos mercados mais abertos, como a Alemanha. Com vendas na Europa de apenas 140.000 unidades em 1989, distribuídas entre cinco modelos, a Honda estava em uma posição fraca para logo passar para uma operação de montagem em tamanho real.

Em vez disso, a Honda buscou uma aliança com o Grupo Rover, inicialmente uma empresa estatal, mas agora parte da British Aerospace, do setor privado. Após vários acordos de licenciamento nos quais a Rover construiu os projetos da Honda na Inglaterra, nasceu uma colaboração no projeto do modelo que se tornou o Honda/Acura Legend e o Rover Sterling. A Honda planejava vender os Legends produzidos na fábrica da Rover em Cowley, no Reino Unido, para aumentar seu volume de vendas na Europa. Entretanto, ele teria encontrado carros de qualidade inaceitável mesmo após o retrabalho em uma nova fábrica da Honda em Swindon, no oeste da Inglaterra. Então, silenciosamente, ela interrompeu esse esforço logo após o início.

O próximo passo foi projetar e produzir um novo carro de médio porte em conjunto, o Honda Concerto/Rover 200. Em 1989, a Honda assumiu uma participação acionária de 20% na Rover e forneceu uma grande quantidade de assistência de fabricação no novo Concerto/Rover, montado na fábrica de Longbridge da Rover, perto de Birmingham. O produto foi lançado na Europa no final de 1989 e será seguido em 1992 por um novo produto conjunto, o Syncro, produzido na fábrica de montagem da própria Honda, em Swindon, que a Honda abrirá então.

A Honda, portanto, avançou arduamente em direção a um sistema de fabricação europeu, cuja forma final ainda está por vir, através de uma complexa colaboração com a Rover. Enquanto isso, nos Estados Unidos e no Canadá, ela expandiu suas fábricas de montagem em Marysville e East Liberty, Ohio, e em Alliston, Ontário. A capacidade deve chegar a 600.000 unidades até o final de 1990. Combinada com suas importações, a essa altura a Honda

**222** Parte II ■ Os elementos da produção *lean*

provavelmente passará a Chrysler e ocupará o terceiro lugar nas vendas de automóveis de passeio norte-americanos.[5]

Seguindo para o que interessa mais ao nosso objetivo, a Honda aumentou o conteúdo norte-americano de seus carros, adicionando uma fábrica de motores de 500.000 unidades em Anna, Ohio, e uma série de operações de componentes de sua propriedade nas proximidades. Ela também obtém uma ampla variedade de componentes de fornecedores tradicionais da Honda do Japão que abriram empresas norte-americanas de transição nas proximidades e de determinados fornecedores norte-americanos. Embora os cálculos do conteúdo local sejam reconhecidamente não confiáveis, a alegação da Honda de que atingirá 75% do valor de fabricação norte-americana em seus carros montados nos Estados Unidos e no Canadá até 1992 provavelmente não está muito longe do alvo. (O "conteúdo local" é simplesmente a parte do carro fabricada nos Estados Unidos. Por exemplo, o motor fabricado em Anna, Ohio, é local, enquanto o módulo de controle do motor fabricado no Japão é importado.)

Como as empresas podem agregar valor à engenharia é uma questão muito mais interessante quando se trata de alcançar uma presença global. A Honda assumiu a liderança entre as empresas japonesas de transição no que diz respeito a estabelecer uma operação de engenharia norte-americana, tanto para produtos quanto para processos de fabricação. Além disso, a Honda já está oferecendo um modelo, o cupê Accord, que é estilizado e trabalhado na América do Norte; há um segundo modelo, a camionete Accord, em preparação; e fala sobre começar a fazer *design* e engenharia de produtos na América do Norte até o final dos anos 1990.

Entretanto, não devemos subestimar a escala desta tarefa. A Honda terá 700 engenheiros em Ohio e em Michigan em 1991, um número aparentemente alto, até lembrarmos que a Ford e a GM têm dezenas de milhares de engenheiros em Detroit. Mesmo considerando nossas descobertas no Capítulo 5 sobre como a Honda e outras empresas japonesas provavelmente utilizam os engenheiros de forma duas vezes mais eficiente do que as empresas norte-americanas, a Honda ainda está longe de implementar uma produção *lean* completa na América do Norte. Esse processo levou cinquenta anos para a Ford na Europa. A Honda é reconhecida por sua capacidade de fazer as coisas rapidamente, mas não devemos subestimar os problemas implícitos no desenvolvimento de um sistema completo de desenvolvimento de produtos em um novo continente.

Capítulo 8 ■ Gerenciando a empresa *lean* **223**

Mesmo que a Honda consiga fazer isso de forma muito rápida, temos que perguntar como ela gerenciará a crescente operação global da empresa. A resposta pública da Honda é que ela construirá uma aliança de empresas regionais autônomas no Japão, na América do Norte e na Europa Ocidental, e até na América Latina (Brasil) e no Sudeste Asiático (Tailândia). As principais empresas regionais devem realizar projetos, engenharia e fabricação de produtos de ponta a ponta. Eles devem ser vendidos principalmente em sua região de fabricação, mas quantias limitadas também devem ser exportadas para outras regiões para atender a nichos de mercado em um padrão semelhante ao da hipotética empresa "pós-nacional", da Figura 8.2. O cupê Accord, agora sendo exportado dos Estados Unidos para o Japão e em breve também para a Europa, é o primeiro exemplo desse processo.

Mas como as regiões coordenam suas atividades? Como será o sistema mundial de colaboradores da Honda? As funções seniores na sede ainda serão reservadas aos japoneses que ingressam na empresa aos 22 anos? Quanto tempo levará para criar uma aliança entre as regiões autossuficientes? Essas são todas as perguntas que a Honda deve responder para ter sucesso em se tornar uma empresa verdadeiramente global.

## ■ Especificando a empresa multirregional

A Ford e a Honda, as duas empresas mais avançadas na construção de um sistema de produção multirregional, fizeram progressos consideráveis, embora até agora nenhuma das duas afirme que encontrou a solução perfeita. Por outro lado, entretanto, os europeus e a Chrysler, nos Estados Unidos, não saíram da linha de partida, e o restante dos japoneses, incluindo a Toyota, está substancialmente atrás da Honda. É evidente que o mundo e a indústria automotiva ainda têm um longo caminho a percorrer antes que a produção multirregional seja totalmente implementada. Consideraremos esse desafio por uma perspectiva política em nosso capítulo final. Aqui, examinamos o desafio de gestão que essas empresas enfrentam, apresentando os recursos de uma empresa verdadeiramente global que pode alcançar uma produção *lean* multirregional nos anos 1990.

Nossa meta é especificar a empresa ideal da mesma forma que os compradores de carros fabricados artesanalmente, como a Aston Martin, costumavam especificar o carro dos seus sonhos. Infelizmente, não há hoje uma máquina assim, por isso vamos criá-la: a Multiregional Motors (MRM).

**224** Parte II ■ Os elementos da produção *lean*

O desafio de gestão, acreditamos, é simples em conceito: conceber uma empresa que funcione sem problemas em uma base multirregional e obtenha a vantagem de um contato próximo com os mercados locais e da presença em cada uma das principais regiões. Ao mesmo tempo, ela deve se beneficiar do acesso aos sistemas para produção global, abastecimento, desenvolvimento de produtos, aquisição de tecnologia, finanças e distribuição.

O principal problema são as pessoas – como recompensar e motivar milhares de indivíduos de vários países e culturas diferentes para que trabalhem em harmonia? Infelizmente, os três modelos desenvolvidos até agora para essa empresa são inadequados. A primeira é a extrema centralização da tomada de decisões na sede, uma sede quase invariavelmente localizada no país de origem e composta somente por pessoas desse país.

Como vimos, essa foi a abordagem da Ford de 1908 até a década de 1960 e é a abordagem de muitas empresas japonesas que estão se deslocando para o exterior. A centralização produz más decisões. Muito pior, pelo ponto de vista político, gera intenso ressentimento em outras regiões, pois logo se torna evidente que as decisões mais importantes são sempre reservadas para a sede e para os colaboradores com o "passaporte certo".

A alternativa mais adotada foi a descentralização extrema em subsidiárias regionais, cada uma desenvolvendo seus próprios produtos, sistemas de fabricação e planos de carreira isolados das outras regiões. Essa foi a posição da Ford da Europa na década de 1970 e ainda descreve hoje a GM da Europa. Essa divisão hermética por regiões resulta em um foco limitado, ignora as vantagens da integração entre regiões e prende em gaiolas luxuosas executivos nacionais altamente remunerados, os quais são incapazes de progredir dentro de suas respectivas corporações.

As alianças estratégicas com empresas parceiras independentes de cada região, uma variação da última abordagem, é o terceiro modelo. Exemplos incluem a Mitsubishi com a Chrysler e a General Motors com a Isuzu e a Suzuki. (Na verdade, Lee Iacocca sempre falou de uma aliança de produtores entre Mitsubishi/Chrysler/Europa denominada Global Motors.)

Infelizmente, esses arranjos deixam sem resposta a questão central da coordenação e da gestão geral. Diante desse fato, não surpreende que a maioria das alianças estratégicas na indústria automotiva (diferenciadas das *joint ventures* como a NUMMI, com foco restrito, objetivos específicos e de curto prazo) tenham se mostrado dinâmicas e instáveis. As brigas contínuas entre a Ford e a Mazda, a GM e a Isuzu e a Chrysler e a Mitsubishi não sugerem que esses acordos precisem de melhor gestão, mas que são incontroláveis, exceto em condições de mercado perfeitamente estáveis.

Capítulo 8 ■ Gerenciando a empresa *lean* **225**

Nesse vácuo de escolhas, vamos propor uma nova forma corporativa que denominamos pós-nacional. As principais características da empresa que chamamos de Multiregional Motors são as seguintes:

- *Um sistema integrado e global de colaboradores que promove colaboradores da empresa de qualquer país como se a nacionalidade não existisse.* Alcançar esse objetivo obviamente exigirá muita atenção ao aprendizado de idiomas e socialização, além de uma disposição por parte dos colaboradores mais jovens de trabalhar durante grande parte de sua carreira fora de seu país de origem. Entretanto, já vemos evidências de que os gerentes mais jovens consideram atraentes as carreiras desse tipo.

  Conhecemos vários gerentes japoneses nas empresas de transição dos Estados Unidos que desejam fazer longas viagens aos Estados Unidos e futuras tarefas na Europa. Diferentemente dos gerentes mais velhos, que muitas vezes não possuem habilidades no idioma, eles enxergam esse caminho como uma maneira interessante de viver e como o caminho mais seguro para o sucesso em sua empresa.

  Da mesma forma, a Ford da Europa teve recentemente um sucesso considerável no recrutamento de gerentes europeus que não esperam ou querem trabalhar em seu país de origem e que antecipam servir por períodos consideráveis também nos Estados Unidos. E agora também encontramos vários norte-americanos ansiosos para trabalhar no Japão.

- *Um conjunto de mecanismos para fluxo contínuo e horizontal de informações entre fabricação, sistemas de abastecimento, desenvolvimento de produtos, aquisição de tecnologia e distribuição.* A melhor maneira de implementar esses mecanismos é desenvolvendo equipes fortes lideradas por um *shusa* para o desenvolvimento de produtos, que combinam essas habilidades com um objetivo claro.

  Na maioria das empresas ocidentais, a maior parte das atividades não é focada. Os planejadores trabalham com produtos que nunca recebem sinal verde, e quantidades enormes de colaboradores perdem tempo resolvendo problemas pontuais. As melhores empresas japonesas, por outro lado, acreditam firmemente que, se você não trabalha de maneira direta em um produto que está realmente indo para o mercado, não agrega valor. Portanto, envolver o maior número possível de colaboradores no trabalho de desenvolvimento e produção é vital. As empresas devem manter os olhos no produto que o consumidor comprará.

  As equipes permaneceriam juntas por toda a vida útil do produto, e os membros seriam alternados para outras equipes de desenvolvimento de

**226** Parte II ■ Os elementos da produção *lean*

produtos, possivelmente em outras regiões e até em diferentes especialidades (p. ex., planejamento de produtos, coordenação de fornecedores, *marketing*). Dessa maneira, o mecanismo principal do fluxo de informações seria o próprio colaborador, enquanto viajava entre especialidades técnicas e pelas regiões da empresa. Todos permaneceriam atualizados, e uma ampla rede horizontal de canais de informações se desenvolveria em toda a empresa.

As equipes no Japão permanecem juntas, mas os membros não são designados para novos projetos em novas regiões como uma maneira de criar um fluxo global de conhecimento horizontal e oferecer a todos os colaboradores uma compreensão sofisticada do mundo. A questão, é claro, não é se essa é uma boa ideia em princípio, mas se colaboradores suficientes a acham atraente. À medida que viajam pela empresa e pelas regiões, esses gerentes também criam uma cultura uniforme na empresa – uma grande parte da maneira implícita de pensar e fazer as coisas de que toda organização precisa para funcionar bem.

- *Um mecanismo para coordenar o desenvolvimento de novos produtos em cada região e facilitar sua venda como produtos de nicho em outras regiões* – sem produzir produtos com o menor denominador comum. A maneira lógica de atingir esse objetivo é autorizar cada região a desenvolver um conjunto completo de produtos para seu mercado regional. Outras regiões podem solicitar esses produtos para remessa cruzada como produtos de nicho, sempre que a demanda o exigir.

Como a MRM enviará os produtos em volumes aproximadamente iguais entre seus mercados regionais, ela poderá ignorar as cotações: as perdas nos carros enviados em uma direção são compensadas pelos lucros mais altos nos carros enviados na outra direção.

Hoje, quando as cotações mudam, a gestão normalmente entra em pânico e explora maneiras de realocar a produção rapidamente para áreas de baixo custo. Ou busca proteção comercial.

Os gerentes da MRM, que terão um compromisso no longo prazo com um sistema de produção *lean* de classe mundial em cada grande região, podem ficar muito mais relaxados desde que um elemento adicional da empresa pós-nacional esteja em vigor: financiamento e capitalização internacionalizados.

A maioria das empresas de veículos automotores de hoje possui a maior parte de seu patrimônio e empréstimos em sua região de origem e paga dividendos e empréstimos em sua moeda local. Portanto, as mudanças nas cotações das moedas ainda são um problema, mesmo que tenham conseguido estabelecer um sistema de produção multirregional.

Considere uma empresa norte-americana com empréstimos e dividendos baseados em dólares. Um fortalecimento do dólar poderia ser muito prejudicial se a empresa obtivesse a maior parte de seus lucros no exterior – mesmo que a posição de mercado e a lucratividade da empresa em termos de moeda local nos três mercados regionais permanecessem inalteradas.

A internacionalização do patrimônio corporativo para que os fundos sejam captados em cada região em correspondência aproximada com o volume de vendas e o investimento em fabricação eliminaria amplamente essa preocupação. Os dividendos poderiam, então, ser pagos na moeda da região para isolar a organização das trocas de moeda entre as regiões.

Com essas novas abordagens de gestão de colaboradores, fluxos de informações, desenvolvimento de produtos, comércio inter-regional e financiamento internacionalizado, pode ser possível criar uma MRM apropriada para o mundo regional dos anos 1990. Acreditamos que é particularmente importante a criação de empresas de veículos automotores como a MRM, não apenas por razões comerciais, mas por causa do desafio político global emergente. Voltaremos a esse ponto no capítulo final.

# Difundindo
# a produção *lean*

Já passamos até agora pelos elementos de produção *lean* na fábrica, no desenvolvimento de produtos, no sistema de abastecimento, na rede de vendas e serviços e na hipotética empresa *lean* multirregional. Nossa conclusão é simples: a produção *lean* é uma maneira superior de fazer as coisas. Ela fornece melhores produtos em uma variedade maior a um custo menor. Igualmente importante, fornece um trabalho mais desafiador e gratificante para os colaboradores em todos os níveis, da fábrica à sede. Portanto, o mundo inteiro deve adotar uma produção *lean* o mais rápido possível.

Como com tantas outras coisas, porém, isso é mais fácil de dizer do que de fazer. Sempre que um conjunto completamente desenvolvido de instituições está estabelecido com firmeza – como é o caso da produção em massa –, e um novo conjunto de ideias surge para desafiar a ordem existente, a transição de uma maneira de fazer as coisas para outra provavelmente será bastante dolorosa. Isso é particularmente verdadeiro se as novas ideias vierem do exterior e ameaçarem a existência das grandes instituições em muitos países, nesse caso as grandes empresas de veículos automotores de produção em massa e de propriedade doméstica. Com a ajuda de seus governos, essas instituições podem resistir à mudança por décadas ou até prevalecer sobre a nova maneira de pensar.

Portanto, não temos certeza de que a produção *lean* irá triunfar. Acreditamos que a década de 1990 contará a história. *Estamos* convencidos de que as chances da produção *lean* prevalecer dependem crucialmente de uma ampla

## 232 Parte III ■ Difundindo a produção *lean*

compreensão pública de seus benefícios e de ações prudentes de produtores em massa ultrapassados, de produtores *lean* ascendentes e de governos em todos os lugares.

Nos capítulos restantes, passaremos da análise – o que é a produção *lean* e de onde veio – para a prescrição. Apresentaremos uma visão de como o mundo pode fazer a transição para uma maneira nova e melhor de fazer as coisas com uma quantidade mínima de sofrimento e tensão.

# 9
# Confusão sobre difusão

Entre 1914 e 1924, as inovações industriais de Henry Ford e Alfred Sloan colocaram abaixo uma forte indústria norte-americana: o negócio de veículos automotores artesanais. Durante esse período, o número de empresas automotivas dos Estados Unidos caiu de mais de cem para apenas cerca de uma dúzia, das quais três – Ford, General Motors e Chrysler – representavam 90% de todas as vendas.[1]

Entretanto, não houve pânico, protestos ou pedidos de intervenção do governo. É verdade que uma série de analistas sociais questionou o novo tipo de vida fabril que a produção em massa estava introduzindo, mas ninguém pediu a proteção dos encurralados produtores artesanais.

O motivo da falta de resistência não é difícil de achar. Ao mesmo tempo em que Ford e Sloan estavam destruindo uma indústria, eles estavam criando outra – a indústria automotiva de produção em massa –, e eles estavam fazendo isso na mesma cidade em que a produção artesanal havia florescido. O crescimento dessa segunda indústria foi tão drástico que praticamente todos os trabalhadores qualificados da indústria artesanal conseguiram emprego criando ferramentas e realizando outras tarefas especializadas no sistema de produção em massa. Na verdade, até 1927, quando as vendas do Modelo T entraram em colapso, Henry Ford enfrentou o problema constante de encontrar trabalhadores qualificados em número suficiente na área de Detroit para administrar suas operações de fabricação de ferramentas. Enquanto isso, o rápido crescimento das vendas de carros e caminhões, combinado com a queda

234 Parte III ■ Difundindo a produção *lean*

contínua dos preços, estava criando centenas de milhares de novos empregos não qualificados na linha de montagem.

Além disso, Ford e Sloan eram norte-americanos – da mesma cidade, inclusive –, e Henry Ford era considerado um herói popular, trazendo um alto padrão de vida ao homem comum. Não havia ameaça estrangeira ao triunfo da produção em massa em Detroit.

Ninguém conseguiu replicar a facilidade de Ford e Sloan em substituir um tipo de método de produção por outro. Na verdade, assim que a produção em massa começou a se difundir dos Estados Unidos para o exterior, ela começou a encontrar resistência. Esse cenário está se repetindo hoje à medida que a produção *lean* substitui a produção em massa. O problema básico era, e ainda é, que as empresas e os trabalhadores que usam técnicas de produção mais antigas acham difícil adotar novas maneiras pioneiras em outros países. O método alternativo de difundir novas técnicas – a chegada de empresas estrangeiras – tende a rapidamente desencadear uma reação nacionalista nos países onde as empresas antigas estão localizadas. O resultado costuma ser um atraso de décadas na substituição dos métodos de produção.

## ■ A produção em massa encontra a produção artesanal na Grã-Bretanha

Em outubro de 1911, Henry Ford abriu uma fábrica de montagem de automóveis em Trafford Park, perto de Manchester, Inglaterra.[2] Com exceção de uma pequena fábrica de montagem em Windsor, Ontário, do outro lado do rio Detroit, perto de sua fábrica de Highland Park, esse foi o primeiro empreendimento da Ford no exterior. A Ford construiu a fábrica em Trafford Park para superar as limitações do transporte da época, mas logo precisou dela para superar também barreiras comerciais.

Em 1915, a Grã-Bretanha abandonou o livre comércio e adotou a tarifa McKenna, que impunha um imposto de 25% sobre automóveis provenientes do exterior (a maioria dessas importações vinha dos Estados Unidos). As peças, por outro lado, tinham uma tarifa de apenas 10%; por isso, os fabricantes estrangeiros tinham um forte incentivo para estabelecer fábricas de montagem final na Inglaterra.

Inicialmente, tudo correu bem em Trafford Park. Ford enviou um grande número de gerentes norte-americanos de Detroit para replicar exatamente o sistema de produção em massa que estava aperfeiçoando em Highland

Park. Quando os trabalhadores eram contratados, eles eram explicitamente informados de que seriam trabalhadores braçais – ou seja, nenhuma de suas habilidades artesanais, se as tivessem, seria necessária, e eles deveriam estar abertos a alternar tarefas dentro do salão de montagem.[3] Na verdade, um gerente de Trafford Park estimou que eram necessários de cinco a dez minutos para treinar um trabalhador para executar praticamente qualquer um dos trabalhos de montagem da fábrica. A primeira linha elétrica de montagem foi instalada em setembro de 1914, cerca de nove meses após a primeira linha elétrica ter se tornado realidade em Highland Park. Em 1915, o conjunto completo da tecnologia e das técnicas de montagem da Ford estava em vigor em Trafford Park.

As implicações do sistema de produção em massa da Ford não mudaram para os trabalhadores qualificados que a Ford estava contratando para a oficina de carroceria. O departamento de estofamento, por exemplo, usava moldes especiais para eliminar o trabalho manual especializado de enchimento. A costura da capa do assento foi padronizada e simplificada. Na oficina, as prensas de estampagem eliminavam os batedores especializados de painéis (cujos descendentes recentemente encontramos na Aston Martin). Um sistema de pulverização de tinta substituiu as habilidades do pintor artesanal. O resultado foi uma greve que fechou a oficina de carrocerias em 1913, à medida que construtores qualificados protestavam contra os métodos da Ford e defendiam um retorno ao trabalho qualificado pago pelo tradicional sistema de preço por peça, ou *piece-rate*.[4] (A Ford pagava os empregadores britânicos por hora em Trafford Park, como fazia em Detroit).

Como os trabalhadores que realizavam tarefas simplificadas na linha de produção podiam ser facilmente substituídos, e a Ford, em último caso, poderia transportar carrocerias de carros acabados de Detroit, a greve logo entrou em colapso. Era mais caro enviar carrocerias de Detroit – a tarifa britânica e os danos de viagem aumentavam os custos –, mas a Ford podia fazer isso até que os grevistas esgotassem suas economias e cedessem. Em 1915, ninguém desafiava o sistema da Ford na fábrica, e um gerente da Ford em Detroit informou que a produtividade em Trafford Park era comparável à de Highland Park.[5] Aparentemente, a produção em massa havia triunfado em um novo cenário. Logicamente, em breve ela deveria se tornar a forma dominante de produção na Inglaterra e talvez na Europa também.

Entretanto, esse não foi o caso. O motivo para isso foi uma série de eventos que nos tornam muito cautelosos com o rápido e fácil triunfo da produção *lean* nos anos 1990.

**236** Parte III ■ Difundindo a produção *lean*

# ■ As tribulações da produção em massa na Grã-Bretanha

Os problemas da Ford começaram em 1915 com um evento improvável: sua missão de paz.[6] Ford era um forte isolacionista: os Estados Unidos deveriam ficar de fora da Primeira Guerra Mundial, protestava ele. Para esse fim, ele organizou uma viagem à Europa a bordo de um navio fretado para intermediar a paz, em particular entre a Alemanha e a Grã-Bretanha. Na Grã-Bretanha, entretanto, a percepção pública dos motivos de Ford era enfaticamente diferente de suas declarações: ele era universalmente considerado pró-alemão. O resultado foi uma resistência popular aos produtos da Ford – muitos jornais, por exemplo, se recusaram a publicar propagandas da Ford – e uma perda de moral entre seus funcionários britânicos.

A ação enérgica dos gerentes britânicos da Ford compensava parte do sentimento ruim, mas os problemas da empresa logo se multiplicaram. Os impostos sobre energia e potência promulgados após a guerra foram especialmente difíceis para seus produtos. O imposto sobre cavalos-vapor, em particular, proposto ao governo pelos concorrentes da Ford e que favorecia os *designs* concorrentes de motor em comparação com os da Ford, acabou sendo um golpe muito forte. O Modelo T da Ford, antes considerado um carro "universal", logo se tornou o carro ultrapassado no Reino Unido. A consequência da má sorte de Ford foi que sua fábrica de Trafford Park começou a funcionar com somente uma fração de sua capacidade, e a empresa de Detroit parecia perder o interesse em seu desempenho.

Não surpreendentemente, o desempenho da fábrica parecia cair de forma constante. Nenhum dos gerentes ingleses compartilhava um conceito de gestão compatível com a produção em massa. A ideia de uma carreira industrial iniciando no chão de fábrica com autonomia na gestão não era atraente para os ingleses de classe média, que emergiram de um sistema educacional que os orientava para o serviço público, cargos legislativos e outros tipos de administração de alto nível. Eles não queriam se envolver com detalhes práticos específicos. Em vez disso, eles queriam delegar detalhes operacionais, assim como faziam no Império.

Além disso, os gerentes britânicos estavam convencidos de que os ingleses, com uma longa experiência de trabalho artesanal, não tolerariam os métodos de Ford. Talvez tolerassem por um curto período – com gerentes americanos no comando –, mas certamente não no longo prazo.

Em consequência, a gestão do chão de fábrica logo se tornou responsabilidade do supervisor, que normalmente era um artesão bastante qualificado

Capítulo 9 ■ Confusão sobre difusão **237**

que não gostava da produção em massa. Esses gerentes da linha de frente faziam pressão para preservar as habilidades tradicionais e os sistemas de pagamento *piece-rate*, o que não fazia sentido na produção de fluxo contínuo, na qual o esforço de cada trabalhador é condicionado pelo esforço de todos os outros.

O desempenho das fábricas inglesas da Ford retrocedeu a tal ponto que uma enorme lacuna se desenvolveu entre a prática em Detroit e em Trafford Park. Quando a Ford abandonou a unidade de Trafford Park e estabeleceu um sistema de fabricação de ponta a ponta em Dagenham, Inglaterra, em 1931, a diferença se tornou ainda maior. Aliás, essa diferença persiste até hoje.

Com a Ford Motor Company – que inventou o novo sistema e era a líder do setor – indo tão mal, não surpreende que os concorrentes ingleses da Ford também tenham tido tão pouco sucesso em adotar a produção em massa.

## ■ Peregrinos industriais: a viagem a Highland Park

Na primavera de 1914, Henry Ford estava produzindo dois produtos em Highland Park: o Modelo T e os capitães da indústria remodelados. Um fluxo interminável de peregrinos industriais começou a chegar por volta de 1911, em um fluxo que continuou por quarenta anos. (Na verdade, as peregrinações terminaram apenas com a visita de Eiji Toyoda em 1950.) O Arquivo Ford, em Dearborn, Michigan, contém uma galeria extraordinária de peregrinos foto-grafados com o chefe.

Eles vão de André Citroën (Citroën) a Louis Renault (Renault), Giovanni Agnelli (Fiat) e russos ansiosos para adicionar as técnicas de produção em massa à fórmula de Lenin de "soviéticos mais eletrificação igual a comunis-mo". (Lenin mais tarde alterou essa fórmula para "Soviéticos mais admi-nistração ferroviária da Prússia mais organização industrial norte-america-na igual a socialismo".)[7] Uma foto impressionante, tirada em 1921, mostra Charlie Chaplin e Henry Ford sorrindo com admiração mútua ao longo da linha de montagem em Highland Park, quando Ford ainda era visto como um milagreiro das massas, e não como inimigo do trabalho.[8]

William Morris, fundador da Oxford Motor Company (e sua subsidiária MG), e Herbert Austin, fundador da Austin Motor Company, estavam entre esses peregrinos. Depois que Morris visitou Highland Park em 1914, ele re-tornou à Inglaterra imediatamente, determinado a copiar as técnicas de pro-dução em massa em sua própria fábrica. Mas ele não teve uma vida fácil.

**238** Parte III ■ Difundindo a produção *lean*

A guerra interrompeu a produção, e uma linha de montagem movida à mão não entrou em vigor até 1919. Nesse arranjo, os carros andavam sobre pequenas plataformas nos trilhos. Entretanto, os automóveis eram empurrados manualmente para a próxima estação, de modo que toda a linha funcionava de acordo com a velocidade do trabalhador mais lento. A linha de montagem não era movida à energia até 1934, vinte anos após a instauração da primeira linha movida à energia da Ford, em Detroit. Morris também achava difícil dividir o trabalho como fazia a Ford. Por exemplo, sua linha de montagem final consistia em dezoito tarefas de trabalho separadas em 1919, enquanto a Ford possuía 45 em 1914. Por fim, Morris achava difícil desenvolver gerentes que estivessem dispostos e capazes de operar um sistema de produção em massa ao estilo Ford.

Incrivelmente, Morris continuou a pagar todos os seus trabalhadores em um sistema *piece-rate* até depois da Segunda Guerra Mundial, apesar do fato de que todas as tarefas estavam ligadas em uma linha contínua. A única preocupação dos trabalhadores, naturalmente, era trabalhar o mais rápido possível para cumprir a cota do dia e se qualificar para um bônus e depois parar. É fácil imaginar as consequências desse sistema para a qualidade do produto acabado.

Morris manteve o sistema *piece-rate* porque não conseguia pensar em outra maneira de fazer seus funcionários trabalharem. Sua falta de competência na gestão da linha significava que ele só poderia gerenciar sua fábrica indiretamente, com a ajuda dos supervisores, que faziam a mediação entre Morris e seus trabalhadores sobre o ritmo de trabalho e o valor pago por peças. Em resumo, enquanto tentava criar uma cópia exata de Highland Park, ele conseguiu uma imitação da Ford de Trafford Park depois que os gerentes norte-americanos foram embora.

Frustrado, Morris apostou no que hoje chamaríamos de tecnologia de ponta. Em sua fábrica de motores, ele propôs automatizar totalmente a usinagem de motores, volantes e transmissões, a fim de eliminar a maioria dos trabalhadores, qualificados e não qualificados. Os relatos de sua experiência, como veremos, são muito parecidos com os experimentos da General Motors e da Fiat com automação avançada na década de 1980, automação carregada de frustrações semelhantes.

Quando Morris instalou seu equipamento em 1925, ele descobriu que podia obter economias consideráveis à medida que os trabalhadores moviam blocos de motor e caixas de transmissão ao longo dos trilhos de máquina para máquina. Então cada máquina funcionaria mais ou menos automaticamente para concluir determinada tarefa. (Anteriormente, as máquinas eram

Capítulo 9 ■ Confusão sobre difusão **239**

agrupadas por tipo – todas as fresadoras em uma área, as retificadoras em outra área, e os tornos em uma terceira área –, e as peças eram transportadas uma de cada vez em carrinhos, um procedimento que envolvia levantar e puxar em todas as máquinas.) Entretanto, o que a tecnologia *não conseguia* fazer era eliminar totalmente a intervenção humana, transferindo automaticamente as peças de uma máquina para a seguinte. Na verdade, esse objetivo ainda excede as capacidades da tecnologia.

Herbert Austin teve uma experiência muito semelhante, exceto que ele nunca considerou um salto tecnológico como a solução. Depois de visitar Highland Park em 1922, ele retornou à Inglaterra determinado a copiar o sistema da Ford. Ele conseguiu até certo ponto. Austin instalou linhas de montagem, embora elas não fossem movidas até 1928 ou depois, e dividiu o trabalho em pequenas tarefas não qualificadas. Mas a gestão do chão de fábrica ainda era muito fraca, então ele manteve o sistema de *piece-rate* como a melhor maneira de motivar seus trabalhadores.

Um trabalhador de Austin, anos depois, contou a um entrevistador da BBC como esse sistema funcionava na prática: "Bom... você tinha muito tempo para fazer um trabalho. Se você trabalhasse em um ritmo normal, ganharia duas libras por semana, mas você precisava ser cada vez mais rápido para ganhar mais. Então a [linha de montagem] iniciava com 25% acima do ritmo normal... e às vezes chegava a até 50% acima, o que nos dava três libras por semana. [A gestão] acelerava a linha à medida que nos acostumávamos... até dobrar o ritmo. E quando dobrava, eles paravam por aí. A linha não podia ir mais rápido. E o que costumávamos fazer, então, era acelerar nosso ritmo acima do da linha, pegar as carrocerias... e transportá-las nós mesmos [assim movíamos os carros de forma mais rápida do que a linha de montagem], chegando a um ritmo duas vezes e meio maior do que o normal, o que nos dava cerca de cinco libras por semana, o que era muito dinheiro naquela época".[9]

A ideia de trabalhadores correndo de um lado para outro transportando automóveis de forma mais rápida do que a linha parece cômica hoje. E o sistema devia ter consequências terríveis para a qualidade do carro acabado, mas a Austin não via outra maneira de gerenciar. Como argumentou um de seus gerentes seniores, em defesa do sistema *piece-rate*: "Alguma forma de salário extra [um bônus] deve ser pago a alguém se é esperado que essa pessoa trabalhe mais. A única alternativa é pagar um salário alto semelhante ao sistema Ford e colocar ênfase na realização das tarefas... O sistema de tarefas diárias com salários fixos pode, talvez, ser praticável nas fábricas dos Estados Unidos... mas as políticas de trabalho necessárias... não seriam aceitáveis para o trabalho ou administração inglesa". (O termo britânico para fábrica é "trabalho";

**240** Parte III ■ Difundindo a produção *lean*

portanto, uma "política de trabalho" é apenas o ritmo da máquina com taxas diárias padronizadas.)[10]

A consequência desse sistema híbrido, agora chamado de sistema britânico de produção em massa,[11] foi que as fábricas britânicas, incluindo as da General Motors e da Ford, nunca correspondiam à produtividade ou qualidade das fábricas dos Estados Unidos. Na verdade, não foi até a crise financeira de 1980, sessenta e sete anos após a introdução da linha de montagem elétrica em Highland Park, que a Rover (a antiga British Leyland), sucessora das empresas incorporadas Austin e Morris, por fim, adotou o sistema de pagamento por hora explicitamente estabelecido para corresponder à produtividade dos norte-americanos. A British Leyland foi nacionalizada em 1975. Em 1979, ela estava no vermelho, e uma nova gestão foi instalada com instruções claras para tornar a empresa eficiente ou fechá-la. A essa altura, é claro, a produção em massa ao estilo norte-americano já era acompanhada pela produção *lean*, inspirada nos japoneses.

## ■ A produção em massa na Europa Continental

A experiência francesa, alemã e italiana com a produção em massa foi uma variação da inglesa, com a diferença de que os norte-americanos tiveram mais dificuldade para espalhar seu sistema interno por meio de investimentos diretos. A Citroën, a Renault e a Agnelli, citando as três que mais adotaram o conceito de produção em massa, durante as décadas de 1920 e 1930 sofreram para implementar a ideia em condições políticas e econômicas caóticas. O problema decorreu em parte da resistência dos artesãos, mas também da falta de um mercado interno estável, à medida que as economias europeias passavam da hiperinflação à depressão.

A Ford tentou liderar dando exemplo com investimentos em Colônia, na Alemanha Ocidental, e em Poissy, perto de Paris, e a GM comprou a pequena produtora alemã Opel em 1925. Entretanto, a Itália fechou suas portas para as duas empresas. Além disso, a necessidade da Ford e da GM de produzir praticamente todas as peças para cada carro em cada país europeu devido às barreiras comerciais na Europa e no Atlântico, aumentou os custos, restringiu o tamanho do mercado e, no geral, retardou a propagação da produção em massa. Quando a Europa entrou em guerra novamente no final dos anos 30, o progresso da produção em massa havia sido bastante limitado. Por sua vez, o fracasso da economia europeia em crescer foi uma das causas subjacentes da

Capítulo 9 ■ Confusão sobre difusão **241**

guerra. Ou seja, como a produção em massa não havia progredido, a economia europeia estagnou, criando as condições que ajudaram a levar à guerra.

Após a guerra, as mudanças aconteceram muito rapidamente. Grande parte do milagre econômico europeu das décadas de 1950 e 1960 não passava de uma adoção tardia da produção em massa. A Volkswagen construiu em Wolfsburg a maior fábrica de automóveis do mundo, e a Renault e a Fiat responderam com a Flins e a Mirafiori, fábricas incluídas em nossa pesquisa relatada no Capítulo 4.

Em meados da década de 1960, a Europa continental finalmente dominou as técnicas norte-americanas (enquanto Eiji Toyoda e Taiichi Ohno estavam superando-as) e começou a desafiar Detroit nos mercados de exportação.[12] Ao mesmo tempo, os norte-americanos estavam investindo agressivamente na Europa e tinham sistemas completos de desenvolvimento de produção e de fornecedores em todo o continente europeu. O processo de substituição da produção artesanal pela produção em massa havia sido concluído, mas levou cinquenta anos.

## ■ A produção *lean* encontra a produção em massa

Prestamos muita atenção na substituição da produção em massa pela produção artesanal por causa da perspectiva que ela apresenta sobre o desafio atual de sobrepor a produção *lean* à produção em massa. Na verdade, o novo desafio parece muito maior.

Na Europa, na década de 1920, a indústria automotiva artesanal era bastante pequena. Se ela conseguisse substituir a produção em massa, certamente aumentaria os empregos de maneira espetacular, como ocorreu quando a produção em massa finalmente chegou a sua forma madura na década de 50. Entretanto, a ameaça de dominação estrangeira (pelos norte-americanos) era tão assustadora, e a incompatibilidade entre instituições e concepções existentes (como noções inglesas de administração e noções continentais de trabalho qualificado) era tão grande que a Europa se isolou em vez de se adaptar.

Nos anos 1990, o medo da dominação estrangeira (dessa vez vindo dos japoneses) certamente foi grande. Entretanto, a natureza madura do mercado de veículos automotivos na América do Norte e na Europa, juntamente aos ganhos de eficiência inerentes à produção *lean*, significam que nenhuma

**242** Parte III ■ Difundindo a produção *lean*

solução indolor pode surgir. À medida que a produção *lean* substitui a produção em massa, com o número de carros e caminhões construídos a cada ano sendo mantido, muitos empregos desaparecerão.

Além disso, a atual força de trabalho automotiva ocidental está exatamente na posição oposta a dos artesãos em 1913. A introdução da produção em massa criou novos empregos para os artesãos – esses trabalhadores passaram a criar as ferramentas de produção necessárias para o novo sistema. Por outro lado, a produção *lean* desloca muitos trabalhadores da produção em massa que, pela natureza desse sistema, não têm habilidades e não têm para onde ir.

## ■ A ameaça no horizonte: percepções errôneas iniciais da produção *lean*

Tudo que é novo provavelmente será mal compreendido, em geral por tentativas de explicar o novo fenômeno em termos de categorias e causas tradicionais. Assim, quando a revolução industrial de Toyoda e Ohno começou a se expandir para o exterior, através da exportação de unidades acabadas, o que eles alcançaram foi muito mal interpretado.

Uma explicação popular na década de 1970 do sucesso japonês foi simplesmente que os salários japoneses eram mais baixos, o que se encaixa perfeitamente nas teorias estabelecidas sobre o comércio internacional. Uma segunda explicação pode ser resumida pela frase "Japan, Inc". Essa teoria atribui o sucesso japonês à proteção de seu governo ao mercado doméstico e seu apoio financeiro às montadoras japonesas através de incentivos fiscais e baixas taxas de juros, enquanto tentavam atingir os mercados de exportação. Uma terceira explicação foi a alta tecnologia, principalmente a adoção generalizada de robôs na fábrica. Juntas, elas tornam a emergência do Japão compreensível, mas também sinistra – salários artificialmente baixos combinados com apoio financeiro do governo (p. ex., as leis tributárias dos anos 1970 que promovem a instalação da robótica) – para derrotar os produtores em massa ocidentais em seu próprio jogo.

Além disso, havia elementos verdadeiros em cada uma dessas explicações. Os salários japoneses eram substancialmente mais baixos que os norte-americanos antes das mudanças cambiais da década de 1970. Os esforços do governo japonês para proteger o mercado interno e a propriedade doméstica foram absolutamente essenciais para o crescimento inicial da indústria

Capítulo 9 ■ Confusão sobre difusão **243**

japonesa. E o nível médio de automação no Japão no início dos anos 1980 era mais alto que no Ocidente. Mas o que nada disso conseguia explicar era como as empresas japonesas continuaram avançando na década de 1980, apesar das novas cotações e de um movimento massivo de operações no exterior, onde o MITI pouco ajudou. Nada disso também explicava por que as empresas japonesas obtiveram grandes benefícios com a automação, enquanto as empresas ocidentais pareciam gastar mais do que economizavam. Explicações mais profundas desses mistérios exigiam uma compreensão da produção *lean*.

## ■ Os novos peregrinos industriais: a viagem a Hiroshima e Toyota City

Felizmente, uma nova rota de peregrinação logo apareceu, dessa vez de Detroit ao Japão. A maioria dos primeiros peregrinos notáveis eram grupos unificados pela Ford Motor Company e a United Automobile Workers Union, revertendo os passos que Eiji Toyoda deu em 1950.

Em 1980, a Ford Motor Company sofreu o que se revelou uma crise bem oportuna. A empresa começou a perder grandes quantias em dinheiro e muita participação de mercado. Felizmente, a gestão sênior da Ford e a liderança da UAW na Ford perceberam que o problema não era primariamente cíclico, embora a queda de mercado de 1980 tenha sido a pior desde os anos 1930. Eles concluíram que os competidores japoneses estavam fazendo algo fundamentalmente novo – em resumo, que as explicações tradicionais que acabamos de citar eram inadequadas para explicar o sucesso japonês.

Eles decidiram ir ao Japão para ver com seus próprios olhos, uma jornada que se tornou possível após a compra de 24 por cento da Mazda por parte da Ford em 1979. Isso significava que os executivos seniores da Ford e a liderança UAW da Ford poderiam ganhar acesso total ao principal complexo produtivo da Mazda em Hiroshima e determinar eles mesmos por que a Ford estava apanhando na competição internacional.

A Ford teve uma segunda onda de sorte em sua conexão com a Mazda, em especial quando a própria Mazda sofreu uma crise oportuna em 1974. O fracasso dessa estratégia de produto guiada pela tecnologia – com base no uso de seu não tão econômico motor Wankel – fez com que a Mazda transformasse seu complexo produtivo de Hiroshima em uma cópia fiel do sistema *lean* de produção da Toyota de Toyota City. Se a Ford e os executivos UAW tivessem

**244** Parte III ■ Difundindo a produção *lean*

visitado Hiroshima em 1973, em vez de 1981, eles poderiam ter chegado às conclusões erradas.

Depois de várias semanas em Hiroshima, seguidas de meses de trabalho cuidadoso da equipe, os executivos da Ford e os líderes UAW da Ford descobriram a resposta para o sucesso japonês: a produção *lean*. Especificamente, eles descobriram que a Mazda conseguia construir seu modelo 323 com apenas 60% do esforço que a Ford precisava para fabricar sua o correspondente em vendas do Escort no mesmo segmento de mercado. Além disso, a Mazda cometia muito menos erros de fabricação. Igualmente surpreendente, a Mazda conseguia desenvolver novos produtos com maior rapidez e com menos esforço do que a Ford e trabalhava de forma muito mais integrada com seus fornecedores.[13]

Nos Estados Unidos, a grave crise na Ford – que em 1982 estava ameaçando a sobrevivência da empresa – estava mudando seu pensamento antigo e seus interesses enraizados. Em pouco tempo, os funcionários de todos os níveis da empresa estavam prontos para parar de pensar em como avançar em suas carreiras ou nos interesses de seu departamento e começar a pensar em como salvar a empresa toda. Essa situação é a própria definição de crise criativa, e as notícias dos peregrinos de Hiroshima chegaram na hora certa. Durante os anos 80, a Ford conseguiu implementar muitos elementos da produção *lean*, e os resultados logo apareceram no mercado.

Enquanto isso, a Chrysler estava com problemas muito mais profundos do que a Ford ou a GM e já precisava de amplo apoio do governo dos Estados Unidos. O motivo pelo qual ela não aprendeu muito sobre seus problemas reais em tempos de crise, apesar de sua participação acionária e seu acesso à Mitsubishi, é um mistério trágico.

A experiência da General Motors foi bem diferente da experiência da Ford. A empresa também foi representada na rota de peregrinação, mas não foi até recentemente que ela passou pela crise necessária para uma empresa de produção em massa levar a sério as lições da produção *lean*. A GM era rica em 1980. Apesar de ter perdido US$ 1 bilhão em 1982, ela ainda tinha poucas dívidas e era, de longe, a maior empresa do mundo. Ela lidou com seus problemas principalmente saindo de um segmento do mercado após o outro e tentando saltos drásticos de produtividade através da inserção de toda a nova tecnologia de produção disponível ao introduzir novos modelos, como o GM-10. Ninguém reclamou quando os japoneses se aproximaram para preencher a lacuna competitiva até bem pouco tempo, quando os investidores institucionais começaram a ficar nervosos porque a GM estava lentamente se extinguindo.

Capítulo 9 ■ Confusão sobre difusão **245**

Na década de 1980, o principal meio de educação da GM foi o processo de planejamento de sua *joint venture* com a Toyota, na Califórnia. Quando esse plano se tornou uma possibilidade real, em 1983, os executivos seniores da GM passaram muito tempo em Toyota City. Como Jack Smith, atual vice--presidente da GM, observou mais tarde: "Foi a primeira vez que entendemos de forma clara como eles funcionavam... Os dados [sobre a produtividade] eram inacreditáveis".[14]

Como mostramos no Capítulo 4, a *joint venture* da NUMMI foi um grande sucesso. Entretanto, transferir as lições aprendidas para toda a organização da General Motors se mostrou um trabalho difícil. O problema fundamental está no fato de que fazer a transição da produção em massa para a produção *lean* muda o trabalho de todo colaborador e gerente. Além disso, na ausência de crescimento do mercado, muitos empregos são eliminados. Como a GM não enfrentou uma crise nos anos 1980 e falhou em encontrar oportunidades de crescimento, simplesmente não conseguiu enfrentar o desafio.

Pelo mesmo motivo, as empresas europeias de veículos a motor foram representadas apenas modestamente na rota de peregrinação até a Toyota City e à produção *lean*. O mercado automotivo europeu era forte na segunda metade da década de 1980, estabelecendo um novo recorde de vendas a cada ano, de 1985 a 1989, e a concorrência japonesa foi contida por meio de barreiras comerciais formais e uma série de acordos.[15] Como resultado, as empresas europeias tinham pouca pressão externa para mudar. Como mencionado, o movimento mais notável em direção à produção *lean* na Europa não foi das empresas europeias, mas de uma norte-americana, a Ford, que tentou aplicar na Europa o que havia aprendido no Japão.

Uma experiência do nosso grupo resume perfeitamente essa situação. Em 1982, enquanto visitávamos uma montadora francesa na região de Paris, encontramos um jovem engenheiro. Ele havia retornado à fábrica após uma visita de um ano e meio a uma montadora japonesa no Japão. Ele estava transbordando de entusiasmo pelo contraste entre a produção *lean*, como a havia descoberto quase que por acidente no Japão, e as práticas de produção em massa de sua própria empresa. Ele estava ansioso para introduzir as técnicas da produção *lean* o mais rapidamente possível. Sua principal preocupação era por onde começar e como capturar a atenção da gerência sênior.

Nossa discussão foi interrompida por um evento marcante – uma ação industrial violenta envolvendo duas facções dos colaboradores norte-africanos que ocupavam praticamente todos os trabalhos de produção na fábrica. Esses colaboradores eram representados por dois sindicatos separados e estavam enredados em uma disputa sobre regras de trabalho. À medida que a tensão

**246** Parte III ■ Difundindo a produção *lean*

entre as duas facções crescia em direção a um confronto no qual um grande número de veículos acabados foi vandalizado, os gerentes da fábrica aconselharam nossa equipe a sair. Desejamos ao jovem engenheiro sorte na implementação da produção *lean*, enquanto partíamos às pressas.

No outono de 1989, por acaso, encontramos o mesmo engenheiro em uma das fábricas provinciais da empresa, onde ele era chefe de fabricação. Perguntamos o que havia acontecido com seus esforços para instituir a produção *lean*. Por um momento, ele pareceu não entender a pergunta, mas depois se lembrou do nosso encontro inicial e nos deu uma reinterpretação notável dos eventos: o verdadeiro problema, ele concluiu, eram os colaboradores estrangeiros que trabalhavam nas fábricas de automóveis em Paris. Nas províncias, no entanto, os colaboradores estrangeiros não eram um problema. Todos eram franceses, e prevalecia um espírito de cooperação; ele colocava sua fábrica atual acima de qualquer outra no mundo.

Tivemos certa dificuldade para continuar a conversa nesse momento, porque a pesquisa que havíamos acabado de concluir mostrava que a fábrica necessitava de três vezes mais esforço e cometia três vezes mais erros do que as melhores fábricas de produção *lean* do Japão para produzir um produto comparável. Além disso, a quantidade de espaço e os níveis de estoque em sua fábrica eram muito maiores que o nível japonês, e a fábrica francesa estava focada em um único produto e um único estilo de carroceria em cada uma de suas linhas de produção.

Em resumo, como sua empresa não enfrentava o desafio de um produtor *lean*, ele não era capaz de iniciar a mudança de mentalidade necessária para implementar a produção *lean*. O jovem portador da mensagem havia retornado da peregrinação e se adaptado à paisagem industrial familiar da produção em massa. Sentimos uma profunda sensação de tristeza quando saímos da fábrica.

## ■ Marcando o caminho para a produção *lean*

Nós do IMVP fomos peregrinos, os primeiros a trabalhar nas melhores instalações de produção *lean* – tudo isso no Japão até muito recentemente –, e depois voltamos às fortalezas da produção em massa na América do Norte e na Europa. Acreditamos que viajamos mais longe e fizemos mais comparações do que qualquer outra pessoa, dentro ou fora da indústria de veículos automotivos. Então, a que pé estamos no caminho da difusão global da produção *lean*? E o que deve acontecer para o mundo inteiro adotar esse sistema?

Capítulo 9 ■ Confusão sobre difusão **247**

Lembre-se de que, na prática, existem apenas duas maneiras de a produção *lean* se difundir em todo o mundo. Os produtores *lean* japoneses podem difundi-la construindo fábricas e assumindo empresas no exterior, ou os produtores em massa norte-americanos e europeus podem adotá-la por conta própria. Quando for revelado qual desses métodos será o dominante, teremos profundas implicações para a economia mundial nesta década.

## ■ Difusão através do investimento japonês na América do Norte

A mudança do Japão para o exterior começou a conta gotas nos anos 60. Sua primeira grande iniciativa foi a fábrica de motores e montagem da Nissan no México em 1958. Não aconteceu mais nada por um longo tempo – a menos que você conte as montadoras de volume extremamente baixo ("fábricas de *kits*", como se diz no setor), geralmente administradas por pessoas licenciadas, em vez de serem administradas pela própria empresa japonesa, em mercados protegidos de países em desenvolvimento. Por exemplo, em 1966, quando o governo brasileiro proibiu novas importações de veículos completos, a Toyota começou a montar conjuntos de peças para seu veículo utilitário Land Cruiser.

A Honda fez o primeiro investimento estrangeiro sério em seu complexo de Marysville, Ohio, que começou a ser montado em 1982. Uma vez que a empresa estava firmemente comprometida no exterior – e tornou-se evidente que as diferenças de moedas e barreiras comerciais persistentes (p. ex., o Acordo de Restrição Voluntária nos carros japoneses acabados que entravam nos Estados Unidos) tornavam inevitável o investimento estrangeiro –, todas as empresas japonesas correram para seguir a liderança da Honda na América do Norte.

O grande número de empresas automotivas japonesas (onze) e a intensidade de sua rivalidade levaram a um grande *boom* de investimentos, como mostra a Tabela 8.1, no capítulo anterior.

As fábricas de montagem vieram primeiro, seguidas pelas de motores e agora por uma grande variedade de fábricas de peças. Além disso, o fluxo de investimentos ainda está se ampliando. A Honda, a Nissan e a Toyota anunciaram planos para projetar veículos completos na América do Norte no final dos anos 90. Com essa etapa, eles concluirão o processo de construção de um sistema de fabricação de ponta a ponta. As outras empresas japonesas certamente seguirão os passos.

A velocidade e a escala desse processo são realmente extraordinárias. Na verdade, nada assim jamais ocorreu na história industrial. De fato, entre

**248** Parte III ■ Difundindo a produção *lean*

1982 e 1992, os japoneses construíram no centro-oeste dos Estados Unidos uma indústria automotiva maior que a do Reino Unido, da Itália ou da Espanha e quase do tamanho da indústria francesa. No final dos anos 90, as empresas japonesas representarão pelo menos um terço da capacidade de produção de automóveis na América do Norte – talvez muito mais – e terão a capacidade de projetar e fabricar veículos inteiros em uma cultura totalmente estrangeira, a 12.000 quilômetros de suas origens.

Além disso, se a política permitir, esses investimentos continuarão até que as empresas norte-americanas revitalizem suas operações e mantenham sua posição no mercado ou sejam eliminadas.

Por outro lado, a Ford estabeleceu uma montadora inicial na Europa em 1911, adicionou a fabricação completa em dois locais – Dagenham, Inglaterra, e Colônia, Alemanha – em 1931 e concluiu o processo com uma equipe completa de desenvolvimento de produtos em 1961. Foram necessários cinquenta anos para a Ford realizar o que os japoneses podem alcançar em quinze. A General Motors não foi mais rápida que isso. Ela comprou a pequena empresa Opel na Alemanha em 1925, mas só mudou para a produção em grande escala após a Segunda Guerra Mundial e não implementou um sistema completo de desenvolvimento de produtos até meados da década de 1960. A Chrysler não tentou montagem e fabricação estrangeira até o final da década de 1960 e logo desapareceu de cena. A crise da empresa no final da década de 1970 a forçou a vender suas operações na Europa.[16] Mesmo assim, no final da década de 1960, a Europa estava cheia de boatos sobre o "desafio norte--americano", em que as multinacionais norte-americanas eram vistas como ameaças que dominariam toda a indústria automotiva da Europa.[17]

## ■ Japonês não é sinônimo de *lean*

Na empolgação proveniente das empresas de transição, muitas pessoas parecem esquecer um ponto que enfatizamos no Capítulo 4: não são todas as empresas de transição na América do Norte que têm o mesmo desempenho. A fábrica com melhor desempenho, a empresa Y, levou 18,8 horas para executar nossas tarefas de montagem padrão em nosso carro padrão e precisou de cerca de 0,46m² de espaço de fábrica por ano por carro. Uma concorrente localizada nas proximidades, a empresa Z, precisava de 23,4 horas por carro e usava um pouco mais de 1,20m² de espaço de fábrica, de longe o uso menos eficiente de espaço em toda a nossa amostra mundial.

Ambas as fábricas são japonesas, mas uma é muito mais *lean* que a outra. O que explica essa diferença muito substancial no desempenho?

Um motivo: a empresa Z não é tão proficiente na produção *lean* no Japão. Suas fábricas também ficam atrás da empresa Y em termos de desempenho. De novo, devemos enfatizar que *"lean"* não é igual a "japonês". Embora o desempenho médio do Japão seja muito impressionante, algumas empresas japonesas parecem ter sido inspiradas mais por Henry Ford do que por Taiichi Ohno, enquanto outras no Ocidente – ironicamente, a Ford Motor Company é o melhor exemplo – modificaram bastante suas fábricas e chegaram perto do *lean* na década de 1980.

Um segundo motivo para a diferença de desempenho entre as melhores e as piores empresas de transição é que a empresa Z delega a maioria dos aspectos operacionais de sua fábrica, incluindo *design* e leiaute, aos norte-americanos atraídos de Detroit. É provável que essa abordagem traga riscos graves, como quando analisamos a tentativa da Ford de transferir a produção em massa para a Europa em 1911 – ou seja, os gerentes, que não compreendem totalmente e não se comprometem com o sistema de produção da empresa, podem não conseguir introduzir ou sustentar a produção *lean* em um novo ambiente. A abordagem de alto desempenho da empresa Y é enviar um grande número de gerentes experientes do Japão para administrar sua fábrica nos Estados Unidos, o que está gerando grandes resultados, exatamente comparáveis, na verdade, ao desempenho da empresa no Japão.

A diferença, devemos enfatizar, não é que os gerentes da empresa Y sejam japoneses – ou de qualquer outra nacionalidade –, mas que coletivamente possuem muitos anos de experiência e *know-how* para fazer com que a produção *lean* funcione de maneira consistente nas fábricas de montagem. Como enfatizou um executivo sênior da empresa Y em uma entrevista: "Acreditamos que nosso sistema de produção, com suas muitas nuances, possa ser aprendido por qualquer pessoa… mas são necessários dez anos de prática sob orientação de especialistas".

Se aceitarmos a estimativa desse gerente sobre o tempo e o pessoal necessários para transferir a produção *lean* – e nós aceitamos –, as melhores empresas japonesas podem ser limitadas quanto à rapidez com que podem construir operações de produção estrangeiras. Com uma quantia limitada de gerentes experientes nas habilidades linguísticas necessárias para operar em ambientes estrangeiros, talvez nunca seja possível para essas empresas ir tão rápido quanto gostariam na abertura de novas fábricas.

Igualmente significativo, os governos estrangeiros podem atrasar os esforços das empresas japonesas, limitando o número de gerentes expatriados que permitem trabalhar em seus países. O governo dos Estados Unidos, por exemplo, adotou uma linha cada vez mais rigorosa aos japoneses que

**250** Parte III ■ Difundindo a produção *lean*

administram as empresas de transição, aparentemente com a convicção de que o objetivo delas é criar empregos para os norte-americanos. Portanto, é ingênuo assumir que a produção *lean* pode ser transicionada instantaneamente pelos japoneses – assim como é ingênuo pensar que todas as empresas japonesas serão igualmente *lean* e competitivas à medida que se mudam para o exterior. Na verdade, devido às fraquezas no *design* e no *marketing* de produtos, é até possível que algumas dessas empresas de transição abertas recentemente pelas empresas japonesas mais fracas possam falhar.

## ■ Difusão através da aprendizagem das empresas norte-americanas

Mas e os norte-americanos? Onde eles se posicionam no caminho da transição para a produção *lean*? Sem dúvida, a indústria dos Estados Unidos como um todo está melhorando nas operações da fábrica. Toda empresa melhorou consideravelmente. Entretanto, a GM e a Chrysler melhoraram suas operações basicamente fechando as piores fábricas, como a GM Framingham, em vez de melhorar todas as fábricas. A fábrica de montagem da Chrysler St. Louis 1 ilustra esse processo.

A St. Louis 1 montava 210.000 modelos Dodge Daytona e Chrysler LeBaron com uma mão de obra de 3.400 colaboradores. As melhores empresas japoneses de transição conseguem montar o mesmo número de carros com cerca de 2.100 colaboradores. A Chrysler e seu sindicato enfrentaram uma escolha simples: converter a produção em massa para produção *lean*, deslocando 1.300 colaboradores, ou fechar completamente. Nem a empresa nem o sindicato encontraram uma maneira de fazer a transição para a produção *lean*, e a fábrica será fechada no início de 1991.

Esse resultado se repetiu na GM e na Chrysler nos últimos três anos, como mostra a **Tabela 9.1**. As duas empresas fecharam juntas nove fábricas norte-americanas, sem converter nenhuma para a produção *lean*.[18] Enquanto esse processo continua, a GM e a Chrysler estão envolvidas em uma sensação cada vez mais profunda de melancolia, na qual uma retirada lenta nunca parece desencadear a crise que poderia livrá-las do impasse de pensamentos ultrapassados da administração e das relações sindicato-empresa e levar à revitalização.

A Ford, como vimos, fez bom uso da crise de 1981 e da peregrinação a Hiroshima e encontrou maneiras de igualar a produtividade das empresas de transição. Estamos preocupados, entretanto, que seu desempenho seja melhor quando concentra suas fábricas em um único modelo com apenas algumas

## Tabela 9.1

Fábricas de montagem norte-americanas abertas ou fechadas pelas empresas de automóveis norte-americanas, 1987-1990

| Empresa | Fábrica | Ano de fechamento | Capacidade |
|---|---|---|---|
| *Fechamentos (10)* | | | |
| GM | Detroit, Michigan | 1987 | 212.000 |
| GM | Norwood, Ohio | 1987 | 250.000 |
| GM | Leeds, Missouri | 1988 | 250.000 |
| Chrysler | Kenosha, Wisconsin | 1988 | 300.000 |
| GM | Pontiac, Michigan | 1988 | 100.000 |
| GM | Framingham, Massachusetts | 1989 | 200.000 |
| GM | Lakewood, Georgia | 1990 | 200.000 |
| Chrysler | Detroit, Michigan | 1990 | 230.000 |
| Chrysler | St. Louis, Missouri | 1990 | 210.000 |
| GM | Pontiac, Michigan | 1990 | 54.000 |
| *Aberturas (1)* | | | |
| GM (Saturn) | Spring Hill, Tennessee | 1990 | 250.000 |
| Redução líquida de capacidade, 1987–1990 | | | 1.756.000 |

opções. Em fábricas com um complexo conjunto de modelos, o desempenho da Ford é muito menos impressionante. Portanto, a empresa percorreu apenas parte do caminho até o *lean*, mesmo na fábrica. De qualquer forma, a Ford teve um começo ousado e ganhou tempo para aperfeiçoar sua própria versão da produção *lean*.

Como vimos no Capítulo 6, os norte-americanos começaram a racionalizar seu sistema de fornecedores. O número de fornecedores para cada empresa foi muito reduzido, e a atitude em relação à qualidade foi fundamentalmente transformada. Mas ainda há muito a ser feito.

Também encontramos sinais claros da intenção de avançar em direção ao *lean* na área de desenvolvimento de produtos. Infelizmente, nenhum produto lançado até o momento se beneficiou de um processo *lean* de fato, e é preciso esperar até que um produto seja totalmente desenvolvido e introduzido no mercado antes de tirar conclusões sobre seu desenvolvimento. As melhorias

**252** Parte III ■ Difundindo a produção *lean*

instituídas em 1990 serão claramente aparentes apenas se o novo modelo aparecer em 1993 ou 1994 – isto é, entre três anos e três anos e meio, e não em cinco, como costuma acontecer – e com um nível bastante reduzido de departamento de engenharia. Entretanto, até agora não temos evidências claras de que as empresas norte-americanas possam acompanhar as melhores empresas japonesas em termos de tempo e esforço de desenvolvimento, apenas reduzir drasticamente os níveis e prazos tradicionais de esforço, mesmo se as melhores empresas japonesas tiverem um aumento nesses indicadores.

Há cinco anos, as montadoras japonesas consideravam quarenta e dois meses um ritmo satisfatório de desenvolvimento. Hoje, as melhores empresas estão falando de vinte e quatro meses como uma meta razoável. Portanto, o *lean* continua progredindo, e os futuros produtores em massa ocidentais precisarão se mover rapidamente para alcançá-los.

## ■ A conclusão para a América do Norte: uma década de tensão intensa

Por uma perspectiva, a transição para a produção *lean* está ocorrendo com velocidade e suavidade notáveis – as empresas de transição demonstraram que a produção *lean* pode prosperar na América do Norte, e algumas das empresas norte-americanas também mostram sinais de dominar o novo sistema. Além disso, apesar das previsões generalizadas de uma crise de excesso de capacidade, o avanço delas até agora foi quase perfeitamente sincronizado com a retirada das empresas norte-americanas. Entre 1987 e 1990, as importações do Japão de unidades concluídas, carros e caminhões leves, caíram cerca de 1 milhão de unidades, e 2 milhões de unidades de capacidade de propriedade norte-americana foram retiradas. Ao mesmo tempo, foram adicionados 2,5 milhões de unidades de capacidade nas empresas japonesas de transição. Assim, com as importações em declínio e a capacidade reduzida, a nova capacidade das empresas de transição foi excedida em 500.000 unidades, e a utilização real da capacidade em 1990 ficou apenas ligeiramente abaixo do nível de 1987, sendo a queda devida a vendas mais baixas em 1990 em comparação com 1987.[19]

Em outro nível, entretanto, muitos problemas ainda precisam ser superados para que a América do Norte evite o destino europeu da década de 1920, quando as reformas na produção foram adiadas por uma geração. Muitas dessas dificuldades são internas ao próprio sistema de produção, enquanto outras são políticas; algumas são ambas. Elas incluem:

- O padrão cíclico do mercado de veículos automotivos dos Estados Unidos, que é incompatível com a produção *lean*.
- Noções norte-americanas de carreiras, que também são incompatíveis com a produção *lean*.
- O fato de que o rápido declínio de empresas de propriedade dos Estados Unidos e do Canadá, que muitos consideram instituições nacionais, provavelmente será mais do que os políticos e o público geral conseguem aceitar.

Vamos dar uma olhada em cada um desses problemas.

## ■ A produção *lean* no mar de ciclicidade

Os ocidentais estão acostumados com a ideia do ciclo de negócios. Como a gravidade, ele simplesmente existe, embora ninguém saiba exatamente o porquê. Ninguém gosta dele, e contramedidas têm sido propostas com frequência, sendo a mais recente a gestão macroeconômica keynesiana. Até o momento, nenhuma funcionou.

A produção em massa é, na verdade, um sistema idealmente adequado à sobrevivência de grandes empresas em uma economia altamente cíclica. Tanto os colaboradores quanto os fornecedores são considerados custos variáveis. Quando o mercado cai, as montadoras abandonam a estabilidade humana e organizacional e esperam encontrar seus colaboradores e fornecedores exatamente onde foram deixados quando as condições melhorarem. As **Figuras 9.1** e **9.2** mostram o padrão da demanda e da produção nos Estados Unidos pelos últimos quarenta anos.

A **Figura 9.3** mostra as consequências para os empregos na indústria automotiva dos Estados Unidos. (Perceba que a contratação de profissionais assalariados tem sido muito mais estável do que a dos horistas, que constituem a maior parte da mão de obra.)

O problema com o padrão norte-americano é que ele é extremamente corrosivo para as relações pessoais vitais no núcleo de qualquer processo de produção. Os colaboradores da produção em massa não têm ilusões de que seu empregador vai estar sempre ao seu lado. Na verdade, a função mais importante dos sindicatos de produção em massa é negociar os direitos de senioridade e compensar as demissões. Da mesma forma, os fornecedores das montadoras de produção em massa não têm ilusões sobre um destino compartilhado. Quando os tempos são ruins, é cada empresa por si. Os fornecedores, por sua vez, abandonam seus próprios colaboradores e subcontratados.

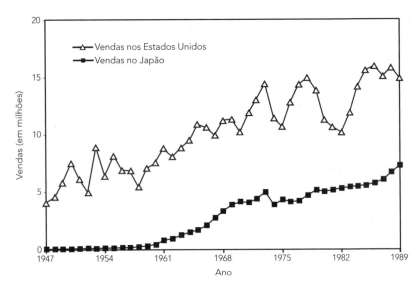

**Figura 9.1**
Ciclicidade do mercado de veículos automotores.

**Fonte:** Vendas nos Estados Unidos: Motor Vehicle Manufacturers Association, *Motor Vehicle Facts and Figures*. Vendas no Japão: Japan Automobile Manufacturers Association, *Motor Vehicle Statistics of Japan*.

Como observado, a consequência disso é uma distinta falta de comprometimento por parte dos colaboradores e fornecedores.

A produção *lean*, por outro lado, é inerentemente um sistema de obrigação recíproca. Os colaboradores compartilham um destino com seu empregador, e os fornecedores compartilham um destino com a montadora. Quando o sistema funciona corretamente, ele gera uma vontade de participar ativamente e de iniciar as melhorias contínuas que estão no coração do *lean*.

Mas esse sistema pode funcionar em uma economia cíclica? Como mostram as Figuras 9.1 e 9.2, o problema nunca surgiu no Japão porque nem o mercado doméstico de automóveis nem a produção nacional são cíclicos. Como produtora global de automóveis de baixo custo e alta qualidade até muito recentemente, a indústria doméstica japonesa sempre foi capaz de superar as quedas nos mercados de exportação ao cortar margens. Na verdade, a *maior* contração da produção no Japão dos últimos quarenta anos é menor que a menor contração na América do Norte.

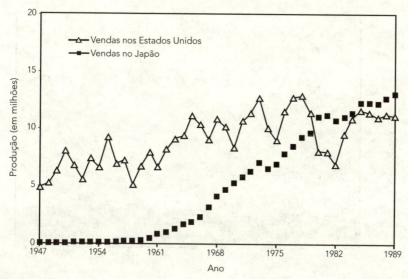

**Figura 9.2**
Ciclicidade da produção de veículos automotores, Estados Unidos em comparação ao Japão, 1946-1989.
Fonte: *Automotive News Market Data Book.*

O que acontece quando produtores *lean*, japoneses ou norte-americanos, encontrarem as dificuldades do mercado cíclico da América do Norte (e, em menor grau, da Europa)? Um executivo da General Motors nos deu uma resposta quando analisou uma versão das Figuras 9.1 e 9.2 durante uma entrevista: "Quando os produtores japoneses [que são *lean*] encontrarem essas gigantescas ondas no mercado, eles rapidamente se tornarão tão medíocres quanto nós. Eles terão que começar a contratar e demitir colaboradores e fornecedores e acabarão se tornando produtores em massa em pouco tempo".

Não temos tanta certeza, mas achamos que essa é uma questão vital sobre a qual quase ninguém no Ocidente pensou muito: a gestão da macroeconomia pode ter um efeito dramático de longo prazo na qualidade fundamental do sistema de produção doméstico. Os colaboradores públicos que periodicamente acham necessário quebrar as expectativas inflacionárias deflacionando a economia podem precisar pensar novamente nas prováveis consequências disso para o sistema de produção. Se os recém-nascidos produtores *lean* agirem para se salvar de uma crise acentuada, descartando seu ativo mais valioso

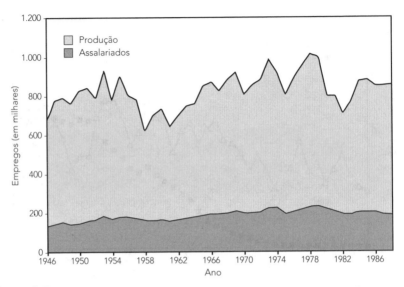

**Figura 9.3**
Emprego na indústria dos Estados Unidos de veículos automotores, 1946-1989.

**Nota:** Os números incluem todos os empregos da Classificação Industrial Padronizada 371, "veículos automotores e peças".
**Fonte:** Departamento de Trabalho dos Estados Unidos, Secretaria de Estatísticas Trabalhistas.

– seus colaboradores –, o custo real da má gestão macroeconômica ocidental pode se mostrar ainda maior no futuro do que foi no passado.

Mais positiva, a adoção generalizada da produção *lean* pode diminuir a inflação e o ciclo de negócios. Embora a produção em massa seja ideal para a sobrevivência de grandes empresas através de ciclos profundos de demanda, ela também incentiva o ciclo. Ou seja, sua propensão a estoques maciços, tanto de peças quanto de unidades acabadas, parece exacerbar o ciclo: conforme a inflação aumenta, os estoques são construídos de acordo com as expectativas de preços ainda mais altos. Essa medida eleva ainda mais os preços. Então, quando a economia cai repentinamente, os estoques acumulados são eliminados, aprofundando a crise fluxo acima do sistema de produção.

Alguns observadores até se perguntaram se a falta de um mercado cíclico de bens duráveis no Japão é resultado direto da produção *lean*: um sistema altamente flexível e sem estoque pode reduzir de maneira significativa a ciclicidade.

Os japoneses têm outro amortecedor de ciclo em seu arsenal na forma de compensação flexível. A maioria dos colaboradores de todos os níveis das empresas japonesas recebe grande parte de sua remuneração – até um terço – na forma de bônus diretamente relacionado à lucratividade da empresa. Portanto, quando o mercado cai, pelo menos em teoria, a empresa pode reduzir drasticamente os preços devido aos custos operacionais mais baixos e restaurar a produção ao seu nível anterior.

Na verdade, esse sistema foi testado apenas em empresas como a Mazda, que passaram por uma crise independente das condições gerais do mercado. O motivo é que não havia ciclos profundos na economia japonesa em geral, portanto não havia teste real da tolerância dos colaboradores a grandes cortes salariais.[20]

# ■ "Carreiras" ocidentais *versus* a "comunidade" japonesa

Esse ponto leva diretamente a uma segunda questão que confronta o futuro da produção *lean* no Ocidente. Por que colaboradores de empresas que cortam salários temporariamente não saem em busca de melhores oportunidades em outras empresas ou setores? A resposta no Japão é simples: por convenção, praticamente todas as contratações de empresas são apenas de baixo para cima e, como observado, a remuneração dentro da empresa é baseada principalmente no tempo de casa. Trocar de empresa seria inútil porque o colaborador quase sempre estaria em pior situação, começando de baixo em outro lugar em vez de esperar que a situação melhore com o empregador atual.

Obviamente, essa situação não prevalece no Ocidente. Além disso, como apontamos no Capítulo 5, as noções ocidentais de carreira são bem diferentes das necessidades da produção *lean*.

A maioria dos colaboradores no Ocidente valoriza muito a habilidade portátil – algo que eles podem levar consigo se as coisas não derem certo em uma empresa em particular. Esse conceito está intimamente ligado aos sistemas educacionais ocidentais, que enfatizam competências distintas e avaliam os alunos para provar que as habilidades foram alcançadas. Essa preocupação com as habilidades é muito semelhante à mentalidade do artesão, que era – e ainda é – obcecado em manter suas habilidades portáteis, embora os profissionais no Ocidente raramente enxerguem esse paralelo.

**258** Parte III ■ Difundindo a produção *lean*

Entretanto, como vimos, para o sistema de produção *lean* ter sucesso, ele precisa de generalistas dedicados, dispostos a aprender muitas habilidades e aplicá-las em um ambiente de equipe. O problema, como também observamos no Capítulo 5, é que o brilhante jogo em equipe qualifica os colaboradores para mais e melhores jogos na mesma equipe, mas torna progressivamente mais difícil sair. Portanto, existe o perigo de os colaboradores se sentirem presos em organizações *lean* e reterem seu conhecimento ou até sabotarem ativamente o sistema. As empresas ocidentais, se quiserem se tornar mais *lean*, precisarão pensar muito mais cuidadosamente sobre os sistemas de colaboradores e planos de carreira que existem até o momento.

# ■ A política de uma transição dolorosa

Em nossa discussão até agora, simplesmente relatamos o óbvio: a produção *lean* está se difundindo de forma rápida na América do Norte, mas principalmente sob a liderança de empresas japonesas. Entretanto, ao longo da história da humanidade, o investimento e a propriedade de estrangeiros parecem sempre operar à margem, testando continuamente a tolerância dos países anfitriões. Mudanças recentes nas atitudes norte-americanas confirmam esse ponto.

Inicialmente, o governo dos Estados Unidos ficou entusiasmado com o fato de os japoneses estarem investindo dinheiro em suas fábricas de automóveis. Ao mesmo tempo, os governos estaduais deram incentivos para que eles investissem em seu próprio estado, e não em outro. À medida que os investimentos cresciam, o público passou a aceitar as novas fábricas como parte da paisagem.

Recentemente, entretanto, um novo tom surgiu quando toda a lógica do investimento japonês começou a focar nos cargos públicos, em empresas de automóveis dos Estados Unidos, na UAW e em fornecedores dos Estados Unidos.

Primeiro, as empresas japonesas não acreditam que possam mudar as instalações de produção em massa existentes. Portanto, todas as instalações de transição são "solo fértil", como se diz no setor automotivo, ou fábricas inteiramente novas, com exceção da NUMMI, que era um semi-solo fértil, no sentido de ter sido permanentemente fechado pela General Motors dois anos antes de reabrir sob a administração da Toyota.

Em segundo lugar, os japoneses não estão construindo as fábricas de transição simplesmente para contornar barreiras comerciais ou por causa do

Capítulo 9 ■ Confusão sobre difusão **259**

iene temporariamente forte. Eles descobriram que podem fabricar carros na América do Norte tão bem quanto no Japão e, ainda mais importante, podem fabricar carros na América do Norte melhor do que duas de cada três empresas norte-americanas. Portanto, as instalações de transição continuarão crescendo até que as empresas norte-americanas melhorem seu desempenho e recuperem a iniciativa ou sejam eliminadas.

Em terceiro lugar, parece que o UAW não poderá organizar essas empresas de transição, cujos proprietários não têm conexões com as empresas norte-americanas. O sindicato foi seriamente derrotado em uma eleição na Nissan em 1989 e, até o momento, não conseguiu reunir as petições necessárias para uma eleição na Honda ou na Toyota. As fábricas Mazda, Diamond-Star (Mitsubishi-Chrysler) e CAMI (GM-Suzuki) foram organizadas, assim como a NUMMI, porque, em cada caso, a fábrica tem uma conexão com uma empresa sindicalizada dos Estados Unidos. Entretanto, a maioria dos observadores espera que as fábricas das três grandes montadoras japonesas (Toyota, Nissan e Honda) cresçam mais rapidamente. Em consequência, o UAW começou a se perguntar sobre seu futuro institucional se as empresas de transição não sindicalizadas continuarem a deslocar as fábricas sindicalizadas das Três Grandes dos Estados Unidos.

Se não conseguir organizar as fábricas, a única opção do UAW pode ser buscar um limite para sua expansão por meios políticos. Recentemente, o sindicato pediu que os veículos montados nas empresas de transição sejam subtraídos do número de carros que cada montadora japonesa pode importar sob o contínuo Acordo de Restrição Voluntária. O efeito lógico dessa política seria estabelecer limites permanentes de participação de mercado em cada empresa japonesa. Isso parece garantir a sobrevivência das empresas sindicalizadas de propriedade dos Estados Unidos.

Em quarto lugar, enquanto as empresas japonesas aumentam seu conteúdo doméstico de maneira rápida (ou seja, a fração do valor de um carro fabricado nos Estados Unidos), os fornecedores dos Estados Unidos estão aprendendo que não é fácil fornecer para as empresas de transição, por razões que examinamos no Capítulo 6, e que é difícil ganhar muito dinheiro com isso.

Juntando todos esses fatos, não é de se surpreender que membros do congresso dos Estados Unidos, os executivos de empresas e os líderes sindicais estejam começando a se perguntar se o sucesso indiscutível das empresas de transição é motivo de comemoração ou alarme. A indústria automotiva norte-americana tem todas as perspectivas de ser revitalizada para recuperar o desempenho de classe mundial durante os anos 90. O déficit comercial

**260**   Parte III ■ Difundindo a produção *lean*

maciço em veículos automotores provavelmente diminuirá ou até desaparecerá. Entretanto, essa máquina *lean* pode ser de propriedade estrangeira e não sindicalizada se os produtores em massa norte-americanos não melhorarem seu desempenho rapidamente.

Acreditamos que o período até 1992 será o mais tenso. Se a GM e a Chrysler não passarem por uma crise criativa, que rompa o impasse de ideias antigas e interesses limitados, e abrirem o caminho para a produção *lean* (e se a economia cair bastante durante esse período), temos grandes preocupações com o resultado. Mostramos como os planos podem dar errado quando discutimos a experiência europeia com a produção em massa.

## ■ A transição para a produção *lean* na Europa

Mas e a produção *lean* no atual reduto da produção em massa? Como vimos, a indústria automotiva europeia é hoje, depois de uma transição de cinquenta anos da produção artesanal, a principal defensora da produção em massa à moda antiga – alto volume, longas execuções de produtos, trabalho infinitamente fragmentado, qualidade "suficientemente boa" do produto, enormes estoques, grandes fábricas. E, como vimos na experiência do jovem gerente de fábrica francês, houve pouca pressão até agora para alcançar o *lean*. Mas essa pressão emergirá à medida que a década de 1990 se desdobrar.

Em primeiro lugar, o mercado pode não ser tão vigoroso quanto foi na década de 1980. Todos conseguem ganhar dinheiro em um mercado bom. E a abertura da Europa Oriental pode produzir um avanço sustentável para os anos 1990. Por outro lado, o crescente congestionamento, os problemas ambientais e a saturação na Europa Ocidental podem manter a demanda abaixo dos níveis recentes. Apenas uma pequena queda na demanda fará uma grande diferença na lucratividade das empresas europeias de grande volume, que dependem de níveis muito altos de utilização da capacidade em comparação com os norte-americanos.

Em segundo lugar, os norte-americanos aplicarão o que aprenderam em uma década de luta desesperada na América do Norte. A Ford já é o produtor mais eficiente da Europa, com exceção de algumas de suas operações inglesas, como a de Dagenham, que nunca adotaram a produção em massa.

Em terceiro lugar, e mais importante, os japoneses estão chegando. Na década de 1980, eles se dirigiram à América do Norte, um continente sem regras de conteúdo local para atrasar o início das fábricas de montagem e um

Capítulo 9 ■ Confusão sobre difusão **261**

mercado em que eles já haviam capturado uma participação de 22% antes da criação de barreiras comerciais.

Na Europa, por outro lado, os limites de mercado na França (3%), na Itália (cerca de 1%), no Reino Unido (11%) e na Espanha (tarifa de 40% para carros importados) mantiveram os japoneses em uma participação geral de 11%, e as regras de entrada para a fabricação – inventadas surpreendentemente pelo governo "de iniciativa privada" de Thatcher, no Reino Unido – incluíam a exigência de que o conteúdo doméstico atingisse 60% em dois anos após a inicialização e 80% em alguns anos.[21] Essas restrições, por sua vez, fizeram com que as empresas japonesas não conseguissem simplesmente construir fábricas de montagem. Elas precisam construir uma fábrica de motores e desenvolver fornecedores locais para uma série de componentes ao mesmo tempo, aumentando de forma considerável os custos de inicialização. Entretanto, os japoneses agora estão mostrando sua presença de maneira rápida, como mostrado anteriormente, na Tabela 8.1.

Muitos na Europa se parabenizaram pela postura agressiva em relação aos investimentos japoneses. Eles enxergam a abordagem norte-americana – ou seja, acesso praticamente livre ao mercado para qualquer empresa que queira construir uma fábrica de montagem que agregue 25% ou menos do valor total de cada carro – como extremamente ingênua. Os carros fabricados nas empresas de transição dos Estados Unidos não contam com uma cota de importações japonesas nas unidades acabadas. E isso vale mesmo que a montadora não faça nada além de parafusar as peças japonesas. Essa abordagem produz fábricas com apenas uma "chave de fenda", eles argumentam, com muito pouco valor agregado de fabricação. O coração da indústria, afirmam eles, continuará no Japão.

Em nossa opinião, não se trata de ser obstinado ou ingênuo, mas de entender a lógica interna da produção *lean*. É um sistema baseado fundamentalmente em fazer o máximo de fabricação possível no ponto de montagem final. Quando um produtor *lean* inicia o caminho para a montagem em um grande mercado regional, a lógica do sistema tende poderosamente a trazer as atividades de produção em sua integralidade, incluindo o desenvolvimento de produtos. E isso costuma acontecer rapidamente, como na América do Norte.

O efeito real das políticas europeias é a criação de uma transição muito mais difícil nos anos 1990. Ao iniciar o processo de adaptação, as empresas europeias tentaram aperfeiçoar a produção em massa, pois os japoneses continuaram aperfeiçoando o *lean*, e os europeus estão muito mais atrasados do que os norte-americanos estavam em 1980 – três ou quatro vezes mais atrasados em muitos países em termos de produtividade fundamental.

**262** Parte III ■ Difundindo a produção *lean*

Com base na experiência passada, as pressões aumentarão por uma política protecionista – por exemplo, limitações permanentes de participação no mercado da empresa, não importando onde o produto seja produzido. Na verdade, essa política foi defendida pelo presidente da Peugeot, Jacques Calvet. Fazer isso congelaria as atuais ineficiências dos produtores europeus e garantiria que eles ficassem ainda mais atrás dos produtores *lean* em outros lugares, um resultado desastroso.

Entretanto, esperamos que seja alcançado um compromisso em que a taxa de avanço japonês seja mais lenta, mas não interrompida pelas políticas locais, e que o período de transição para a produção *lean* se estenda até o próximo século. Por exemplo, a Comunidade Econômica Europeia (CEE) provavelmente estabelecerá uma cota geral para as importações japonesas na Europa e estabelecerá alguns requisitos de conteúdo para as montadoras se seus veículos montados lá não forem subtraídos da cota de importação. De qualquer forma, os investimentos japoneses serão permitidos nos países europeus, e a cota será reduzida com o tempo. Portanto, a indústria europeia de produção em massa precisa aprender a competir com os produtores *lean*.

# 10
# Completando a transição

Foram necessários mais de cinquenta anos para a produção em massa se espalhar pelo mundo. Será que a produção *lean* consegue se espalhar mais rápido? Certamente, achamos que é do interesse geral introduzir a produção *lean* em todos os lugares o mais rápido possível, o ideal seria ainda nesta década.

Na América do Norte, a implementação completa da produção *lean* pode eliminar o enorme déficit comercial de veículos. Estamos certos de que, quando não houver mais diferença entre as indústrias automotivas norte-americana e japonesa em termos de produtividade, qualidade do produto e capacidade de resposta às mudanças na demanda do mercado, o natural é que o comércio fique mais ou menos equilibrado.

Na Europa, a atual líder em produção em massa clássica, a produção *lean* pode triplicar muito rápido a produtividade da indústria de veículos, proporcionando empregos mais gratificantes para os operários, engenheiros e gerentes de nível médio. Ela também pode equilibrar o comércio de veículos na Europa.

Em muitos países em desenvolvimento, a produção *lean* é um meio de desenvolver rapidamente habilidades de fabricação de classe mundial sem grandes investimentos de capital. Esses países só precisariam encontrar mercados para suas novas capacidades industriais, um ponto ao qual retornaremos em breve.

**264** Parte III ■ Difundindo a produção *lean*

Na verdade, o argumento para que essa mudança aconteça rapidamente é muito forte. Neste capítulo, oferecemos algumas ideias práticas sobre como a transição para a produção *lean* pode ser concluída até o final deste século.

# ■ Três obstáculos no caminho

## Obstáculo 1: os produtores em massa ocidentais

É fácil de identificar o maior obstáculo no caminho de um mundo *lean*: a resistência das grandes empresas de produção em massa que sobraram da era anterior da indústria mundial. Essas empresas – General Motors, Renault, Volkswagen, Fiat – são tão grandes e importantes no cenário industrial da América do Norte e da Europa Ocidental que nenhum governo pode permitir que elas venham a falir de repente. Entretanto, muitas se mostraram incapazes de reformar seus caminhos na década de 1980.

Além disso, a maioria dos meios convencionais que os governos usam para ajudar as empresas domésticas são contraproducentes no longo prazo. Já observamos o efeito negativo das cotas negociadas pelos governos dos Estados Unidos e da Europa no início desta década. Embora as cotas tenham sido úteis para enviar um sinal aos japoneses de que a fabricação estrangeira seria necessária no longo prazo (em um momento em que as moedas enviavam exatamente a mensagem oposta no curto prazo), elas geravam lucros maciços para as empresas japonesas usarem no financiamento de suas campanhas de investimento direto na América do Norte e na Europa.

Achamos que não é prático nem desejável que essas grandes empresas ocidentais sejam deixadas de lado pelos produtores *lean* japoneses, mas elas precisam de soluções mais criativas do que as propostas de maneira convencional. Essas soluções devem assumir várias formas:

- Em primeiro lugar, todo produtor em massa precisa de um concorrente *lean* nas proximidades. Descobrimos que os gerentes de nível intermediário e os colaboradores de uma empresa de produção em massa começam a mudar apenas quando enxergam um exemplo de produção *lean* que seja concreto e esteja próximo, afastando as explicações culturais e econômicas para o sucesso do outro fabricante. As fábricas de produção em massa dos Estados Unidos, Canadá e Reino Unido agora têm produtores *lean* próximos a elas, mas os países da Europa continental estão muito atrasados. Seu desempenho relativo em nossa pesquisa de produtividade mostra o resultado.

Até então, norte-americanos, canadenses e ingleses haviam tido apenas exemplos de práticas *lean* em fábrica para examinar de perto. É só agora que as operações *lean* de pesquisa e desenvolvimento estão sendo estabelecidas nas proximidades. Por isso, os norte-americanos e ingleses não fizeram progressos significativos na adoção do *design lean*, mas esperamos ver uma rápida melhoria em breve. Essa tendência já está ocorrendo nos sistemas de fornecedores, onde muitos norte-americanos estão aprendendo melhores métodos de trabalho com as instalações de transição. Eles estão usando esse conhecimento para melhorar seus relacionamentos com as montadoras dos Estados Unidos. Portanto, as melhorias, que normalmente esperamos vir de cima para baixo – as montadoras trabalhando para ajudar seus fornecedores –, estão vindo de baixo para cima.

- Em segundo lugar, os produtores em massa do Ocidente precisam de um sistema melhor de financiamento industrial, um que exija que eles sejam melhores ao fornecer as grandes quantias necessárias para transformar essas grandes empresas. Atualmente, a maior parte do debate na área financeira concentra-se em fundos de baixo custo para empresas ocidentais e em maneiras de desmantelar o sistema do grupo japonês. Tais propostas são, sem dúvida, bem-intencionadas, mas perdem o ponto: dar aos produtores em massa mais dinheiro para gastar no desenvolvimento ineficiente de produtos, nas operações ineficientes da fábrica e em equipamentos mais sofisticados do que precisam apenas piora a situação no longo prazo. E desmontar o sistema do grupo japonês seria eliminar o sistema mais dinâmico e eficiente de finanças industriais que o mundo já criou.

- Em terceiro lugar, a maioria dos produtores em massa precisará de uma crise, o que chamamos de crise criativa, para mudar de forma efetiva. A Ford, como vimos, passou por uma crise em 1982. A empresa chegou tão longe que os executivos seniores foram praticamente lançados aos leões. O resultado: uma empresa anteriormente atormentada por dissensões internas, enquanto os executivos tentavam avançar em suas próprias carreiras, e os colaboradores buscavam salários e benefícios separados dos ganhos de produtividade, subitamente teve um novo senso de propósito e espírito de equipe para se salvar do esquecimento. Mudanças organizacionais que pareciam impossíveis se tornaram subitamente fáceis. A GM e os produtores em massa europeus, por outro lado, tiveram períodos de baixos lucros e crises por outros motivos, mas nunca tiveram a sensação de que toda a sua abordagem à produção estivesse condenada. Então, eles parecem estar morrendo de forma lenta e imperceptível, enquanto os produtores *lean* do mundo, agora incluindo a Ford, ganham terreno constantemente.

**266** Parte III ■ Difundindo a produção *lean*

O truque para investidores e banqueiros, quando a crise chegar, é oferecer ajuda – mas apenas em troca dos planos realistas da empresa para alcançar desempenho de classe mundial convertendo-se em uma empresa de produção *lean*. Os governos também podem ajudar, estabelecendo programas de treinamento para os colaboradores que não são mais necessários para a empresa. Esses colaboradores são o foco do problema da conversão. Isso ocorre porque os colaboradores das fábricas de produção em massa não adquirem habilidades. Portanto, quando uma empresa de produção em massa entra em colapso, a maioria deles se qualifica apenas para os empregos de nível mais básico em outros setores. Treinar esses colaboradores para um trabalho significativo será essencial.

De fato, um grande problema na conversão da produção em massa para a produção *lean* é que, em um mercado altamente competitivo no qual o crescimento das ações é impraticável, uma parte significativa da mão de obra não é mais necessária. Se os grandes produtores europeus se convertessem hoje à produção *lean* sem ganhar participação de mercado, eles precisariam de menos da metade de sua mão de obra atual. Sem dúvida, o mercado de carros e caminhões aumentaria à medida que a concorrência diminuísse os preços, mas não é realista pensar que a redução de mão de obra possa ser evitada.

Um dos princípios mais importantes do Sistema Toyota de Produção é nunca variar o ritmo de trabalho. Portanto, à medida que práticas eficientes são introduzidas na fábrica ou na oficina de *design* ou quando a taxa de produção diminui, é vital tirar os colaboradores desnecessários do sistema para manter a mesma intensidade de trabalho. Caso contrário, o desafio da melhoria contínua será perdido. O mesmo se aplica às empresas de produção em massa que se convertem em produção *lean*. Colaboradores em excesso devem ser retirados completa e rapidamente do sistema de produção para que os esforços de melhoria não sejam prejudicados.

Empresas como a GM tentaram fazer isso criando bancos de empregos para que esses colaboradores fossem treinados para outras funções na empresa. O problema é que, realisticamente, nunca haverá outras funções nas empresas de produção em massa, e a capacidade das empresas de financiar os bancos de empregos também cairá com o tempo. Portanto, pode ser necessário algum tipo de apoio público aos bancos de empregos, e os colaboradores terão que ser treinados para cargos fora das indústrias de fabricação tradicionais. Essa ideia encontra muita resistência de funcionários do governo e de líderes sindicais em muitos países ocidentais, o primeiro por causa do custo inicial para os governos, e o segundo porque o sindicato perde força à medida que os colaboradores deixam suas empresas. Entretanto, a abordagem

Capítulo 10 ■ Completando a transição **267**

alternativa de sustentar os produtores em massa por meio de barreiras comerciais e de investimento, para que dessa forma eles possam se dar ao luxo de continuar usando ineficientemente o esforço humano, é muito mais cara no longo prazo.

## Obstáculo 2: pensamento obsoleto sobre a economia mundial

Não muito tempo atrás, a maioria das pessoas pensava que a economia mundial avançava ao mover a produção padronizada e de preço baixo – como automóveis e caminhões pequenos – para novas fábricas de produção em massa em países recém-industrializados. Na década de 1970, a ascensão do Japão era frequentemente explicada dessa forma.

Há alguns anos, quando iniciamos nosso projeto, muitos esperavam que o Japão logo descobriria que não podia mais competir na exportação de pequenas vans e caminhões por causa do fortalecimento do iene e de seu efeito nos salários dos japoneses. A Coreia do Sul, o Taiwan, a Tailândia e a Malásia, países com baixos salários e uma mão de obra instruída e diligente, se tornariam, coletivamente, o próximo Japão. Argumentava-se que esses países construiriam muito rápido suas economias da mesma forma que o Japão – através da exportação de carros e caminhões pequenos para os Estados Unidos e para a Europa, substituindo os produtos japoneses no processo.

Nunca concordamos com essa visão porque sabíamos que a produção *lean* é mais do que compatível com a produção em massa de baixos salários. Em primeiro lugar, a produção *lean* aumenta muito o limiar de qualidade aceitável para um nível que a produção em massa, principalmente nos países de baixa remuneração, não consegue igualar de forma fácil. Em segundo lugar, a produção *lean* oferece uma variedade de produtos em constante expansão e respostas rápidas às mudanças nos gostos dos consumidores, algo que a produção em massa com baixos salários encontra dificuldades e acaba sempre tendo que oferecer preços cada vez mais baixos. Entretanto, é improvável que a queda contínua dos preços funcione, porque uma terceira vantagem da produção *lean* é que ela reduz de maneira drástica a quantidade de esforço necessário para produzir um produto de uma determinada descrição e continua a reduzi-lo através de melhorias incrementais contínuas, como vimos no Capítulo 4. Por fim, a produção *lean* consegue utilizar completamente a automação de maneiras que a produção em massa não consegue, reduzindo ainda mais a vantagem dos baixos salários. A expansão da indústria automotiva sul-coreana na década de 80 resume essa situação.

**268** Parte III ■ Difundindo a produção *lean*

Em 1979, a Coreia do Sul não estava na indústria automotiva. Apesar da proteção governamental do mercado interno desde 1962, a indústria sul-coreana, composta por quatro pequenos produtores, não havia chegado muito longe. A Hyundai era a mais avançada e, ao contrário de seus rivais, era em grande parte independente das montadoras dos Estados Unidos, da Europa e do Japão. Seu modelo Pony usava uma carroceria com engenharia independente e um motor e uma transmissão totalmente fabricados na Coreia do Sul a partir de modelos licenciados pela Mitsubishi. Esse modelo obteve certo sucesso nas exportações, principalmente nos mercados de terceiro mundo, como na América Latina, onde teve boas vendas. As outras empresas de pequeno porte – Daewoo, Kia e Dong A – fabricavam veículos exclusivamente para venda no mercado doméstico sul-coreano, usando modelos licenciados de empresas europeias. Ao contrário da Hyundai, elas eram completamente dependentes em tecnologia de seus parceiros europeus.

A crise econômica mundial de 1979 e 1980 foi muito forte na Coreia do Sul. As vendas domésticas caíram. O mesmo aconteceu com as exportações da Hyundai, já que as empresas japonesas baixaram seus preços para manter suas vendas nos mercados de exportação. Essa crise deu ao Ministério da Indústria sul-coreano a chance que ele esperava – a oportunidade de racionalizar a indústria em oposição ao *chaebol* (versão coreana do *keiretsu* japonês) como o Ministério do Comércio Internacional e Indústria (MITI) quis fazer no Japão na década de 1950.

O Ministério expulsou a Kia e a Dong A da indústria por cinco anos, atribuindo carros pequenos à Hyundai e carros maiores à Daewoo. A Hyundai, em particular, tomou essa diretiva como um sinal para prosseguir no caminho da produção em massa de alto volume. Começou a planejar um novo modelo, o Excel, que seria construído em uma enorme fábrica em Ulsan, principalmente para exportação para os Estados Unidos e para a Europa. O Excel era quase inteiramente baseado em licenças de uso da Mitsubishi no Japão. Na verdade, ele era praticamente indistinguível em termos gerais do modelo Colt da Mitsubishi. A estratégia da Hyundai era simples: competir tendo preços mais baixos que os carros populares japoneses, com apoio em salários baixos e alto volume.

Por um breve período, a estratégia funcionou de forma brilhante. O Excel da Hyundai chegou ao mercado dos Estados Unidos em 1986, quando os japoneses estavam aumentando seus preços para combater o fortalecimento do iene. Os norte-americanos assumiram que qualquer carro asiático, particularmente um com *design* japonês, teria a qualidade japonesa. Mesmo sendo mil dólares mais barato que os veículos japoneses de mesmo porte, o Excel

Capítulo 10 ■ Completando a transição **269**

parecia imbatível. As vendas cresceram rapidamente para 350.000 por ano, e a Hyundai aumentou a capacidade na Coreia do Sul instituindo uma segunda fábrica de montagem com capacidade para 300.000 unidades.

O Ministério da Indústria sul-coreano ficou tão impressionado com o sucesso da Hyundai que logo permitiu que a Kia voltasse ao mercado automotivo. A Kia construiria um carro pequeno com base na Mazda 121 para ser vendido nos Estados Unidos pela Ford, como o Festiva. Além disso, a Daewoo foi autorizada a construir um segundo modelo menor, com base na alemã Opel Kadett, para vender nos Estados Unidos através de revendedores da General Motors, como a Pontiac LeMans. Em 1988, os produtores coreanos estavam vendendo 500.000 carros nos Estados Unidos, representando 4% do mercado total.

Então, a estratégia sul-coreana desmoronou. A Hyundai era, de fato, uma produtora em massa antiquada, com baixos salários, mas com um grande número de horas gastas por carro. Quando a moeda sul-coreana começou a se fortalecer rapidamente em relação ao dólar em 1988 e os colaboradores automobilísticos sul-coreanos passaram a exigir grandes aumentos salariais, grande parte da vantagem de custo desapareceu. Nesse ponto, surgiu a questão da qualidade. Os primeiros carros Hyundai vendidos nos Estados Unidos tinham uma qualidade muito ruim, como mostrado nos dados da J. D. Power que usamos em nossos estudos de instalações de montagem no Capítulo 4.

Em 1987, quando o carro japonês médio tinha em média 0,6 defeitos, os carros da Hyundai tinham 3,1. Quando a informação começou a se espalhar, os produtores sul-coreanos acharam necessário reduzir os preços para sustentar as vendas, exatamente quando seus custos de produção estavam subindo. A consequência foi que as vendas sul-coreanas nos Estados Unidos *caíram 50% entre 1988 e 1990*. O próximo Japão não era mais o próximo Japão.[1]

Além disso, no final dos anos 1980, tornou-se evidente que não haveria o próximo Japão, mesmo que um país em desenvolvimento criasse uma indústria de produção *lean* que pudesse corresponder à qualidade do produto e à produtividade do trabalho dos melhores produtores *lean*. O sucesso do Japão sensibilizou tanto o sistema comercial mundial que nenhum país poderia realisticamente esperar retomar de onde o Japão parou. Na verdade, no auge das vendas de automóveis sul-coreanos na América do Norte, em 1988, o governo dos Estados Unidos pressionou o governo sul-coreano a reduzir seu excedente comercial global crescente em 50%, o que foi realizado.

A Hyundai se convenceu de que, para proteger seu acesso ao mercado norte-americano, seria necessário seguir as empresas de transição japonesas na construção de uma montadora na América do Norte. Sua fábrica de 100.000

**270** Parte III ■ Difundindo a produção *lean*

unidades em Bromont, Quebec, foi inaugurada em 1989 para montar a Sonata, um novo modelo de porte médio a partir do qual ela esperava restaurar sua fortuna no mercado norte-americano. A ideia de uma empresa de um país em desenvolvimento construindo uma grande fábrica em um país altamente desenvolvido e com altos salários seria impensável a um tempo atrás, em uma época em que a maioria dos observadores previa uma tendência inexorável da fabricação de baixa tecnologia, incluindo automóveis baratos, algo fora da realidade do mundo desenvolvido. Afinal, era esperado que a única vantagem da Coreia do Sul fossem os salários baixos. Mas como os salários sul-coreanos estão convergindo rapidamente com os da América do Norte e as considerações políticas exigem fabricação na região norte-americana, a Coreia do Sul agora está montando carros no Canadá.

O que concluímos com a experiência da Hyundai e dos outros produtores sul-coreanos? Que a economia mundial, em um curto período, mudou de maneira notável. Primeiro, o sucesso da produção *lean* criou um novo limiar para qualidade que nenhum produtor pode esperar compensar apenas através de preços baixos com base em salários baixos. Como resultado, os produtores da próxima leva de países em desenvolvimento também devem se tornar produtores *lean*. Como veremos em breve, é bastante viável que eles se movam em direção a sua meta nos anos 1990.

Segundo, mesmo os países em desenvolvimento que dominam a produção *lean* precisarão repensar o mercado de seus produtos. Em parte, eles devem olhar para o mercado doméstico, porque os ganhos de produtividade da produção *lean* devem levar os veículos a uma fração muito maior desses consumidores. No Brasil, por exemplo, descobrimos que eram necessárias cinquenta horas para montar um carro pequeno padrão em comparação com treze no melhor produtor *lean* japonês. Não é de surpreender que o mercado brasileiro de carros esteja parado em cerca de 1 milhão de unidades há muitos anos. Cerca de um terço da diferença de desempenho se deve à maior automação na fábrica japonesa de maior produtividade, mas a introdução completa da produção *lean* sem tecnologia avançada deve reduzir pela metade o nível de esforço no Brasil, abrindo um vasto mercado interno novo.

Os países em desenvolvimento também devem procurar mercados regionais. Na verdade, a característica mais marcante da economia mundial nos últimos anos é a súbita reorientação dos padrões de comércio de produtos fabricados inter-regionalmente, do outro lado dos grandes oceanos, em pequenas regiões e nas grandes regiões – América do Norte, Europa e Leste Asiático.

Capítulo 10 ■ Completando a transição **271**

A indústria automotiva é talvez a líder nessa tendência. As exportações do Japão para a Europa são estáveis, enquanto as exportações japonesas e europeias para a América do Norte estão caindo drasticamente e as exportações europeias para o Japão estão crescendo muito a partir de uma base muito pequena. (É claro que não contamos como exportações os carros fabricados por empresas japonesas nos Estados Unidos e na Europa.) O que esperamos até o final da década é um volume muito menor do total de exportações entre as regiões, um equilíbrio maior nos fluxos comerciais remanescentes e um foco no comércio transregional em nichos de produtos. Essa abordagem, é claro, é precisamente a proposta para as empresas *lean* pós-nacionais que descrevemos no Capítulo 8.

Enquanto isso, nas grandes regiões, o fluxo de produtos entre os países deve aumentar bastante. Vamos começar com a América do Norte. Os Estados Unidos e o Canadá começaram a integrar suas indústrias automotivas em 1965, quando o pacto da indústria automotiva entre os dois países entrou em vigor. Para as montadoras participantes, as três maiores dos Estados Unidos, isso significava que carros e caminhões podiam ser fabricados em um país e enviados para outro para venda sem pagar tarifas – desde que as montadoras atendessem aos modestos requisitos canadenses de manter a produção aproximadamente proporcional à vendas. Esse ponto se tornou discutível muito rápido quando o Canadá começou a apresentar um superávit comercial substancial com os Estados Unidos. Em 1989, o acordo de livre comércio entre os dois países iniciou o processo final de integração do mercado automotivo, eliminando, em meados da década de 1990, todas as tarifas remanescentes no fluxo de peças entre eles.

Uma questão interessante na região norte-americana é o México. Por um período de trinta anos, desde o início da década de 1960, o México tentou desenvolver uma indústria automotiva doméstica que pudesse suprir todas as necessidades do mercado mexicano. Para atingir esse objetivo, em 1962, o governo mexicano proibiu a importação de veículos acabados e impôs altos requisitos de conteúdo local às cinco empresas estrangeiras – Ford, GM, Chrysler, Nissan e Volkswagen – que construíam carros no México.[2]

A política foi um sucesso e um fracasso ao mesmo tempo. Em 1980, o México tinha uma indústria de veículos de 500.000 unidades utilizando cerca de 50% de conteúdo local. Infelizmente, o setor – com restrições de participação no mercado e uma série de outras proteções para as montadoras domésticas e fornecedores de peças – era pouco competitivo em termos de custo e qualidade no mercado mundial. Com cinco produtores produzindo três ou

**272** Parte III ■ Difundindo a produção *lean*

quatro modelos separados, cada um em um mercado de 500.000 unidades, a produção média anual totalizava cerca de 25.000 unidades de cada produto, muito baixa até para os produtores *lean* atuais produzirem economicamente. Além disso, as fábricas mexicanas não eram *lean* em nenhum aspecto. Até a Nissan, uma produtora *lean* no Japão, empregava uma combinação de métodos artesanais e de produção em massa em sua fábrica de Cuernavaca.

A política mexicana poderia ter continuado no seu curso se não fosse pelo colapso econômico que começou em 1981. Conforme a demanda doméstica caía e a dívida internacional do México se acumulava em 1983, o governo reexaminou sua política automotiva. Sua estratégia inicial era insistir ainda mais na produção em massa limitando cada montadora a um único produto enquanto aumentava o nível exigido de conteúdo doméstico. Os oficiais do governo argumentam que, embora os compradores mexicanos de carros e caminhões tivessem escolhas muito limitadas, as economias de escala fariam com que os custos dos carros e dos caminhões caíssem conforme o volume aumentasse. Além disso, o déficit mexicano em produtos automotivos cairia na mesma proporção em que o conteúdo doméstico aumentaria.

Logo ficou claro que essa estratégia não funcionaria. O mercado doméstico era simplesmente muito pequeno e os produtores domésticos protegidos muito ineficientes. O México precisaria se juntar ao mundo. O primeiro passo era permitir que a Ford construísse uma nova montadora na cidade de Hermosillo, ao norte do país. Essa fábrica não tinha exigências de produção doméstica sob a condição de que exportasse a maior parte dela.

A fábrica de Hermosillo também ofereceu a primeira oportunidade para experimentar a produção *lean* no México. Nesse solo fértil, a Ford aplicava o que tinha aprendido com a Mazda ao construir um carro projetado por ela, que era vendido nos Estados Unidos sob o nome de Mercure Tracer. Hermosillo era um grande sucesso em termos de produtividade e qualidade. Os colaboradores mexicanos abraçaram a produção *lean* tão rapidamente quanto os norte americanos nas empresas de transição japonesas e nas fábricas da Ford nos Estados Unidos e no Canadá. Entretanto, a fábrica não conseguia atingir suas metas de custo, pois estava montando seus carros inteiramente com peças vindas do Japão. Conforme o iene se fortalecia, Hermosillo, uma fábrica idealizada pela Mazda e pela Ford no início dos anos 1980 como uma forma de contornar a taxa imposta pelos Estados Unidos sobre as importações de unidades acabadas japonesas, de repente não fazia mais sentido. O que fazia sentido – e é consistente com o conceito da produção *lean* – era fabricar uma grande fração das peças – motores, transmissão e assim por diante – para o carro em Hermosillo e fornecer para todo o mercado regional da América do Norte, incluindo o México.

## Capítulo 10 ■ Completando a transição    **273**

O governo mexicano alterou drasticamente sua estratégia no final de 1989 para tornar essa abordagem mais plausível, não apenas para Hermosillo, mas para toda a indústria automotiva mexicana. Ele reduziu as exigências de conteúdos locais em produtos individuais de forma radical e relaxou as regras contra a importação de carros e caminhões acabados ao mesmo tempo em que manteve suas exigências para as empresas que fabricavam e vendiam carros no México para que equilibrassem seu comércio exportando tanto quanto importavam.[3]

Com isso, uma nova configuração de produção para toda a região norte-americana poderia surgir. A GM, a Ford, a Chrysler, a Nissan e a VW poderiam fazer a montagem no México – para venda em todo o mercado norte-americano – carros e caminhões baratos e básicos que usam peças produzidas no norte do México, perto das montadoras. Ao mesmo tempo, carros e caminhões maiores para consumidores mexicanos poderiam ser fornecidos por fábricas dos Estados Unidos e da região centro-oeste do Canadá. Embora o México tenha um superávit comercial substancial com os Estados Unidos e o Canadá, essa integração do México à região norte-americana resultaria em um ganho líquido para as indústrias automotivas dos países norte-americanos. Isso porque as exportações para o México das fábricas dos Estados Unidos e do Canadá seriam negócios adicionais (nenhuma remessa de veículos acabados foi permitida nos últimos trinta anos). Além disso, o mercado mexicano poderia crescer muito rapidamente de sua atual base de 500.000 unidades para 2 milhões ou mais até o ano 2000. Os pequenos carros e caminhões fabricados no México para venda nos Estados Unidos e no Canadá substituiriam as importações do Japão, da Coreia do Sul e do Brasil. Atualmente, esses veículos importados não oferecem empregos nos Estados Unidos e no Canadá.

Para que essa lógica seja cumprida, será necessária uma alteração na política dos Estados Unidos. Os regulamentos de economia de combustível do governo estadunidense precisarão ser modificados para que os carros pequenos produzidos no México por empresas dos Estados Unidos, com altos níveis de valor de fabricação mexicana, sejam tratados como "produtos domésticos". Caso contrário, as empresas dos Estados Unidos não poderão participar totalmente no México, deixando seu potencial a empresas japonesas ou europeias que não tenham restrições semelhantes. E é preciso encontrar alguma maneira de driblar a tarifa norte-americana de 25% nas picapes. A proposta do governo mexicano, em março de 1990, de abrir negociações em uma zona de livre comércio na América do Norte pode fornecer os melhores meios para resolver esse problema.

**274** Parte III ■ Difundindo a produção *lean*

Um processo semelhante de integração regional é esperado na Europa nos anos 1990. O ímpeto inicial foi a decisão da Comunidade Europeia de remover as barreiras remanescentes ao fluxo de mercadorias na comunidade europeia a partir de 1993. Esse movimento motivou os países da Área de Livre Comércio da Europa (Noruega, Suécia, Islândia, Áustria, Suíça e Finlândia) a procurar sua própria integração no mercado europeu. Essas decisões históricas foram ofuscadas pelas drásticas mudanças na Europa Oriental e na União Soviética, mudanças que subitamente elevam a perspectiva de um gigantesco mercado europeu de até 750 milhões de consumidores (incluindo o da Rússia e de outras repúblicas europeias da União Soviética). Se esse mercado realmente acontecesse, ele seria três vezes o tamanho dos mercados dos Estados Unidos e do Canadá juntos e sete vezes maior que o do Japão.

Para a indústria de veículos, a lógica de uma região europeia unida é semelhante à de um mercado integrado entre México, Canadá e Estados Unidos. Acreditamos que a Europa Oriental substituirá a Espanha como local de produção dos carros e caminhões básicos mais baratos e que as economias em crescimento da Hungria, Tchecoslováquia, Polônia e Alemanha Oriental, em particular, forneçam um mercado para carros e caminhões maiores produzidos na Europa Ocidental. Por exemplo, a Volkswagen acaba de começar a montar seu modelo menor, o Polo, na fábrica de Trabant, na Alemanha Oriental. Ela planeja aumentar a produção para 250.000 unidades até 1994. A GM também formou uma *joint venture* com o outro produtor da Alemanha Oriental, a Wartburg, para produzir 150.000 Opel Kadetts. Enquanto isso, a Fiat anunciou grandes empreendimentos na Polônia e na União Soviética para a produção de até 900.000 veículos, muitos dos quais podem ser vendidos na Europa Ocidental sob o nome da Fiat.

Como no caso do México, também esperamos que os países da Europa Oriental tenham um superávit no comércio de veículos. Como o México, todos estão profundamente endividados e dificilmente podem se dar ao luxo de ter um déficit adicional de automóveis, que ainda são luxos para o consumidor na maioria desses países. Assim como na região norte-americana, a indústria automotiva da Europa Ocidental pode realmente ganhar volume de produção com uma Europa totalmente integrada se os produtos básicos de baixo custo, produzidos na Europa Oriental para venda no Ocidente, deslocarem as importações do Leste Asiático.

O Leste Asiático é a terceira região em termos de desenvolvimento, atrás da América do Norte e da Europa. Apenas alguns anos atrás, as economias individuais do Japão, da Coreia do Sul e de Taiwan estavam lutando para

Capítulo 10 ■ Completando a transição **275**

aumentar suas exportações de produtos acabados para os mercados norte-americano e europeu. Eles pareciam quase inconscientes um do outro e eram altamente resistentes a aceitar mercadorias fabricadas por seus vizinhos. Agora, essa situação está mudando rapidamente, em parte devido às barreiras comerciais e às mudanças de moeda que fecham os mercados nas outras regiões, em parte em resposta ao movimento de regionalização na Europa e na América do Norte. Em 1989, pela primeira vez desde a Segunda Guerra Mundial, o comércio na região do Leste Asiático excedeu o comércio na América do Norte e na Europa.

A lógica do desenvolvimento da indústria de veículos no Leste Asiático é semelhante, exceto em um aspecto, à da América do Norte e da Europa. Esperamos que veículos mais básicos sejam fabricados em complexos de fabricação nos países em desenvolvimento para venda em todos os países da região. Também esperamos que a fabricação de veículos mais complexos e caros ocorra no Japão para exportação para outros mercados da região. Na verdade, essa tendência já está começando. A Hyundai, a Kia e a Daewoo planejam começar a vender veículos básicos no Japão em 1991. O mercado doméstico sul-coreano, até agora fechado para veículos japoneses acabados, dará abertura na mesma época. Embora seja improvável que a indústria japonesa doméstica melhore com esse acordo, ao contrário da Europa Ocidental e da América do Norte, ela certamente não piorará se suas exportações de veículos mais luxuosos crescerem o suficiente para compensar a menor produção doméstica de veículos básicos.

A anomalia do Leste Asiático, é claro, é a China. Até a primavera de 1989, ela parecia estar em direção a uma posição mais aberta em relação à economia e ao mundo e pareceu que entraria no mercado regional do Leste Asiático, mesmo que de forma limitada. Talvez ela ainda possa fazer isso na década de 1990, mas, no momento, a indústria chinesa ainda está voltada ao mercado doméstico, buscando uma combinação entre uma produção em massa extremamente rígida em seus dois complexos de produção de alto volume, em Changchun (Nº 1 Auto Works) e Hubai (Nº 2 Auto Works), e uma produção artesanal ineficiente de baixa qualidade em cerca de cem outras instalações de fabricação de veículos espalhadas por toda a China.[4]

Essa combinação desastrosa dá à China a distinção de ter a maior indústria automotiva do mundo em termos de emprego (mais de 1,6 milhão de colaboradores) e uma das menores em termos de produção (600.000 unidades projetadas em 1990). Por outro lado, em 1989, os 500.000 colaboradores da indústria automotiva japonesa produziram 13 milhões de veículos, indicando uma diferença de produtividade de cerca de setenta para um entre os dois países separados por cerca de 1.200 quilômetros do Mar Amarelo.

**276** Parte III ■ Difundindo a produção *lean*

\* \* \*

Já falamos o bastante das três grandes regiões representando cerca de 90% do mercado atual de veículos automotores. E os países como Brasil e Austrália, que possuem indústrias automotivas substanciais, e outros, como a Índia, com grandes aspirações? Onde eles se encaixam no mundo emergente de regiões e sistemas regionais de produção? Nossa crença é que eles devem procurar principalmente suas próprias regiões em busca de mercados, mas de maneiras criativas. Vamos pegar os dois exemplos muito diferentes do Brasil e da Austrália.

O Brasil começou a construir um sistema de produção de veículos de ponta a ponta no final da década de 1950. Ele permitiu que as empresas multinacionais de automóveis, principalmente a GM, a Ford, a Volkswagen e a Fiat, fossem proprietárias de 100% do patrimônio em suas operações no Brasil, mas insistiu que elas rapidamente deixassem de construir *kits* usando peças importadas e passassem a usar praticamente 100% de peças brasileiras em cada veículo. Em meados da década de 1960, em meio ao milagre econômico brasileiro, esse objetivo havia sido alcançado. A indústria brasileira atingiu 1 milhão de unidades de produção anualmente.[5]

Infelizmente, há vinte anos o Brasil mostra uma história de estagnação. Como observamos, os complexos de produção em massa construídos no Brasil foram uma conquista notável em comparação à alternativa – a dependência completa de importações. Entretanto, essas fábricas agora estão muito atrasadas em termos de produtividade e qualidade. Além disso, no início da década de 1970, depois que os preços do petróleo dispararam, o governo exigiu que a indústria introduzisse veículos a álcool, um requisito que concentrou as energias de desenvolvimento de produtos da indústria em uma tecnologia que não encontrou mercado em outras partes do mundo. Enquanto isso, a média de anos que cada modelo era mantido em produção subiu para quatorze anos no Brasil, quase quatro vezes o padrão japonês.

Por um breve período em meados dos anos 1980, a indústria brasileira parecia ter encontrado uma nova estratégia: tirar vantagem de seus baixos salários exportando carros baratos para a Europa e para os Estados Unidos (os modelos em questão eram o Volkswagen Fox, vendido nos Estados Unidos, e o Fiat Duna, vendido na Europa). Essa era uma variante latina da estratégia sul-coreana, que apresentava o mesmo padrão de grandes esperanças com base nas vendas iniciais, seguidas pelo desespero à medida que o câmbio mudava e as deficiências do produto tiravam a vantagem inicial do preço.

Capítulo 10 ■ Completando a transição **277**

As vendas do Fox no mercado norte-americano, por exemplo, caíram de um pico de 60.000 em 1987 para 40.000 em 1989. Enquanto isso, a GM cancelou um plano provisório para a produção brasileira de uma minivan, com base em seu carro alemão Opel Kadett, principalmente para exportação para os Estados Unidos.

Um caminho mais promissor para o Brasil na década de 1990 consistirá em três elementos. Em primeiro lugar, os produtores *lean* devem mostrar ao Brasil o caminho para a fabricação de classe mundial. A fábrica de motos da Honda em Manaus, no Amazonas, demonstrou claramente que a produção *lean* pode funcionar no Brasil sob condições mais exigentes, mas exemplos automotivos no coração industrial brasileiro perto de São Paulo são essenciais.[6] A introdução da produção *lean* pode reduzir drasticamente os custos para estimular o mercado interno estagnado, onde apenas a classe média alta pode hoje pagar pela produção da ineficiente indústria automotiva de produção em massa.

Em segundo lugar, o Brasil precisa abrir sua indústria para a importação de veículos e peças, para que a concorrência real seja introduzida no que hoje é um oligopólio. Como o Brasil dificilmente pode se dar ao luxo de registar um déficit comercial de veículos, dada sua enorme dívida externa, ele sem dúvida precisará exigir que os produtores equilibrem seu comércio. Entretanto, um mercado verdadeiramente competitivo ainda pode ser alcançado com uma política flexível. O novo decreto mexicano de automóveis mostra uma maneira de alcançar esse objetivo.

Em terceiro lugar, o Brasil precisará integrar seu sistema de produção com seus vizinhos, começando pela Argentina.[7] Ao iniciar um processo de regionalização e reduzir os custos de produção, o Brasil pode desenvolver um enorme mercado na América Latina sem depender de políticas comerciais favoráveis e cotações nas outras grandes regiões. Embora o comércio produtivo com essas regiões ainda seja possível, não será a chave da estratégia. Assim, o Brasil e seus vizinhos podem controlar seu próprio destino.

A Austrália traz talvez um exemplo mais difícil, sendo um país com uma indústria automotiva pequena e altamente desenvolvida, mas com um mercado interno insuficiente e, até agora, uma falta de perspectivas regionais. O governo australiano decidiu, na década de 1960, que desenvolveria uma indústria automotiva de ponta a ponta para substituir os veículos importados e as peças produzidas na Europa e na América do Norte. No final da década de 1960, isso já tinha sido feito, mas com todas as desvantagens da produção em massa em um mercado de baixo volume e altamente protegido. Apesar dos esforços da Austrália na década de 1980 para consolidar os cinco produtores

**278** Parte III ■ Difundindo a produção *lean*

em três sistemas de produção mais viáveis e da presença de vários produtores japoneses, nossas pesquisas com fábricas de montagem do IMVP encontraram níveis de produtividade e qualidade muito aquém do padrão estabelecido pelos produtores *lean* no Japão e na América do Norte.

Por um tempo, em meados dos anos 1980, a Austrália pensou que talvez também pudesse ter sucesso seguindo o exemplo da Coreia do Sul. A Ford propôs exportar um veículo, o Mazda 323 conversível, para ser vendido nos Estados Unidos sob o nome Mercury Capri. Nessa época, o dólar australiano estava muito fraco, e o dólar americano, muito forte. Entretanto, quando o carro ficou pronto para a produção, com os vários problemas de qualidade tendo sido resolvidos, as cotações já tinham mudado e o carro não fazia mais muito sentido econômico.[8] O esforço ilustra mais uma vez o risco de uma estratégia de exportação extrarregional em um mundo de cotações flutuantes.

O caminho lógico para a Austrália seria reorientar sua indústria para o mercado regional oceânico, incluindo Indonésia, Singapura e Filipinas. Cada país nessa região consegue equilibrar seu comércio de veículos, mas, coletivamente, ao permitir o embarque cruzado de unidades e peças acabadas, eles podem obter a escala necessária para reduzir custos e permitir que a produção *lean* floresça. É de se presumir que a Austrália, como o país mais avançado da região, concentraria sua própria produção em veículos de luxo complexos, enquanto a Indonésia, no outro extremo, fabricaria produtos baratos e de nível básico.

Infelizmente, nada desse tipo aconteceu. A Austrália se vê como parte do mundo desenvolvido e é natural que pense em exportar para a América do Norte, Europa e até para o Japão, enquanto a Indonésia se considera parte do mundo em desenvolvimento dos países da Associação das Nações do Sudeste Asiático (ASEAN) e concentra-se desenvolvendo o comércio com a Malásia, com as Filipinas e com a Tailândia. Diversos esforços para desenvolver um automóvel da ASEAN reunindo peças produzidas por diferentes empresas de cada país não deram em nada, pois não faz sentido fazer isso em termos da estratégia comercial da montadora multinacional e das empresas de componentes.

Assim, os países oceânicos do hemisfério sul constituem uma região que ainda aguarda se estabelecer. O mesmo pode ser dito dos países do subcontinente indiano e do sul da África. Enquanto o resto do mundo segue um caminho de regionalização nos anos 1990, esperamos que o pensamento regional também cresça nessas áreas. A combinação de escala regional e produção *lean* pode ser um estímulo particularmente poderoso ao crescimento se as políticas corretas forem seguidas.

## Obstáculo 3: foco interno dos produtores *lean* japoneses

O obstáculo final para um mundo *lean* é, na verdade, os próprios produtores japoneses. Como assim? Muitos de vocês, sem dúvida, concluíram que achamos que tudo o que essas empresas fazem é bom, em comparação com as más práticas dos produtores em massa ocidentais. De certa forma, essa impressão está correta: essas empresas ofereceram um presente inestimável ao mundo ao serem pioneiras em uma nova maneira realmente superior de criar coisas. Mas, por outro lado, eles não têm uma inovação final e essencial: a capacidade de pensar e agir globalmente no lugar de uma perspectiva nacional.

Quem lê as notícias está ciente da reação crescente ao investimento direto japonês na América do Norte e na Europa, o que os próprios japoneses chamam de atrito de investimento. Consideramos essa tendência uma ameaça muito maior à eventual criação de um mundo *lean* do que as barreiras comerciais às peças e unidades acabadas. Isso ocorre porque, na pior das hipóteses, ela pode levar a barreiras de investimento que afastem permanentemente a América do Norte, a Europa e as outras regiões dos concorrentes *lean* japoneses, que poderiam forçar todos a se tornarem *lean*.

Por que existe essa reação se as empresas japonesas estão criando novos empregos em novos complexos de fabricação e fazendo carros, caminhões e peças em níveis de qualidade e produtividade iguais aos das fábricas domésticas no Japão? Em parte, decorre da ameaça que essas instalações representam para as instituições estabelecidas – empresas de produção em massa e sindicatos de produção em massa. O atrito, por essas razões, é um componente inevitável da mudança e do progresso.

Entretanto, há outra razão fundamental para o atrito. Muitos colaboradores, gerentes e oficiais do governo do Ocidente percebem que os produtores *lean* japoneses estão oferecendo duas classes de cidadania em suas organizações – uma para colaboradores japoneses e outra para estrangeiros; uma para fornecedores japoneses e outra para fornecedores estrangeiros; e uma para membros do grupo japonês de seu *keiretsu*, mas nenhuma para empresas estrangeiras. Enquanto os ocidentais observam o avanço aparentemente inexorável das empresas japonesas, essa cidadania de segunda classe começa a parecer inaceitável. Como observou um gerente da GM: "Espero chegar ao topo da GM, mas espero nunca estar acima do nível médio de uma das subsidiárias estrangeiras japonesas, não importa quão superior seja o meu desempenho". O crescente atrito de investimento é a consequência. O resultado é incerto.

**280** Parte III ■ Difundindo a produção *lean*

Os executivos das empresas japonesas estão bem cientes desse problema e pensaram bastante nele. Uma solução, agora buscada por várias empresas de automóveis, é nomear gerentes nativos para liderar suas operações de fabricação na América do Norte e na Europa. Da mesma forma, várias empresas japonesas estão designando empresas fornecedoras nativas como sua fonte para determinadas categorias de componentes. Os governos de ambas as regiões estão apoiando essa abordagem por meio de restrições de vistos para colaboradores japoneses nas novas instalações e, na Europa, por fortes pressões para atingir altos níveis de produtos nacionais o mais rápido possível. (Esta última política aumenta substancialmente o custo e o tempo de lançamento das instalações iniciais, a menos que a maioria das peças seja obtida de fornecedores nacionais.)

Tememos que a consequência seja uma repetição da experiência da Ford no Reino Unido após 1915. A substituição de gerentes e fornecedores estrangeiros por nativos para lidar com o atrito do investimento rapidamente degradou o desempenho do sistema de produção da Ford até o nível inglês atual. Embora a Ford incentivasse os produtores ingleses a adotarem novas formas, eles nunca conseguiram alcançar todos os benefícios da produção em massa.

Este não é um medo sem fundamento, baseado em eventos antigos. Em nossa pesquisa de fábricas de montagem das empresas de transição na América do Norte e na Europa, encontramos fortes evidências de que as fábricas com melhor desempenho são aquelas com uma presença gerencial japonesa muito forte nos primeiros anos de operações, e elas avançaram lenta e metodicamente para construir sua base de abastecimento doméstico. O desempenho das outras fábricas, que passaram a maior parte da administração para norte-americanos e europeus recrutados de montadoras ocidentais e que montaram apressadamente uma equipe de suprimentos é melhor que a média ocidental, mas em muitos casos não tão boa quanto a empresa ocidental que levou a produção *lean* a sério, a Ford.

Deve estar claro que a "japoneidade" da administração e dos fornecedores não é o problema. Pelo contrário, o problema é até que ponto os gerentes e fornecedores da empresa de transição entendem a produção *lean* e quão profundamente eles estão comprometidos em fazê-la funcionar. Infelizmente, no momento, uma grande parte dos gerentes do mundo com conhecimento e comprometimento com o *lean* é japonesa.

A partir disso, sugerimos que uma abordagem melhor para as empresas japonesas seja a construção de um sistema verdadeiramente global, no qual

## Capítulo 10 ■ Completando a transição    **281**

novos colaboradores da América do Norte, da Europa e de todas as outras regiões onde uma empresa tenha instalações de *design*, de engenharia e de produção sejam contratados cedo e recebam treinamento quanto às habilidades necessárias, incluindo linguísticas e de exposição à administração de diferentes regiões, habilidades necessárias para se tornarem nativos dessas empresas. Isso significa uma igualdade de oportunidade um dia ser capaz de liderar a empresa.

Da mesma forma, as montadoras *lean* japonesas precisarão formar grupos de fornecedores em cada região em que operam trocando ações em empresas fornecedoras e oferecendo cidadania plena. Eles também precisarão regionalizar sua base patrimonial e seus empréstimos para que a cotação não atrapalhe a implantação mais apropriada da produção em cada região. Por fim, um avanço verdadeiramente importante em termos de visibilidade será o *keiretsu* incluir empresas estrangeiras entre seus membros. Por exemplo, os *keiretsu* como o do Dai-Ichi Kangyo Bank, com empresas automotivas mais fracas entre seus membros (Isuzu e Suzuki, neste caso) poderiam convidar uma forte montadora de automóveis ocidental para participar. Por outro lado, a única montadora japonesa não afiliada a um *keiretsu*, a Honda, poderia desejar formar um *keiretsu* internacional composto por empresas e um banco ocidentais.

Para que qualquer uma dessas inovações funcione, um entendimento bidirecional claro será essencial. Empresas e colaboradores ocidentais precisarão adotar o conceito de obrigação recíproca, assumindo um compromisso no longo prazo com a empresa ou com o grupo. As empresas japonesas, por sua vez, precisarão abandonar sua perspectiva nacional e aprender rapidamente a tratar os estrangeiros que aceitam as obrigações envolvidas como cidadãos plenos.

Estamos bem cientes da dificuldade em implementar essas inovações. As empresas norte-americanas e europeias têm lutado, em muitos casos, há décadas para fornecer cidadania plena para estrangeiros em suas organizações. Entretanto, ainda não há estrangeiros na alta administração da General Motors ou em seu conselho, e eles ficaram em evidência apenas quando a Volkswagen nomeou Daniel Goudevert, um francês, como o primeiro estrangeiro em seu conselho de administração.

Além disso, os japoneses precisarão abordar questões de origem étnica e de gênero para fornecer cidadania a colaboradores estrangeiros, questões que eles não enfrentaram no Japão (onde praticamente não existem minorias e

## 282 Parte III ■ Difundindo a produção *lean*

onde as mulheres estão notavelmente ausentes na gerência sênior), e onde a prática japonesa está muito atrasada em comparação aos padrões ocidentais.

De qualquer forma, os japoneses devem logicamente ser os inovadores na criação de formas cooperativas pós-nacionais e multirregionais e ao fornecer cidadania plena a seus colaboradores e fornecedores de vários países e regiões ao redor do globo. Eles têm os recursos financeiros que muitas empresas ocidentais não têm, e também têm a necessidade; eles correm o risco de ter barreiras de investimento e outros impedimentos à expansão de seu sistema de produção se não fizerem isso.

Eles devem começar imediatamente declarando sua intenção de proceder como pós-nacionais (empresas nas quais a nacionalidade não tem relação com as perspectivas de promoção) e ao implementar sistemas de *keiretsu*, de colaboradores, de fornecedores e de finanças pós-nacionais que o mundo exterior possa examinar.

A "transparência" – a habilidade de pessoas de fora enxergarem o sistema em ação, entenderem a lógica e verificarem seu desempenho – é fundamental para a aceitação ocidental por causa do longo tempo que existe entre iniciar um sistema e provar que ele realmente funciona (p. ex., quando jovens colaboradores que iniciaram de baixo chegam ao topo). Uma forma altamente visível de demonstrar sua intenção seria se as empresas japonesas atribuíssem ocidentais recém-contratados para trabalhar por muitos anos no Japão, onde praticamente não havia colaboradores estrangeiros nas grandes empresas.

Somente um compromisso público e enfático com essas inovações organizacionais finais – às quais as empresas ocidentais devem corresponder – vai garantir o triunfo da produção *lean*, para as empresas japonesas e para o mundo todo. Tal compromisso também vai fornecer parte dos elementos essenciais para unir as regiões emergentes à América do Norte, à Europa e à Ásia – regiões que não estão mais unidas pelo familiar conflito ocidente/ oriente e que correm o risco de se afastarem no século XXI.

# 11

# A chegada tardia do *lean* no Brasil

### José Roberto Ferro

*A Máquina que Mudou o Mundo* descobriu e divulgou uma revolução silenciosa que havia ocorrido na indústria automobilística mundial durante as décadas de 1960 e 1970 através da adoção de novas práticas e conceitos de gestão.

Trataremos aqui do desempenho da indústria brasileira nos marcos gerais da investigação do IMVP do MIT, que foi a nossa contribuição pessoal ao projeto, usando os mesmos parâmetros comparativos. Mostramos um setor automotivo defasado em produtos, processos e gestão. A proteção da indústria local, a estagnação do mercado interno e a estratégia dos principais *players* globais foram alguns fatores do ambiente competitivo.

A análise do desempenho da indústria local foi realizada à luz dos dados do final da década de 1980 e contribuiu para evidenciar, pela primeira vez, a posição de um setor fundamental da indústria brasileira em um *benchmark* global.

Contudo, vamos examinar brevemente a história da indústria antes do início dos anos de realização da pesquisa, considerando duas fases distintas; os primórdios da indústria automobilística até os anos 1950 e a entrada na produção em massa nos anos 1960.

## ◼ Antecedentes da produção em massa

Alberto Santos Dumont era fascinado por máquinas exóticas e velozes. Na França, chamava a atenção quando pilotava seus balões e dirigíveis circundando a Torre Eiffel ou então quando dirigia seu Peugeot, comprado

**284** Parte III ■ Difundindo a produção *lean*

diretamente da fábrica, pelas amplas ruas parisienses em torno da Opera. Muito curioso pela mecânica desde os tempos de infância passados nas plantações de café em Ribeirão Preto – SP, onde tivera contato com as máquinas de moer e torrar café, o pioneiro da aviação tinha muito conhecimento sobre o funcionamento de motores, o que o habilitou a aprender quase todos os segredos necessários para manter seu automóvel rodando. Trouxe seu Peugeot para o Brasil em 1891, assim ele foi um pioneiro importador e usuário de veículos motorizados*.

Gradualmente, foram se somando a ele outros membros da elite do país, utilizando suas máquinas motorizadas como um esporte nobre para pessoas inovadoras e elegantes, circulando pelas ruas de São Paulo e do Rio de Janeiro na virada do século. Esses poucos privilegiados, que dispunham de considerável soma de dinheiro, encomendavam seus veículos direto dos revendedores locais das empresas europeias e norte-americanas. O automóvel estimulava a mesma excitação que o avião. Os desafios e atos heroicos automobilísticos, como subir ao Corcovado ou ir de São Paulo ao Rio de Janeiro, provocavam quase tanto deslumbramento quanto a travessia do Atlântico feita de avião.

Em pouco tempo, os veículos motorizados passaram também a servir como meio de transporte na medida em que melhoravam as condições das estradas, acostumadas até então ao tráfego de cavalos, charretes e carroças, e as cidades pavimentavam e ampliavam suas malhas viárias. São Paulo se industrializava com a riqueza da cultura exportadora de café. O conde Francisco Matarazzo, a mais expressiva liderança industrial da época, além de ser o proprietário de uma limusine da marca Fiat, ainda era seu revendedor exclusivo no Brasil.

A Ford, presente em inúmeros países, inclusive na vizinha e então próspera Argentina, já tendo desenvolvido e aprimorado o revolucionário sistema de produção em massa nos Estados Unidos, instalou sua primeira unidade de montagem no Brasil em 1919, utilizando principalmente mão de obra migrante da Europa, que havia sido atraída pelo sucesso do café. Por ter obtido maestria na produção em massa, foi fácil para a Ford fixar fábricas montadoras em outros países, sem necessitar de mão de obra qualificada para isso.

Os *kits* encaixotados vinham por navio de Detroit através do porto de Santos e os automóveis Ford eram montados um a um na fábrica no bairro do Ipiranga, em São Paulo. O volume de produção era muito pequeno comparado ao da Ford de Detroit, que já produzia mais de um milhão de unidades por

---

*Salão de Automóvel – trinta anos de história*, Anfavea, 1990.

Capítulo 11 ■ A chegada tardia do *lean* no Brasil **285**

ano nessa época. Esses carros dominaram o cenário urbano no Brasil. Eram capazes de tolerar as péssimas condições viárias existentes. Pouco tempo depois, em 1923, a General Motors (GM) instalou uma unidade de montagem semelhante à da Ford também no bairro do Ipiranga, dando preferência, por sua vez, aos veículos comerciais.

Essas duas empresas, Ford e GM, eram justamente as líderes mundiais. Juntas eram responsáveis por cerca de 80% da produção mundial de veículos (os Estados Unidos tinham mais de 90% do total) porque haviam sido pioneiras na produção em massa, obtendo vantagens enormes em eficiência e custo. Como consequência, puderam se internacionalizar mais facilmente. Além disso, o temor de barreiras protecionistas, a busca de novos mercados e a preocupação com os custos e os danos causados pelo transporte de produtos acabados animaram a difusão de unidades montadoras próximas dos locais de vendas. Procurava-se também obter economias de escala na produção de componentes e motores na matriz, mais crucial do que na montagem final.

As empresas europeias eram responsáveis por 65% da produção mundial em 1905, antes, portanto, do advento da produção em massa. Ano após ano elas foram perdendo espaço na medida em que eram incapazes de competir com o nascente sistema de produção norte-americano. Até a década de 1950, por não estarem capacitadas financeira e tecnologicamente a fazer investimentos fora de seus países de origem, essas empresas apenas exportaram seus veículos para o Brasil.

Os anos 1920 possibilitaram uma grande expansão dos veículos em circulação no país. A frota nacional passou de 30 mil veículos no início da década para 250 mil veículos em 1930, composta de carros de passeio de uso primordialmente urbano, caminhões leves para transporte urbano e ônibus. Rodavam no Brasil inúmeras marcas como Fiat, Pontiac, Buick, Alfa Romeo, Renault e os luxuosos Cadillac, Lincoln, Rolls-Royce, para citar apenas as conhecidas até os dias atuais.

Embora o presidente Washington Luís (1926–1930) tenha escolhido como lema "governar é abrir estradas", o sistema viário do Brasil continuou bastante precário. A Rodovia Rio-São Paulo, unindo as duas cidades mais importantes do país, foi inaugurada em 1928, constituindo-se na primeira grande rodovia nacional, ainda de terra batida. As ferrovias se mantinham como a base do sistema de transportes do país.

A crise da economia cafeeira, a base da economia nacional, desestimulou a continuidade do crescimento da importação de veículos e não permitiu também que fossem criadas as condições para o desenvolvimento da produção local de veículos automotores. Mesmo porque não havia uma indústria

**286** Parte III ■ Difundindo a produção *lean*

siderúrgica e a indústria metalúrgica se resumia à produção de peças de reposição para máquinas têxteis, moinhos de café e peças para utensílios domésticos como fogões, ferros de passar roupa, panelas, entre outros produtos relativamente simples. Todas as máquinas e equipamentos mais fundamentais eram importados, inclusive as locomotivas, básicas para o transporte do nosso principal produto, o café.

A Segunda Guerra Mundial foi particularmente traumática para a frota de veículos do país. Cessou a importação de veículos. Era difícil manter a frota existente em circulação devido à redução da importação de petróleo, o que foi resolvido com o racionamento e sua substituição por gasogênio. Além disso, faltavam peças e componentes para reposição, facilitando a multiplicação de pequenas oficinas artesanais, raízes do setor nacional de autopeças. Como consequência, de 1930 a 1945, a frota em circulação diminuiu e a idade média dos veículos aumentou.

Logo após a Segunda Guerra Mundial, houve uma febre de importação de veículos exatamente para atender à demanda reprimida. A reaparição do desequilíbrio do balanço de pagamentos em 1947, em grande parte devido ao setor de veículos automotores, levou o governo a restringir as importações e a começar a pensar em uma solução mais duradoura para o problema.

Assim, o Brasil não foi um ator importante durante os primeiros 50 anos da história da indústria automobilística mundial, constituindo-se apenas em um mero importador de veículos e realizando algumas atividades simples de montagem e produção de peças e componentes para reposição, em pequena escala, principalmente pelas próprias dimensões reduzidas do seu mercado e pela falta de uma indústria básica. Nem os industriais locais nem as empresas estrangeiras se animaram a produzir veículos no país nesse período. Em 1950, a frota nacional total acumulada mal ultrapassava 500 mil veículos. Por sua vez, nos Estados Unidos, maior produtor mundial, saíram quase 7 milhões de veículos das linhas de montagem apenas no ano de 1950.

## ■ O ingresso na era da produção em massa

O apogeu mundial da produção em massa foi atingido nos anos 1950. Além de ser difundida amplamente nos Estados Unidos, ampliou-se para a Europa. Em parte, graças à produção norte-americana naquele território, mas, principalmente, devido ao aprendizado das empresas de origem europeia que conseguiram reduzir o *gap* de produtividade frente à indústria norte-americana. Nessa época começou o declínio da participação norte-americana na

Capítulo 11 ■ A chegada tardia do *lean* no Brasil **287**

produção global. Algumas das empresas europeias, até então quase exclusivas no foco em seus mercados locais, como por exemplo a Renault, Volkswagen, Fiat, Citroën e Daimler-Benz, começaram a se expandir globalmente.

O sofrimento e as dificuldades causados pela interrupção das importações de veículos durante a Segunda Guerra Mundial marcaram a memória dos brasileiros, evidenciando as dificuldades de se depender de outros países para o abastecimento de um produto tão vital para a economia. Começou a ganhar mais corpo a ideia de que o país deveria ter sua própria indústria automotiva.

Contudo, nessa época, muitos duvidavam da viabilidade de uma indústria de veículos no Brasil. Não se acreditava na vocação industrial do país e na possibilidade de se fabricar um produto complexo e sofisticado como um veículo motorizado. Produzir no Brasil é "mera utopia", afirmou um executivo da Ford em reunião na Comissão de Desenvolvimento Industrial em 1952. Ele e outros céticos se equivocaram. Os confiantes acertaram. Em poucos anos, o Brasil não apenas ficou autossuficiente na produção de veículos como também passou a exportar para diversos países.

A disposição e a intenção de implantar a indústria ocorreram já no segundo governo Getúlio Vargas (1951–1954), quando foram empreendidos os esforços para a constituição de uma indústria de base (Companhia Siderúrgica Nacional, Petrobras etc.). A constituição do GEIA (Grupo Executivo da Indústria Automobilística) em 1956, no governo Juscelino Kubitschek, foi o passo decisivo, incorporando as políticas e diretrizes delineadas no governo anterior. A política estabelecida fora atrair investimentos diretos para a produção local com incentivos, além de impedir a continuidade das importações. A indústria automobilística era o mais significativo emblema da industrialização e do desenvolvimento econômico. O automóvel tinha glamour e era também uma forma de afirmação nacional. Esses esforços governamentais coincidiram com as importantes mudanças na competição global, a intensificação da internacionalização e maior participação da Europa na produção mundial.

O potencial mercado interno foi um forte atrativo para os investimentos diretos, não restando uma alternativa àqueles que não quisessem ficar de fora. Cinquenta anos depois do advento da produção em massa na indústria automobilística dos Estados Unidos, o Brasil finalmente incorporou esse padrão de produção.

Assim, as empresas já presentes no país (Ford e GM) foram obrigadas a apresentar seus planos junto com os novos entrantes. As duas gigantes norte-americanas, porém, restringiram-se apenas à produção de ônibus e caminhões. Por sua vez, as empresas europeias foram mais vigorosas, como a Volkswagen, Vemag e Simca além da nacional Willys, entrando na produção

**288** Parte III ■ Difundindo a produção *lean*

de automóveis. A FNM, International Harvester, Scania e Mercedes, por outro lado, focalizaram-se no mercado de caminhões e ônibus. Essas duas últimas realizaram no Brasil seus maiores investimentos fora da matriz. A Toyota, na época ainda uma pequena empresa, passou a produzir um jipe, o Bandeirante, em 1958, que ficou em produção na linha de montagem de São Bernardo do Campo por quatro décadas, constituindo-se em seu primeiro investimento direto fora do Japão. Assim, em um período de cerca de 5 anos (1956 a 1961), essas empresas realizaram os investimentos e passaram a produzir os veículos em suas novas instalações fabris brasileiras. A alternativa possível para o Brasil fora recorrer a capital e tecnologia estrangeiras para a produção automobilística em massa, pois tanto o Estado quanto o capital privado nacional eram demasiado frágeis para esse vultoso empreendimento.

A política governamental, portanto, dera bons resultados. A constituição da indústria automobilística brasileira estimulou outros países a adotarem um processo semelhante, como a Argentina e o México. Em pouco tempo, o Brasil assumiu posição de destaque internacional, tomando-se o 10° produtor mundial em 1971.

As repercussões da implantação da indústria automobilística no país foram enormes. Criou-se um parque industrial provedor de peças, componentes e matérias-primas, uma rede de distribuição mais diversificada e ampliou-se a estrutura e a capacitação do sistema de assistência técnica. A disseminação do sistema de produção em massa elevou-a a um novo padrão de desempenho, com novas exigências tecnológicas e de gestão, pois novos métodos administrativos foram aprendidos de modo a garantir um grande volume de produção de peças e componentes, com qualidade adequada, para abastecer as recém-criadas gigantescas linhas de montagem. A transferência da tecnologia gerencial e o aprendizado do sistema de produção em massa deu um tremendo salto à economia nacional, cujos efeitos multiplicadores foram sentidos por inúmeros setores, imediatamente no setor de autopeças e, em seguida, em outros ramos da indústria.

Entretanto, o Brasil acabou não conhecendo o pleno potencial da produção em massa com seus produtores norte-americanos, a pioneira Ford ou a seguidora General Motors, mas com uma empresa alemã, a Volkswagen, que havia copiado os métodos desenvolvidos por Ford nas décadas de 1930 e 1940.

De um lado, Ford e GM não se interessaram na produção de automóveis porque tinham outras prioridades de investimento em outros regiões, como a Europa. Por sua vez, a Volkswagen, menor e mais ágil, resolveu fazer um grande investimento para a produção de automóveis no Brasil, aliás, seu maior investimento fora da Alemanha. Sua internacionalização fora ainda

Capítulo 11 ■ A chegada tardia do *lean* no Brasil **289**

uma reação ao aumento da competição na Europa, com a maior agressividade das gigantes norte-americanas naquele mercado. Esse arrojo e pioneirismo renderam excelentes resultados à empresa alemã, que dominou amplamente o mercado brasileiro de automóveis por décadas.

O sucesso da Volkswagen no Brasil deveu-se, em grande medida, ao fato de lançar um carro pequeno, não existente na linha de produtos das empresas norte-americanas e que se mostrou adequado às condições de mercado locais, o "Fusquinha". Aliás, foi um carro popular no mundo todo. Assim como os Fords dominaram a paisagem urbana até a década de 1950, as duas décadas seguintes marcaram o apogeu do Fusquinha, que chegou a representar 2/3 da produção total de automóveis do Brasil por vários anos. Na primeira metade dos anos 1970, foram produzidas mais de 200 mil unidades/ano, sendo assim o veículo responsável pelo ingresso do país na era da produção em massa.

Contudo, ao olharmos para a produção mundial de veículos, notamos a pequena extensão do mercado de consumo em massa no Brasil. No início dos anos 20 foram produzidas quase 2 milhões de unidades por ano de um único modelo da Ford. E mais tarde, em 1965, a indústria norte-americana produziu 10 milhões de unidades e a europeia, 6,5 milhões, enquanto a indústria brasileira começava a dar seus primeiros passos, produzindo apenas 185 mil unidades nesse mesmo ano.

Quando a Ford e a GM resolveram entrar no mercado de automóveis no Brasil, já tinham perdido uma oportunidade de ouro. Ambas gradualmente implantaram novas instalações através de investimentos diretos e compraram outras empresas de automóveis de modo a ampliar sua participação. Elas lançaram produtos para a faixa superior do mercado brasileiro (Galaxie em 1967 e Opala em 1969) e, em verdade, por serem baseadas no mercado norte-americano, demandante de carros grandes, não tinham um produto para competir com o Fusca.

A primeira crise do petróleo de 1973 só piorou o posicionamento estratégico das duas empresas norte-americanas. A GM tentou reagir em 1973 com o Chevette para entrar no mercado de automóveis menores e mais baratos, praticamente cativo da VW. Mas já tinha perdido os dois períodos de *boom* de 1961 a 1967 e de 1968 a 1975, com taxas de crescimento anual de cerca de 20%. Nunca foi ameaçado, assim, o amplo domínio da Volkswagen.

A década de 1970 marcou então a consolidação das três grandes (VW, Ford e GM), responsáveis já ao final da década de 1960 por cerca de 90% da produção. Tiveram a companhia de um novo entrante, a Fiat, em 1973, com uma forte ênfase exportadora e uma linha de produtos mais atualizada, inicialmente focada em carros pequenos, completando assim o quadro de montadoras de

**290**   Parte III ■ Difundindo a produção *lean*

automóveis. E no setor de caminhões, a nova empresa a entrar no mercado foi a Volvo sueca em 1979, juntando-se à Scania e à Mercedes. A constituição da Autolatina em 1986, unindo a Ford e a VW do Brasil e Argentina, foi uma estratégia defensiva, mas que não durou muito tempo. Estava composto assim o elenco das mais importantes empresas montadoras de veículos no Brasil que chegaram aos anos 1990.

Com a nacionalização da produção automobilística a partir do final dos anos 1950, o incipiente setor produtor de autopeças entrou também na era da produção em massa. A implantação das montadoras acelerou a constituição da indústria local de autopeças. Essas empresas surgiram de importadores de veículos ou de revendedores de peças e componentes, ou ainda, da expansão de pequenas oficinas outrora produzindo em escala artesanal para reposição. As mais bem-sucedidas, geralmente, se associaram a empresas estrangeiras para absorção de tecnologia. As montadoras, em casos de peças tecnologicamente densas, estimularam a vinda de produtores estrangeiros com os quais estavam acostumados a trabalhar nos países de origem. Ou ainda, as montadoras acabaram adotando práticas de verticalização mais intensas do que nas matrizes para alguns componentes na medida em que as empresas locais não eram capazes de atingir os níveis de qualidade e tecnologia desejados.

Assim, criou-se e consolidou-se um importante setor produtor de peças e componentes no Brasil em condições de atender às rígidas especificações de qualidade e padrões de entrega mais precisos. Algumas das empresas líderes do setor, em pouco tempo, acabaram alimentando diretamente linhas de montagem de montadoras em diferentes partes do globo. A maior parte das empresas, porém, ficou dependente da tecnologia importada e dos desenhos e especificações das montadoras. Com raras exceções, as empresas nacionais não criaram capacitação tecnológica, e nem isso era esperado na produção em massa, já que as montadoras deveriam estabelecer os parâmetros básicos e as empresas de autopeças simplesmente fabricar. Gradualmente, foram sendo repetidas assim as bases do relacionamento típicos da produção em massa, com muitos conflitos e falta de cooperação entre as montadoras e as empresas de autopeças.

O sistema de relações de trabalho típico da produção em massa também foi gradualmente constituído no Brasil. A primeira geração de trabalhadores da indústria automobilística foi atraída do campo para a região do ABC paulista para a construção das imensas instalações, que se ergueram na segunda metade dos anos 50. Os boatos sobre o novo "eldorado" tinham se espalhado por todo o Brasil e a região atraía um enorme contingente de trabalhadores agrícolas. Muitos deles permaneceram na região, recrutados a seguir para as linhas de montagem quando elas foram postas em funcionamento.

Os trabalhadores da indústria automobilística foram beneficiados com essa transição porque ela oferecia bons salários e amplos benefícios. Muitos deles conseguiram, após alguns anos de trabalho, até possuir o produto que viam saindo, aos milhares, das fábricas onde trabalhavam: o automóvel, importante símbolo de ascensão social.

No final da década de 1970 estouraram greves maciças e animaram o surgimento, no setor automobilístico, da parcela mais combativa e dinâmica no movimento sindical brasileiro no início da década de 1980. Assim, constitui--se no modelo de sindicalismo da produção em massa o confronto e conflito nas relações entre trabalhadores e administração.

Dessa forma, estavam compostos, no final da década de 1970, os principais elementos constitutivos do sistema de produção em massa no Brasil, ou seja, montadoras com elevada escala de produção, um setor de autopeças dependente da tecnologia das montadoras em relações distantes e antagônicas e utilização de mão de obra pouco qualificada com sindicatos em conflito com as empresas.

## ■ Produção em massa com baixo desempenho; estagnação e defasagem tecnológica

A pesquisa do IMVP-MIT no final dos anos 1980 mostrou que o desempenho da indústria automobilística brasileira se encontrava muito defasado em comparação ao padrão mundial, com baixos níveis de produtividade e qualidade, produtos antiquados, baixa escala de produção e *mix* de produtos complexos, além de práticas de gestão obsoletas. Vejamos alguns indicadores básicos.

**Baixa produtividade.** A produtividade da indústria brasileira era a mais baixa do mundo, precisando de em média 48,1 horas por veículo (39,6 horas para a melhor e 55,9 horas para a pior fábrica) para as atividades típicas de montagem de um modelo padrão, utilizando o método citado anteriormente (ver página 84). O Japão, líder mundial em eficiência, apresentava uma produtividade três vezes maior do que a do Brasil, necessitando apenas de, em média, 16,8 horas para montar uma unidade, enquanto os produtores japoneses nos EUA requeriam 21,2 horas, os produtores norte americanos nos EUA 25,1 horas e os produtores europeus 35,8 horas. Olhando apenas para os países em

**292** Parte III ■ Difundindo a produção *lean*

desenvolvimento, à época, ainda assim, o Brasil ficava bem atrás do México (45,7 horas) e da Coreia do Sul (30,3 horas).

**Péssima qualidade.** Na avaliação da qualidade dos produtos temos alguns indicadores específicos para avaliar a posição comparativa da indústria brasileira.

Olhando a partir de outra ótica, ou seja, auferindo apenas os problemas de qualidade devido às atividades de montagem, conforme o método do IMVP (ver página 84), o Brasil não estava em posição muito favorável, apresentando 93,4 defeitos a cada 100 veículos, ficando abaixo do México, com 70,3, e da Coreia do Sul, com 69 defeitos/100 veículos. O abismo era ainda maior quando se comparava com o país de melhor nível de qualidade, o Japão, com 60 defeitos, as empresas japonesas nos EUA, com 65, e as empresas americanas nos EUA, com 82,3. Contudo, o Brasil tem uma posição melhor que a da Europa, que contabiliza 97 defeitos a cada 100 veículos segundo o IMVP.

Durante alguns anos, engenheiros alemães e brasileiros da Volkswagen prepararam uma versão mais sofisticada do Voyage vendido no Brasil, fazendo centenas de alterações para adequação à legislação e ao gosto do consumidor norte-americano em termos de conforto, segurança e controle de emissões. Esse modelo entrou no mercado norte-americano como o Fox. A chegada desse automóvel *Made in Brazil* em 1987 marcou a primeira exportação brasileira para o maior e mais exigente mercado do mundo. Nesse primeiro ano, 40 mil norte-americanos compraram o Fox e esperava-se que fossem vendidos até 150 mil ao ano em 1990.

A J. D. Power, instituição independente que realiza estudos de qualidade a partir da avaliação direta dos consumidores, elaborou uma primeira avaliação do Fox em 1988. De dez modelos no mesmo segmento do mercado produzidos em diversas partes do mundo, o Fox se posicionou no terço inferior, sendo superado, além dos modelos feitos no Japão e Estados Unidos, por um modelo feito na Ford do México e por outro da empresa sul-coreana Kia, sendo superior apenas a dois modelos feitos na Coreia do Sul. Aos poucos, nos anos seguintes, as vendas do Fox foram caindo à mesma medida que seus preços foram subindo. Assim, não conseguiu concorrer e teve suas vendas interrompidas pouco tempo depois.

**Baixo *nível de* automação.** Os índices de robotização (números de robôs por veículo por hora) e a porcentagem de automação (volume total das atividades automatizadas) da indústria brasileira eram os menores do mundo. O Brasil tinha um índice de robotização de 0,2 e 3,9% de automação, enquanto o Japão,

Capítulo 11 ■ A chegada tardia do *lean* no Brasil **293**

com maior nível de automação, apresentava um índice de robotização de 4 e 38% de automação. Mesmo comparada com os países em desenvolvimento, a distância era significativa. A Coreia do Sul tinha índices próximos dos países desenvolvidos (1,9/22,6%) enquanto o México (0,4/6,6%), mesmo distante do padrão mundial, tinha uma tecnologia mais avançada do que o Brasil. Apenas a seção de solda da fábrica da Ford em Hermosillo-México tinha um número maior de robôs que todo o parque automotivo brasileiro.

Espera-se que, ao menos em tese, o maior nível de tecnologia aumentasse os níveis de produtividade e qualidade, porque o trabalho humano seria substituído, diminuiriam os níveis de intervenção humana e consequentemente seriam eliminadas muitas fontes de erros.

Os primeiros robôs chegaram às linhas de montagem brasileiras no início da década de 1980. As empresas norte-americanas, por desconhecerem as virtudes da produção *lean* e reafirmando sua crença na produção em massa, difundiram o conceito de carro mundial, um mesmo modelo produzido em diferentes partes do globo. Assim, seriam produzidos nos países em desenvolvimento as partes e os componentes mais intensivos em trabalho, resultando em investimentos diretos no Brasil e implicando certa modernização dos processos produtivos.

Todavia, explicar o baixo desempenho através da baixa automação da indústria brasileira é capturar apenas parte restrita da explicação. O que aconteceria se a indústria brasileira tivesse o mesmo nível de automação, digamos, da melhor fábrica japonesa da amostra estudada na pesquisa do IMVP-MIT (13,2 horas por veículo/49,3 defeitos)? Mesmo equiparando a melhor fábrica brasileira (36,9 horas por veículo/92,5 defeitos) em automação à fábrica nipônica (33% das atividades automatizadas), ainda assim a japonesa teria o dobro de produtividade e um terço menos defeitos. Têm-se mostrado claramente as limitações das estratégias de automação agressiva para aumentar a eficiência.

**Elevada idade de *design*.** Esse indicador – o número de anos desde que uma grande mudança no modelo foi introduzida nos veículos fabricados no país – mostra quão modernos eram os veículos produzidos. No Brasil, a idade de *design* média dos automóveis era cerca de 14 anos, contra 4 anos do resto do mundo. Isso significava que os produtos produzidos localmente eram de 3,5 vezes mais velhos do que os produzidos em outros países.

Esses modelos antigos refletiram o isolamento histórico da indústria nacional que escondeu por muitos anos a defasagem dos produtos locais. Se a proteção do mercado teve fundamental importância durante a constituição da indústria para forçar as empresas estrangeiras a produzirem localmente,

**294** Parte III ■ Difundindo a produção *lean*

nos anos seguintes o continuado bloqueio às importações tomou a indústria adormecida pela limitada competição.

No começo da década de 1990, após a abertura do mercado, passou a circular pelas ruas e estradas brasileiras um número crescente de carros importados, causando certo deslumbramento. Acostumados até então a uma pequena diversidade de modelos bem antiquados, a multiplicidade de *designs* e marcas surpreendeu os consumidores brasileiros, e esse atraso ficou evidente a eles.

Quanto mais antigo é o *design* de um veículo, mais complexa e difícil tende a ser a tarefa de montagem. A manufaturabilidade de um produto é definida pela facilidade com que ele pode ser fabricado e montado. Quando um produto é projetado tendo em vista a facilidade de montagem, é de se esperar que a produtividade seja maior, conseguindo níveis ainda mais altos de qualidade, inclusive porque tende a ser menor o número de partes utilizadas. Assim, temos um outro elemento prejudicial à produtividade da indústria brasileira, ou seja, a baixa manufaturabilidade dos produtos projetados muitos anos atrás.

**Baixa escala.** Como uma fábrica com maior volume de produção e ocupação de capacidade pode potencialmente utilizar melhor diversos recursos, uma maior escala de produção tende a permitir uma maior produtividade. Comparando-se o número de veículos produzidos por dia por fábrica em todas as fábricas da amostra da Pesquisa do IMVP-MIT, nota-se que o Brasil apresentava uma escala de produção muito baixa (cerca de 600 veículos/dia/fábrica), sendo apenas maior do que a da indústria mexicana. A indústria do resto do mundo apresentava uma escala de produção correspondente a três vezes a brasileira.

**Alta complexidade do *mix* de produtos.** A complexidade do *mix* de produtos envolve os diferentes modelos, plataformas, carcaças, configurações de sistemas de transmissão, motores, opcionais oferecidos etc., que são produzidos em cada fábrica. A complexidade do *mix* da indústria brasileira era a mais alta do mundo, também impactando negativamente a produtividade e qualidade.

Com o aumento da variação e complexidade dos modelos, espera-se haver prejuízos à produtividade pois há perda de economias de escala no manuseio de materiais, em equipamentos de produção, desempenho do trabalho e programação da produção. É possível também que uma maior complexidade do *mix* de produtos prejudique a qualidade à medida que, potencialmente, aumentam as possibilidades de se cometer erros na produção.

Capítulo 11 ■ A chegada tardia do *lean* no Brasil **295**

A fábrica com o *mix* mais complexo do mundo era brasileira e, no entanto, ela era a mais produtiva das fábricas no país. O Japão era o exemplo disso, pois apesar de também apresentar um *mix* complexo, conseguia manter seu alto desempenho. Dessa forma, mesmo com um *mix* complexo, é possível reduzir seu impacto.

**Práticas de fabricação**. Eram poucas as práticas avançadas da produção *lean* usadas no Brasil. Apenas práticas pontuais foram desenvolvidas por algumas montadoras como entregas de peças e componentes à linha de montagem mais frequentes do que a média mundial, atestando um relativo grau de sincronização, sistema *doors-off* quando as portas são montadas fora da linha pra evitar danos à pintura e facilitar a montagem, a utilização do CEP (Controle Estatístico de Processo), controles visuais, submontagens alimentando diretamente as linhas de montagens (p. ex., assentos), menores lotes de produção, nivelamento do *mix* de modelos na linha etc.

Ainda assim, persistia a necessidade de muito retrabalho pós-linha, exatamente pela dificuldade de produzir com qualidade na primeira vez além de um volume de estoques em processo elevado. Os fornecedores, por sua vez, em grande maioria, não foram integrados de forma sistemática gerando elevados estoques, além de se requerer muita inspeção por parte das montadoras antes de as peças e componentes irem para as linhas de montagem.

**Relações de trabalho**. Os sistemas de trabalho estavam muito antiquados no final da década de 1980. O sucesso de algumas práticas originárias do Japão começou a ficar mais evidente e a disposição de imitá-las se acentuou no Brasil. Entretanto, muitas empresas acabaram mirando uma de suas técnicas, os Círculos de Controle de Qualidade (CCQ), nos quais grupos de trabalhadores que se reúnem para discutir formas de melhorar a qualidade e reduzir custos além dos programas de sugestão individual.

O esforço não foi muito bem-sucedido. Quando comparado internacionalmente, a porcentagem de trabalhadores envolvidos nesses esquemas de participação era muito pequena (7,4% no Brasil contra 90% no Japão) e o número de sugestões por empregado era muito baixo (0,5 sugestão por funcionário no Brasil contra 61 no Japão).

Essas práticas fracassaram principalmente pela falta de reciprocidade e confiança entre empresa e colaboradores e pela má gestão desses programas. Como contrapartida, alguns sindicatos lutaram pela constituição das Comissões de Fábricas (CFs) para ampliar seu raio de ação no chão de fábrica, que

**296** Parte III ■ Difundindo a produção *lean*

também não tiveram a continuidade esperada. Ambos os lados perderam excelentes oportunidades de ampliar a participação, o diálogo e a cooperação.

**Políticas de Recursos Humanos.** A pesquisa com as montadoras de veículos do IMVP mostrou que os diferenciais de *status* da indústria brasileira eram os mais altos do mundo. O número de níveis hierárquicos estava muito acima do encontrado em outros países, o que dificultava a comunicação e o fluxo de informações.

O maior envolvimento e participação dos funcionários é fundamental para o bom desempenho das empresas a plena incorporação da contribuição intelectual dos trabalhadores no processo de produção.

Não havia políticas de remuneração vinculadas ao desempenho, ao contrário de outros países onde, frequentemente, existem esquemas de participação nos lucros, bônus de produtividade e qualidade etc. Só é possível conseguir maior envolvimento dos trabalhadores na medida em que haja reciprocidade, ou seja, ambas as partes, trabalhadores e administração, se comprometam com a eficiência do sistema produtivo e se beneficiem dela de modo a viabilizar a parceria e a mutualidade.

Os trabalhadores brasileiros tinham pouquíssimo treinamento comparativamente aos outros países, o que era agravado pela sua baixa escolarização e pelo precário sistema escolar. Além disso, a ausência de esquemas de aprendizado constante no próprio trabalho através de supervisores cuja tarefa seria ensinar e guiar, e não vigiar e controlar, prejudicava ainda mais a capacitação dos trabalhadores. Mesmo mostrando disposição de colaborar e aprender, havia falta de preparo técnico adequado para poder se engajar mais diretamente na resolução de problemas e nas melhorias.

\* \* \*

Em resumo, a pesquisa do IMVP-MIT mostrou que a indústria brasileira não era competitiva internacionalmente no final dos anos 1980. Na mesma época em que a Volkswagen começava a fazer funcionar as linhas de montagem do Fusca e da Kombi nas gigantescas e monumentais instalações na via Anchieta em São Bernardo do Campo, à imagem e semelhança de sua fábrica-mãe em Wolfsburg, na Alemanha, efetivamente transferindo o sistema de produção em massa para o Brasil, no outro lado do globo na Toyota City, gradualmente se estabelecia as bases da produção *lean* com revolucionárias inovações organizacionais.

Capítulo 11 ■ A chegada tardia do *lean* no Brasil    **297**

Com o passar dos anos subsequentes à publicação de *A máquina que mudou o mundo*, ficou ainda mais evidente a imensa superioridade do sistema da produção e gestão *lean*, que requer menor utilização de recursos (estoques, espaço físico, tempo, esforço físico humano etc.), aproveita mais as capacidades intelectuais humanas e é capaz de atender melhor às mudanças e gostos individuais dos consumidores, oferecendo maior variedade de produtos de elevada qualidade e reduz o ciclo de vida dos produtos. Além disso, é capaz de valer-se mais adequadamente das oportunidades trazidas pelas novas tecnologias.

A difusão da produção e gestão *lean* no Brasil tem ocorrido, como em todo o mundo, procurando-se copiar, adaptar e melhorar as práticas desenvolvidas pela pioneira Toyota que, por sinal, tornou-se o maior produtor mundial, tornando-se o novo padrão mundial de produção e de gestão.

Nesse período, muitos investimentos foram realizados na indústria automobilística brasileira, assim como a situação competitiva e os mercados globais mudaram substancialmente com o crescimento da China e da Índia, novos entrantes como a Tesla, movimentos de fusão e aquisição como entre Fiat e Chrysler/Jeep, entre tantas outras mudanças importantes.

Todavia, há uma nova revolução em curso causada pela mudança na visão e no modelo de negócio no setor automobilístico na qual as empresas estão se definindo cada vez mais como provedores de serviços de mobilidade, em que novas tecnologias de eletrificação dos veículos e novas alternativas de combustíveis junto com o surgimento de veículos autônomos e novas formas de uso dos veículos desafia, uma vez mais, o setor automotivo no país.

# Notas

## Antes de você começar este livro

1. *The Future of the Automobile*, de Alan Alt Shuler, Martin Anderson, Daniel Jones, Daniel Roos e James Womack, Cambridge: MIT Press, 1984.

## Capítulo 1

1. *The Concept of the Corporation*, de Peter Drucker, New York: John Day, 1946.
2. Palestra de Harold Poling, ex-presidente da Ford, no Congresso Mundial *Automotive News* na década de 1990, estimou que o "excesso de capacidade" mundial na indústria automotiva chegaria a 8,4 milhões de unidades este ano.
3. Avaliação do dilema da GM, veja *Rude Awakening: The rise, fall and struggle for recovery at General Motors*, de Maryann Keller, New York: William Morrow, 1989.

## Capítulo 2

1. O material desta seção sobre Evelyn Ellis e seu carro foi obtido dos arquivos do Museu de Ciências de Londres. Ele consiste em suas colunas em jornal das aventuras de Ellis e um memorando interno preparado pelo pessoal do museu sobre o carro Panhard de 1894 que pertence ao museu.
2. O material sobre Panhard et Levassor foi retirado de "In First Gear: The French automobile industry to 1914", de James Michael Laux, Liverpool: Liverpool University Press, 1976.
3. A Ford adquiriu controle majoritário da Aston Martin em 1987. Ela também adquiriu a pequena construtora britânica de carros esportivos AC naquele ano. Outros produtores artesanais adquiridos por firmas automotivas multinacionais nos anos 80 foram a Lotus (General Motors), a Ferrari (Fiat) e a Lamborghini (Chrysler).
4. Ford propôs esse termo em seu artigo de 1926 para a *Encyclopedia Brittanica*, "Mass Production" (13ª edição, volume suplementar 2, páginas 821-823). Muitos outros na época chamavam suas técnicas de "Fordismo".
5. Dois estudos extraordinariamente úteis sobre a produção em massa na fábrica, iniciada por Ford, são *From the American System to Mass Production*, 1800-1932, de David Hounshell, Johns Hopkins University Press, Baltimore, 1984, principalmente os Capítulos 6 e 7, e *American Technology and the British Vehicle Industry*, de Wayne Lewchuk, Cambridge University Press, Cambridge, 1987, principalmente o Capítulo 3.

**300**   Notas

Nossa descrição sobre as origens do sistema de Ford foi retirada dessas fontes, a menos que tenhamos indicado outra bibliografia.

6. Em 1919, todo departamento de montagem de veículos em Highland Park possuía somente 3.490 dólares de capital em equipamento (Lewchuk, *American Technology*, página 49).

7. A habilidade de Ford para cortar preços durante a vida do Modelo T está resumida em *The Productivity Dilemma: Roadblock to innovation in the Automobile Industry*, de William Abernathy, Baltimore: Johns Hopkins University Press, 1978, página 33.

8. *The Ford Manual*, Detroit: Ford Motor Company (sem data), páginas 13 e 14.

9. Essa pesquisa é citada em "Wage Determination Theory and the Five-Dollar Day at Ford", dissertação de Ph.D. de Daniel Raff, Massachusetts Institute of Technology, 1987, um interessante estudo sobre as implicações sociais do sistema de Ford.

10. Essa supervisão pode ajudar a explicar por que a produtividade da fábrica toda não melhorou no mesmo ritmo que a produtividade das linhas de montagem. Veja Lewchuk, páginas 49 e 50.

11. *The Visible Hand: The managerial revolution in American business*, de Alfred D. Chandler, Cambridge, Harvard University Press, 1977.

12. Essa informação e o material subsequente sobre a organização e as operações de Ford foram tiradas de *Ford: The times, the man, the company*, de Allan Nevins e Frank Ernest Hill, New York: Scribner's, 1954; *Ford: Expansion and challenge*, 1915-1932, de Allan Nevins e Frank Ernest Hill, New York: Scribner's, 1957; e *American Enterprise Abroad: Ford on six continents*, de Mira Wilkens e Frank Ernest Hill, Detroit: Wayne State University Press, 1964. A informação específica sobre as plantas de montagem dos Estados Unidos vem de *Ford: Expansion and challenge, 1915-1932*, página 256. Os números das plantas de montagens estrangeiras são derivados de Wilkens e Hill, Apêndice 2.

13. Alfred P. Sloan, *My Years with General Motors*, Garden City, New York: Doubleday, 1963 (publicado em português sob o título *Meus anos com a General Motors*). Peter Drucker apresentou sua própria codificação em *The Concept of the Corporation em 1946*. Henry Ford II leu esse volume quando assumiu a empresa no lugar de seu avô naquele ano e decidiu refazer a Ford a partir da imagem da GM.

14. Para uma melhor explicação da lógica do sindicalismo de produção em massa, veja Harry Catz, *Shifting Gears: Changing Labor Relations in the U.S. Automobile Industry*, Cambridge: MIT Press, 1985.

## Capítulo 3

1. O livro *Toyota: A History of the First 50 Years*, Toyota City, Toyota Motor Corporation, 1988, fornece um resumo útil da história da Toyota.

2. Os números totais de produção da Toyota foram calculados a partir do livro *Toyota: A History*, p. 491. A Toyota também produziu 129.584 caminhões entre 1937 e 1950, principalmente para uso militar. Os números de produção da Rouge incluíam 700 veículos produzidos na Rouge e 6.300 kits de peças que a Ford enviava para suas montadoras finais espalhadas pelos Estados Unidos.

3. *Toyota: The First 30 Years*, Tóquio: Toyota Motor Company, 1967, pp. 327–328 (em japonês).

## Notas **301**

4. Por motivo de brevidade, pulamos muitas das contribuições conceituais do gênio fundador da Toyota Motor Corporation, Kiichiro Toyoda. Kiichiro Toyoda teve muitos *insights* brilhantes nos anos 30, inspirado em parte por sua própria visita à Ford em Detroit em 1929. Esses insights incluíam o sistema de coordenação de abastecimento *just-in-time*. Entretanto, as condições caóticas do Japão nos anos 30 o impediram de implementar a maioria de suas ideias.

5. Para um excelente resumo do desenvolvimento da Toyota Motor Corporation e das técnicas de produção *lean*, veja Michael Cusumano, *The Japanese Automobile Industry: Technology and Management at Nissan and Toyota*, Cambridge: Harvard University Press, 1985.

6. A dissertação de Ph.D. de Toshihiro Nishiguchi, "Strategic Dualism: An Alternative in Industrial Society", Nuffield College, Oxford University, 1989, p. 87-90, fornece uma boa análise das consequências das novas leis trabalhistas impostas pela ocupação norte-americana. Uma das muitas ironias das relações entre Japão e Estados Unidos é que tanto uma nova abordagem às relações de trabalho quanto um novo sistema de finança industrial foram impostos no Japão por conta dos oficiais da ocupação norte-americana, que simpatizavam com o *"new deal"*, do presidente Franklin Roosevelt, e não tinham sido capazes de ganhar apoio político para medidas similares nos Estados Unidos. Dois dos oponentes mais veementes e efetivos de Roosevelt na área da reforma trabalhista eram Alfred Sloan e Henry Ford.

7. A Toyota e outras empresas de automóveis empregaram números consideráveis de trabalhadores temporários por muitos anos, pois tiveram dificuldade para atender a crescente demanda e resistiram em fornecer status de emprego vitalício aos trabalhadores que não tinham certeza que conseguiriam reter. Entretanto, essa prática acabou nos anos 70, quando as empresas japonesas ganharam confiança de que seu crescimento não foi um acidente e que poderia ser sustentado.

8. A introdução do livro Japanese Automobile Industry, de Michael Cusumano, fornece um breve relato do esforço de vinte anos do MITI para reorganizar a indústria e de como ele fracassou.

9. Leitores interessados são encorajados a consultar diretamente o trabalho de Ohno para detalhes de suas inovações: Taiichi Ohno, *The Toyota Production System*, Tóquio: Diamond, 1978 (em japonês). Publicado em português sob o título *O Sistema Toyota de Produção: além da produção em larga escala*, Porto Alegre: Bookman, 1997. Um excelente relato, preparado com a ajuda de Ohno, é o livro de Yasuhiro Monden, *The Production System*, Atlanta: Institute of Industrial Engineers, 1983, também publicado em português sob o título *Sistema Toyota de Produção – Uma abordagem integrada ao just-in-time*, Porto Alegre: Bookman, 2015.

10. Como veremos no Capítulo 6, um importante problema adicional desse sistema está em projetar um sistema de registros funcional para que o custo real da produção das operações de peças internas fosse conhecido. Para os fornecedores externos, normalmente parecia que alocações arbitrárias de despesas corporativas faziam com que o dilema produzir/comprar fosse manipulado a favor do fornecedor interno.

11. Ohno e Monden fornecem explicações detalhadas sobre esse sistema em seus exemplares sobre o Sistema Toyota de Produção.

12. Definimos um modelo como um veículo com uma chapa externa totalmente diferente dos outros produtos da linha de um produtor.

**302** Notas

13. Para mais detalhes sobre seus esforços, veja Shotaro Kamiya, *My Life with Toyota*, Tóquio: Toyota Motor Sales Company, 1976.

14. A Toyota Motor Sales foi criada durante a crise de 1949 por insistência dos banqueiros da Toyota. Eles acreditavam que uma empresa de vendas separada seria menos propensa a produzir previsões de vendas otimistas demais, o que levava à produção excessiva quando comparada ao sistema anterior, no qual o *marketing* era somente outra divisão da Toyota Motor Company. Certamente, o trauma de um grande estoque de produtos não vendidos em 1949 estimulou o pensamento da Toyota sobre como construir o sistema sem estoque que eventualmente surgiu. A Toyota Motor Sales foi unificada com a Toyota Motor Company no final dos anos 80 para formar a atual Toyota Motor Corporation.

## Capítulo 4

1. Essa foi uma grande mudança desde a crítica de Satoshi Kamata às condições de trabalho da Toyota no início dos anos 70 (*Japan in the Passing Lane: An insider account of life in a Japanese Auto Factory*, New York: Pantheon, 1982 – originalmente publicado no Japão em 1973). No início dos anos 60, mais de 40% da mão de obra da Toyota era composta por trabalhadores temporários sem garantias de empregos permanentes. Em 1975, todos os trabalhadores temporários tinham sido convertidos a trabalhadores permanentes, uma situação que continuou até 1989, quando a Toyota sofreu para se manter com a ascensão da demanda de automóveis no Japão e mais uma vez contratou trabalhadores sem garantia permanente. Retornaremos aos problemas que as flutuações de demanda criam para produção *lean* no Capítulo 9.

2. Durante todo o programa e em todo este volume, usamos informações sobre qualidade do produto fornecidas por J. D. Power e associados, uma empresa norte-americana especializada em avaliações de clientes de veículos motorizados. Entretanto, não usamos os "números de potência" agora rotineiramente citados em propagandas de automóveis na América do Norte. Esses números são para defeitos no veículo inteiro. Como estivemos interessados nas atividades de apenas uma parte do sistema de fabricação, a montadora, obtivemos dados de potência sobre defeitos que podem ser diretamente atribuídos às atividade da montadora. Eles eram, especificamente, vazamentos de água, conexões elétricas soltas, manchas de tinta, danos nas chapas de metal, peças exteriores e interiores desalinhadas e rangidos e barulhos. Como os dados de potência só estão disponíveis para os veículos vendidos nos Estados Unidos, o número de fábricas europeias, japonesas e países emergentes dos quais podemos relatar dados de qualidade é menor do que o número dos quais temos os dados de produtividade e outros indicadores de desempenho de fabricação.

3. Esse é o método utilizado por muitas das comparações de produtividade publicamente disponíveis na indústria automotiva. Veja, por exemplo, Harbour Associates, *A Decade Later: competitive assessment of the North American Automotive Industry, 1979–1989*, 1989.

4. Para uma explicação completa de nossos métodos, o leitor pode consultar John Krafcik, "A Methodology for Assembly Plant Performance Determination", IMVP Working Paper, outubro de 1988.

## Notas   **303**

5. Prometemos não revelar a identidade de fábricas específicas e, por extensão lógica, das empresas. Entretanto, a melhoria drástica no desempenho da fábrica de Ford nos anos 80 é agora tão conhecida que parece irrealista não reconhecê-lo.

6. A vantagem de ter fornecedores próximos que possam entregar peças de alta qualidade diretamente à linha a cada hora ou duas é considerável. Nas empresas de transição norte-americanas, onde a maioria das peças é entregue com frequência muito menor, ainda há um esforço considerável para inspecionar as peças que entram e, depois, transferi-las ao ponto da linha onde serão montadas.

7. Essa descoberta nasceu de muitos estudos em outras indústrias também. Veja, por exemplo, Joseph Tidd, "Next Steps in Assembly Automation", IMVP Working Paper, Maio de 1989, para uma comparação da experiência recente com automação nas indústrias automotivas e de eletrônicos, e R. Jaikumar, "Post Industrial Manufacturing", Harvard Business Review, Novembro/Dezembro de 1986, páginas 69–76, para um estudo da automação flexível em empresas de maquinário e da indústria de relógios.

8. Para detalhes dessa pesquisa, veja John Krafcik, "The Effect of Design Manufacturability on Productivity and Quality: An Update of the IMVP Assembly Plant Survey", IMVP Working Paper, janeiro de 1990.

9. Para mais detalhes sobre a complexidade da diversidade de modelos e a complexidade além das aparências como indicadores da produtividade e qualidade da montadora, veja John Krafcik e John Paul MacDuffie, "Explaining High Performance Manufacturing: The International Automotive Assembly Plant Study", IMVP Working Paper, maio de 1989.

10. Não queremos sugerir que a Ford não tenha planos para eventualmente renegociar seus rígidos contratos de controle de trabalho. O contrato em Wayne, Michigan, foi recentemente renegociado tendo em vista o conceito de equipe como pré-requisito para a decisão de Ford de alocar a produção do novo Ford Escort na fábrica.

11. Veja Mike Parker e Jane Slaughter, "Managing by Stress: The Dark Side of the Team Concept", em *ILR Report*, outono de 1988, páginas 19–23, e Parker e Slaughter, *Choosing Sides: Unions and the Team Concept*, Boston: South and Press, 1988.

## Capítulo 5

1. As decobertas da equipe de Clark são relatadas em: Kim B. Clark, W. Bruce Chew e Takahiro Fujimoto, "Product Development in the World Auto Industry", Brookings Papers on Economic Activity, n° 3, 1987. Takahiro Fujimoto, "Organizations for Effective Product Development: The Case of the Global Automobile Industry", Tese de Ph.D., Harvard Business School, 1989. Kim B. Clark e Takahiro Fujimoto, "The European Model of Product Development: Challenge and Opportunity", IMVP Working Paper, maio de 1988. Kim B. Clark e Takahiro Fujimoto, "Overlapping Problem-Solving in Product Development," *In*: K. Ferdows, *Managing International Manufacturing*, Amsterdam: North Holland, 1989. Kim B. Clark e Takahiro Fujimoto, "Product Development and Competitiveness", artigo apresentado no seminário da OECD sobre Ciência, Tecnologia e Crescimento Econômico, Paris, junho de 1989.

2. Takahiro Fujimoto, "Organization for Effective Product Development", Tabelas 7.4 e 7.8.

**304** Notas

3. Suas descobertas estão resumidas em: Antony Sheriff, "Product Development in the Auto Industry: Corporate Strategies and Project Performance", tese de mestrado, Sloan School of Management, MIT, 1988. Kentaro Nobeoka, "Strategy of Japanese Automobile Manufacturers: A Comparison Between Honda Motor Company and Mazda Motor Corporation", tese de mestrado, Sloan School of Management, MIT, 1988.

4. Clark e Fujimoto, "Product Development in the World Auto Industry", p. 755.

5. Este exemplo é baseado no material apresentado em Clark e Fujimoto, "Overlapping Problem-Solving in Product Development".

6. Clark e Fujimoto, "Overlapping Problem-Solving in Product Development", Tabela 2.

7. Clark e Fujimoto, "Product Development in the World Auto Industry", p. 765. Além disso, embora Clark e Fujimoto não tenham relatado dados sobre esse caso, o período em que a fábrica não está funcionando durante uma troca de modelo é muito mais curto em fábricas de produção *lean*.

8. Os primeiros resultados e a metodologia utilizada são relatados em: Antony Sheriff, "The Competitive Product Position of Automobile Manufacturers: Performance and Strategy", IMVP Working Paper, maio de 1988. Antony Sheriff e Takahiro Fujimoto, "Consistent Patterns in Automotive Product Strategy, Product Development, and Manufacturing Performance", IMVP Working Paper, maio de 1989.

9. Alfred P. Sloan, *My Years with General Motors*, Garden City, New York: Doubleday, 1963, p. 72.

10. Esse é um dos dilemas expostos em William Abernathy, *The Productivity Dilemma: Roadblock to Innovation in the Auto Industry*, Baltimore: Johns Hopkins University Press, 1978.

11. O material desta seção é baseado em Andrew Graves, "Tendências comparativas em pesquisa e desenvolvimento automotivo", IMVP Working Paper, maio de 1987.

12. Esses números atualizam dados anteriores relatados em Andrew Graves, "Tendências comparativas em pesquisa e desenvolvimento automotivo", e Daniel Jones, "Medindo a vantagem tecnológica na indústria mundial de veículos a motor", IMVP Working Paper, maio de 1988.

13. Para informações sobre os esforços europeus e norte-americanos nessa área, veja Andrew Graves, "Prometheus: A New Departure in Automotive R&D", IMVP Working Paper, maio de 1988, e Hans Klein, "Towards a U.S. National Program in Intelligent Vehicle/Highway Systems", IMVP Working Paper, maio de 1989.

14. Talvez a mais interessante entre a vasta literatura sobre efeito estufa seja James Lovelock, *The Ages of Gaia: A Biography of our Living Earth*, New York: Norton, 1988.

## Capítulo 6

1. Toshihiro Nishiguchi, "Competing Systems of Automotive Components Supply: An Examination of the Japanese 'Clustered Control' Model and the 'Alps' Structure", IMVP Working Paper, maio de 1987.

2. Há realmente duas questões confusas na alegação de que "custos mais baixos do fornecedor" são a vantagem competitiva japonesa. Uma é o número de horas de

esforço necessárias para realizar um conjunto de atividades. Como veremos, há boas razões para pensar que os fornecedores japoneses exigem muito menos esforço, assim como as montadoras japonesas precisam de muito menos esforço para projetar carros e montar as peças. A segunda questão é o custo por hora de esforço. No Japão, havia uma grande diferença entre os salários nas empresas montadoras e os níveis mais baixos do sistema de fornecedores. No entanto, como Toshihiro Nishiguchi demonstrou recentemente ("Strategic Dualism", tese de doutorado, Oxford University, 1989, p. 155–156), essa lacuna diminuiu na década de 1960 para cerca de apenas 20%, o que passa a ser a diferença entre os salários das montadoras e dos fornecedores hoje em dia nos Estados Unidos. Para uma montadora que é altamente integrada de forma vertical – a General Motors é o exemplo óbvio –, essa lacuna ainda produz uma diferença de custo com os concorrentes – como a Chrysler –, que obtêm grande parte de suas peças de fornecedores externos.

3. Richard Lamming, "The International Automotive Components Industry: Customer-Supplier Relationships, Past, Present, and Future", IMVP Working Paper, maio de 1987, fornece uma boa visão histórica das mudanças nas relações entre montadoras e fornecedores na América do Norte e na Europa.

4. Richard Lamming se lembra da situação na Jaguar há uma década, quando lhe disseram para justificar seu trabalho "salvando seu salário", ou seja, encontrando economias imediatas suficientes nos custos de peças compradas para cobrir os gastos para a empresa. Além disso, era comum entender que a próxima promoção seria destinada ao agente de compras que produzisse a maior economia, talvez duas ou três vezes o seu salário. Até recentemente, essa abordagem era típica nos departamentos de compras das empresas ocidentais. Serviu para institucionalizar um sistema que reduzia os preços no curto prazo, em detrimento dos custos e do relacionamento montadora-fornecedor no longo prazo.

5. Grande parte do material desta seção é baseada no trabalho do afiliado de pesquisa do IMVP, Toshihiro Nishiguchi: "Competing Systems of Automotive Component Supply", IMVP Working Paper, maio de 1987; "Reforming Automotive Purchasing: Lessons for Europe", IMVP Working Paper, maio de 1988; "Strategic Dualism", dissertação de Ph.D., Universidade de Oxford, 1989.

6. Richard Lamming, "The Causes and Effects of Structural Change in the European Automotive Components Industry," IMVP Working Paper, maio de 1989, p. 22–23.

7. Toshihiro Nishiguchi, "Strategic Dualism," p. 210.

8. Para uma descrição completa do Sistema, veja "Strategic Dualism,", Nishiguchi, p. 191.

9. Os autores agradecem a Richard Hervey, da Sigma Associates, por trazer esse ponto à atenção deles.

10. Nishiguchi, "Strategic Dualism," p. 202.

11. Para numerosos exemplos de montadoras que compartilham altos e baixos com fornecedores, veja Nishiguchi, "Strategic Dualism", p. 281–311.

12. Veja Nishiguchi, "Strategic Dualism", p. 281–311, para exemplos específicos.

13. Acesso àquela parte da fábrica que faz a peça em questão. É importante lembrar que a maioria dos fornecedores no Japão trabalha para mais de uma montadora e, frequentemente, para empresas fora da indústria automotiva. Atividades para

**306** Notas

outras montadoras estão fora dos limites, uma vez que o fornecedor deve manter um relacionamento próximo e confidencial com essas empresas.

14. Konosuke Odaka, Keinosuke Ono, Fumihiko Adachi, "The Automobile Industry in Japan: A Study of Ancillary Firm Development", Oxford: Oxford University Press e Tóquio: Kinokuniya, 1988, p. 316–317.

15. Nishiguchi, "Strategic Dualism", p. 203–206, fornece vários exemplos.

16. É importante observar que a prática real difere consideravelmente entre as montadoras. A Toyota designa dois ou mais fornecedores para a maioria das peças menores – para as pastilhas de freio a disco dianteiras do modelo básico Corolla, por exemplo. A Nissan e a Honda, por outro lado, mantêm vários fornecedores para determinada categoria de peças – por exemplo, pastilhas de freio dianteiro em geral. No entanto, a Nissan e a Honda não fornecem fonte dupla ou tripla – a pastilha para os freios dianteiros de um modelo específico. Em vez disso, elas atribuem uma peça específica a cada fornecedor e, em seguida, comparam seu desempenho geral. Se um fornecedor desistir de uma peça específica, é relativamente fácil transferir parte dos negócios para outro fornecedor desse tipo de peça. Portanto, na prática, os sistemas Nissan e Honda são equivalentes funcionais do sistema Toyota.

17. Nishiguchi, "Competing Systems of Automotive Components Supply".

18. Takahiro Fujimoto, "Organizations for Effective Product Development," Tabela 7.1. Veja também a Figura 6.3 neste capítulo.

19. Nishiguchi, "Competing Systems of Automotive Components Supply," p. 15.

20. Suas descobertas são relatadas em Richard Lamming, "Structural Options for the European Automotive Components Supplier Industry", IMVP Working Paper, maio de 1988; "The Causes and Effects of Structural Changes in the European Automotive Components Industry", IMVP Working Paper, 1989; e "The International Automotive Components Industry: The Next Best Practice for Suppliers", IMVP Working Paper, maio de 1989.

21. Esta pesquisa foi conduzida por Susan Helper, da Boston University School of Management. Ela relatou suas descobertas em "Supplier Relations at a Crossroads: Results of Survey Research in the U.S. Automobile Industry", Boston University School of Management Working Paper, p. 89–26, 1989.

22. Richard Lamming, "Causes and Effects of Structural Change in the European Automotive Components Industry," p. 22–23.

23. Toshihiro Nishiguchi, "Strategic Dualism," p. 197.

24. Susan Helper, "Supplier Relations at a Crossroads," p. 7.

25. Helper, "Supplier Relations", p. 12.

26. Nishiguchi, "Strategic Dualism", p. 116, 203 e 204.

27. Helper, "Supplier Relations", Figura 7.

28. Nishiguchi, "Strategic Dualism", p. 218.

29. Helper, "Supplier Relations", Figura 7.

30. Helper, "Supplier Relations", p. 7.

31. Nishiguchi, "Strategic Dualism", p. 313–347, e Nishiguchi, "Is JIT really JIT?", IMVP Working Paper, maio de 1989.

32. John Krafcik, "Learning from NUMMI", IMVP Working Paper, setembro de 1986, e Nishiguchi, "Strategic Dualism", p. 213.

Notes omitted... 

33. Krafcik, "Learning from NUMMI", p. 32.
34. Esta seção é baseada em Richard Lamming, "Causes and Effects of Structural Change in the European Automotive Components Industry".
35. Takahiro Fujimoto, "Organizations for Effective Product Development", Tabela 7.1.
36. Lamming, "Causes and Effects", p. 39.
37. Lamming, "Causes and Effects", p. 43.

## Capítulo 7

1. "Automotive News Market Data Book", diversos anos.
2. John J. Ferron, "NADA's Look Ahead: Project 2000", IMVP Working Paper, maio de 1988.
3. "Automotive News Market Data Book", diversos anos.
4. Calculado pelos autores a partir de "Automotive News Market Data Book", edição de 1989, p. 38.
5. John J. Ferron e Jonathan Brown, "The Future of Car Retailing", IMVP Working Paper, maio de 1989, e Jonathan Brown, "What Will Happen to the Corner Garage?", Brighton Polytechnic, Palestra Inaugural, 26 de junho de 1988.
6. SRI International, *The Future for Car Dealerships in Europe: Evolution or Revolution?*, Croydon, Reino Unido: SRI International, julho de 1986.
7. Ferron e Brown, "The Future of Car Retailing," p. 11.
8. Dados fornecidos pelo professor Garel Rhys, da Cardiff Business School.
9. Esta seção baseia-se no trabalho do professor Koichi Shimokawa, da Universidade Hosei, em Tóquio, e em um estudo de caso do sistema de distribuição da Toyota preparado por Jan Helling, da Saab.
10. *The Automobile Industry: Japan and Toyota*, publicado pela Toyota Motor Corporation, Tóquio.
11. Koichi Shimokawa, "The Study on Automotive Sales, Service and Distribution Systems and Its Further Revolution", IMVP Working Paper, maio de 1987.
12. Koichi Shimokawa, "The Study of Automotive Sales," p. 30; *Automotive News Market Data Book* e Japan Automobile Manufacturers Association, *Motor Vehicle Statistics of Japan*, Tóquio: JAMA, 1989.
13. Ferron e Brown, "The Future of Car Retailing", pp. 4–5.
14. Ferron e Brown, "The Future of Car Retailing", p. 11, e conversa particular com Koichi Shimokawa.
15. Outras mudanças necessárias têm sido a recente eliminação da isenção especial de taxas para carros com motores grandes (que penalizava carros importados maiores do tipo que têm um apelo de vendas mais inerente no Japão) e a disposição de muitas montadoras japonesas, sob uma pressão internacional substancial, de revender carros importados através de seus próprios canais de distribuição. Por exemplo, a Honda recentemente começou a vender produtos da Rover no Japão através de seu canal Verno.

**308** Notas

## Capítulo 8

1. Allan Nevins e Frank Ernest Hill, *Ford: Decline and Rebirth*, New York: Scribner's, 1963.
2. Somos gratos a Maryann N. Keller, da Furman Selz Mager Dietz and Birney, por uma explicação do sistema japonês de formação de capital na década de 1980 e pelos números específicos citados.
3. Para um excelente resumo das operações estrangeiras da Ford Motor Company entre 1905 e o início dos anos 1960, veja Mira Wilkens e Frank Ernest Hill, *American Business Abroad: Ford on Six Continents*, Detroit: Wayne State University Press, 1964. Salvo indicação ao contrário, as informações sobre as operações estrangeiras da Ford citadas aqui e no Capítulo 9 são dessa fonte.
4. Martin Adeney, *The Motor Makers: The Turbulent History of Britain's Car Industry*, London: Collins, 1988, p. 216.
5. De fato, a Honda já estava excedendo as vendas de carros de passeio da Chrysler no início de 1990. Entretanto, é importante perceber que a Chrysler também fabrica um grande número de minivans e caminhões, de modo que a Honda tem muito a fazer para ultrapassar a Chrysler em produção geral.

## Capítulo 9

1. Lawrence Celtzer, *A Financial History of the American Automobile Industry*, New York, 1928.
2. O material desta seção é baseado em Wayne Lewchuk, *Amercian Technology in the British Car Industry*, Cambridge: Cambridge University Press, 1988.
3. Lewchuk, *American Tchnology*, p. 153.
4. Lewchuk, *American Tchnology*, p. 155.
5. Lewchuk, *American Tchnology*, p. 157.
6. Mira Wilkens e Frank Ernest Hill, *American Industry Abroad: Ford on Six Continents*, Detroit: Wayne State University Press, 1964.
7. Thomas Husher, *American Genesis: A Century of Invention and Technological Enthusiasm*, New York: Penguin Books, 1989, p. 474.
8. Esta foto foi reproduzida em David Hounshell, *From the American System to Mass Production, 1800-1932*, Baltimore: Johns Hopkins University Press, 1984, p. 320.
9. Citado em Lewchuk, *American Tchnology*, p. 175.
10. Citado em Lewchuk, *American Tchnology*, p. 176.
11. Este termo é invenção de Lewchuk.
12. Os europeus continentais também tinham passado muito a indústria britânica, que nunca implementou completamente a produção em massa (até a década de 1980) e afundou rapidamente antes enfrentamento competitivo das indústrias alemã, francesa e italiana.
13. Este material é de "Cost of Building a Comparable Small Car in the U.S. and in Japan – Summary of Consultant's Report to the UAW". Este é um resumo de um estudo mais detalhado preparado pela Ford e pelo UAW com a ajuda de consultores, que permanecem confidenciais.
14. Esta citação é de Maryann N. Keller, *Rude Awakening*, pp. 87–88.

Notas **309**

15. As empresas japonesas estão limitadas a 11% do mercado no Reino Unido, 3% na França, 2.000 carros por ano na Itália e pagam uma tarifa de 40% na Espanha. Além disso, os outros países de "livre comércio", liderados pela Alemanha e pela Suécia, indicaram periodicamente que seu apoio contínuo a um mercado aberto para carros japoneses se baseia em comportamento "apropriado" das empresas japonesas, o que significa na prática que sua participação no mercado deve crescer muito devagar e sem sérias ameaças aos produtores do país de origem.

16. A Chrysler adquiriu a Rootes (britânica) e a Simca (francesa) em 1963/64, fundindo-as na Chrysler Europe. Essa empresa foi vendida para a PSA em 1978.

17. J. J. Servan Schreiber, *The American Challenge*, New York: Atheneum, 1968.

18. A GM abriu seu novo complexo de Saturno em Spring Hill, Tennessee, em meados de 1990. Esse é o esforço único e muito ambicioso da empresa para implementar o conjunto completo de técnicas *lean* para desenvolvimento de produtos, coordenação de fornecedores e operações de fábrica em um local "de solo fértil", onde as velhas formas de pensar podem ser deixadas de lado. O Saturno foi aberto muito tarde no IMVP para ser avaliado neste livro.

19. Uma enumeração completa de montadoras na América do Norte adicionaria a abertura da montadora de 100.000 unidades da Hyundai em Bromont, Quebec, em 1989, e o fechamento da montadora da Volkswagen de 250.000 unidades em Westmoreland, Pensilvânia, também em 1989. (Essa fábrica foi posteriormente vendida à Sony para conversão na produção de tubos de televisão.) Esses ajustes reduziriam a capacidade líquida de montagem na América do Norte em outras 150.000 unidades.

20. Setores industriais inteiros no Japão sofreram quedas prolongadas devido a mudanças na economia mundial. Aço e construção naval são os dois exemplos proeminentes da década de 1980. Quando tais quedas ocorrem, o governo e a indústria japoneses exibem uma notável capacidade de reestruturação e racionalização por meio do mecanismo do "cartel de recessão", no qual a capacidade excedente é retirada de maneira ordenada e a perda financeira é compartilhada igualmente entre os participantes da indústria. Normalmente, em vez de cortes salariais permanentes, a capacidade é aposentada, e o excesso de colaboradores é transferido para empresas em crescimento dentro do *keiretsu*. Entretanto, essa situação nunca surgiu na indústria automotiva.

21. O governo britânico explicou não oficialmente que isso era necessário para garantir que os carros não fossem contados contra as cotas de importações japonesas quando enviados para a França e a Itália. Entretanto, o governo também reconheceu que a produção britânica da Rover e da Ford podia diminuir à medida que as empresas de transição japoneses no Reino Unido entrassem em operação e estava preocupado com o destino da indústria britânica de peças.

## Capítulo 10

1. O leitor não deve chegar à conclusão de que a indústria sul-coreana está "acabada" na competição internacional. Embora a qualidade inicial dos produtos Hyundai fosse ruim, seus carros melhoraram constantemente nas classificações de potência até atingir por volta da média em 1989. Isso indica que as empresas sul-coreanas têm a capacidade e o desejo de aprender com seus erros e fazer melhorias rápidas. Além

**310** Notas

disso, as empresas sul-coreanas melhoraram rapidamente a sofisticação de suas fábricas. Uma empresa introduziu muitas técnicas de produção *lean* e precisou de apenas 25,7 horas de esforço de montagem em 1989 para realizar nossas atividades padrão no carro padrão, um nível muito próximo da média japonesa, quando o nível mais baixo da automação sul-coreana é considerado. Portanto, a verdadeira questão para os sul-coreanos é se eles conseguem obter independência tecnológica dos japoneses e dos norte-americanos e se conseguem encontrar um papel estável na região emergente do Leste Asiático. Quanto à primeira, veja Young-Suk Hyun, "A Technology Strategy for the Korean Motor Industry", IMVP Working Paper, maio de 1989.

2. Para uma revisão da situação mexicana, veja James P. Womack, "The Mexican Motor Industry: Strategies for the 1990s", IMVP Working Paper, maio de 1989.

3. Veja o "Mexican Auto Decree", promulgado pelo governo em 19 de dezembro de 1989 no *Diario Official*.

4. Para uma revisão da situação chinesa, veja Qiang Xue, "The Chinese Motor Industry: Challenges for the 1990s", IMVP Working Paper, maio de 1989.

5. Para uma revisão da situação brasileira, veja José Ferro, "Strategic Alternatives for the Brazilian Motor Vehicle Industry in the 1990s", IMVP Working Paper, maio de 1989.

6. José Ferro, afiliado da IMVP Research, visitou a fábrica de motos da Honda em Manaus, no Amazonas, perto da fronteira com o Peru, e ficou impressionado com o nível de implementação da produção *lean* que a Honda conseguiu usando migrantes rurais sem absolutamente nenhuma experiência industrial prévia. Esse é certamente o ambiente mais difícil no qual a produção *lean* foi testada até agora, e isso mostra fortemente que as ideias básicas são verdadeiramente universais.

7. Essa ideia foi formalmente aceita pelo Brasil e pela Argentina, mas até o momento o caos nas duas economias atrasou os progressos em direção à implementação. Para uma revisão da situação argentina, veja Javiar Cardozo, "The Argentine Automotive Industry: Some Unavoidable Issues for a Re-entry Strategy", IMVP Working Paper, maio de 1989.

8. Este carro finalmente chegou ao mercado norte-americano em meados de 1990.

## Epílogo

1. Para uma revisão sobre o impacto da produção em massa sob o ponto de vista europeu, veja Thomas Hughes, *American Genesis: A Century of Invention and Technological Enthusiasm,* New York: Penguin Books, 1989, principalmente o Capítulo 6, "Taylorismus + Fordismus = Amerikanismus," e o Capítulo 7, "The Second Discovery of America."

# Epílogo

Quando Henry Ford e Alfred Sloan criaram a produção em massa, as ideias que eles incorporaram estavam no ar. Em todos os lugares, o sentimento era de que os antigos modos de produção artesanal haviam alcançado seus limites. Além disso, muitas partes do sistema de produção em massa haviam sido testadas anteriormente em outras indústrias. A indústria de empacotamento de carne, por exemplo, havia sido pioneira nas linhas de "desmontagem" de corte de carcaças antes da virada do século. Nos anos de 1890, a indústria de bicicletas havia sido pioneira em muitas técnicas de estamparia em aço e nas máquinas-ferramenta dedicadas que a Ford passou a usar depois. Ainda antes disso, as ferrovias transcontinentais haviam desenvolvido muitos dos mecanismos organizacionais para gerenciar grandes firmas que operavam em vastas áreas.

Mas Ford e Sloan foram os primeiros a aperfeiçoar o sistema todo – operações da fábrica, coordenação com o fornecedor, gestão da empresa toda – e a agrupá-lo com o novo conceito de mercado e um novo sistema de distribuição. Portanto, a indústria automotiva se tornou um símbolo global da produção em massa.

O sistema completo se difundiu rapidamente para outras indústrias dos Estados Unidos nos anos 20 e logo foi abraçado por quase todas as indústrias de manufatura de alto volume. Além disso, a produção em massa teve uma tentativa de aplicação, sem muito sucesso, em indústrias artesanais únicas – particularmente no setor imobiliário, no qual muitos empresários buscaram se tornar o Henry Ford das casas.

Na Europa, a ideia da produção em massa era um problema não apenas para a indústria automotiva, mas para todas as indústrias. Em um nível, os intelectuais, principalmente os de esquerda, abraçaram a ideia da produção em massa como o meio óbvio de elevar as condições de vida das massas. Logo as imagens da produção em massa e da modernidade se tornaram um tema central na arte europeia. Entretanto, de volta à fábrica, em todo tipo de fabricação, a má combinação entre os requisitos da produção em massa e a orientação artesanal dos colaboradores e dos gerentes tornaram muito lenta

## 312 Epílogo

a adoção das novas técnicas. A falta de um mercado europeu integrado era outro impedimento. Foi somente após a Segunda Guerra Mundial que a produção em massa foi completamente abraçada no cenário industrial da Europa, em muitos casos através do uso de "colaboradores hóspedes" de outros países e outras culturas que estavam dispostos a tolerar a monotonia da clássica produção em massa na fábrica.

Assim como Ford e Sloan estavam navegando em um mar de novas ideias, o caos do pós-guerra no Japão criou um ambiente fértil para novos pensamentos. Muitas das técnicas que Eiji Toyoda e Taiichi Ohno incorporaram em seu sistema de produção *lean* estavam sendo testadas simultaneamente em outras indústrias. Por exemplo, as ideias de melhoria de qualidade do consultor americano W. Edwards Deming foram adotadas quase ao mesmo tempo por muitas empresas japonesas em vários setores. Várias outras ideias foram impostas a esses inventores por forças sociais maiores na sociedade, em particular a necessidade de tratar os colaboradores como custos fixos, uma vez que se tornou evidente que haveria, de parte deles, forte resistência às políticas trabalhistas de contratação e demissão.

Entretanto, como Ford e Sloan, sua conquista consistia em juntar todas as peças para criar o sistema completo de produção *lean*, estendendo-se do planejamento do produto a todas as etapas de coordenação do sistema de fabricação e ao fornecimento ao cliente. Assim, a indústria automotiva mais uma vez mudou o mundo e se tornou o símbolo global da nova era da produção *lean*.

Além disso, como vimos, a produção *lean* combina os melhores recursos da produção artesanal e da produção em massa – a capacidade de reduzir custos por unidade e melhorar drasticamente a qualidade ao mesmo tempo em que fornece uma gama cada vez maior de produtos e um trabalho cada vez mais desafiador. Os limites do sistema ainda não são conhecidos, e sua difusão, tanto na indústria automotiva quanto em outras indústrias, ainda está em um estado inicial – como estava a produção em massa no início da década de 20. Ainda assim, no final, acreditamos que a produção *lean* substituirá a produção em massa e o que resta da produção artesanal nas áreas industriais e se tornará o sistema de produção global padrão no século XXI. Este mundo será um lugar muito diferente e muito melhor.

# Posfácio de 2007
## O que aprendemos sobre a produção *lean* desde 1990

*A máquina que mudou o mundo* foi escrito com um sério esforço para cobrir um vasto território a uma distância considerável. Quando escrevemos este livro, a Toyota e a Honda operavam principalmente no Japão, e as pesquisas e os materiais sobre os detalhes de seus sistemas de criação de valor eram limitados. Portanto, não é de se surpreender que, durante as quase duas décadas de nossa pesquisa, aprendemos muito sobre a produção *lean*. Além disso, há muitos pontos que faríamos de forma diferente e melhor se estivéssemos escrevendo este livro hoje.

Como esta obra encontrou um público amplo e duradouro nos cursos de administração e engenharia, nos quais muitas vezes serve como um texto central sobre gestão de negócios de última geração, estamos particularmente ansiosos para atualizar os detalhes históricos e técnicos.

O primeiro ponto de elaboração diz respeito às origens da produção *lean*. Quando escrevemos *A máquina que mudou o mundo*, estávamos familiarizados com a história da Toyota, mas não sabíamos muito sobre o que Henry Ford havia feito. Aquele que conhecemos e escrevemos era o Henry Ford mais antigo, do imenso complexo Rouge, ao sul de Detroit. Inaugurado em 1917 como uma fábrica de barcos para o governo norte-americano na Primeira Guerra Mundial, o complexo foi concluído no momento da conversão do Modelo T para o Modelo A, em 1927. Esse foi certamente o templo da produção em massa que descrevemos.

Logo após a publicação, encontramos uma cópia da obra-prima de Horace Arnold e Fay Faurote, "Ford Methods and the Ford Stores", publicada pela *Engineering Magazine* em 1915. (Citamos esse trabalho indiretamente na Tabela 2.1, na página 27, com base em um resumo relatado por David Hounshell, mas nunca creditamos o livro em si.)

Essa descoberta foi positiva para nossas escritas futuras, pois imediatamente percebemos que havia, na verdade, dois Henry Ford. O primeiro foi o

**314** Posfácio de 2007

dinâmico Henry Ford da fábrica de Highland Park, no norte de Detroit, que alcançou seu auge em 1914 quando introduziu o que chamou de "produção de fluxo". Com esse termo, ele queria dizer que havia não apenas aperfeiçoado a linha de montagem final de fluxo contínuo, mas também organizado em uma sequência de processo rigorosa os muitos tipos de máquinas necessárias para fabricar os componentes do modelo T. Esse arranjo tornou possível criar um fluxo de produção quase contínuo, da matéria-prima ao produto acabado.

Por exemplo, o estribo do Modelo T era fabricado com peças de aço sendo enviadas, uma de cada vez, através de uma máquina de limpeza, uma prensa de rolos, uma prensa de desenho, uma máquina de lavar, um tanque de tinta e um forno, tudo dentro de uma pequena área localizada não muito longe do ponto de uso do estribo na linha de montagem final (veja Arnold e Faurote, 251–56, para detalhes e fotos deste exemplo). Essa célula de produção prototípica foi dimensionada para rodar no ritmo que a linha de montagem final exigia.

Muitos dos módulos do carro – painel, estribos, suspensão dianteira, suspensão e eixo traseiros, motor, transmissão, tanque de gasolina e linhas de combustível – eram feitos em *layouts* semelhantes perto da linha de montagem final e em fluxo quase contínuo na taxa exata da linha e com um tempo de produção muito curto do início ao fim. O sistema de controle de produção da Ford também era muito simples. Em muitos casos, uma área de produção de módulos era simplesmente instruída a trabalhar até que uma quantidade máxima permitida de estoque estivesse disponível no ponto de montagem final. A produção então parava, até ser instruída a prosseguir pelos "caçadores de escassez", que percorriam a fábrica continuamente das áreas de montagem para as áreas de produção de componentes passando instruções de produção. Um sistema puxado em desenvolvimento! (Veja Arnold e Faurote, 63-72, para obter detalhes sobre este exemplo.)

O segundo Henry Ford foi o frágil Henry Ford de depois que o complexo de Rouge estava concluído, quando o modo de atuação predominante das empresas eram as aldeias de processos – ou, mais precisamente, cidades de processos em enorme escala. Essas cidades faziam determinado tipo de tarefa – estampagem, pintura, soldagem, usinagem – em um único prédio ou área para servir todo o complexo. O Highland Park foi projetado com pequenos sistemas de lavagem, pequenas cabines de pintura, prensas de estampagem independentes e outras tecnologias. Elas eram organizadas na sequência do processo, uma ao lado da outra, em uma área de fabricação para cada um dos principais componentes; os componentes eram frequentemente concluídos sendo movidos por somente uma curta distância do corredor até o ponto de montagem final. Por outro lado, o complexo de Rouge possuía poderosos sistemas de lavagem, sistemas de pintura maciços, uma enorme oficina de estampagem, uma vasta oficina de soldagem etc., para trabalhar em muitos números de peça para muitos componentes e produzir milhões de peças em máquinas que operavam em altíssimas velocidades. Essas peças eram transferidas de uma etapa de produção para a seguinte por quilômetros de transportadores e, depois, enviadas para as fábricas de montagem final em todo o mundo, que eram mais de cinquenta no final da década de 20.

Para fazer esse sistema funcionar, o complexo de Rouge precisava de um poderoso cronograma para dizer a cada uma das cidades envolvidas no processo o que fazer a seguir, pois cada peça percorria distâncias consideráveis de uma etapa para a outra. Quando o complexo estava se tornando público, no final de 1926, Ford escreveu um famoso artigo para a *Encyclopedia Britannica*, no qual deu ao seu novo conceito o nome que ainda tem até hoje: produção em massa.

Taiichi Ohno e os outros inovadores da Toyota no pós-guerra, portanto, realmente tiveram seu início a partir de Henry Ford, mas talvez mais em Highland Park do que em Rouge. Nosso colega John Shook encontrou uma cópia antiga de "Ford Methods and the Ford Shops" nos arquivos da Toyota em Toyota City, sugerindo que a Toyota conhecia o primeiro Henry Ford.

A equipe da Toyota teve um avanço crucial em um momento em que Ford deu um passo em falso. Eles descobriram maneiras de fabricar produtos em fluxo contínuo, geralmente de peça única, mas em condições de mercado bem diferentes das da Ford. Diversamente da Ford em Highland Park, onde todos os chassis do Modelo T eram idênticos, a Toyota precisava de produtos de alta variedade para um mercado doméstico fragmentado. E ela não conseguia estimar a demanda com precisão graças à economia cíclica japonesa. Já em Highland Park, Ford conseguia vender imediatamente tudo o que fabricava. Por fim, a vida útil dos modelos era curta no Japão, e o tempo de configuração para modelos totalmente novos também precisava ser curto. Isso era muito diferente das condições em Highland Park. Lá, o produto básico continuava em produção por dezenove anos. A transição do Modelo T para o Modelo A exigiu o desligamento de nove meses de toda a Ford Motor Company. Isso também significou a aposentadoria da fábrica de Highland Park, pois a maior parte da produção de componentes foi transferida para o complexo de Rouge, e a maior parte da montagem final foi transferida para vários locais ao redor do mundo.

O sucesso da Toyota em criar um fluxo contínuo em condições de alta variedade, volatilidade de mercado e vida útil curta do produto foi realmente

**316** Posfácio de 2007

brilhante, mas se inspirou mais no Henry Ford de Highland Park do que imaginávamos. Esse fato torna o declínio contínuo da Ford Motor Company nos últimos anos ainda mais triste de assistir. A Toyota sempre se considerou uma descendente industrial da Ford. E, quando escrevemos esta obra, a Ford Motor Company estava mostrando sinais precoces de retomar seu caminho ao adotar a produção *lean*. Ela estava copiando a Toyota, assim como havia copiado a GM para se salvar no final da década de 40. Infelizmente, o *momentum lean* do final dos anos 80 foi perdido nos anos 90, com resultados catastróficos.

O segundo ponto que faríamos se fossemos escrever *A máquina que mudou o mundo* hoje diz respeito a equipes, divisão de trabalho e o papel dos gerentes. Falamos muitas vezes no livro sobre a solução de problemas pelas equipes de trabalho, como se isso fosse uma grande fração do trabalho deles. Da mesma forma, falamos muito sobre a rotação de empregos entre os profissionais, como se todos os gerentes da Toyota pertencessem à Renascença, passando de função em função por uma longa carreira. Por fim, mal mencionamos o papel dos gerentes de linha na produção, *design*, compras e vendas.

Com uma retrospectiva de quase vinte anos, agora sabemos que o trabalho de solução de problemas por equipes pode ser muito útil para as empresas, mas que essa é apenas a última parte de um sistema *lean* implementado pela Toyota. Como Taiichi Ohno observou: "Sem padrões, não pode haver *kaizen*". O processo de trabalho em si, juntamente com o processo de gestão, deve ser absolutamente padronizado pelos gerentes, e também por engenheiros industriais e de produção, antes que uma equipe de trabalho possa ter alguma esperança de melhorá-lo. A padronização nesse contexto significa criar uma maneira precisa e comumente entendida de conduzir todas as etapas essenciais de cada processo.

Também sabemos que a solução de problemas pelos gerentes é uma fração muito maior do trabalho deles do que havíamos percebido. Os gerentes da Toyota aprendem desde o início de sua carreira como identificar um problema na área que estão gerenciando. O gerente determina os aspectos do processo que estão causando o problema naquele momento e prevê um processo melhor, capaz de resolvê-lo. Por fim, o gerente desenvolve um plano de implementação, mede os resultados e ajusta o processo conforme necessário. É claro que esse é o processo de planejar-fazer-verificar-agir que a Toyota aprendeu com W. Edwards Deming. A contribuição da Toyota foi transformá-lo na ferramenta de gestão agora chamada de análise A3.

Além disso, agora sabemos que a Toyota é uma empresa muito mais funcional do que imaginávamos em termos de carreira. A maioria dos profissionais

Posfácio de 2007 **317**

trabalha em uma especialidade, assim como em uma organização tradicional de produção em massa. A diferença não está nos planos de carreira, mas na gestão da conectividade horizontal entre as diferentes funções.

Isso nos leva a nosso maior mal-entendido. Em 1990, pensávamos que a maioria dos colaboradores de uma empresa *lean* como a Toyota era designada a uma equipe de desenvolvimento de produtos ou a uma equipe de produção durante toda a vida útil do projeto/produto e que eles obedeciam ao *shusa* (engenheiro-chefe/líder de projeto) ou ao *kacho* (gerente de linha) por causa de seu controle sobre sua carreira.

Na verdade, os colaboradores seguem os projetos, mas os documentos dos funcionários nunca mudam e os colaboradores seguem o líder porque ele lidera. O verdadeiro papel do líder de produto e processo é assumir a responsabilidade pelo desenvolvimento e pela produção do produto, conforme o *design* e os processos de produção desenvolvidos dentro das funções. Acontece que as funções podem ser muito eficazes na cooperação multifuncional com os líderes de equipe quando as necessidades do produto são definidas com precisão, os processos são respeitados, tudo corre como deveria e o líder do projeto ou processo pode pedir ajuda a outros níveis da gestão se isso não acontecer. (Ficamos novamente em dívida com nosso colega John Shook, que trabalhou na Toyota em Toyota City por vários anos, por esses *insights*.)

Essa é realmente uma boa notícia para as organizações que tentam introduzir a produção *lean*. Em 1990, acreditávamos que, para avançar, as empresas precisavam ser praticamente viradas de lado e que o fluxo horizontal de valor entre as funções exigia uma drástica mudança organizacional. Agora sabemos que a chave não é o organograma, mas o comportamento do líder do projeto, como o engenheiro-chefe no desenvolvimento de produtos, e dos líderes de funções, à medida que resolvem problemas em conjunto.

\* \* \*

Um terceiro ponto geral que gostaríamos de destacar é sobre tecnologia de processo. Não sabíamos o suficiente para enfatizar que Henry Ford, em sua fase de produção de fluxo em Highland Park, e a Toyota, na maioria dos pontos de sua história, concentravam-se na construção de máquinas de processo em pequenos incrementos de capacidade, instalando as máquinas na sequência do processo (geralmente em *layouts* de células) e mantendo-os o mais simples possível, mesmo que isso significasse usar mais mão de obra para o manuseio de materiais. A Ford perdeu o rumo no complexo de Rouge e até mesmo a Toyota por vezes oscilou – no excesso de automação na fábrica

**318** Posfácio de 2007

de montagem de Tahara no Japão, por exemplo, e na distribuição de peças em Chicago na década de 90. Mas o caminho geral para o sucesso enfatizava a minimização do tempo de processamento de toda a sequência de etapas da produção, além de maximizar a capacidade e a disponibilidade da máquina (qualidades que a Toyota chama de estabilidade em conjunto) em oposição à utilização da máquina. O investimento de capital e a quantidade de mão de obra necessária para fazer um produto invariavelmente cai se os projetistas de sistemas de manufatura mantiverem os olhos na velocidade do fluxo e na eliminação de desperdícios.

Entretanto, nossa ousada previsão de que a maior parte da mão de obra na indústria automotiva seria eliminada até o final dos anos 90 era puro sonho, com base no entendimento incompleto do sistema de produção *lean* que estávamos descrevendo. Na prática, houve muito pouca automação adicional na montagem final e na montagem de componentes desde 1990. Embora os robôs sejam flexíveis e reprogramáveis em teoria, colaboradores bem treinados são mais flexíveis e reprogramáveis na prática – a Toyota, portanto, nunca automatiza a menos que seja absolutamente necessário.

Um quarto ponto que gostaríamos de destacar diz respeito ao papel do financiamento industrial. Ficamos muito impressionados com o sucesso do Sumitomo Bank ao revitalizar a Mazda depois de 1973 (apenas brevemente, como se viu) e ficamos incrédulos com a aparente incapacidade das fontes de financiamento norte-americanas de rejuvenescer a Chrysler nos anos 80. Concluímos, portanto, que o capital na forma de *keiretsu* horizontal no Japão, vinculando fortemente o banco central empresas de vários setores, foi um grande salto na prática industrial. Da mesma forma, adotamos a noção de que as relações de colaboração entre as empresas e seus fornecedores eram grandemente facilitadas pelo patrimônio interligado no *keiretsu* vertical (ou seja, em grupos de fornecedores que substituem a integração vertical antiquada do modelo da General Motors).

O que aprendemos na década de 90 é o que Phil Caldwell, presidente aposentado da Ford, nos disse discretamente logo após o lançamento desta obra: "Nenhum 'sistema' de alocação de capital faz muita diferença se os processos fundamentais de uma empresa não estão sendo gerenciados adequadamente, e é improvável que os financiadores entendam esses processos fora de seus próprios negócios (se é que entendem em seu próprio negócio). Pior ainda, a presença de grandes reservas financeiras no *keiretsu* geralmente diminui o interesse no trabalho árduo de consertar os fundamentos de negócios problemáticos".

Posfácio de 2007 **319**

À medida que a década de 1990 avançava, tornou-se claro que o bloqueio do patrimônio japonês, vinculando bancos e outras organizações financeiras a uma rede de companhias industriais em muitos setores, era frequentemente um impedimento para as mudanças necessárias no Japão. Assim, o *keiretsu* horizontal agora parece ser tão eficaz para criar valor quanto os conglomerados no Ocidente das décadas de 1970 e 1980.

Ainda assim há uma pergunta em aberto sobre o *keiretsu* vertical, como acontece com os grupos de fornecedores da Toyota e da Nissan. Na Nissan, mudanças óbvias nos fornecedores com baixo desempenho foram adiadas ao ponto de uma catástrofe, pois a empresa ficou sob o controle da Renault (um resultado que nunca teríamos previsto em 1990). Ainda assim, o grupo de fornecedores da Toyota tem sido uma parte importante de seu sucesso. De fato, a maior luta da Toyota para expandir globalmente foi encontrar fornecedores estrangeiros que participassem da melhoria de processos com o mesmo espírito que os fornecedores tradicionais da Toyota.

A principal diferença entre os resultados da Toyota e da Nissan na gestão de fornecedores não está na estrutura do grupo de fornecedores, mas na supervisão incansável da Toyota de todos os processos de *design*, produção e logística – todos os dias fazendo perguntas difíceis sobre o desempenho. A Nissan, por contraste, parece ter criado um clube confortável, em que o desempenho ruim foi perdoado para manter a harmonia do grupo. O que ainda falta à medida que a produção *lean* se difunde por todo o mundo é uma maneira estável para empresas e fornecedores independentes que compartilham fluxos de valor trabalharem juntos para otimizar rigorosamente o desempenho do todo, e não apenas das partes.

Além desses pontos gerais, há vários lugares em que pequenas modificações e interpretações seriam úteis. Dado o grande público que este livro encontrou com estudantes e acadêmicos de administração e engenharia nos últimos quinze anos, parece justo fornecer uma breve planilha de erratas para os interessados nos detalhes da produção *lean*:

**Configurações:** nas páginas 33 e 34, não fomos muito claros sobre a questão das configurações. Estávamos nos referindo às configurações de máquinas de produção para executar diferentes números de peça, não ao tempo e ao esforço necessários para inserir materiais em uma máquina para fazer a próxima peça com o mesmo número. Parte da confusão foi causada pelo fato de que, nos primeiros anos da Ford, em Highland Park, havia pouquíssimos ajustes. A maioria das máquinas era dedicada por anos a um único número de peça para um produto padronizado sem opções. Assim, somente quando a Ford precisou executar muitos números de peça nas mesmas máquinas de alta

**320** Posfácio de 2007

velocidade surgiu o problema das configurações, e a Ford fez pouco progresso em resolvê-lo.

**Trocas rápidas:** nas páginas 51-52, erramos por cerca de dez anos nas famosas trocas de três minutos em grandes prensas de estampagem da Toyota. Agora, depois de conhecer algumas das pessoas que estavam presentes quando os avanços finais foram feitos, acreditamos que essas mudanças ultrarrápidas nas maiores prensas não foram aperfeiçoadas até o final da década de 60. Isso não altera o fato de que o esforço para reduzir os tempos de reconfiguração começou muitos anos antes, conforme relatamos.

**O processo de aprendizagem de Ohno:** na página 55, também erramos por dez anos nas viagens de Taiichi Ohno. Agora sabemos que ele nunca visitou os Estados Unidos antes de 1955. Seu famoso conceito de "supermercado" para peças fornecidas pelo próximo processo fluxo acima se baseava em histórias que ele tinha ouvido de outras pessoas e na observação de supermercados ao estilo norte-americano abertos no Japão, e não por suas próprias observações diretas de supermercados nos Estados Unidos.

**Controle de produção:** na página 61, nossa explicação sobre como as diferentes partes de um processo de produção sabem o que fazer precisa de um pouco de *kaizen*. O sistema de controle de produção de Ohno é chamado corretamente de *"just-in-time"* (JIT), ou "a parte certa, na hora certa, na quantidade certa" (mais recentemente, o termo mais comumente aplicado é sistema de produção "puxada"). *Kanban* é apenas o nome dos cartões de instruções para buscar materiais em um depósito de peças fluxo acima ou para dizer ao próximo processo fluxo acima para fabricar mais peças. É uma ferramenta para alcançar a produção "puxada".

É necessário um pouco de *kaizen* adicional na página 61, na qual dizemos ao leitor que o contêiner vazio com as peças é o próprio *kanban* enviado à etapa anterior para acionar a produção, o que significa que não há necessidade de um cartão de instruções *kanban*. Embora em algumas situações seja possível usar um contêiner ou recipiente como dispositivo de transporte e sinal (o *kanban*) para entregar ou produzir mais peças, isso só funciona bem quando a etapa anterior está diretamente adjacente à próxima etapa e trabalhando exclusivamente para esse cliente.

A maioria das aplicações da produção puxada é mais complexa e requer cartões *kanban* ou alguma outra forma de sinal para acionar a produção no próximo processo fluxo acima. Assim, pedimos que o leitor gentilmente ignore nosso conselho no segundo parágrafo da página 154 de enviar as caixas vazias de volta para o fornecedor como um sinal para fazer mais peças. Pelo menos ficamos consolados ao saber que o próprio Ohno experimentou essa

Posfácio de 2007 **321**

ideia nos anos 50, antes de perceber que ela não funcionaria. Envie sinais *kanban* ou eletrônicos, agora chamados de *kanban* eletrônico.

Um último *kaizen* é necessário no parágrafo seguinte, no qual declaramos que o JIT de Ohno eliminou praticamente todos os estoques. Na verdade, o JIT da Toyota está longe de ser um sistema de zero estoque porque alguns estoques, o que a Toyota chama de "estoque-padrão", ainda são necessários em praticamente todos os processos de produção, geralmente perto do final do processo. Esse estoque é proporcional à volatilidade dos pedidos do cliente e à estabilidade das etapas do processo fluxo acima, fornecendo somente o que é necessário. Embora a Toyota tente atenuar os pedidos do cliente e tornar seus processos fluxo acima os mais estáveis do mundo, ainda são necessários alguns estoques. Caso contrário, um aumento repentino na demanda do cliente ou uma falha repentina no prazo de entrega por uma etapa de produção fluxo acima levariam a Toyota a decepcionar seus clientes em sua capacidade de entregar na data prometida. Isso nunca é aceitável.

Entretanto, o próximo ponto – que a Toyota tenta continuamente reduzir estoques para pressionar todo o sistema de produção a melhorar – ainda é válido e crucial. A questão não é reduzir ou não estoques ao longo do tempo, mas como reduzi-los. Muitas empresas *lean* aprenderam que simplesmente eliminar a maioria dos estoques muito antes de reduzir a volatilidade dos pedidos ou a estabilidade fluxo acima leva a um esforço sem resultado.

*Heijunka*: Na página 154, no terceiro parágrafo, nossa discussão sobre *heijunka* conta apenas metade da história. O *heijunka* se preocupa em suavizar o nível agregado de produção de dia a dia e semana a semana, mas não mencionamos a tarefa muitas vezes mais importante para o *heijunka* de suavizar o *mix* de produtos em um volume total constante.

O exemplo mais simples é o produtor em massa fabricando os modelos A e B em proporções aproximadamente iguais. Esse produtor fabricaria o modelo A por um dia, uma semana ou até um mês e depois faria uma execução igual para o modelo B. Os grandes lotes de cada modelo produzido eliminam a necessidade de quase todas as reconfigurações e proporcionam uma alta utilização da máquina, um importante indicador nos sistemas de contabilidade de custo padrão. (Os custos ocultos, é claro, são estoques extras no sistema de produção, longos atrasos na detecção de problemas de qualidade e longos prazos de entrega.) A abordagem *lean* seria produzir peças na sequência ABABABAB se os tempos de reconfiguração pudessem ser reduzidos a zero para que nenhuma onda de pedidos seja enviada de volta fluxo acima, a produção esteja muito mais próxima dos requisitos reais do cliente e os estoques sejam minimizados. Na prática, alguns lotes ainda são necessários devido à

**322** Posfácio de 2007

natureza das tecnologias, mas um produtor *lean* deseja reduzir constantemente o tamanho dos lotes, sempre que possível para fazer pequenas quantidades de cada item com frequência proporcional à demanda do cliente.

Terminaremos nossa enumeração sobre o que aprendemos observando dois pontos importantes sobre a produção *lean* que não abordamos: *A máquina que mudou o mundo* fornece poucas orientações práticas sobre como converter um produtor em massa em uma empresa *lean* realmente capaz de resolver os problemas dos clientes. Fornece também pouca ajuda com os detalhes técnicos da criação de produção puxada, introdução de fluxo e análise de fluxos de valor para desperdício.

Esses tópicos são muito longos para serem abordados em um breve posfácio. Entretanto, nos anos que se seguiram à *A máquina que mudou o mundo*, dois de nós (Dan Jones e Jim Womack) abordamos esses problemas detalhadamente em volumes subsequentes. *A mentalidade enxuta nas empresas* (2ª edição, 2004) explora detalhadamente as etapas necessárias para transformar um negócio de produção em massa, como a General Motors, em uma empresa *lean*, como a Toyota. *Soluções enxutas* (2006) leva a análise do processo de criação de valor até o cliente, mostrando que, a cada etapa, o consumidor realiza um processo de consumo para resolver seus problemas, e o processo de fornecimento deve ser sincronizado. Ainda assim, essa sincronização raramente ocorre nos dias de hoje. Felizmente, as ferramentas de análise de processo pioneiras da Toyota e de outras empresas *lean* podem ser adaptadas para resolver os problemas do consumidor e do fornecedor. Juntos, esses três volumes fornecem uma trilogia do pensamento e da prática *lean*.

Também abordamos os desafios técnicos da implementação *lean* com uma série de apostilas preparadas pela Lean Enterprise Academy, de Dan Jones, no Reino Unido, e pelo Lean Enterprise Institute, de Jim Womack, nos Estados Unidos. Enquanto isso, Dan Roos estabeleceu a Divisão de Sistemas de Engenharia do MIT, uma unidade interdisciplinar que incorpora unidades acadêmicas e de pesquisa envolvidas com a produção *lean*.

Acreditamos que nosso trabalho subsequente e o de muitos outros autores já forneceram a maioria das ferramentas *lean* necessárias para melhorar muito o *design* de produtos, a gestão da cadeia de abastecimento, as operações de produção e as relações com os clientes. O verdadeiro desafio é conseguir que os gerentes as utilizem. Esperamos, assim, que os leitores deste livro aproveitem a oportunidade!

# APÊNDICE A
# Organizações patrocinadoras do International Motor Vehicle Program

AKZO

Austrália – Departamento de Indústria, Tecnologia e Comércio (Department of Industry, Technology and Commerce)

Autoridade da Indústria Automotiva da Austrália (Automotive Industry Authority of Austrália)

Canadá – Departamento de Expansão Industrial Regional (Department of Regional Industrial Expansion)

Chrysler Motors Corporation

Comissão das Comunidades Europeias (Commission of European Communities)

Comitê dos Construtores de Automóveis do Mercado Comum (Committee of Common Market Automobile Constructors)

Daimler-BenzAG

Du Pont de Nemours & Co. Produtos Automobilísticos (Du Pont de Nemours & Co. Automotive Products)

Estados Unidos – Departamento de Comércio (Department of Commerce)

Estados Unidos – Departamento de Transporte (Department of Transportantion/ National Highway Traffic Safety Administration – NHTSA)

Estados Unidos – Gabinete de Avaliação de Tecnologia (Office of Technology Assessment)

Fiat Auto SpA

Ford Motor Company

General Motors Corporation

Associação dos Fabricantes Automotores do Japão (Japan Automobile Manufacturers Association – JAMA)

**324** Apêndice A ■ Organizações patrocinadoras do International ...

Associação da Indústria de Peças Automotivas do Japão (Japan Automotive Parts Industry Association)

Associação Mexicana da Indústria Automotiva (Mexican Association of the Automobile Industry ou Asociación Mexicana de la Industria Automotriz A.C. – AMIA)

Associação Nacional da Indústria de Autopeças do México (Mexican Autoparts National Industry Association ou Industría Nacional de Autopartes A.C. – INA)

Montedison Automotive Corporate Group

Associação dos Fabricantes de Motores e Equipamentos (Motor and Equipment Manufacturers Association – MEMA)

Motorola, Inc.

Ontário – Ministério da Indústria, Comércio e Tecnologia (Ministry of Industry, Trade and Technology)

Peugeot, S.A.

Quebec – Ministério da Indústria e Comércio (Ministry of Industry and Commerce)

Conselho Nacional das Fábricas Renault (Regie Nationale des Usines Renault)

Reino Unido – Departamento do Comércio e Indústria (Department of Trade and Industry)

Reino Unido – Conselho de Pesquisa Econômica e Social (Economic and Social Research Council

Robert Bosch GmbH

Rover Group

Saab Car Division

Conselho Nacional Sueco de Desenvolvimento Técnico (Swedish National Board for Technical Development)

Taiwan – Ministério de Assuntos Econômicos (Ministry of Economic Affairs)

TRW Automotive

Volkswagen AG

Volvo Car Corporation

APÊNDICE **B**

# Equipe afiliada de pesquisa do International Motor Vehicle Program

## Nome do pesquisador e país pesquisado na época

Al Chen – EUA

Andrew Graves – Reino Unido

Antony Sheriff – EUA

Caren Addis – EUA

Charles Sabel – EUA

Christer Karlsson – Bélgica

Daniel Jones – Reino Unido

Daniel Roos – EUA

David Ragone – EUA

David Robertson – EUA

Dennis DesRosiers – Canadá

Dennis Marler – EUA

Donald Kress – EUA

Frank Field – EUA

Gary Herrigel – EUA

Gian Federico Micheletti – Itália

Hans Klein – EUA

Harry Katz – EUA

Haruo Shimada – Japão

James Womack – EUA

Javier Cardozo – Reino Unido

## 326 Apêndice B ■ Equipe afiliada de pesquisa do International ...

Joel Clark – EUA
John Ferron – EUA
John Heywood – EUA
John Krafcik – EUA
John O'Donnell – EUA
John Paul MacDuffie – EUA
Jonathan Brown – Reino Unido
Joseph Tidd – Reino Unido
José Roberto Ferro – Brasil
Kentaro Nobeoka – EUA
Kim Clark – EUA
Koichi Shimokawa – Japão
Konomi Tomisawa – Japão
Kung Wang – Taiwan
Lars-Erik Gadde – Suécia
Lars-Gunnar Mattsson – Suécia
Luba Shamrakova – EUA
Masayoshi Ikeda – Japão
Matts Carlsson – Suécia
Michael Cusumano – EUA
Noah Meltz – Canadá
Qiang Xue – EUA
Richard Lamming – Reino Unido
Richard Locke – EUA
Roger Miller – Canadá
Shoichiro Sei – Japão
Susan Helper – EUA
Takahiro Fujimoto – EUA
Taku Oshima – Japão
Thomas Kochan – EUA
Toshihiro Nishiguchi – EUA
Trevor Jones – EUA
Victor Wong – EUA
Young-suk Hyun – Coreia do Sul

# Índice

**A**

Abastecimento *lean*, na prática 151-156
AC Spark Plug, 141
Agnelli, família, 202
Agnelli, Giovanni, 43, 237, 240
Alfa Romeo, 122, 198
American Motors, 219
Análise A3, 291
Análise de Valor (VA), 153, 163
Arnold, Horace, 26, 30, 288
Associação das Nações do Sudeste Asiático (ASEAN), 278
Aston Martin, 23, 50, 65, 235
Atlanta Ford, montadora, 97
Austin Motor Company, 234, 240
Austin, Herbert, 43, 238, 239
Austrália, indústria automobilística na, 277–278
Automobilística, indústria. *Ver também indústria automobilística europeia; indústria automobilística japonesa; indústria automobilística norte-americana*
   como cíclica, 40–41
   crise de excesso de capacidade na, 10
   inovações europeias na, 44–46
   movimento sindical na, 40
   na Austrália, 277–278
   no Brasil, 276–277
   no Leste Asiático,, 274–275
   no México, 87, 247, 271–274
   nos países em desenvolvimento, 270–277
   produção por região, 41–42

**B**

Banco Sumitomo, 292 (posfácio 2007)
Bentley, 134
BMW, 62, 121, 192, 203

Bosch, 167, 169
Bosch, Robert, 61
Brasil
   indústria automobilística no, 276–277
British Leyland, 198
   controle governamental do, 202
   nacionalização do, 240
Bromont Hyundai, fábrica, 269
Buick, 107
Buick Century, 105
Buick Regal, 109
Buick Skylark, 107

**C**

(CAD, *Computer Aided Design*). *Ver* Desenho Assistido por Computador.
Cadillac, 107
   limusines, 213
Caldwell, Phill, 293
Calvet, Jacques,, 262
CAMI (GM-Suzuki), fábrica, 259
Carreira, plano de, 203
Chandler, Alfred, 32
Changchun, 275
Chão de fábrica, trabalhador de, 31
Chaplin, Charlie, 237
Chevrolet Celebrity, 105
Chevrolet Chevelle, 107
Chevrolet Corvair, 131
Chevrolet Vega, 131
Chevrolet, 106, 107. *Ver também General Motors*
China, indústria automobilística na, 275
Chrysler
   fábrica, fechamento de Kenosha (Winsconsin) 219
   crise na, 244
   operações estrangeiras da, 213, 248
   e fornecimento de peças, 160

**328** Índice

programa Pentastar, 162
vendas da, 233
fábrica de St. Louis, 250
alianças estratégicas, 224
cadeira de abastecimento na, 142–43
Chrysler Europa, 122, 218
Chrysler LeBaron, 250
Ciclicidade, problema da, e transição para produção *lean*, 253–257
Círculos de qualidade, 55
Citroën, 122, 240
Citroën, André, 42,237
Clark, Kim, 62, 111, 116, 159, 168
Clientes, relacionamento com, 173–195
comparação entre distribuição *lean* e em massa, 190–191
e lealdade ao canal na produção *lean*, 189–190
e o cliente na Europa, 179–182
e a produção *lean*, 182–188
e a produção em massa, 174–179
e a concessionária *lean*, 188–189
futuro das relações com os clientes, 191–193
tecnologia da informação e relacionamento *lean* com clientes, 193–195
Componentes, abastecimento de, na produção *lean*, 149–156
Comunicação no projeto *lean*, 116–117
Comunidade Econômica Europeia (CEE) e investimentos japoneses, 262
Concessionárias norte-americanas
tradição dos bazares nas, 177–178
mudanças nas, 17
estoque nas, 175
Controle estatístico do processo (CEP), 156, 162–163
Controle de qualidade na produção *lean*, 79
Controle total da qualidade (TQC), 156
Coordenando a cadeia de abastecimento, 141–142

**D**

Daewoo, 268, 269, 275
Dagenham (Inglaterra), fábrica da Ford em, 36, 37, 43, 237, 248

Daimler, Gottlieb, 19
Daimler-Benz (Mercedes), 44, 193
Deformação dimensional, 20
Deming, W. Edwards, 284, 291
Desenho Assistido por Computador, 156
Desenvolvimento de produtos
e a produção em massa, 35–36
e a produção *lean*, 110–111
na indústria automobilística norte-americana, 251
no mundo, 11–113
Desenvolvimento simultâneo no projeto *lean*, 117–118
Desenvolvimento, indústria automobilística nas nações em, 87, 270–277
Detalhes, engenharia de, 159
Deutsche Bank, 203
Diamond-Star (Mitsubishi-Chrysler), fábrica, 259
Dickenson, Gary, 109
Divisão de Carrocerias Fisher (GM), 108
Dodge Daytona, 250
Dong A, 268
Dorn, Robert, 107, 108, 109
Drucker, Peter, 9
du Pont, E.I., 38
du Pont, Pierre, 38
Durant, William 37–38

**E**

Efeito estufa, 198
Ellis, Evelyn Henry, 19–20, 21–22, 24
Engenharia de valor (VE), 156
no abastecimento *lean*, 152
Engenheiros de produtos, 30
Engenheiros industriais, 29, 30
Ephlin, Donald, 95–96
Especializados, trabalhadores, 30
Estoques
na produção em massa, 78
na produção *lean*, 61, 80, 96, 163–164
EUA, indústria automobilística nos, *Ver também Chrysler, Ford Motor Company, General Motors.*
empresas nos, 233
desenvolvimento de produtos nos,
difusão da produção *lean* nos, 250-252

## Índice  329

e problema da ciclicidade,
empregos nos, 253
investimentos japoneses nos, 247–248,
258–259
sistema de abastecimento nos, 250–252
transição para a produção *lean*, 252–253
variedade de produtos nos, 121, 122
volume de produção nos, 124–125
EUA, concessionárias de carros nos,
175–179
estoques nos, 175
mudanças nos, 17
tradição de bazares nos, 177–178
Europeia, indústria automobilística
e globalização, 218–220
nos anos 1980, 245
produção em massa na, 240–241, 284
sistema de distribuição na, 179–182
transição para a produção *lean* na,
260–262
variedade de produtos na, 122–124
volume de produção na, 124–125
Exclusiva, concessionária, 174–175, 181

**F**

Fairfax (Kansas), fábrica da General Motors em, 96–97
Faurote, Fay, 26, 30, 288
Ferramentas
na produção artesanal, 22
na produção em massa, 33–35
Ferrari, 65
Fiat, 121, 198, 203, 241, 264, 274, 276
fábrica de Mirafiori, 44, 241
organização estratificada na, 169
Finanças na empresa *lean*, 197–203
Flins (Renault), fábrica de, 44, 241
Fonte única em um sistema de abastecimento, 160–162
Ford "Flying Flivver", 37
Ford Anglia, 216
Ford Capri, 278
Ford CDW, 27, 217
Ford Escort, 217, 218
Ford Festiva, 217, 269

Ford, Henry, 9, 141, 197, 216, 233-34, 283,
287, 90
como isolacionista na 1ª Guerra Mundial, 236
e a linha de montagem móvel, 25–26
e a intercambialidade de peças, 25–26
e o conceito de produção em massa,
24–28
e relações com clientes, 174
pacifismo de, 33
Ford, Henry II, 142, 198, 216
Ford Modelo A, 24, 37, 215, 288, 290
Ford Modelo T, 24, 25, 28, 33, 35, 36, 126,
215, 233, 237, 288, 280
Ford Modelo Y, 37, 215
Ford Motor Company, 10
complexo de Rouge (Detroit),
crise dos anos 80, (capítulos 1 e 9)
desempenho da, (capítulo 9)
fábrica de Trafford Park (Inglaterra),
fábrica em Colônia (Alemanha), 36, 37,
43, 248
fábrica em Dagenham (Inglaterra), 36,
37, 43, 248
fábrica em Hermosillo (México), 87,
272-273
fábrica em Highland Park, 27, 28–29,
34–35, 36, 40, 61, 81–82, 234–35, 237–
40, 288, 289
financiamento da, 197–198
montadora em Atlanta, 97
níveis salariais nos primórdios da, 40
operações europeias da, 255
popularidade dos primeiros carros,
35–36
programa Q1, 162–163
peças projetadas na, 57–58
racionalização dos fornecedores, 160
cadeia de abastecimento nos primórdios
da, 142
*turnover* nos primórdios da, 40
vendas da, 233
vínculo com Mazda, 217–218, 243–44,
278
Ford Sable, 109, 217
Ford Sierra, 217
Ford Taurus, 97, 109, 217

**330** Índice

Ford Tempo, 217
Ford Topaz, 271
Ford TriMotor, 37
Ford V8, 37
Fornecedor, único, 160–162 conferir
Framingham (Massachussets), montadora
  da General Motors em, 77–78, 85–57, 250
Fuji, Heavy Industries, 201
Fujimoto, Takahiro, 111–112, 116, 159, 168
Fusca, (VW), 44

**G**

General Electric Plastics, 165
General Motors, 10, 35, 159, 264
  carros A, p. 105–106, 109–110
  carros G, 105–106
  descentralização na, p. 250
  e o treinamento de colaboradores,
    266–267
  financiamentos externos para, 39
  fundação da, 37
  gama de produtos de cinco modelos na,
    39
  *joint ventures* da, 224, 245, 274
  montadora de Framingham
    (Massachussets), 77–78, 85–86, 250
  montadora em Fairfax (Kansas), 96
  nos anos 1980, 244–246
  operações estrangeiras da, 248
  projeto Corvair,131
  peças projetadas na, 57–58
  projeto do carro X, 131
  projeto GM-10, 37, 105–10, 120, 131
  projeto Vega, 131
  cadeia de abastecimento nos primórdios
    da, 141–142,
  sistema de abastecimento na, 142–143
  solução de problemas por Sloan nos pri-
    mórdios da, 37–40
  vendas da, 233
Geográfica, difusão, na gerência da empresa *lean*, 205–208
GKN 167
Global, empreendimento,
  gerência do, 24–218
  vantagens do, 209–214
GM-10, projeto, 97, 105–110, 120, 131
Goudevert, Daniel, 281

Graves, Andrew, 3
Grã-Bretanha, produção em massa na,
  234–237

**H**

Handelsbank, 203
Harrison Radiator, p. 141
*Heijunka*, na produção *lean*, 154–295
Hermosillo (México), fábrica da Ford Motor em, 87, 272–273
Highland Park, fábrica da Ford em, 27,
  28–29, 34–35, 36, 40, 61, 81–82, 234–35,
  237–40, 288, 292
Honda
  base europeia da, 221–222
  canais de distribuição da, 184
  projetos de engenharia na, 131–132
  e o sindicato United Auto Workers,
    258–259
  e o uso da produção multirregional,
    210–212
  fábrica de Marysville (Orno), 117, 204,
    206, 207, 247
  operações norte-americanas da, 206,
    221–222, 247
Honda Accord, 109, 110–111, 207, 223
Honda Concerto/Rover 200, 221
Honda NS-X, 23, 65
Honda/Acura Legend, 221
Hounshell, David, 288
Hubai, 275
Hyatt Roller Bearing Company, 38
Hyundai Excel, 268–269
Hyundai, 268–270, 275
  fábrica de Bromont (Quebec), 269

**I**

Iacocca, Lee, 224
Indústria automobilística norte-americana. *Ver também* Chrysler; Ford Motor
  Company; General Motors
  empresas na, 233
  difusão da produção *lean* na, 250–252
  empregos na, 253
  investimento japonês na, 247–248,
    258–259
  e o problema da ciclicidade
  variedade de produtos na, 121, 122

volume de produção na, 124–125
cadeia de abastecimento na, 250–252
transição para a produção *lean* 252–253
Instituto de Engenheiros Industriais, 157
Integração vertical, 31, 32, 57, 293
Intercambialidade, 25–26
International Motor Vehicle Program (IMVP), 2–5
equipe de pesquisadores, 4
Apêndice B
organizações que contribuíram com, 4
Apêndice A
World Assembly Plant Survey, 75*n*
Invenção
na produção em massa, 130–131
na produção *lean*, 131–132
Isuzu, 201, 213, 224

## J

Jaguar, 3, 121, 209
Japonesa, indústria automobilística. *Ver também Honda, Mazda, Mitsubishi, Nissan, Toyota*
círculos de qualidade na, 55
concessionárias na, 188–189
e a lealdade à marca, 189–190
emprego vitalício na, 53–54
estratégias globais da, 220–223
evolução dos motores na, 132–134
foco interno da, 279–282
gama de produtos na, 121, 122
implicações por detrás dos investimentos nos EUA da, 258–260
investimentos da, na indústria automobilística norte-americana, 247–248
políticas de trabalho na, 257
remuneração flexível na, 257
retrabalho na, 57
sistema de tempo de serviço na, 53
volume de produção na, 124–125
*Just in time*, 62, 96, 164, 294

## K

*Kacho*, p. 291
*Kaizen*, no abastecimento *lean*, 153, 294
Kamiya, Shotaro, 65–66
*Kanban*, sistema, 61, 66, 294

Kansai Kyohokai, 156
Kanto Kyohokai, 156
*Keiretsu*, sistema, no Japão, 199, 200, 281, 292–293
Kenosha (Wisconsin), fechamento da fábrica em, 219
Kia, 268, 269, 275
Koito, 60, 200
Krafcik, John 3, 11, 75*n*, 77, 82

## L

Lamming, Richard, 3, 141*n*, 159–160
Lealdade ao canal na produção *lean*, 189–190
*Lean*, concessionária, 188–189
*Lean*, empresa, 73
*Lean*, inovação na prática,
*Lean*, liderança,
*Lean*, organização da fábrica, 99–100
*Lean*, produção
cadeia de abastecimento na, 57–62
como humanamente gratificante, 101–103
e a empresa como comunidade, 52–54
comparação da produção em massa com, 80–82
controle de qualidade na, 79
crescimento da, 10
desenvolvimento de produtos e engenharia na, 62–63, 110–111
difundindo a, 82–84
e a mutável demanda do consumidor, 63–65
e as relações com clientes, 182–188
e o contato com os clientes, 65–67
em comparação com a produção em massa, 11–12, 190–191
encontro da produção em massa com a, 241–242
estoques na, 80
fazendo transições para, 263–282
lealdade ao canal na, 189–190
mão de obra na, 52–54, 80
fazendo transição para, 263
fornecimento de componentes na, 149–151
futuro da, 67–69
invenção na, 131–132

**332** Índice

inovação na prática da, 132-134
fábrica de montagem final na, 54–57
na Toyota Motor Company, 9, 47, 69, 78, 80
obstáculos à, 264–282
origens da, 287
percepções errôneas iniciais da, 242–243
pesquisa e desenvolvimento na, 134–135
técnicas de, 11, 50–52
transição para, na indústria automobilística europeia, 260–262
local de nascimento da, 48–50
Lean, relações com clientes,
futuro das, 191–193
e a tecnologia da informação, 193–195
Lean, projeto,
consequências sobre o mercado, 120–126
técnicas, 113
comunicação no, 116–117
desenvolvimento simultâneo no, 117–118
liderança no, 113–114
trabalho em equipe no, 115–116
Leland, Henry, 34
Leste asiático, produção automobilística no, 274–275
Levassor, Emile, 19, 20
Lex Group, 180
Liderança no projeto lean, 113–114
Lucas, 169

**M**

MacDuffie, John Paul, 75n
Mão invisível, 32
Mão de obra
na produção artesanal, 22
na produção em massa, 28, 31, 54, 77–78
na produção lean, 52, 54, 79
Mão visível, 32, 36
Marelli, Magneti, 169
Marysville (Ohio), fábrica da Honda em, 118, 204, 206, 207, 247
Mazda Miata, 218
Mazda, 67, 190, 199, 213, 259, 292
canais de distribuição da, 184

gerenciamento familiar da, 201–202
operações norte-americanas da, 206
produção lean na, 243–244
vínculo com Ford Motor, 217–218, 243–244, 278
McKenna, tarifa, 234
Mercado, as consequências do design lean sobre o, 120–126
Mercedes-Benz, 19, 65, 121, 203
Mercury Sable, 97
Mercury Tracer, 272
Metais pré-enrijecidos, 25
Meus anos com a General Motors (Sloan), 130
Mexicano, decreto de automóveis, 277
México, indústria automobilística no, 87, 247, 271–274
MG, 44, 238
Michelin, família, 203
Ministério do Comércio Exterior e Indústria do Japão (MITI), 50
Ministério da Indústria coreano, 268, 269
Mirafiori (Fiat), fábrica de, 44, 241
Mitsubishi Motor Company, 199
alianças estratégicas da, 244
canais de distribuição da, 184
operações norte-americanas da, 206
Miyoshi, Tateomi, 110
Moldes, fabricação de
abordagem da produção em massa a, 117–118
abordagem da produção lean a, 117–118
Monobloco, carro, 44
Montadoras de automóveis, 75–103
comparação da produção em massa e lean, 75–77, 80–82
difusão da produção lean nas, 82–84
New United Motor Manufacturing Inc., na
nos países em desenvolvimento, 87
organização lean em nível de, 99–100
pesquisa IMVP das, 84–88, 91–93
produção artesanal, 88–91
produção em massa clássica, 77–78
produção lean clássica, 78–80
produção lean como humanamente gratificante, 101–103
produtividade nas, 84–85

Morris, William, 43, 237–39, 240
Motorola, 165
Multiregional Motors (MRM), 223–227

**N**

Nash, 175
Neoartesanato, 101–103
New United Motor Manufacturing
  Inc. (NUMMI), fábrica de (Fremont,
  Califórnia), 2, 77, 82–84, 224, 258–59
    e desempenho dos fornecedores, 166
    sucesso da, 245
Nippondenso, 60, 61, 200
Nissan Infiniti Q45, 149, 214
Nissan Sentra, 208
Nissan, 50, 293
    canais de distribuição da, 184
    e a United Automobile Workers Union
      (UAW), 258–259
    fábrica Mexicana da, 247
    operações norte-americanas da, 206,
      207–208, 247, 272
Nisshin Kogyo, 150
Nobeoka, Kentaro, 4, 113
NS-X (Honda), carro esportivo, 23, 65

**O**

Ohno, Taiichi, 9, 48, 50, 51–52, 55–56,
  61–62, 63, 66, 241, 284, 289, 290, 294
Oldsmobile 106, 107
Oldsmobile Ciera, 105
Oldsmobile Cutlass Supreme, 109
Oldsmobile F-85, 107
Opel Kadett, 269, 274, 277
Opel, 240, 248
Organização
    na produção artesanal, 22
    na produção em massa, 31–33
Oxford Motor Company, 237–238

**P**

Pacto da Indústria Automotiva Cana-
  dá-EUA (1965), 264
Panhard & Levassor, (P&L), 20–21
    sistema de produção artesanal na, 19–23
Pensamento *lean* 296
Pesquisa Mundial de Fábricas de Monta-
  gem (World Assembly Plant Survey), 75*n*

Peugeot, 122, 169
Peugeot, família, 198, 203
Pickens, T. Boone, 200
Pioneer Electric, 3
Plano de carreira, na gerência da empresa
  *lean*, 203–205
Pontiac, 97, 106
Pontiac 6000, 105
Pontiac Grand Prix, 97, 109
Pontiac LeMans,, 269
Pontiac Tempest, 107
Porsche, 57, 203
Porsche/Peich, família, 203
Produção artesanal
    características da, 22
    desvantagens da, 23–24
    *versus* produção em massa, 27
    organização na, 22
    em Panhard et Levassor (P&L), 19–23
    volume de produção em, 22
    técnicas de, 10–11
    ferramentas em, 22
    na mão de obra, 22
Produção em massa
    ascensão e queda da, 19–46
    concepção de Ford da, 24–28
    difusão da, 42–46
    e desenvolvimento de produtos, 105–110
    e a oposição à produção *lean*, 264–267
    e relacionamento com clientes, 174–179
    em comparação com a produção *lean*,
      80–82
    em contraste com a produção *lean*,
      11–12, 190–191
    encontro entre a produção *lean* e,
      241-242
    ferramentas na, 33-35
    mão de obra na, 28–31, 54, 78
    invenção na, 130–131
    limites lógicos da, 36–37
    na América do Norte em 1955, 41–42
    na Europa, 240–241, 284
    na fábrica da GM de Framingham,
      77–78, 85–86
    organizações na, 31–33
    pesquisa e desenvolvimento na,
      134–136
    produto na, 35–36

**334** Índice

projeto de peças na, 143–145, 159–165
sistema britânico de, 234–237, 239–240
superação da produção artesanal pela, 233–234
abastecimento de peças, 146–149
técnicas de, 11
*versus* produção artesanal, 27
Projeto automotivo
comparação da pesquisa e desenvolvimento nas produções em massa e *lean*, 134–135
comparação entre as produções em massa e *lean*, 119–120
consequências do projeto *lean* no mercado, 120–126
desenvolvimento de produtos pelo mundo, 111–113
em empresas de produção em massa, 105–110
em empresas de produção *lean*, 110–111
futuro do, 129
inovação *lean* na prática, 132–134
necessidade de inovações no, 135–139
papel da invenção
na produção em massa, 130–131
na produção *lean*, 131–132
técnicas de projeto *lean*, 113–118
PSA,

**Q**

Qualidade, 55
Quandt, família, 203

**R**

Cadeia de fornecedores, 141–171
associações de fornecedores no abastecimento *lean*, 156–159
e ajustes de preço, 144
e controle de qualidade, 143–144
e descentralização, 141–142
e engenharia de valor, 152
e problema com flutuações de volume, 148
suavização da produção 154
e zero defeitos, 155
Europa Ocidental como estação intermediária, 167–170

*heijunka* na, 154
*kaizen* na, 152–153
levantamento de preços na,
modificações no funcionamento da, 143–145
na indústria automobilística norte-americana, 250–252
obstáculos no abastecimento *lean*, 170–171
projeto de peças na produção em massa madura, 143–145
reformando os sistemas de abastecimento da produção em massa, 159–165
abastecimento de componentes na produção *lean*, 149–151
abastecimento de componentes na produção em massa madura, 146–149
abastecimento *lean* na prática, 151–156
Reino Unido, fidelidade à marca no, 189
Grã-Bretanha, produção em massa na, 234–237
Renault,
compra/venda da American Motors pela, 219
níveis na, 169
operações norte-americanas da, 220
Renault, Louis, 43, 237, 240
Rendimento, 54–55
Roos, Daniel, 2
Rouge (Detroit), complexo da Ford de, 31, 36–37, 47, 48, 287, 289, 290
Rover, 121, 198, 221, 240

**S**

Saab, 57, 121, 122, 203, 209
cadeia de fornecedores na, 142
Saginaw Steering, 141
Saint Louis, fábrica da Chrysler de, 250
Schmidt, Paul, 109
Seat, 122, 198
Seiki, Aishin, 60
Sheriff, Antony, 4, 113
Shohokai, 156
Shook, John, 289, 291
*Shusa*, sistema do, 113–15, 149–51, 291
Siemens, 165
Sindicalismo de controle de trabalho, 40–41

## Índice

SKF, 168

Sloan, Alfred, 9, 37–40, 57, 130, 141, 142, 174, 233–34, 283

Smith, Adam, 32

Smith, Jack, 245

Solex, 169

Soluções *lean* 296

Steyr, 218

Studebaker 175,

Subaru, 190

Sumitomo, 67, 199, 202

Suzuki, 224

Sul-coreana, indústria automobilística, 267–268. *Ver também Hyundai.*

Système Panhard, 19

## T

Takarakai, 156

Tecnologia da informação e relacionamento *lean* com clientes, 193–195

Tahara, montadora 292

Tokai Kyohokai, 156

Toshihiro Nishiguchi, 165

Toyoda, Eiji, 9, 47–48, 62, 63, 65–66, 237, 241, 284

Toyoda, Kiichiro, 47, 53

Toyota Auto, 184

Toyota Camry, 184

Toyota Celica, 184

Toyota Corolla, 184–186

Toyota Gosei, 60, 200

Toyota Lexus LS400, 214

Toyota Motor Company, 50, 66–67, 199
 ascensão da produção *lean* na, 47–69
 associações regionais de fornecedores da, 156
 canais de distribuição da, 184–185
 e controle de qualidade, 59
 e sindicato United Auto Workers, 258–60
 eficiência da, 159
 desmembramento de empresas fornecedoras, 200
 fábrica de Georgetown (Kentucky), 120
 filosofia dos "cinco porquês" na, 56, 156
 greve de 1946 na, 53
 *joint venture* com a General Motors, 244–245
 operações europeias da, 248
 operações norte-americanas da, 206
 pioneirismo da produção *lean* na, 9
 produção *lean* na fábrica de Takaoka, 78–80
 sistema do *shusa* na, 113–116
 fornecimento de componentes para, 59–62
 venda agressiva pela, 66–69
 planejar-fazer-verificar-agir, 291

Toyota Production System, ritmo de trabalho, 266

Toyota Publica, 184

Toyota Supra, 184

Toyota Takaoka, fábrica
 precisão na, 81
 produtividade na, 81

Toyota Townall, van, 184

Toyota Toyopet, 184

Toyota Vista, 184

Toyota-GM, fábrica *joint venture* (NUMMI). *Ver* fábrica *New United Motor Manufacturing Inc. (NUMMI).*

Trabalhadores indiretos, nas fábricas de produção em massa, 78

Trabalho em equipe no projeto *lean*, 115–116

Trabant Volkswagen, fábrica, 274

Trafford Park (Inglaterra), fábrica da Ford, 234–235

## U

Udevalla, sistema, 101–103

Uniformização da produção no abastecimento *lean*,

United Auto Workers (UAW), sindicato, 40, 258–259
 e a produção *lean*, 83, 100–101

## V

Valeo, grupo, 169

Venda agressiva, 66, 190

Volkswagen, Fox, 276

Volkswagen, Polo, 274

Volkswagen, 121, 175, 198, 241, 264, 281
 fábrica de Trabant, 274

**336** Índice

fábrica de Wolfsburg, 44, 241
operações norte-americanas da,
218–291, 220
Volume da produção na produção artesanal, 22
Volvo Concessionaires, 179, 182
Volvo, 121, 122, 203
fábrica de Udevalla, 101–103
sistema de distribuição da, 179

**W**

Wallenberg, família, 203
Wankel, motor rotativo, 201, 243
Wartburg, 274
Wolfsburg, fábrica (VW), 44, 241

**Z**

*Zaibatsu*, sistema, no Japão, 198–199
Zero defeitos, como meta no fornecimento
*lean*, 155